W0035664

Norman Foster

Schlemmen hinter Klostermauern

Norman Foster

Schlemmen hinter Klostermauern

Die unbekannten Quellen europäischer Kochkunst

Mit 111 Rezepten aus der Klosterküche

Ausgewählt und für die moderne Küche eingerichtet von
Sibylle Nabel-Foster
174 Schwarzweißabbildungen und 45 farbige Abbildungen

FÜR MAX UND NIKOLAS

INHALT

Mitten in einem schrecklichen Novembersturm im Winter 1958 in Österreich in der Nähe von Wien – die schmalen, holprigen Landstraßen, über die ich fuhr, waren infolge der ausdauernden Regenströme kaum noch zu navigieren. Um so mehr, als ich auf einer Vespa saß – und jener getreue, aber kleinrädrige Freund signalisierte: solch ein verrücktes Wetter sei weder für Maschine oder Mensch – noch dazu einen Sänger! – der geeignete Aufenthalt. Irgendeine Obhut mußte gefunden werden!

Ich hatte gerade den wichtigsten und aufregendsten Vertrag in meiner – damals noch knospenden – Sängerkarriere unterzeichnet: Schuberts »Winterreise« zu singen, in den geweihten Hallen der Gesellschaft der Musikfreunde zu Wien! Ich platzte vor Stolz – und war zugleich besessen von einem Zwang, einige jener Orte und Plätze aufzusuchen, wo einst Schubert weilte, ging und dachte. Zutiefst war ich überzeugt, daß hier, an diesen heiligen Orten, auch ich in einen spirituellen Stromkreis eingeschlossen werden könnte – zwischen dem Geist Schuberts und seinem Lindenbaum (der – wie mir versichert wurde – noch immer irgendwo vor einem Gasthof im Wienerwald stehen sollte!). Wie ich schon sagte, war ich damals ein knospender Künstler . . .

»Die kalten Winde bliesen mir gerade ins Gesicht – der Hut flog mir vom Kopfe« – ich wendete mich (auch) nicht, bis meine kleine Vespa ihren Geist aufgab. Ich mußte Schutz suchen, und Gott sei Dank fand ich ihn – in der Schenke eines Klosters.

Wie der alte Mönch hieß, der mein Blut mit etlichen Bechern feurigen, hochgeistigen Klostertees wieder in Bewegung setzte, habe ich inzwischen längst vergessen. Was aber unauslöschlich in den Seiten meines Gedächtnisses eingeprägt bleiben wird, war seine unglaubliche Schilderung des mittelalterlichen Klosterlebens – und ganz besonders seine genüßliche Beschreibung des großartigen Kochens und Essens, die dieser namenlose Chronist bei Gott weiß wie vielen Tassen Klostertees in meine erstaunten Ohren hineingoß. Er breitete ein Szenarium aus, das mich an »Arabische Nächte« denken ließ – aufgeführt auf den gotischen Bühnen und Refektoriumstischen der mittelalterlichen Klöster.

Schon damals wußte ich, und es stand felsenfest: Irgendwie würde ich eines Tages zu den Klöstern zurückkehren und jene kulinarischen Geheimnisse auskundschaften, die bis zu diesem Tage so sicher und gut verborgen lagen – in den Kredenzen und Küchenschränken hinter den mysteriösen Mauern frommen klösterlichen Lebens.

Ich weiß, daß vielen Menschen der Gedanke einer engen Korrespondenz zwischen Kloster, Mönch und Eßkultur – und hier meine ich exquisites, köstliches Kochen – skurril erscheinen mag, wie auch die amüsanten Geschichten und Anekdoten aus dem Kloster-

leben sie überraschen werden. Aber vielen Menschen wird auch das Wasser im Munde zusammenlaufen, wenn sie in unserem Buch die Rezepte aus den Klosterkochbüchern des 13. bis 18. Jahrhunderts lesen und – wie ich gern hoffe – einmal ausprobieren werden.
Ich werde gewiß nicht über das Nicht-Kochen oder die schlechte, magere Küche im Kloster schreiben. Über den darbenden Mönch ist gottlob! – von Mönchen – schon zur Genüge berichtet worden. Sondern über das fette, großartige, üppige und exotische Kochen und Essen. Und nicht zu vergessen über die prachtvollen Köche im Kloster. Das beginnt schon mit dem Wort »Kochen« – ein Geschenk des Klosters an die deutsche Sprache. Die Germanen kannten bis dahin nur das »Sieden«, was den kulinarischen Ansprüchen der Klostergourmets jedoch nicht ausreichend schien.
Der Mensch lebt nicht vom Brot allein, lehrt uns die Bibel. Und mir kam es vor, daß nirgendwo diese Worte Lukas' stärker in Anspruch genommen wurden als von der Königin aller französischen Klöster, Cluny. Ich möchte nicht behaupten, daß die Mönche das Brot verachteten. Den Mehlrechnungen von Cluny im zwölften Jahrhundert zufolge aß jeder der dreihundert Mönche etwa zwei Kilo Brot pro Tag – als Unterlage für die phantastischen Mahlzeiten, die er des Mittags und Abends zu sich nahm; die Zwischenmahlzeit-Naschereien will ich einstweilen diskreterweise übersehen. Nicht zu übersehen jedoch ist, daß jeder einzelne dieser eleganten Träger cluniazensischer Klosterkultur dreißig Eier pro Tag aß. Schwer zu glauben? Die Rechnungsbücher und Küchenzettel stehen immer noch als beredte Zeugen für die monumentale Verdauungslust dieser mittelalterlichen Benediktiner. Um Gottes willen! dachte ich, wozu brauchte ein Mönch dreißig Eier am Tag? und, wie unvorstellbar groß muß da der Grundbesitz eines Klosters gewesen sein, damit Abertausende von Hühnern ihre täglichen Dienstleistungen ohne Platzangst erfüllen konnten?
»Trinket nicht mehr Wasser, sondern brauch ein wenig Wein um deines Magens willen«, schrieb Paulus an Timotheus. Die Zahl der Wein- und Bierfässer, die sich täglich in die Mägen und Bäuche von Mönchen und Nonnen ergossen, weigere ich mich, Ihnen hier mitzuteilen – ich möchte, daß Sie weiterlesen. Glauben Sie aber nicht, die Mönche hätten kein Wasser getrunken. Im Gegenteil, Sie hielten das Wasser für ein wahres Geschenk Gottes, und um ihn zu ehren, haben sie etliche neue Wasser erfunden – das Aqua vitae, das Wasser des Lebens, das Zwetschgenwasser, das Kirschwasser, das Himbeer-, Mirabellen- und Goldwasser – und nicht zu vergessen jenen hochprozentigen »Klostertee«, aus dessen Geist dieses Buch entstanden ist.

Hamburg, im Dezember 1979 Norman Foster

SCHLECHTE NACHRICHTEN AUS DER KLOSTERKÜCHE

Für alle männlichen Chauvinisten – und die, die es gern sein möchten, habe ich die traurige Pflicht übernommen, ein lang verschwiegenes Geheimnis zu lüften. Der erste Meisterkoch der christlichen Geschichte war – eine Frau. Und als ob das nicht schon genug der Schande wäre, die Kirche krönte diese Person auch noch mit einem Heiligenschein!

Die Frau hieß Radegunde. Sie lebte von 518 bis 587, war die erste Königin der Franken und ist ihrem Mann Clotar I. davongelaufen – nur, weil er sie ein bißchen malträtiert hatte. Und was macht dann eine emanzipierte Königin? Sie gründet ein Konvent – natürlich. Das Kloster lag bei Poitiers, nicht weit vom Wallfahrtskloster des Heiligen Martin von Tours entfernt. Kommerziell gesehen, ein recht vernünftiger Platz. Sie ließ noch ein weiteres bauen, damit sie die große Zahl vorbeiziehender Pilger beherbergen konnte. Im Jahre 569 bekam sie auch ein Stückchen des »Wahren Kreuzes«, was dem Ruhm ihres Heiligen Etablissements natürlich nicht schadete.

Aber Kreuz hin, Kreuz her – der wahre Grund, der ihre Klöster zu den bestgehenden Herbergen der damaligen Zeit machte, lag in ihrer köstlichen Küche. Sogar Heiden ließen sich nach einem Teller voll ihres berühmten Eintopfes bekehren. Glücklicherweise liegt uns ein »Gaumenzeugen«-Bericht vor über die phantastische Küche von Poitiers, geschrieben von einem, der sich bekehren ließ. Aber nicht nur das – der Heide war von dem Essen so begeistert, daß er sich auf der Stelle entschloß, den Rest seines Lebens in dem Frauenkloster zu verbringen. Ein beachtliches Vorhaben für einen Ungläubigen, der die christliche Liebe erst durch seinen Magen kennengelernt hatte. Kurz nachdem er zum Priester geweiht worden war, machte Radegunde ihn zu ihrem persönlichen Kaplan. Der Mann ist sogar Bischof geworden! – Es ist recht bemerkenswert, zu welchen Schritten sich Leute hinreißen lassen, nur um ihr Leckermaul zu befriedigen.

Der Gourmet dieser Geschichte war der lebenslustige Römer und Dichter Venantius Fortunatus, im Jahre 530 geboren und als Bischof von Poitiers im Jahre 610 gestorben. Natürlich ist es typisch für die Kirche, daß die Hymnen und Gedichte des Fortunatus über Christus am Kreuz und den Heiligen Gregor von Tours höher eingeschätzt werden als seine Lobpreisungen der Äbtissin Radegunde – und des besten Restaurants im damaligen Frankreich! Trotzdem ist einiges durchgeschlüpft über die Kochkunst und die Feinschmecker-Spezialitäten der Heiligen Radegunde sowie ihrer hochtalentierten Assistentin, der lieben Oberin Agnes. So erzählt Fortunatus von dem allerbesten Linsengericht, das er je gegessen habe, mit exotischen Gewürzen und Fleischstückchen. Als Beilage servierte Radegunde eine Platte mit gedünstetem Kohl und Lauch, mit wildem Honig übergossen. »Jedesmal«, sagte er, »habe ich davon dreimal genascht, und die Königin klatschte vor Freude in die Hände.«

Ein Novize brachte sodann ein himmlisches Fleischragout auf den Tisch, dessen verführerischer Duft ihm schon fast die Sinne raubte. In einer Tunke von außergewöhnlichem Wein schwammen die zartesten Fleischstücke. Ein fettes, in einer Glasschale gedämpftes Huhn, das sich auf einem Bett von mit Honig übergossenen Gemüsen räkelte, wurde ihm auf einer silbernen Platte von der Äbtissin selber als Spezialität des Hauses serviert. »Ich hätte mich allein an dem Dampf sättigen können«, jubiliert der Dichter: Et nusquam lac tam optimus est atque tam bene sapit utquod Sanctae Radegundae (Und nirgendwo ist die Milch so fett und schmeckt so gut, wie die von der Heiligen Radegunde), stellt er abschließend befriedigt fest.

Doch Agnes, die sich keinesfalls ausstechen lassen wollte, eilte noch mit einem Gedicht von Pudding herbei, der mit frischer Sahne übergossen und mit reizenden Figürchen aus süßem Teig verziert war. Die liebe Oberin hatte sie selber mit ihren charmanten Fingerchen geformt. So waren es die zarten Hände zweier geistlicher Damen, die die Wiege der französischen Küche zuerst in Bewegung gesetzt haben.

Übrigens: Das Fleischragout, das Fortunatus in solche Begeisterung versetzt hatte, wurde nach dem ältesten uns bekannten Rezept für einen Fleischeintopf christlicher Prägung zubereitet und war somit das entscheidende Bindeglied zwischen der kaiserlichen Küche Roms und der frühen mittelalterlichen Kochkunst. Diese Art der Zubereitung ist für uns von besonderem Interesse, weil zum erstenmal Lauch als zusätzlicher Geschmacksverfeinerer genannt und außerdem eine süß-saure Kombination aus Essig und Honig hergestellt wird. Das Rezept wurde im sechsten Jahrhundert von Anthimus, dem Leibarzt des Kaisers Theoderich, geschaffen und lautet: »Das Rindfleisch waschen, in klarem Wasser kochen, bis es fast fertig ist. Dann gibt man scharfen Essig, Poleiminze, Fenchelgewürze und Honig in kochendes Wasser hinein und läßt es eine Stunde lang sieden. Währenddessen bereitet man eine würzige Sauce aus Pfeffer, Spikenarde, Rainfarnblättern und in Wein getränkten Nelken. Diese Mischung wird kurz vor dem Auftragen in den Eintopf gerührt, um das Ganze abzurunden.« Überdies ging das Kloster Poitiers als die erste straff organisierte Hauswirtschaftsakademie für Mädchen aus gutem Hause in die Geschichte ein.

EINE EXCLUSIVE GESELLSCHAFT

BENEDIKT VON NURSIA UND DAS ERBE DER ANTIKE

Klösterliche Tageseinteilung: Seit dem Frühmittelalter ist in den Klöstern der Tag nach »horae canonicae« eingeteilt: das Stundengebet zu sieben verschiedenen Zeiten.
Die Matutin vor dem Sonnenaufgang, die Prim am Morgen, am Vormittag die Terz, mittags die Sext; danach folgte am Nachmittag die Non, die Vesper gegen Sonnenuntergang, und schließlich bildete das Komplet am späten Abend den Schluß.
Erst an der Wende vom dreizehnten zum vierzehnten Jahrhundert wandelt sich diese Zeiteinteilung.

Die Mönche haben die feine Küche nicht erfunden. Gott weiß wer! Die Zubereitung von Essen hat die Phantasie des Menschen seit der Zeit beschäftigt, als er anfing, von seinem Leben in Bildern und Gegenständen Zeugnis abzulegen. Die alten Griechen waren es, die den Stellenwert der feinen Küche und der guten Köche endgültig festlegten. Für sie war ein Mahl eine Gelegenheit, Geist und Körper zugleich zu ernähren. Mit diesem Musterbeispiel brillanten Denkens wurden die Kunst des Kochens und ihre Autoren für wert befunden, in die Chroniken aufgenommen zu werden. Der Genius dieser Männer und ihrer Schöpfungen wurde in solch hohem Ansehen gehalten, daß ein Koch sein Rezept mindestens ein Jahr unter Urheberschutz stellen konnte. Götter, was für ein entsetzlicher Gedanke!

Die griechische Küche ist keineswegs mit der Eroberung des Reiches durch die Römer verschwunden. Ganz im Gegenteil. Sie war ein wesentlicher Teil der griechischen Kultur, die von den Römern aufgesogen wurde. Gemeinsam mit Göttern, Statuen und Kunstwerken voller Schönheit wurden auch viele griechische Köche mitsamt ihren Rezepten als Beute nach Rom verschifft – als »Kunstobjekte« zum Studium und zur Nachahmung. Übrigens mußte ein Römer, der sich einen Meisterkoch leisten wollte, für ein Jahresgehalt bis zu 100 000 Sesterzen anlegen, und man bedenke dabei: Eine Sesterze war zu dieser Zeit zweieinhalb Esel wert. Das sind, wenn ich mich nicht irre, 250 000 Esel. Aus dem Fleisch von 250 000 Eseln hätte man die Grenzen des gesamten Römischen Imperiums mit Salami einrahmen können.

Was die Römer mit diesem Vermächtnis an griechischen Göttern, Aberglauben, kultischen Ritualen und – selbstverständlich – der Kochkunst machten und was von diesem Vermächtnis wiederum in den Geist und in die Mägen und Bäuche der Klosterbrüder gelangte, das ist die Ausgangsbasis für das Kochen und Schlemmen hinter Klostermauern.

Unsere Geschichte beginnt zum einen in Rom und zum anderen mit der Zeit zwischen dem Zusammenbruch des Römischen Reiches und der Gründung des Klosters Monte Cassino im Jahre 529 durch Benedikt von Nursia.

Wer war dieser Benedikt, den Dante als den »größten und strahlendsten Edelstein des Abendlandes« charakterisiert hat? Und wie sah die Welt des fünften Jahrhunderts aus, die ihn hervorbrachte?

Benedikt wurde als Sohn römischer Aristokraten um 480 im italienischen Nursia nahe Spoleto geboren. Über seine Kindheit ist so gut wie nichts bekannt. Im Alter von fünfzehn Jahren wurde er zu Studien nach Rom geschickt. Den mageren Kenntnissen über Benedikt entnehmen wir, daß die verrohte Moral und besonders die überall herrschende sexuelle Zügellosigkeit ihn schon nach kurzer Zeit aus Rom verjagten. Einem Mann wie ihm mußte Rom als wahres Zentrum der Hölle erschienen sein: Die einstige Metropole des »Imperium Romanum« wand sich in theologischer Agonie. Sie war Brennpunkt der sinkenden römischen Zivilisation und gleichzeitig Brutkasten für die mächtigste und einflußreichste Religion in der Geschichte des »weißen Mannes«. Als Schmelztiegel der Rassen beherbergte sie Menschen, in deren Adern punisches, numidisches und anderes orientalisches Blut, vermischt mit römischem Blut, pulsierte. Ein Blut von seltsamer Struktur also, unglaublich zusammengesetzt aus Völkerschaften, Sklaven und Freien, die in der ruhmreichen Vergangenheit aus allen Teilen des großen Imperiums in den Mahlstrom der nun vermodernden Stadt gesogen worden waren.

Hölle Babylon

Was Benedikt an ihr abstieß, davon erzählt auch ein Priester aus dieser Zeit. Er hieß Salvian aus Marseille. In seinem Werk »Vom Regiment Gottes« schreibt er, daß der Verfall und die Leiden der römischen Zivilisation eine gerechte Strafe für wirtschaftliche Ausbeutung, politische Korruption und sittliche Zügellosigkeit seien. Reiche und Arme, Heiden und Christen schienen in seinen Augen in den gleichen moralischen Sumpf geraten. Ehebruch und Trunksucht seien weit verbreitete Laster, Tugendhaftigkeit und Mäßigung nur eine Zielscheibe unzähliger Witze, und der Name Christi sei für diejenigen, die ihn »Gott« nennen, zu einem profanen und leeren Wort geworden. Das Römische Reich ist auch für Salvian »bereits tot oder liegt in den letzten Zügen«, die Gesellschaft hat in seinen Augen jeden moralischen Wert verloren, ist in physischem Verfall begriffen und überläßt ihre Verteidigung ausländischen Söldnern. »Rom stirbt und lacht«, schließt der Priester aus Marseille.

Doch diese Situation war nicht neu. Schon hundert Jahre vor Salvian hatte der Heilige Hieronymus ein ätzendes Porträt der römischen Gesellschaft gezeichnet. Von den römischen Frauen sagte er: »Wenn der Rock absichtlich nicht ganz geschlossen ist, der Busen durch Binden eingeschnürt und durch einen reichbesetzten Gürtel die Taille um so enger eingezwängt wird . . . Das Mäntelchen rutscht nach unten, damit die glänzenden Schultern zu sehen sind. Eilig bedeckt man sich wieder, als sollte sie niemand sehen, während sie doch absichtlich entblößt wurden.«

Hieronymus' Kritik an der römischen Geistlichkeit war ebenfalls verheerend – so sehr, daß sie ihn höchstwahrscheinlich den Stuhl Petri gekostet hat. Er schreibt von »diesen parfümierten, perückentragenden Affen, die wie Blutegel an dieser verfaulenden und sündhaften Gesellschaft hängen« und den »erbschleicherischen Priestern, die vor Sonnenaufgang aufstehen, um Frauen zu besuchen, bevor diese das Bett verlassen haben«. Er wütet gegen die Priester, ihre Ehen und ihre sexuellen Exzesse. Nur die Mönche waren in seinen Augen göttlicher Segnungen wert, da sie Besitz, Eigentum, Wollust und Stolz aufgegeben hatten.

Das Spektakel der politischen Umbrüche gleicht im gesamten fünften Jahrhundert einem historischen Alptraum: Von der Belagerung Roms durch den Westgoten Alarich im Jahre 408 und die anschließende Plünderung im Jahre 410 – Alarich hatte übrigens 5000 Pfund Gold, 30 000 Pfund Silber, 4000 seidene Tuniken und – last but not least – 3000 Pfund Pfeffer als seine Rückzugsbedingungen genannt! – über den Ansturm der Wandalen unter Geiserich im Jahre 455 bis hin zum Todesstoß, den Odoaker 476 ausführte, als er den letzten römischen Kaiser absetzte und sich selber zum König ausrufen ließ. Das Schicksal dieses Odoaker wurde allerdings ebenfalls vom Geist der Zeit bestimmt: Er nahm sein »letztes Abendmahl« zu sich am Friedenstisch seines Bruderherrschers und Sinnesgenossen Kaiser Theoderich – auch der »Große« genannt –, der ihm höchstpersönlich den Kopf abhackte.

Die Stadt Gottes

Auch zu Benedikts Lebzeiten blieb der Mittelmeerraum ein brodelnder Kessel politischer Machtkämpfe – und vor allem –, religiöser Phantastereien und Auseinandersetzungen. Sie entzündeten sich überwiegend an der Frage nach dem Wesen und der göttlichen Vaterschaft Christi. Die Hochöfen, die diese theologische Anarchie anheizten, waren aus einer Unzahl von Sekten und ketzerischen Richtungen zusammengemauert: Mandaismus, Manichaeismus, Donatismus, Arianismus und Sabellianismus, um nur einige zu nennen. Der Donatismus zum Beispiel bekriegte den Katholizismus, der Manichaeismus beide; die Monophysiten kämpften gegen die Diophysiten – und so weiter. Konzile wurden – wie schon im vierten und fünften – auch im sechsten Jahrhundert einberufen, abgehalten oder vertagt. Doch das störte die Christen nicht im geringsten dabei, sich gegenseitig umzubringen. Wahrscheinlich geht die Zahl der Christen, die während dieser furchterregenden Auseinandersetzungen von Mitchristen umgebracht wurden, weit über die Gesamtzahl aller im Römischen Reich verfolgten und getöteten Christen hinaus.

Angesichts dieses politischen, religiösen und gesellschaftlichen Chaos kann man die zwingende Motivation des jungen Benedikt und der Tausende, die ihm ins freiwillige Exil der monastischen Bruderschaften folgten, leichter verstehen: Sie ordneten sich ungeheißen einer Gesetzgebung unter, die – wie wir noch im einzelnen sehen werden – eine organisierte Verhaltensstruktur, völlig abgetrennt vom vorherrschenden römischen »way of life«, vorschrieb. So eigenartig es ist: Die Geschichte liefert uns dabei eine Fülle von Details über den Zeitgeist, der den Menschen Benedikt geprägt hat, aber über Benedikt selber, über seine Person, erzählt sie uns kaum etwas.

»Ismahelitae«

Die wichtigste und zugleich glaubwürdigste Informationsquelle über diesen legendenumwobenen Menschen ist Papst Gregor I. (ca. 540–ca. 604), genannt »Der Große« (der Benedikt allerdings auch viele Zeichen und Wunder zuschreibt). Und sogar er räumt im zweiten Buch seiner »Dialoge« ein, daß er seine Informationen aus zweiter Hand erhalten habe – nämlich von zwei Schülern Benedikts. Dieser Gregor ist übrigens der erste Mönch, dem der Papsthut aufgesetzt wurde. Er scheint darüber hinaus ein »allround«-Genie gewesen zu sein: Er entwickelte unseren Kalender ebenso wie den »gregorianischen« Choral. Frauen gegenüber hatte er offenbar eine etwas merkwürdige Einstellung, denn er schreibt, sein Pferd habe sich beharrlich geweigert, »den Körper einer Frau zu tragen«. Auch

Benedikt beehrt Gregor mit diesem merkwürdigen Verhalten Frauen gegenüber; angeblich hatte dieser als Jüngling in Rom eine schreckliche Liebesgeschichte erlebt, die ihm das weibliche Geschlecht für alle Ewigkeit vergällte.
Etwas Wahres muß daran gewesen sein, denn Gregor erzählt uns von Benedikt: »Er hatte nämlich einmal eine Frauensperson gesehen. Diese führte der ›böse Feind‹ vor die Augen seiner Seele und entfachte in dem Herzen des Dieners Gottes durch ihre Schönheit ein solches Feuer, daß er beinahe schon daran dachte, der Sinnlichkeit nachzugeben und die Einsamkeit zu verlassen. Da traf ihn plötzlich ein Blick der göttlichen Gnade, und er kam wieder zu sich. Als er in der Nähe ein dichtes Nessel- und Dornengestrüpp erblickte, zog er sein Gewand aus und warf sich nackt in die spitzen Dornen und die brennenden Nesseln. Lange wälzte er sich darin und war, als er herausging, am ganzen Körper verwundet. So entfernte er durch die Wunden der Haut die Wunden der Seele aus seinem Körper.« Eine wahrhaft ergreifende Geschichte!
Nicht weniger ergreifend sind auch die Berichte von seiner geschändeten Seele. Benedikt hatte sich in eine unzugängliche Grotte oberhalb von Subiaco – ganz in der Nähe der Ruinen von Kaiser Neros Palast – zurückgezogen, um sich von den traumatischen Erlebnissen im Sodom und Gomorrah Roms zu erholen. Einsam und heilig lebte er dort als Eremit. Von einem namenlosen Mönch aus einem der vielen Klöster der Umgebung erhielt er Essen und Kleidung. Täglich besuchte ihn ein freundlicher Rabe. Und schon nach kurzer Zeit kursierten in den Klöstern ringsum fromme Erzählungen von seinen Wundertaten, sogar bis nach Rom drang die Kunde von diesem legendären Mönch. Wie kaum anders zu erwarten, ersuchte ihn eines der Klöster, sein Abt zu werden. In demütiger Bescheidenheit übernahm er diese heilige Aufgabe, nicht ohne seine neue Familie vorher darauf aufmerksam gemacht zu haben, daß ihr Leben von jetzt an von einer zuvor nicht gekannten Härte und Kargheit sein würde. Zudem verlangte er, daß sie ihm absoluten Gehorsam schwor, was ihn beinahe das Leben gekostet hätte! Schon nach wenigen Monaten unter seinem harten Verwaltungsstil verübten seine Mitbrüder einen Mordanschlag auf ihn, indem sie in seinen Wein ein wenig Gift mischten.
Er floh zurück in die Sicherheit seiner Grotte, begleitet von etlichen treuen Anhängern. Mit ihrer Hilfe gründete er in den folgenden Jahren zwölf Klöster in der Umgebung. Benedikt wurde zum »Generalabt« gewählt und hatte die Oberaufsicht über jede dieser Mönchsgruppen. Er war nun vierzig Jahre alt; man schrieb das Jahr 520. Die nächsten neun Jahre in Benedikts Leben sind ebenfalls nur schwer in den Griff zu bekommen, denn wir hören sowohl von ungewöhnlich viel Novizen als auch von wiederholten

Derartige Versuche wie den, den Heiligen Benedikt zu vergiften, sollten leider in den Klöstern Schule machen. Denn obwohl dieses hochbegehrte, mächtige Amt mit viel Prunk, Pracht und Privilegien ausgestattet war, hatte es auch eine Kehrseite: In den frühen Klosterzeiten konnte es nicht selten richtig lebensgefährlich werden, besonders dann, wenn der Abt seine Schützlinge in Christo ein bißchen zu kurz an der goldenen Benediktinischen Leine halten wollte.
Einer dieser mutigen Menschen war Raffredus, Abt des berühmten italienischen Klosters Farfa. Im Jahre 936 wurde er von zweien seiner »Söhne« vergiftet. Einer seiner Mörder, der Mönch Campo, ist dann von seinen Mitbrüdern zum Abt erkoren worden. Folgerichtig konnte er etwas großzügigere Lebensformen anbieten als sein Vorgänger.
Fromm und glücklich regierte er als Abt in Farfa – bis er, im Zuge eines neuen Kloster-Reformversuchs, hinausgejagt wurde. Der neuernannte Abt fiel aber nach kurzer Zeit ebenfalls einem Mordanschlag zum Opfer . . . C'est ça! Erst Ende des zehnten Jahrhunderts wurde die Abtei von einer bleibenden Reform eingeholt – allerdings mit einem Abt, der sich das Amt kaufen mußte.

Mordanschlägen mißgünstiger Priester. Ziemlich sicher ist, daß Benedikt im Jahre 529 diese gefährliche Gegend mit einer Gruppe von Mönchen verließ. Sie wählten die Spitze eines Berges über der antiken, heidnischen Stadt Casinum als Sitz für ein neues Kloster aus. Die strategisch günstige Lage – ein Kloster auf dem höchsten Punkt der es umgebenden Landschaft – ist übrigens charakteristisch für alle nachfolgenden Benediktinerklöster.

DAS KLOSTER MONTE CASSINO

Die Gründung Monte Cassinos im Jahre 529 erfolgte gleichzeitig mit der Schließung der Athener Akademie, dem Hauptsitz des platonischen Diskurses und der klassischen Bildung der antiken Welt. Für den Römer – und Christen – Kaiser Justinian war die Philosophie eine heidnische Erfindung und deshalb gefährlich und nicht vertretbar. Er ließ die Mittel der Akademie beschlagnahmen, und so wurde ihre Schließung erzwungen. Rom, die einstige Schülerin Griechenlands, »enterbte« sich vom Wissen der früheren Meister. Hegel schreibt, daß dieses symbolische Datum 529 den Übergang von der Antike in das Mittelalter markiert. Auf jeden Fall wurde damit der Niedergang der nicht-»christlichen« Philosophie besiegelt. Und eine Verlagerung des intellektuellen Denkens aus den weltlichen Lehrinstituten Byzanz' in die religiöse Abgeschiedenheit der Klöster fand damit statt.

Die Konsequenzen dieser Teilung waren vielfältig und schwerwiegend. Europa wurde geografisch in lateinische und griechische Orthodoxie geteilt. Sprachlich wurde die byzantinische Orthodoxie mit der griechischen Sprache und die westliche Orthodoxie mit der lateinischen Sprache identifiziert. Im Bereich der Rechtsprechung wurde die griechische Orthodoxie unter weltliche Gesetze gestellt. Hier ernannte der Kaiser weiterhin die Patriarchen und verfügte über sie. Demgegenüber wurde im lateinischen Christentum der Kampf zwischen den zwei Zentren der Macht – Staat und Kirche – im großen und ganzen von der Kirche gewonnen, die bis in das vierzehnte Jahrhundert hinein die politischen Geschicke beherrschte.

Es wäre bestimmt interessant, darüber zu spekulieren, ob Benedikt von der Schließung der griechischen Akademie gewußt oder ob er die weitreichenden Konsequenzen dieser Tatsache vorausgesehen hatte. Denn das hätte bedeutet, daß ihm die monumentale Rolle bewußt gewesen wäre, die der Monastizismus bei der Formung der Zukunft Europas spielen sollte. Ohne Zweifel war er ein Mann

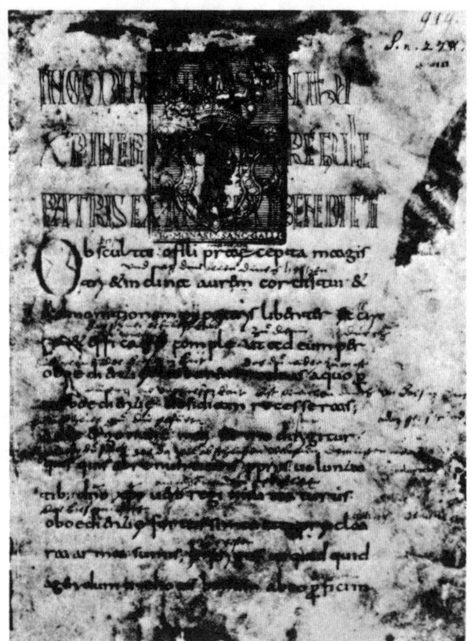
Die Benediktusregel

tiefen Glaubens und erstaunlicher Weitsicht und zugleich ein pragmatischer Römer mit einem außergewöhnlichen Organisationstalent. Es muß ihm klar gewesen sein, daß die Institutionen seiner Vorgänger – eremitische, quasi-eremitische oder zönobitische – nur einen Selbstzweck erfüllten. Denn sie konnten von ihrer Funktion her die Bedürfnisse der sich gerade zu dieser Zeit herausbildenden »abendländischen Psyche« nicht erfüllen.

Die Zeit schrie nach irgendeiner Form von institutionalisiertem Ideal, das den vielen Frauen und Männern, die nicht länger mit der »supermännlichen« stoischen Ethik des imperialen Roms zurechtkamen, Schutz gewähren konnte. Dafür war Benedikt der richtige Mann, mit der richtigen Idee zur richtigen Zeit! Die strenge Disziplin seines Klosters war ein geringer Preis für ein ruhiges Leben – Enthaltsamkeit, Ethik, Liebe, Gehorsam, Bescheidenheit, Stabilität und als Wesentlichstes: Freundschaft innerhalb einer Familie. Tugenden, die Jahrhunderte später für ein Modell menschlichen Zusammenlebens, die Genossenschaft, neue Bedeutung gewinnen sollten. Und Benedikt goß diese neuen Ideale in die Form von »ora et labora« – »Gebet und Arbeit« –, wobei der Begriff »Arbeit« zum ersten Mal zu einem sittlichen Wert erhoben wurde.

Eines steht fest: Es ist ihm gelungen, eine Brücke zwischen westlichem und östlichem Mönchstum zu schlagen. Dadurch vereinigte er die zahllosen monastischen Richtungen zu einem einzigen gewaltigen Strom monastischer Energie. Und es waren seine Mönche, die mit dem »Schwarzen Büchlein« der neuen Ordnung in der Hand das Territorium des früheren Römischen Reiches erstürmten; gefolgt von den Schwestern Christi, den Nonnen. Und es waren ebenfalls seine Anhänger, die das Konglomerat von Lombarden, Angeln, Sachsen, Kelten, West- und Ostgoten, Wandalen, Franken, Hunnen, Slawen und all den anderen ehemals heidnischen Völkern in den einen katholischen Glauben peitschten.

Diese ungeheuerliche Aufgabe wurde relativ einfach erfüllt. Die Macht der Klöster beruhte auf der Kenntnis und Beherrschung der neuen europäischen Leitsprache: Kirchenlatein. Diese Sprache wird in den nächsten siebenhundert Jahren – der Zeit, in der das Mönchstum den Höhepunkt seiner Macht und seines Einflusses entwickelte – die offizielle Verwaltungs- und Glaubenssprache sein. Die Eroberer des Römischen Reiches und die neuen Herrscher – die »Barbaren« – brauchten Sprache, um das vorgefundene Traditionssystem zu meistern und zu stabilisieren. Der einzige Lehrer war die Kirche beziehungsweise waren – die Mönche. Der Preis war die Bekehrung zum Christentum. Eine Alternative gab es nicht. Wer die »doctrina christiana«, die Religion des Buches, die neue christliche Kultur und ihre Sprache beherrschte, konnte

Menschen beherrschen. Insofern setzten die Eroberer den Papst auf den verwaisten Thron des römischen Kaisers. Und sie wurden die Mündel des neuen Herrschers, der katholischen Kirche. Christus führte nun zwei Schwerter, das geistliche und das weltliche.

DIE REGEL DES BENEDIKT

Die Regel Benedikts ist die erste und bei weitem detaillierteste Formulierung der religiösen Gesetzgebung, die den geistlichen Bedürfnissen Europas angepaßt ist. Sie überlagert alle früheren Ordnungen und anderen rudimentären Formen des Gemeinschaftslebens. Dieses Meisterwerk konstitutioneller Ordnung war allen nachfolgenden römisch-katholischen Mönchsorden Vorbild.
Benedikt setzte damit eine Ordnung auf, die alle Aspekte des Lebens im Kloster regelte. Zu der nachsichtigen Milde, die daraus spricht, gelangte er aber erst durch die vielfältigen fehlgeschlagenen Versuche und Irrtümer, die er beim Aufbau seiner früheren, allzu streng regierten Gemeinden erlitten hatte.
Die Satzung Benedikts beinhaltet eine Reihe revolutionärer Überraschungen, angefangen mit dem komplizierten formalen Aufnahmeritual. Vor Benedikt waren für den zukünftigen Mönch keine Vorbedingungen notwendig. Grundsätzlich klopfte jemand, der Mönch werden wollte, einfach an das Klostertor und tat seine Absicht kund. Das genügte vollkommen! Doch Benedikt machte das Kloster zu einem Instrument, durch das der Mensch Gott nach bestimmten Regeln und Vorschriften dieser Einrichtung diente. Das ist sehr wichtig, denn diese neue Idee schuf ein operatives Prinzip: Infolge der Organisation des einzelnen Klosters auf der Grundlage einer allgemein verwendbaren Verfassung war es möglich, Familien von Klöstern zu errichten.
»Regel heißt sie, weil sie das Leben derer, die ihr gehorchen, regelt.« Mit diesen Worten beginnt Benedikts neue Ordnung des mönchischen Lebens. »Höre mein Sohn auf die Lehren des Meisters und neige das Ohr deines Herzens. Nimm die Mahnung des gütigen Vaters willig an und erfülle sie durch die Tat. So wirst du durch die Mühe des Gehorsams zu dem zurückkehren, von dem du dich in der Trägheit entfernt hast.« Diesen nachsichtigen Sätzen des Prologs folgen strenge Ermahnungen und Aufforderungen an den Mönch, sein Leben an den Vorschriften der Regel auszurichten.
Er wird ermahnt: den Leib in Zucht zu halten, nicht das zu suchen, was den Sinnen schmeichelt; das Fasten zu lieben; der Mönch soll kein Trinker und kein Faulenzer sein; er soll sich nicht dem Schlaf

Der Heilige Guthlac empfängt die Tonsur in Repton Abbey

Hugo von Saint Victor mit drei Schülern

ergeben; kein großer Esser sein; er soll sich fernhalten von dem Treiben der Welt; vor der Hölle zittern; schlechte und unanständige Reden und überhaupt das viele Reden vermeiden; er soll leere und zum Lachen reizende Worte nicht reden und das laute und schallende Lachen nicht lieben; alle früheren Sünden bekennen und diese Sünden in Zukunft vermeiden; das Begehren des Fleisches nicht befriedigen; den Streit nicht lieben und die Keuschheit dennoch lieben. Und auch: »Was sie (die Äbte) sagen, das tut, was sie tun, das tut nicht.« Vor allem aber: »Laßt das Murren sein!«

Nun zu den Abschnitten der Regel Benedikts, die in der Literatur unter dem Begriff der »Cura Corporis« dargestellt werden – die Sorge für den Körper oder die Pflege des Körpers. In den vergangenen 1400 Jahren ist die Superpflege des mönchischen Körpers tatsächlich eine »Sorge« gewesen. Wieviel, wovon und auch wo durfte wann gegessen werden? Wie weit konnte man die Regel dehnen, biegen oder gar umgehen, bevor eine harte Strafe verhängt wurde? Wie war es mit dem Trinken? War es außerhalb der Messe erlaubt? Und falls ja, welche Umstände mußten zusammentreffen? Wie war es um die Menge bestellt, die man straflos genießen durfte? Wie sollte der Mönch gekleidet sein? – Über und unter der Kutte? Wie im Sommer, wie im Winter? Bei der Arbeit und im Bade? Ja, wie und wann sollte überhaupt ein ordentlicher Mönch seine Hosen anziehen? Wie verhielt es sich mit privatem Eigentum – innerhalb und außerhalb der Klostermauern? War es den Brüdern und Schwestern erlaubt, sich selbst zu waschen? Wieviel ihrer selbst und wie oft? Dürfen Brüder und Schwestern überhaupt irgendwelche Kontakte miteinander haben? Schließlich gab es ja Doppelklöster.

So legte Benedikt auch die Zahl der täglichen Mahlzeiten und die Anzahl der Gerichte fest: »Wir glauben, daß zur täglichen Hauptmahlzeit und mit Rücksicht auf die unterschiedlichen Bedürfnisse für jeden Tisch zwei gekochte Speisen genügen. Wer von der einen Speise nicht essen kann, hat so die Möglichkeit, sich an der anderen zu sättigen. Zwei gekochte Gerichte sollen also für alle Brüder genügen. Ist noch Obst oder frisches Gemüse zu haben, so kann man noch ein drittes hinzugeben.« »Darüber hinaus oder dazu«, schreibt Benedikt, »genügt ein gut gewogenes Pfund Brot für den Tag« – und für die Nacht? haben die Mönche gefragt. Und es folgt das Musterbeispiel an Eindeutigkeit: »Auf den Genuß des Fleisches von vierfüßigen Tieren sollen alle vollständig verzichten, mit Ausnahme der schwachen Kranken.« Das waren schon schwere Brocken, die da verdaut werden mußten!

Das historische Verbot, auf den Genuß des Fleisches vierfüßiger Tiere vollständig zu verzichten, war die Ursache für den fast

tausend Jahre währenden Auslegungsstreit, was wirklich darunter zu verstehen sei. Die unschuldige Klarheit dieses Satzes sorgte bis in die jüngste Vergangenheit für ständiges Durcheinander in den Ernährungsvorschriften und Kochgewohnheiten der Klöster.
Zudem war es natürlich in Süditalien viel leichter, mit einem täglichen Hauptmahl auszukommen, so wie es Benedikt verlangt hatte, als in Norditalien, wo das rauhe Klima und die kalten Winter höhere Ansprüche an einen hart arbeitenden Körper stellten. Deshalb wurde an Fest- und Feiertagen wie auch an Sonntagen die Regel zumeist etwas gelockert, und zwei tägliche Mahlzeiten waren erlaubt. Kein Wunder, daß die Anzahl der Tage, die in kurzer Zeit zu Feiertagen erklärt wurden, so explosionsartig anschwoll, daß das Ganze zu einer Farce zu werden drohte. Trotz aller Ermahnungen war es schier unmöglich, die Anzahl der Festtage im Griff zu behalten.
Im zwölften Jahrhundert versuchte der Mönch und Philosoph Peter Abaelard (1079–ca. 1144) vergeblich, dieser Entwicklung Einhalt zu gebieten. »Feiertage sind für den Geist und nicht für den Bauch da. Die Mönche gieren schamlos der Regel und ihrem Gelübde zuwider nach Fleisch«, donnerte er aus seiner Schreibstube. Ähnlich verhielt es sich mit dem Maß für das Trinken. Der Mönch dürfe kein Trinker sein, schreibt Benedikt, und eigentlich sei Wein überhaupt nichts für ihn. »Da man aber die Mönche unserer Zeit davon nicht überzeugen kann, sollten wir uns wenigstens dazu verstehen, nicht bis zur Sättigung zu trinken, sondern weniger!« Er hoffte, daß etwa ein Viertel Liter Wein – eine »Hemina« – pro Mann und Tag ausreichen müßte. Er gesteht aber auch Ausnahmen unter spezifischen klimatischen oder lokalen Bedingungen sowie für außergewöhnlich harte Arbeit zu und überläßt es dem Abt, quantitative Regelungen zu treffen. Benedikt hätte eigentlich voraussehen müssen, daß der Versuch, den Mönch bei einem Viertel Liter Wein täglich zu halten, historische Probleme aufwerfen würde. Vielleicht erklärt sein Glaube an das Beste im Menschen die Zweideutigkeit dieses Kapitels. Bier wird in der Regel nicht ausdrücklich erwähnt. Das soll nicht heißen, daß Benedikt das Bier nicht kannte. Doch er war ein Mann des tiefen Südens – also ein Mann des Weines. Außerdem wußte man schon damals, daß das »Blut des Neuen Testaments« nicht aus einem Bierfaß floß.

Bierbrauer bei der Arbeit

Eine wahre Goldgrube komischer Erzählungen über Mönche, die danach trachteten, die kulinarische Lebensqualität zu verbessern, sind die klösterlichen Visitationsbücher mit den Berichten der bischöflichen Visitatoren. Diese eifernden, spitzfindigen, petzenden, spionierenden Kuttenträger kontrollierten die Glaubensfestigkeit der Brüder und Schwestern. Das Zentrum dieser Stürme lag nie im Wasserglas – sondern leider (!) im klösterlichen Kochtopf.

Über den monastischen Daumen gepeilt, kann als allgemeingültig angenommen werden, daß alle zwei bis drei Generationen eine Klosterreform dringend notwendig wurde. Nach den Reformchroniken zu urteilen, wurden die kargen Regeln über Essen und Fasten so oft gebrochen, daß es leichter war, die Tage im Jahr zu zählen, an denen die Regel eingehalten wurde.

Alles, was von Benedikt hinsichtlich Essen und Trinken im Kloster nicht eindeutig und genau erwähnt oder definiert worden war – desgleichen fehlende oder nicht ausdrückliche Gebrauchsanweisungen –, schafften in den kommenden Generationen von Ordensleuten schier unüberbrückbare Auseinandersetzungen. Die Mönche produzierten bei ihrem eifrigen Hinterherjagen nach der »reinen« Wahrheit in Punkt und Komma der Regel in einem Umfang Literatur zum Thema Ernährung, daß deren Gewicht und Masse wohl die Kapazität sämtlicher Regale der Bibliothek von Monte Cassino überfordern würde.

Die Ausschweifung der Mönche

Ob es sich nun um Wein, Bier, Fleisch – vom Schwein oder anderen Tieren –, um Fett, Hühner, Brot, Fisch, Felle, Hosen und Decken, um Rasieren oder Baden, Krankheit oder Gesundheit oder um die Quantität oder Qualität all des Angeführten handelte – die Unterschiede zwischen den »heiligen« Meinungen der anerkannten, rechtgläubigen katholischen Kirchenväter waren verblüffend und vielfältig. Dennoch: Bis in das zwölfte Jahrhundert hinein sollte die Regel Benedikts die »Bibel« des westeuropäischen Mönchtums bleiben. Und mit diesem System der neuen christlichen Kultur brachten die Mönche »die Religion des Buches« bis in die entlegensten Ecken und Winkel Europas.

DIE MÖNCHE

Die Mönche hackten die heiligen Bäume ab, setzten an ihre Stelle heilige Klöster und Kirchen, legten die Grundsteine für neue Siedlungen und Städte. Die alten Götter wurden durch Christus verdrängt, und dieser war es nun, der den Pflug führte. Die Ordensbrüder bestellten den Boden, ernteten das Korn und füllten die Bäuche der »alten Völker« mit dem Brot Christi. Sie bauten Windmühlen, die den Windgott Odin aus der Phantasie und dem Raum der Menschen heraussaugten. Und wo der Wind nicht wehte, bauten sie Wassermühlen, um das Getreide zu mahlen und die Menschen zu füttern, sie seßhaft und bereit dafür zu machen, an den einen neuen Gott zu glauben und zu seiner Ehre größere Klöster und noch erhabenere Tempel zu errichten, in denen neue Wunder stattfinden sollten, damit noch mehr Menschen gesättigt werden könnten – um für Christus zu kämpfen . . . und zu sterben.

Sie erfanden Kalender, Kanonen, Uhren, Starkbier, Brezeln, Mortadella und den Gugelhupf, belebten die antiken Handelsstraßen nach dem Osten, schlugen neue durch die Urwälder und Sümpfe, um größere Mengen von Gewürzen und Räucherwaren zurückbringen zu können, und wurden immer mächtiger. Sie gründeten Banken, Kohle-, Salz- und Erzminen, Apotheken und Spitäler, erweckten das römische Postsystem zu neuem Leben, bauten Hotels, Bordelle, Schulen, Universitäten und Schiffe, mit denen sie für lange Zeit die Körper, Seelen und Wasserstraßen Europas kontrollierten. Sie häuften einen bis dahin nicht gekannten Reichtum an, waren Eigentümer ungefähr der Hälfte des europäischen Grund und Bodens, hielten Leibeigene, Sklaven, Konkubinen und waren shocking Kapitalisten.

Die Klöster zeugten Ärzte, Rechtsgelehrte, Ingenieure und Maler, Dramatiker, Diplomaten, Architekten und Weinbauern, Waffen- und Goldschmiede, Viehzüchter und Schriftsteller, Intriganten, Liebhaber und Heilige, Philosophen, Soldaten und Dichter, Politiker, Musiker und Päpste, Herätiker, einige Könige und – viele ausgezeichnete Köche. Und nur wenige lebten vom Brot allein . . .

Sie kopierten und illustrierten alles, was geweiht und erlaubt war – mehr noch, vieles Unbefugte oder gar Verbotene –, eben alles, was ihnen in die Hände fiel. Und festgehalten und archiviert wurde alles, was gesprochen und getan wurde – nun ja, fast alles.

Und deshalb kann ein Buch wie dieses über die Herrlichkeit der Klosterküche geschrieben werden. Liebevoll und sorgsam angefertigte Transkripte der berühmten Werke griechisch-römischer Meisterköche gelangten auf die Regale der Klosterbibliotheken. Unter den »heiligen« Büchern und Manuskripten, die die Mönche

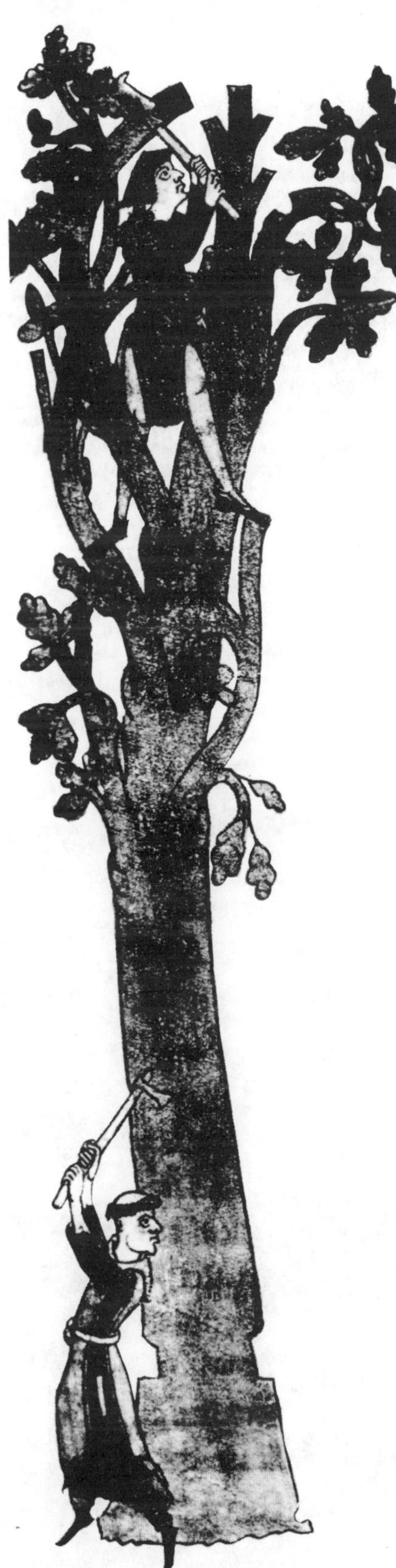

Zisterziensermönch und Laie fällen einen Baum

Fragment: Virgil – Georgicus

aus den Trümmern des Römischen Reiches gerettet hatten, befanden sich klassische Werke der Wissenschaft: auch über Ackerbau, Viehzucht, Weinbau und Imkerei. Was die alten Römer Plinius, Columella und Virgil über den Weinbau gelehrt hatten, brachten die Klosterbrüder in wunderschöner Fülle und mannigfaltigem Sortiment zu edler Blüte. Sie legten einen dichten Teppich von Weingärten über ganz Europa – von Sizilien bis nach Schottland und Dänemark: Dort war der Teppich allerdings schon etwas durchscheinender! Natürlich waren die Mönche ganz erpicht auf derartige Werke, insbesondere solche, in denen Einzelheiten über die phantastischen Kombinationen römischer Speisen und deren Zubereitung wiedergegeben wurden.

Sie werden sagen »Halt!«, diese Dichter und Schriftsteller waren Giganten ihrer Zivilisation . . . ihre Werke die Säulen der westlichen Bildungsgesellschaft. Sie zu retten war die heilige Pflicht der Mönche! Aber um ehrlich zu sein, es gab nichts Heiliges an dieser Pflicht, denn diese »Heiden« waren schließlich recht unheilige Menschen, und ihre Schriften waren keinesfalls Teil des akkreditierten christlichen Lebensschemas, dem Christen zu folgen hatten – und falls sie das nicht taten, bekamen sie für die nächsten acht- bis neunhundert Jahre großen Ärger. Nichtsdestoweniger haben uns die schlauen Mönche diese Schätze gesichert, um ihres »literarischen Wertes« willen, wie sie – später! – sagten. Die meisten Großen der Antike wurden sowieso postum für den »christlichen Gebrauch« getauft und freigegeben. Gott sei Dank!

Ich ziehe meinen Hut vor den Mönchen, die Horaz' Werke gerettet haben. Die Profundität seiner Oden und Episteln bereichern mein Leben. Ebenso seine Satiren über die römischen Bankette. Dort werden wir nämlich beispielsweise in das Geheimnis eingeweiht, daß Schweinefleisch unvergeßlich besser schmeckt, wenn das Schwein abends bei einem sanft wehenden Südwind geschlachtet wurde. Nebenbei bemerkt hatten Horaz und Virgil denselben Gönner, einen bekannten römischen Gentleman und Freund von Kaiser Augustus, dessen Name Gaius Maecenas lautete . . . ganz richtig, derjenige, der dem »Mäzen« seinen Namen gegeben hat!

Cato der Ältere eröffnet uns in seinen Schriften unter anderem, wie man Schweinefleisch pökelt und räuchert. Wie ein guter Myrtenwein angesetzt wird und wie man die neuartigen, weil süßen Kuchen bäckt. Einen dieser Kuchen nannte er »Globus« – es ist gewiß der Urvater des Krapfens, den die Mönche in vielen hundert Variationen aßen. Und dann Marcus Terentius Varro, Roms größter Gelehrter: Er hinterließ explizite Anleitungen zur Aufzucht von Schnecken, Perlhühnern und Pfauen, dazu Pläne zum Bau von großen Vogelhäusern und zur Anlage von Fischteichen – unverzichtbare Bestandteile der Klöster! Und das so geliebte Schweine-

Mönche bei der Feldarbeit

fleisch wird auch von ihm nicht vernachlässigt: Der saftigste Braten kommt von Schweinen, die mit Bohnen und Gerste gemästet wurden.
Die Liste der ruhmreichen Namen ließe sich fortführen – Juvenal, Columella, Plinius der Ältere, Fronto. Und last but not least mit

Das verfluchte Schwein

dem Autor des ersten europäischen Romans – des »Satyricon« – dem ehrenwerten Petronius »Arbiter elegantiae«, dessen Beiname wohl am zutreffendsten mit »Protokollchef für Fragen des ausschweifenden Lebens« übersetzt ist. »Satyricon«, dieser Bestseller der Zeitenwende, ist ein grotesker Baedeker durch die überschäumenden römischen Orgien und Saturnalien. So wird dort das Gastmahl eines Sklaven namens Trimalchio beschrieben – man muß das einfach gelesen haben, um es zu glauben. Tatsächlich handelt es sich dabei um die gargantuesken Tafelschlachten seines teuren verfressenen Freundes Nero, Kaiser von Rom, für Christen als höchst bemerkenswerter römischer Musiker unvergessen.

Der berühmteste Architekt der antiken Feinschmeckerei war jedoch der Römer Marcus Caelius Apicius. Seine erstaunliche Sammlung von Kochrezepten spiegelt vielleicht am besten den erhabenen Genius der zivilisierten greco-romanischen Küche wider. Die ihm zugeschriebenen sensationellen Kochideen waren in Rom *das* Stadtgespräch. Ausgang des vierten Jahrhunderts war der Name Apicius ein Synonym für Völlerei. Eigenartig, wie oft die heiligen Schriftsteller des Mönchtums über diesen Mann und seine Kochkunst sprechen. Darüber hinaus – und das ist für unsere Geschichte des Kochens im Kloster besonders signifikant – stammt die älteste uns erhaltene Abschrift seines Kochbuches aus einem deutschen Kloster des neunten Jahrhunderts – aus Fulda.
Wie die Mönche dieses verführerische Vermächtnis der Feinschmeckerei in die klösterlichen Tiegel und Töpfe beförderten, davon wollen wir sprechen.

HEILIGE - HEILIGE STÄTTEN

»Was ist Gott? Er ist Länge, Breite, Höhe, Tiefe«, sagt Bernhard von Clairvaux (»Über die Betrachtung«), einer dieser geheimnisvollen Heiligen, Giganten der Christenheit – allmächtige, fast mythische Gestalten, die durch die Geschichtsblätter der Kirchen brausten –, die ohne Furcht und Zittern behaupten konnten, daß Gott Eins war und Oben. Kein Wunder, daß sie erst in ihrem Tode wirklich sicher und »heilig« waren, nachdem man ihre Leiber in Hunderte von Souvenirstücken zerlegt hatte.
In der Tradition der Kirche entstanden zwei Kategorien von Heiligen. Zu der ersten Gruppe gehören die christlichen Frauen und Männer, die wegen ihres Martyriums verehrt wurden. Die Stelle ihres Erleidens wurde zu einem heiligen Ort.

Wiborada stirbt den Märtyrertod

Der Abt des Klosters von Nogent-sous-Covey, Guilbert de Nogent, berichtet ein sehr gutes Beispiel für einen gemarterten Heiligen. Das besondere Kennzeichen seines Martyriums bestand nämlich darin, daß er voll des hervorragenden Landweins in einen Brunnen stolperte und ertrank. Selbstverständlich wurde der neue Märtyrer St. Pyro, auch Abt eines Klosters, zu einem Heiligen erhoben. Die Franzosen hatten immer Respekt vor einem Mann, der bereit ist, sein Leben den Trauben zu opfern.
Eine zweite Kategorie sind die Bekenner. Sie erfuhren nicht das Martyrium im üblichen Sinn, sondern sie legten Zeugnis ab für die Stärke ihrer Gefolgschaft für Jesus Christus, indem sie sich zum

christlichen Glauben bekannten und ein musterhaftes, vorbildliches, ausharrendes Leben führten. Sie sind vergleichbar einem Märtyrer, der für Christus starb – so sagt man. Die Bekenner erhielten die gleichen Ehren und Reverenzen wie die Märtyrer; Anrufungen, Todestage und Weihungen.

Der Heilige Moses, »Der schwarze Räuber«, begann sein Leben im vierten Jahrhundert als äthiopischer Sklave. Er war ein Halunke, ein Betrüger, und wenn er nichts anderes zu tun hatte, stahl er. Der Gouverneur, sein Herr, war logischerweise nicht ganz einverstanden mit diesen Eigenarten. Moses wurde rausgeworfen und mußte nun auf eigenen Füßen stehen. Da stand er sehr erfolgreich. Eine Gruppe Gleichgesinnter schloß sich ihm an. Mit ihm als Boß zog diese Bande mordend und brandschatzend durch das Land. Moses – so muß man wissen – war ein stattlicher Mann, mit einem stattlichen Fassungsvermögen.

Ein Raubüberfall

Eines Tages, so wird berichtet, durchquerte er den breiten Nil, um dem Leben eines Schäfers, der ihn verraten hatte, den Garaus zu machen. Nachdem er die zwei Kilometer mit seinem Schwert zwischen den Zähnen geschwommen war, stellte er fest, daß der Schäfer weggelaufen war und seine Herde im Stich gelassen hatte. Eine solch günstige Gelegenheit konnte er – der Dieb – nicht auslassen. Er schlachtete vier der fettesten Schafböcke, knüpfte sie hintereinander an einem Seil fest, und mit Seil und Schwert zwischen den Zähnen schwamm er die zwei Kilometer wieder zurück. Das waren noch Zähne! In einem kleinen Dorf machte er Rast. Er bereitete die Tiere zu, röstete sie am Spieß, aß sie alle vier, und mit neun Litern Wein, die er für die Häute eingetauscht hatte, spülte er sein Mittagessen hinunter und schlief ein. Ausgeruht und zufrieden stand er dann auf und trottete die achtzig Kilometer zu seiner Bande zurück.

Von einem späten Gefühl der Reue ergriffen, verzichtete er von Stund an auf seine erfolgreiche Laufbahn als Krimineller. Vollkommen zerknirscht und in tiefer Reue begann er ein neues Leben als Mönch in einem Kloster der Wüste Sketis. Es ist schwer zu sagen, in welcher Tätigkeit er erfolgreicher war, als Räuber oder als Mönch. Auf jeden Fall folgten ihm etliche Mitglieder seiner früheren Bande ins Kloster, und sie alle wurden ebenfalls brave Mönche.

Wäre der alte Adam in ihm nur tot gewesen, das neue Leben des Moses hätte jetzt perfekt sein können. Doch dieser gesegnete Mann (so muß man ihn wohl nennen) trug ein sonderbares Kreuz. Jede Nacht peinigten ihn seltsame, farbige Träume mit den allerschönsten Frauengestalten. Und es spielten sich die wildesten Dinge in seiner Zelle ab. Für einen Mönch wahrlich ein vertracktes Problem! Moses kämpfte schwer dagegen an, unterstützt von seinen hilfsbegierigen Mitbrüdern. Er gab das Trinken auf, er aß nur noch ein

»Die 24 Ältesten verneigen sich vor dem Thron Gottes«

halbes Pfund schwärzestes Brot pro Tag. Die Nächte der nächsten sechs Jahre verbrachte er auf einem Fuß stehend mit weit aufgerissenen Augen; mit unermüdlichem Fleiß betete er achtzig Gebete. Trotz dieser quälenden körperlichen Züchtigungen und den geistigen Anfechtungen ging das Treiben stetig weiter. Er konnte sich von diesen drängenden Bildern nicht befreien. Moses war verzweifelt. Wäre dieser gute Mann durch den Heiligen Isidur nicht davon erlöst worden, Gott weiß, wohin dieses Treiben noch geführt hätte und was aus dem Moses geworden wäre.

Wie dem auch sei, er wurde befreit und als Belohnung für seine heroische Standhaftigkeit gegen die Dämonen wurde er zum Priester geweiht und später in den Heiligenstand gesetzt. Als er weißgekleidet zum Priester ordiniert wurde, sprach sein Bischof zu ihm: »Nun ist der schwarze Mann weiß geworden.« »Nur äußerlich«, sprach Moses, »Gott allein weiß, wie es in mir aussieht.« »Fort, verdammter Fleck, fort sag' ich.«

Im allgemeinen war das Leben eines Heiligen nicht immer einfach. Im Jahre 718 kam der englische Mönch Wynfrith nach Deutschland, wo er als Bonifatius bekannt wurde – der Apostel Deutschlands. Seine Aufgabe war es, die heidnischen, germanischen Stämme zu christianisieren und gleichzeitig die korrumpierte fränkische Kirche zu reformieren.

Damals, im achten Jahrhundert, bedeckten dichte und undurchdringliche Wälder das Land. Diese Wälder wurden von seltsamen, wilden Tieren bevölkert, die von den alten Germanen gejagt und in wilden Orgien verschmaust wurden. Bonifatius begann seine Mission bei Geismar, nicht weit von Fritzlar, indem er dort die heilige Eiche Thors, des großen Gott des Nordens, eigenhändig fällte – in jener Zeit eine Pflichthandlung für jeden angehenden Heiligen. Somit stellte er mit einem Schlag die Überlegenheit seines Zaubers, den er Jesus Christus nannte, klar. Die Alten strömten nun wie Ameisen in den Bau seiner Kirche. Und was die wilden Tiere betraf, so gab er seinen Mönchen die folgende Anordnung: Die Jagd auf die wilden Tiere im Walde ist grundsätzlich nichts anderes als die Jagd auf heidnische Leichenschänder. Die Mönche haben die heidnischen Wildschweine in einem Maße verfolgt, das nur von jemandem nachempfunden werden kann, der einmal einen Bucheckernbrei mit Eichenrindentee hinuntergespült hat ... Von nun an wird diese Art von Wildbret einen besonderen Ehrenplatz auf dem Refektoriumstisch einnehmen.

Nach einer Weile waren die Wälder von den Leichenschändern befreit und gleichzeitig war auch die Quelle des Wildbrets leider ausgetrocknet. Danach konnte es in einigen Klöstern passieren, daß ein harmloses Hausschwein von einer Horde gieriger Mönche als Wildschwein über den Klosterhof gejagt wurde. Schließlich fiel das »arme« Schwein seiner angestammten Bestimmung zum Opfer. In dieser Zeit schrieb Bonifatius einige persönliche Briefe an Papst Zacharias in Rom. Die Briefe bieten uns eine breite Skala von detaillierten Informationen über den traurigen Stand der Dinge in der fränkischen Kirche. Die Bischofssitze waren in den Händen derer, die moralische Werte bereits eingebüßt hatten. Mönche leisteten sich fünf oder sechs Konkubinen, wurden Priester, und wenn sie ausgekocht genug waren, dann wurden sie sogar Bischof: »Diese Lüstlinge, die ihre ganze Zeit mit Rumhuren verbringen, mit großen Orgien des Fressens und Trinkens.«

Ein gewisser Aldabert – ein ehemaliger schlechter Mönch und nun ein falscher Bischof, nimmt den ersten Platz auf der Lästerliste von Bonifatius ein. Ein »bizarrer Geist« – ein Mörder und Geschäftemacher besonderen Stils. Hochnäsig stolzierte Aldabert mit vielen Reliquien von außergewöhnlicher Signifikanz herum. Sie waren ihm angeblich von einem Engel Gottes persönlich in die Hand gedrückt worden. Er ließ in seinem Namen Kirchen bauen, bedeckte die Landschaft mit geweihten Kapellen und verteilte persönliche Reliquien – Schnipsel seiner Fingernägel, Haare und anderes, was von seinem Körper abfiel – mit großem Gewinn! Aldabert taufte »in nomine patria et filia«. Er schwor bei dem Namen der Heiligen Mutter Maria, daß er einen persönlichen Brief ihres Sohnes Jesus besäße, der ihm direkt aus dem Himmel heraus in die Hände geflattert sei, als er durch Jerusalem spazierte. Ausgestattet mit solchen beglaubigenden Gegenständen und Empfehlungsschreiben war es klar, daß der Erfolg Aldaberts gesichert war – zum Entsetzen des Bonifatius. Seine Liste der Verbrecher war lang und bunt: »der gefährliche Gewiliob, Bischof von Mainz, ist ein allbekannter Mörder, Weiberheld und besonders ein Vielfraß.«

Bonifatius tauft die Heiden

Und doch scheint mir, daß den Heiligen Bonifatius am meisten die Fresserei seiner abtrünnigen Mönche kränkte, die die Ernährungsgesetze des Benedikt von Nursia so offenkundig verrieten. Diese unaufhaltsame Freßbegierde der Mönche wird die europäischen Klosterküchen für die nächsten tausend Jahre durchziehen. Allerdings brachte Bonifatius etwas Ordnung in das Haus der fränkischen Kirche und gründete eine große Anzahl von Klöstern in Deutschland. Die Krone gebührt dem im Jahre 744 gegründeten Kloster Fulda; dort wurde Bonifatius auch beigesetzt. Im elften Jahrhundert protzte die katholische Kirche mit 25 000 Heiligen. Es war eine teuflische Arbeit, sie alle in dem 365 Tage umfassenden Kirchenkalender unterzubringen. Der Mensch brauchte seine Heiligen. Und sie wurden zu Tausenden kanonisiert. Die größte Zahl der Heiligen waren Lokal-Helden. Für die nationale Akkredition bedurfte es der Zustimmung des Landesherrschers, und die internationale Anerkennung konnte nur durch Rom erfolgen.

In dem Leben des kleinen Mannes, der sich in der harten, erbarmungslosen Welt des Mittelalters durchschlagen mußte, hatten die hausgemachten Heiligen eine lebenswichtige Funktion: Bataillone von Heiligen wurden geschaffen, um das gesamte Spektrum des Lebens zu bewachen. Für jeden Notstand und jedes Leiden, für jede Lebensphase und Jahreszeit – für die fetten Jahre wie für die Hungersnöte gab es einen Lokalmatador im Himmel, mit dem man ein persönliches Bittgespräch führen konnte.

Das Angebot an Heiligen und ihren Reliquien konnte mit der immer größer werdenden Nachfrage einfach nicht Schritt halten. Dieser Tatbestand verursachte eines der originellsten und merkwürdigsten Kapitel der Kirchengeschichte: den Reliquienkult und -handel. Jedes Kloster, jede Abtei mußte mindestens eine Reliquie zur Schau stellen können. Je mächtiger das Kloster, je bedeutender der Abt, um so größer das Schaufenster. Eine gute Reliquie war eine sehr teure Angelegenheit, aber eine gute Investition, die eine hohe Rendite einbrachte. Für die Kirche entstand die Schwierigkeit, die

Ausgrabung der Gebeine eines Heiligen

verfügbaren Reliquien einzustufen. Darüber hinaus war man ständig auf der Suche nach neuen Kandidaten für den Heiligenstand, um den steigenden Bedarf an Reliquien zu befriedigen. Die logische Auflösung des Problems von Angebot und Nachfrage war augenfällig, indem man einen Leichnam einfach zerstückelte, denn »die Kirchenmänner zerschnitten die Heiligen so, wie die Bauern die Saatkartoffeln zerschneiden und in voller Zuversicht hoffen, daß in jedem Stück das lebenspendende Prinzip erhalten sei«.

Der Petersdom in Rom prahlte damit, sämtliche Gebeine der beiden Apostel Peter und Paul zu besitzen. (Ganz angemessen für die Hauptkirche des Christentums!) Die Kirche in St. Omer (Frankreich) behauptete, daß sie folgende Reliquien besitze: Teile des wahren Kreuzes; die Lanze, die in Christus' Fleisch gejagt wurde; seine Krippe und seine Grabmale; das Manna, das vom Himmel gefallen war; den Stab Aarons vom Altar, von dem Petrus die Messe gelesen habe; das Haar der Kapuze des härenen Hemdes und die von der Tonsur abrasierten Härchen des Thomas Becket. Als Krönung des Ganzen die Originalsteintafel, auf die Gott die zehn Gebote mit eigener Hand niedergeschrieben habe! Die Kathedrale von Laon in Frankreich stellte ein Stück Brot mit Christus' Gebißabdruck zur Schau. Drei Kirchen in Frankreich gaben an, den vollständigen Leichnam der Maria Magdalena zu beherbergen. Drei andere Kirchen (in Frankreich) zeigten die Original-»Blume« der Jungfernschaft der Heiligen Mutter Maria. Und noch drei andere Kirchen stellten zur selben Zeit an exponierten Plätzen den »Originalkopf« von Johannes dem Täufer aus. Und schließlich verbürgten sich fünf französische Kirchen dafür, die einzigen authentischen Reliquien von Christus' Beschneidung zu besitzen. Es herrschte eine unglaubliche Konkurrenz!

KLÖSTERLICHE HOTELS

Seit frühester Zeit ist die Sicherheit und Versorgung des Menschen während seiner Pilgerfahrt eine Hauptsorge der Kirche gewesen. Die spanische Nonne Etheria beschreibt ihre spannenden Erlebnisse als Pilgerin auf dem Weg nach Palästina im Jahre 400. Daß sie dort überhaupt ankam, ist schon an sich ein Wunder. Auf ihrem langen Weg über Frankreich und Italien war es oft nicht möglich, in Klöstern zu übernachten, von denen aus sich kleine Gruppen zusammentaten und mit einem Führer (Mönch) in das nächste sehr weit entfernt liegende Kloster marschierten. Unterwegs war die Gefahr sehr groß, von umhersträunenden Räuberbanden umgebracht zu werden.
Im Kapitel 53 seiner Regel hat Benedikt formal die Position der Klöster gegenüber dem Pilgertum festgelegt. »Alle Gäste, die zum Kloster kommen, sollen wie Christen aufgenommen werden. – Besonders die Brüder des Glaubens und die Pilger.« So entstanden Ketten von neuen Klöstern auf den Hauptwegen der Pilger. Wurde plötzlich das Grab eines wichtigen Heiligen entdeckt, war das ein Anlaß, neue Klöster auf dem Wege dorthin zu gründen. Sie waren

riesige Anlagen, in denen mitunter Tausende von Menschen beherbergt werden konnten. So konnte Alkuin, Abt des großen Wallfahrtsklosters bei Tours, im Jahre 799 zugleich zwanzigtausend Menschen versorgen.

Schließlich und endlich wurden von den Mönchen auch neue Ritterorden gegründet in der besonderen Absicht, die Sicherheit der Pilger auf ihren Reisen zu und von den heiligen Orten zu garantieren. Alle notwendigen Voraussetzungen für die erste europäische Form des Massentourismus – die Pilgerfahrten – wurden somit von den Klöstern geschaffen. Ihr Angebot reichte von einem guten, gepflegten Essen über saubere Betten und medizinische Versorgung in den einzigen Krankenhäusern der damaligen Zeit bis hin zu den professionellen Soldatenmönchen, die für die Pilger einen bewaffneten Geleitzug bis zur nächsten Klosterrast stellten. Beim Verlassen des Klosters warf der Pilgertourist eine Münze in den Klosterbrunnen, um seiner Hoffnung Ausdruck zu geben, diesen Ort lebend und gesund wiederzusehen. Diese Sitte wurde von einem alten Brauch der heidnischen Vorfahren abgeleitet, die ein bronzenes Votivopfer in Heilquellen warfen.

Ein phantastisches Beispiel für das hohe Niveau, das die internationale Kloster-Kochkunst bald erreichte, ist das Zisterzienser-Königskloster Alcobaça in Portugal. Anfang des zwölften Jahrhunderts machten englische und flämische Kreuzfahrer auf dem Weg nach Jerusalem an der Mündung des Flusses Duro in Portugal halt. Sie waren augenblicklich davon überzeugt, daß es hier ausreichend Ungläubige und ebenso reiche Ländereien wie in Palästina gäbe, die nur darauf warteten, eingenommen zu werden. So marschierten sie dann landeinwärts, eroberten Lissabon und schlachteten zahlreiche Moslems ab. Auf diese Weise entstand das recht einträgliche Königreich Lusitania. Im Jahre 1152 legte König Alphonso I. den Grundstein für sein Familienkloster Alcobaça. Diese Abtei, von Zisterziensern geleitet, machte sich mit den größten europäischen Häusern den Rang streitig, das größte und reichste zu sein und vor allem die beste Küche zu haben.

Wir wollen mit den Eßgeschichten aus Alcobaça Ende des achtzehnten Jahrhunderts beginnen, die »den allerberühmtesten Tempel der Fresserei ganz Europas kennzeichnet«. Diese Lobeshymne sang ein berühmter englischer Autor und vielseitiger Liebhaber der Künste, William Beckford. Im Alter von fünf Jahren erhielt er von dem achtjährigen Meister Mozart Klavierunterricht in Wien. Später schrieb er den für die damalige Zeit sensationellen Horror-Roman »Vathek«, der ihm weltweite Anerkennung verschaffte. Er kannte sich unter anderem auch mit Klöstern aus, da er die Abtei Fonthill, das aufregendste Gebäude der gotischen Renaissance in England, bauen ließ.

Beckford folgte im Jahre 1780 einer Einladung zum Kloster Alcobaça, die er vom Prinzregenten von Portugal erhielt. Es war das größte kulinarische Abenteuer seines Lebens, schreibt er. Er reiste, wie es sich für einen Mann in seiner Position und mit seinem Reichtum gehörte, mit 20 Wagen, 200 Dienern, eigenem Bett und Badezelt, eigener Küche und eigenem Silber und natürlich mit seinem Mundkoch, dem damals berühmten französischen Koch Monsieur Simon.

Die feierliche Ankunft Beckfords in Alcobaça – in seiner Begleitung befanden sich der Großprior von Aviz und Gefolge – wurde auf der Klosterterrasse vom Erz-Abt, »Groß-Almonisier von Portugal«, und 400 Mitgliedern der Klosterfamilie zelebriert. Sicherlich eilte dem Gast Beckford der Ruf eines Gourmets voraus, weil – wie er schreibt – ihn gleich nach der Begrüßungszeremonie drei der Hauptpriore des Klosters bei der Hand nahmen und ihn schnellstens in die Klosterküche führten. Er sollte sich selbst davon überzeugen, daß keine Mühe gescheut wurde, seinen Aufenthalt in Alcobaça um neue unvergeßliche kulinarische Genüsse zu bereichern.

Der Anblick begeisterte Beckford. »Meine Augen haben noch nie in all den mir bekannten europäischen Klöstern so einen ungeheuer großen Raum gesehen, der allein kulinarischen Zwecken gewidmet ist.« Ein immens großer Saal – mindestens 20 Meter breit – mit einem prächtigen Kreuzgewölbe. Durch die Mitte dieses Saales rauschte ein Bach mit kristallklarem Wasser. Er mündete in ein hölzernes Fischreservoir, angefüllt mit jeder nur denkbaren Art und Größe feinster Flußfische. Auf der einen Seite bogen sich Tische unter Bergen von Wild und Geflügel. Andere Tische waren mit exotischem Obst und Gemüse in unendlicher Vielfalt bedeckt. Neben einer Reihe von Herden und Öfen türmten sich riesige Haufen allerfeinsten, schneeweißen Mehls auf. Zuckerklumpen, groß wie Felsbrocken! Hohe Krüge, voll mit dem feinsten Olivenöl. Ein Verein von zahllosen Laienbrüdern samt Gehilfen kneteten und walkten Unmengen von Teig mit hundert Formen und Figuren. Währenddessen pfiffen und sangen sie wie die Lerchen im Kornfeld. »Na«, sagte der Erz-Abt, »wir werden nicht des Hungers sterben. Gottes Gaben sind reichlich. So ist es nur recht, daß wir sie genießen!« Beckford berichtet, daß ihm die kommenden Tage wie ein unaufhörliches Fressen, Hineinschlingen und Prassen vorgekommen seien.

Der Abt veranstaltete regelrechte Kochwettbewerbe. Auf der einen Seite stand Monsieur Simon, unterstützt von Beckford, und ihm gegenüber standen die Mundköche des Abts, sekundiert vom Abt selber und etlichen auserwählten Prioren und anderen Schleckermäulern des Klosters. Die erste Runde ging an das Kloster. Aus den

Vier Ritter aus dem Ritterorden Santiago de Compostela

Fischen des Küchenteiches zauberten seine Köche eine Matelote (eine *Süßwasser*-Bouillabaisse), die der Ehre der französischen Küche einen schweren Schlag versetzte – wie Monsieur Simon meinte. Simon revanchierte sich mit einem Gericht aus Ortolanen (Gartenammern) und Wachteln. Er füllte sie mit Foie gras, überzog sie mit einem Stückchen Trüffel, besprenkelte sie mit Portwein und streichelte sie mit süßer Butter. Sie wurden mit einer Trüffel-Crême serviert und schmeckten so exzellent, daß der Erz-Abt sich beim Tischdankgebet unterbrach und mit einer Hommage diesen »Klumpen göttlichen Fettes« ehrte. Dieser »verdammte Klumpen« machte den Küchenmännern von Alcobaça klar, daß mit diesem Franzosen überhaupt nicht zu spaßen ist. Aus dem Spiel wurde Ernst. Die 600jährige Ehre Alcobaças geriet in Gefahr, befleckt zu werden. Vor allem, weil der Abt jetzt plötzlich vom »göttlichen Klumpen« statt von Gnade redete.

Die Erschaffung der Fische, Vögel und großen Tiere

Durch die Halle der Küche erklang die Sammelparole: Wildbret, Wildbret! – Das Kaninchengehege, das den Ruf genoß, das beste der europäischen Klöster gewesen zu sein, wurde geplündert. Die zartesten Sorten marschierten in die berühmten Alcobaça-Frikassee-, Sauté- und Ragouttöpfe hinein. Die wildesten Enten und

Gänse flogen durch die Küchenfenster des Klosters; jede mit einem großen Stück Trüffel im Schnabel und voll Sehnsucht, verspeist zu werden. Die Trüffel haben sie natürlich aus Lot und Périgord mitgebracht, um den Herrn Simon zu ärgern. – Tauben und Fasane, Hirschkälber und Rehe kamen angelaufen, als ob sie wüßten, was hier vorgeht. Sogar ein sechs Wochen altes Milchkalb mischte sich in das Wildgedränge vor dem Küchentor, scheinbar ganz versessen darauf, sein bestes Stück zu opfern.

Zu dem Festgelage servierten die Mönche den roten Wein aus Aljubarota, der seine herrliche Farbe aus dem blutgetränkten Boden gesogen hatte, auf dem Tausende von Portugiesen ihr Leben für die Freiheit im Kampf gegen die Spanier geopfert hatten. Als Zeichen seiner Ehrerbietung ließ der Engländer Beckford den Union Jack über den Klosterdächern auf Halbmast setzen. Monsieur Simon bat jedoch um eine letzte Chance. Ein einziges schlichtes Gericht sollte die Entscheidung herbeizwingen: Spanferkel »à la Richelieu«. Simon suchte eigenhändig in den nächsten Tagen 40 Ferkel aus, keines älter als zwei Wochen. Sie wurden mit einer Mischung aus Trüffeln, Champignons, Speck, Kapern, Schalotten, einem Hauch von Knoblauch und feinen Kräutern gefüllt und in einer Pfeffersauce aus Obst und Nüssen zu Tisch getragen; garniert mit einer perfekten Macedoine de légume au beurre. Beckford stiftete 70 Flaschen »Clos de Vougeot« aus seinem Reisegepäck, in der Überzeugung, daß dieser nobelste aller französischen roten Burgunder den verführerischen Geschmack des Aljubarota endlich verdrängen und der hämischen Überheblichkeit der Alcobaça-Mannschaft mit dem »Richelieu-Ferkel« einen schweren Rüffel erteilen würde. Und genauso geschah es. Der Erz-Abt nahm Monsieur Simon in sein Tischdankgebet auf. Gleich darauf und vor allen Anwesenden machte er ihm ein unverschämtes Angebot, um ihn in Alcobaça als persönlichen Mundkoch behalten zu können. Den eigenen Mundkoch hatte er längst (in Gedanken an den »himmlischen Klumpen«) zu den Benediktinern versetzt. Beckford, Monsieur Simon, Richelieu und der »Clos de Vougeot« erhielten vorübergehend den Siegeskranz.

Eine Fahrt zum Kloster Batalha, der Dominikaner-Abtei, wurde für den nächsten Tag geplant. Das Kloster befand sich in der Nähe von Aljubarota; es war zum Gedenken an den Sieg über die Kastilianer im Jahre 1388 gegründet worden. Beckford und vor allem Monsieur Simon wurde nach ihrer Rückkehr eine Überraschung versprochen. Am nächsten Morgen – in Begleitung des Großpriors von Portugal und Gefolge – machte man sich auf den Weg nach Aljubarota, angeblich, um die dortigen Kunstschätze zu begutachten. Vier leere Wagen bildeten das Schlußlicht der frommen Karawane. In Batalha blieb man so lange, bis alle diese Wagen mit dem köstlichen Wein

»Reichtum bringt ins Kloster des Fleisches Wollust«

Aljubarotas voll beladen waren – diesem »himmlisch parfümierten, ätherischen Wein«, wie Beckford ihn in seinen Aufzeichnungen beschreibt! Wie man daraus ersehen kann, hatte die Betrachtung der Kunstschätze ein schnelles Ende gefunden, und man hatte auch auf die angebotenen ländlichen Spezialitäten Batalhas verzichtet. Natürlich ahnten alle, daß die vom Erz-Abt versprochene Überraschung nur kulinarischer Art sein konnte. Demzufolge wollte man sich in Batalha zurückhalten. Im Austausch für Monsieur Simons ausgezeichnetes »Omelette à la provençale« verrieten ihm die Küchenbrüder das Geheimnis ihrer »Paella do Batalha«, und jeder meinte, einen guten Tausch gemacht zu haben.
Der freudigen Dinge harrend, die da noch kommen sollten, verschmähten Beckford und Monsieur Simon ihre bequemen Kutschen und galoppierten zu Pferd querfeldein nach Alcobaça zurück. Das Bankett, welches sie abends erwartete, überstieg all das, was Beckford sich auch nur in seinen kühnsten Träumen hätte ausmalen können. Im Bewußtsein dessen, daß Monsieur Simon auf dem europäischen kulinarischen Parkett kaum zu übertreffen wäre, ließ der schlaue Abt nämlich ein exquisites Festmahl zubereiten von den chinesischen Brüdern aus dem Missionskloster in Macao. Das war eine vollendete Überraschung!
Das Fest fand in einem seltsam eingerichteten Raum statt: seidene Sitzkissen, niedrige, mit Perlmutt eingefaßte Lacktische, Eßstäbchen aus Gold, Silber und Elfenbein, hauchdünnes Porzellan. Über dem ganzen Raum hing ein schweres berauschendes Parfüm, das aus den Nüstern von furchterregenden Figuren zu kommen schien. Nicht ohne ein gewisses Unbehagen ließen sich Beckford und sein Anhang nieder. Es wurde serviert! »Kleine Taschen gefüllt mit allerlei kostbaren Dingen« – Dim Sum –, ein »acht Juwelen«-Entengericht sowie »Betrunkenes Huhn«, Schweinefleisch mit Walnüssen, gebratene Spanferkel auf chinesische Art, mit Schweinefleisch gefüllte Dampfnudeln und sogar genießbare Suppen aus Vogelnestern und Haifischflossen und so weiter und so weiter – bis alle in das himmlische Delirium der glücklichen Gourmets versanken. Dieses chinesische Bankett veranlaßte Beckford, das Kloster Alcobaça als »den Tempel der Feinschmecker« zu rühmen.
Ungeachtet dessen ist es schon eine eigenartige Vorstellung, daß die exotische Küche der Mandarine, von chinesischen Köchen zubereitet, nach altem Ritual in einem katholischen Kloster des 17./18. Jahrhunderts gepflegt und aufgetischt wurde. Das gleiche könnte man von der japanischen, indischen oder südamerikanischen Küche sagen, die ebenfalls zu dieser Zeit in europäische Klöster Einzug hielten – einschließlich des exotischen Ambiente der Möbel, des Tafelservices und der Kunstwerke. Organisiert wurde dies alles von den Tochterklöstern in der Fremde.

Die Küche von Alcobaça

»Mord war ein blühendes Geschäft«

Alcobaça war nicht das einzige Kloster, das mit einer »3 Sterne«-Auszeichnung für seine hervorragende Küche bedacht wurde. Schon im dreizehnten Jahrhundert sang Walther von der Vogelweide für sein »Mahl« im Kloster Tegernsee in Bayern: ein Kloster, das schon damals für seine herrliche Küche bekannt war, die es verdiente, daß man ihretwegen einen Umweg machte. Später werden aus dieser Küche viele Rezepte den Weg in die ersten deutschen Kochbücher finden.

Einsiedeln, das große imponierende Benediktinerkloster in der Schweiz (auf einem Berg gelegen), zog Hunderte berühmter Persönlichkeiten an. Sie scheuten nicht den steilen, serpentinenreichen Weg hinauf, um an den opulenten Mittagstisch dieses Klosters zu gelangen. Die Spezialität dieses Tisches waren die schön verzierten Zinnteller mit Bergen von gefüllten Rohrvögeln; das beste Fastentagessen der Schweiz. Casanova – bekanntester Connaisseur des guten Essens und anderer Sinnesfreuden des siebzehnten Jahrhunderts – bestand darauf, den Umweg über Einsiedeln zu machen, so oft er zwischen Venedig und München reiste.

Reisen war im Mittelalter für den gewöhnlichen Menschen verdammt gefährlich und abenteuerlich. Straßenraub und -mord waren ein blühendes Geschäft in dieser Zeit. Nur ein Mönch traute sich allein auf der Straße zu reisen, denn er konnte sich verhältnismäßig sicher wähnen, weil der Mord an einem Geistlichen unheimliche Strafen nach sich zog. Aus diesem Grunde ist der

Mönch der sicherste Postbote dieser Zeit gewesen. Ein König oder ein mächtiger Abt reisten natürlich mit einer bewaffneten Eskorte auch sicherer, denn ein entführter Abt war äußerst wertvoll und brachte den Räubern ein erhebliches Lösegeld ein.

Ein Kloster war grundsätzlich wie eine Festung angelegt, umschlossen von Mauern, hoch und dick genug, dem Angriff einer Armee erfolgreich standzuhalten. Viele Klöster wurden außerdem von etlichen Kompanien vortrefflich ausgebildeter Soldaten beschützt. Klöster bildeten die zentralen Lagerungsplätze für Lebensmittel. Diese Autarkie ermöglichte es ihnen unter anderem, auch eine größere Anzahl von Menschen für längere Zeit durchzufüttern.

Der Besuch eines Königs in einem Kloster war stets Anlaß zu großen Feiern und zu üppigen Essen in extravagantem Stil. Ja, oft war dies der wahre Grund für einen König, eines »seiner« Klöster zu besuchen. Außerdem war es sein verbrieftes Recht, aufgenommen zu werden. Dieses Recht nahm er samt seinem Hofstaat auch fleißig in Anspruch, insbesondere, wenn bei Hofe die Vorräte aufgezehrt waren. Aber auch andere wichtige Gründe für einen Klosterbesuch lagen ihm am Herzen. Wenn zum Beispiel ein deutscher König unbedingt wissen wollte, was sein königlicher Cousin in Frankreich mit dem Mann seiner Schwester, dem König von England, gemeinsam gegen ihn im Schilde führte oder umgekehrt, dann suchte er ein Kloster auf. Durch direkte Drähte nach Rom sowie zu anderen Klöstern desselben Ordens in anderen Ländern und demzufolge zu allen Königshäusern Europas waren die Klöster der wesentlichste Umschlagplatz für politische Informationen, Skandale und Intrigen. So gesehen schufen sie das erste funktionierende supernationale Kommunikationsraster Europas.

Vorräte für den langen Winter werden angelegt

Im Jahre 1309 wurde das Kloster des Heiligen Augustin in Canterbury mit einem königlichen Besuch beehrt. Sechstausend Gäste setzten sich an die Braten. Die Klosterchronik überliefert uns eine genaue Aufzeichnung all dessen, was verbrutzelt wurde: 36 Ochsen, 100 große Schweine, 200 kleine Schweine, 200 Hammel, 1000 Gänse, 973 Kapaune, 24 Schwäne – für den Tisch des Abtes; 600 Hasen, 16 große lange Bretter mit zu Bergen gehäuftem geröstetem Wildschwein, 4000 Eier, verschiedenes Kleinwild in größeren Mengen, Gewürze, Mandeln und andere Süßigkeiten werden erwähnt. Weiter ist zu lesen, daß 11 000 Liter Wein und 15 000 Liter Bier von den Adligen und Hochwohlgeborenen hinuntergegurgelt wurden. Wenn man diese beeindruckenden Zahlen aufgliedert, so liegt der Pro-Kopf-Verbrauch bei ca. 5 Kilo Fleisch und fast 5 Liter alkoholischen Getränken. Gar nicht so übel für eine Mahlzeit. Zugegeben, der König war Gast beim Festmahl zu Ehren des neueingesetzten Priors. Trotzdem hinterläßt ein solcher Appetit eines königlichen Besuches seine Spuren in der

klösterlichen Speisekammer, zumal wenn er sich mit zahlreichem Anhang gleich für einen Zeitraum von drei Monaten einquartiert. Schließlich mußte eine zweite tägliche Mahlzeit gereicht werden, und natürlich durften die üblichen Naschereien der glücklichen Besucher nicht vergessen werden. In Anbetracht dessen sind die Dekrete, die gegen willkürliche, königliche Klosterbesuche erlassen wurden, einleuchtend, ja, diese Dekrete waren geradezu notwendig, um viele Klöster am Leben zu erhalten.
Ein Kloster mittlerer Größe im zwölften Jahrhundert (Sankt Gallen etwa) hatte – auch ohne Königsbesuch – eine Familie von 80 bis 100 Mönchen, eine Leibdienerschaft von 200 Leuten und ca. 1000 Handwerker, das sogenannte Klostergesinde, zu ernähren. Dienerschaft und Gesinde aßen im allgemeinen zwei bis drei Gänge weniger pro Mahlzeit als die Mönche; und das zweimal am Tag mit einem gesunden mittelalterlichen Appetit. Sie spülten das Essen mit durchschnittlich 5 Liter Bier pro Tag hinunter. Vom Wein, dem sogenannten geistigen Getränk, wollen wir jetzt nicht reden. Diese Aufzählung der Münder, die jeden Tag gestopft werden wollten, dient jetzt nur dazu, die Größe und das Ausmaß der Klosterkocherei zu veranschaulichen. Natürlich gab es Klöster, in denen das Kochen einen weitaus bescheideneren Umfang hatte, und auch andere, in denen zehnmal soviel gekocht werden mußte.

CAPITULARE DE VILLIS

Im Jahr des Herrn, anno domini 800, wurde Karl der Große von Papst Leo III. in Rom zum Heiligen Römischen Kaiser gekrönt. Die Karte Europas war übersät mit einer Vielzahl von bunten Flaggen und Bannern, die triumphierend über Hunderten von Klöstern wehten. Kaiser Karl der Große veranlaßte eine subtile, aber wesentliche Änderung in der Funktion der Klöster. Karl hatte an alle Reichsklöster in seinem großen Imperium eine Anzahl von Edikten – die sogenannten Kapitularien – ergehen lassen, die das gesamte religiöse, politische, soziale und wirtschaftliche Leben des Reiches systematisieren sollten, und die aber im Endeffekt nichts anderes besagten, als: Konsolidiert euch, expandiert, kolonisiert! Um den Erfolg seiner Verordnungen – die die große Erbschaft der karolingischen Zeit sowie den Genius ihres Schöpfers darstellen – abzusichern, hatte er die meisten Äbte und Bischöfe durch sorgfältig geschulte Männer seines Vertrauens ersetzen lassen. Dieser Vorgang zwang die Klöster zu einer geistigen Umorientierung. Die neue Aufgabe des Mönchtums als Glied der Reichskirche

Bauende Mönche

hieß jetzt nicht mehr Absonderung von der Welt, sondern aktives Handeln in der Welt und für die Welt.
Konkret bedeutete das: Schulen, Bibliotheken, Arbeitsplätze; Gerätschaften und Räume für Künstler, Musiker, Dichter und Gelehrte; neues Land erschließen, neue Straßen und Verbindungswege bauen. Infrastruktur und Kommunikation; Techniken, den Boden zu bearbeiten und dadurch größere Erträge zu erzielen. Vor allem, eine neue Generation von Mönchen, die fähig sein mußte, politische, soziale und religiöse Verantwortung im karolingischen Zeitalter zu übernehmen. Benedikts Forderung »ora et labora« (bete und arbeite) mußte geändert werden in »bete und arbeite mit dem Kopf, stell andere für die grobe Arbeit ein«.
Eine der wichtigsten Fähigkeiten, die dieser neue Typ von Mönch haben mußte, war – fachmännisches Rechnen! Es mag einem komisch vorkommen, daß er gut mit Zahlen jonglieren sollte, doch Karl und die Kirchen brauchten Geld in großen Mengen, um all ihre grandiosen Pläne verwirklichen zu können. Und sie brauchten Männer, die Steuern eintrieben, Strafen erließen und diejenigen exkommunizierten, die zahlungsunfähig die Steuern verweigerten. Den größten Teil der Einkünfte brachte der »Zehnte«: Karl ließ gesetzlich festlegen, daß alle Grundbesitzer christlichen Glaubens

Unterricht in Canterbury um 1150

ein Zehntel dessen, was sie erzeugten oder was sie dafür einnahmen, in Naturalien oder in bar an die Kirche abliefern mußten. In diesem Zusammenhang ist der Begriff »weltlich« nicht uninteressant, denn die Kirche selbst erhob keine Steuern. In den folgenden 200 Jahren werden wir eine Welle von Stiftungen erleben, »weltliche« Grundbesitzer stiften Klöster, die unter der eigenen »spirituellen Kontrolle« oder unter der von Mitgliedern des engsten Familienkreises stehen. Interessant an diesem Phänomen ist nur, daß diese geistlichen Führer zwar das Kleid der neuen Verwaltungsherren anlegten, ihren gewohnten weltlichen Lebensstil aber weiterhin pflegten.

Das Kloster wurde zu einer Art Privatklub für Adlige mit entsprechendem Stil und Lebensstandard. Dieser neue Stand von Äbten, Äbtissinnen und Bischöfen schloß alle weltliche und geistliche Macht zusammen und wußte genau, wie sie am besten zu gebrauchen war. Selbstverständlich brachten sie alle den eigenen Mundkoch mit ins Kloster. Genauso selbstverständlich war es, daß für den Abt und seine Gäste eine besondere Küche eingerichtet wurde, so, wie Benedikt es vorgeschrieben hatte.

Eines der erstaunlichsten Dokumente Karls, die »Verordnung über die Landgüter« (Capitulare de villis, ca. 795 entstanden), beschreibt

bis ins kleinste Detail Eßgewohnheiten, Nahrungsmittel und -versorgung in den Klöstern und an den Höfen zu Beginn des neunten Jahrhunderts. Allein aus diesem Grund ist sein Wert unschätzbar. Der Kaiser befahl, daß alle seine Höfe und Klöster von Grund auf organisiert werden sollten – angefangen mit der Anzahl und der Art der Tiegel und Töpfe in den Küchen über Art, Anzahl und Qualität des »Edel-Geflügels« (nämlich Pfaue, Fasane, Enten, Gänse, Tauben, Rebhühner und Turteltauben) bis hin zum Vieh und zu den Fischen, die man züchten sollte. Das bezog sich auch auf das anzubauende Getreide, auf die Wein- und Biersorten, auf das Lagern der Waffen und die Ausrüstung der Wagen, die jederzeit für den Kriegsfall bereitstehen mußten.

Einzug des Tabernakels

Karl legte großen Wert auf die hygienische Behandlung der Nahrungsmittel und befahl: »Mit ganz besonderer Sorgfalt ist darauf zu achten, daß alles, was mit den Händen verarbeitet und zubereitet wird – wie Speck, Rauchfleisch, Sülze, Pökelfleisch, Wein, Essig, Brombeerwein, Würzwein, Most, Senf, Käse, Butter, Malz, Malzbier, Met, Honig, Wachs, Mehl –, daß dies alles mit der größten Sauberkeit hergestellt wird.« Das liest sich fast wie eine EG-Verordnung. Und was das Keltern von Wein betrifft: ». . . daß sich niemand untersteht, unsere Trauben mit den Füßen zu keltern, sondern, daß alles sauber und reinlich zugeht.«

Im letzten Kapitel der »Landgüterverordnung« wird der Anbau einer unglaublichen Anzahl und Zusammensetzung von Kräutern, Gewürzen, Bäumen und Sträuchern, Blumen und anderen Pflanzen überall in des Kaisers Reich befohlen. Die Mehrheit der aufgeführten Pflanzen erscheint hier zum erstenmal in den Gärten und im Wortschatz der Länder nördlich der Alpen, nach Norden gebracht und angebaut von den kolonisierenden Mönchen Karls. Dieser Pflanzenkatalog wurde zum Grundstock für alle nachfolgenden Klostergärten.

In der unnachahmlichen Sprache eines Kaisers beginnt Kapitel 70 des Capitulare de villis: »Wir befehlen: In den Gärten soll man nachgenannte Pflanzen ziehen: Lilien, Rosen, Hornklee, Frauenminze, Salbei, Raute, Eberreis, Gurken, Melonen, Flaschenkürbis, Faseolen, Kreuzkümmel, Rosmarin, Feldkümmel, Kichererbsen, Meerzwiebeln, Schwertlilien, Schlangenwurz, Anis, Koloquinten, Heliotrop, Bärenwurz, Sesel, Salat, Schwarzkümmel, Gartenrauke, Kresse, Klette, Poleiminze, Myrrhendolde, Petersilie, Sellerie, Liebstöckel, Sadebaum, Dill, Fenchel, Endivie, Weißwurz, Senf, Bohnenkraut, Brunnenkresse, Pfefferminze, Krauseminze, Rainfarn, Katzenminze, Schlafmohn, Tausendgüldenkraut, Runkelrüben, Haselwurz, Eibisch, Malven, Karotten, Pastinaken, Melde, Mauskraut, Kohlrabi, Kohl, Zwiebeln, Schnittlauch, Porree, Rettich, Schalotten, Lauch, Knoblauch, Krapp, Kardendisteln, Pferdebohnen, maurische Erbsen, Koriander, Kerbel, Wolfsmilch, Muskatellersalbei. Auf seinem Hause soll der Gärtner Hauslauch ziehen. An Fruchtbäumen soll man nach unserem Willen verschiedene Sorten Apfel-, Birnen- und Pflaumenbäume halten, ferner Eberesche, Mispeln, Mandel- und Maulbeerbäume, Edelkastanien, Pfirsichbäume verschiedener Arten, Quitten, Haselnuß, Lorbeer, Kiefern, Feigen, Nußbäume und verschiedene Kirschsorten. Die Apfelsorten heißen: Gosmaringer, Krevedellen, Speieräpfel, süße und saure, durchweg Daueräpfel; ferner solche, die man bald verbrauchen muß: Frühäpfel. Drei bis vier Arten Dauerbirnen, süßere und mehr zum Kochen geeignete und Spätbirnen.«

Aber der Kaiser stellte nicht nur sicher, daß genügend Nahrungsmittel, Wein und Gewürze produziert wurden, sondern er erließ auch folgerichtig die nächste Anordnung: Er befahl, daß eine angemessene Anzahl der besten Köche, Bäcker, Kelterer, Weinmischer und Bierbrauer in seine Klöster und an die Höfe seines Reiches geschickt wurden. Mit diesem vorausschauenden und weisen Erlaß sorgte der Kaiser immer für ein garantiert gutes Mahl, wenn er mit seinem Hofstaat unterwegs war. Und Karl war eigentlich immer mit seinem Hof unterwegs – denn ihm war voll bewußt, daß das Imperium, das er sich so rasch unterworfen hatte, nur durch die Macht seiner Präsenz in Schach gehalten werden konnte. Wobei die Klöster die einzigen Außenposten der Zivilisation in der unruhigen Welt seiner Zeit waren. Für uns ist jedoch am aufregendsten an Karls »Landgüterverordnung«, daß schon damals die auch heute noch gültigen obersten Tugenden des Kochens festgelegt wurden: frische Zutaten, richtige Kochutensilien, sorgfältige Zubereitung.

Die Tatsache, daß dieses fundamentale Ernährungsdokument von Mönchen konzipiert und geschrieben wurde, drängen die Historiker allzugern an den Rand der Trivialität – wie alle Ernährungsgeschichte. Der Verfasser ist höchstwahrscheinlich der englische Mönch Alkuin, der spätere Großabt des geschichtsträchtigen Klosters von Tours. Es war dieser Alkuin – heimlicher Kulturminister –, den Karl »meinen Lehrmeister« nannte, der zusammen mit dem Mönch Einhard, den schottischen Mönchen Clement und Dungal, Peter, »dem Diakon« aus Pisa und Paulinus – um nur einige der engsten Berater des Kaisers mit Namen zu nennen – neue Akademien und Klöster in Karls Reich gründete. Ein wichtiger Teil der politischen Strategie war, die Söhne vertrauenswürdiger Herzöge und der loyalen Könige für eine Ausbildung an diesen Akademien auszuwählen. Danach wurden sie dann mit dem Amt eines Abtes oder dem Bischofshut belohnt – und waren so Karls Garanten für eine weitere Verwirklichung seines Traums von einem vereinten Europa.

Malender Mönch

Karls Superstaat überlebte seinen Gründer nur um etwa eine Generation – danach wurde das Imperium in verschiedene Königreiche und Staaten zerteilt, und jedes wetteiferte mit jedem um Vorherrschaft und Macht. Die ehemals vom zentralen Hof Karls ausgehende politische und kulturelle Dynamik wurde nun den Klöstern übertragen – die einzigen Konstanten in Europa, zusammengehalten durch das einigende Band der von Karl eingesetzten energischen Äbte und Bischöfe. Drei Jahre nach dem Tode Karls zirkulierte auf der Klosterreform-Synode von Aachen im Jahre 814 ein heftig diskutierter Klosterplan. Ein Plan von historischer Tragweite, genannt der »St. Galler Klosterplan«, für eine vollständig abgeschlossene Klosterstadt. Zweifellos wurde er entworfen, um als Idealbeispiel für den Bau eines typisch karolingischen Reichsklosters zu dienen: eine große Kirche, eine Klausur, eine Bibliothek, eine Schule, ein Hospital, eine Pilgerherberge, Speisesäle, Schlaftrakte der Mönche, Unterkünfte für die Arbeiter und Handwerker, Gästezimmer für hochgestellte, edle Gäste, Werkstätten, Badehäuser, Latrinen und so weiter und so weiter. Dieser Plan berücksichtigte alle Bedürfnisse einer großen Gemeinschaft: medizinische Versorgung, Erziehungseinrichtungen, landwirtschaftliche Gebäude und Geräte, Vieh- und Tierhaltung, Garten- und Weinbau, Nutzung der Wasserkraft für Mühlen und viele andere Bereiche des Handwerks. Der Plan ist ein Meisterstück der Gemeindeplanung und projiziert nicht nur zukünftigen Stadtplanern ein außergewöhnliches Bild des karolingischen Lebens in allen seinen Facetten.

Klosterknecht beim Garbendreschen

Was uns nun am meisten interessiert: Welchen Stellenwert hatten die karolingischen Mönche der Ernährung beigemessen? Dem Plan nach zu urteilen mündete ein erhebliches Maß an Mühe und Überlegung in die Versorgung und die Zubereitung von Essen und Trinken. Da gibt es extra Brutgehege für das Geflügel und Zuchtgehege für Vieh. Da sind drei sehr große Brauereien mit danebenliegenden Bäckereien. Da werden in fünf verschiedenen Küchen jeweils andere Gerichte zubereitet, Ausdruck der sozialen Hierarchie im Kloster. Und mit vier verschiedenen Gartentypen wird hier zum erstenmal eine systematische Pflanzordnung für Bäume, Sträucher, Blumen, Gemüse und andere Pflanzen demonstriert. Zwar ist die Anzahl und Art der Bäume und der anderen Pflanzen relativ gering – manchmal wird auch Gemüse im Kräutergarten gepflanzt und umgekehrt –, doch schmälert dies keineswegs die ungeheure Bedeutung dieses Gartenplans für die folgenden Generationen mittelalterlicher Klostergärtner, die ihn alle als Ausgangsbasis für die Anlage eines Klostergartens benutzten, aber auch für Kräuterspezialisten wie Hildegard von Bingen oder Albertus Magnus.

Der originale Gartenplan von Sankt Gallen sollte seltsamerweise zuerst im Benediktinerkloster Reichenau verwirklicht werden – auf der anderen Seite des Bodensees auf der kleinen, fruchtbaren Klosterinsel, wo das Klima mild und ausgeglichen war. Abt von Reichenau war zu dieser Zeit Walafridus Strabo, bedeutender Dichter und Chronist karolingischen Lebens. Sein bekanntestes Werk ist ein Gedicht über die Gartenkunst, »De cultura hortorum«, in dem er Blumen und Kräuter, ihre Herkunft und die ihnen innewohnenden Heilkräfte beschreibt. Strabos Ausgangsbasis war der Plan für die Pflanzen und Blumen von Sankt Gallen!
Ansonsten war das Verhältnis zwischen Sankt Gallen und Reichenau wenig mit Blumen bestückt. Der ständige Konkurrenzkampf zwischen beiden Klöstern wuchs sich zu offenem Haß aus und nahm unglaublich heftige Formen an: Im grimmigen Winter des Jahres 1069 panzerten sich die christlichen Seenachbarn, stiegen zu Pferd und schlugen sich mitten auf dem Eis des Bodensees gegenseitig die brüderlichen Köpfe ab!

Kämpfende Mönche

SANKT GALLEN

Der Schutzheilige des Klosters Sankt Gallen war der irische Mönch Gallus. Um das Jahr 590 brach Gallus von Bangor in Irland auf: Zusammen mit seinem irischen Mönchskollegen Columbanus fuhr er nach Europa, und beide gründeten einige der bedeutendsten europäischen Klöster. Das erste war Luxeuil in Burgund, aus dem sie bald vertrieben wurden. Danach trennten sich ihre Wege. Columbanus ließ sich in Norditalien nieder und gründete Bobbio. Gallus machte nördlich der Alpen in »Swabia« Halt. In der Nähe des Bodensees gründete er eine Einsiedelei. Außer auf Bären, die sich ebenfalls in der Einsamkeit der Schweizer Bergwelt aufhielten, traf er selten auf zweibeinige Wesen. Mit Meister Petz war der Einsiedler Gallus bald gut Freund; er schleppte ihm Honig, Forellen, andere Leckereien und Feuerholz zu seiner Hütte – wie die Sagen zu berichten wissen. Etwa einhundert Jahre später – um das Jahr 720 – wurde das nach Gallus benannte Kloster Sankt Gallen, mit dem braunen Bären im Wappen, an jener Stelle gegründet. Heute gedeiht dieses Kloster weiter als lebendiges Denkmal für zwölfhundert Jahre europäischer Geschichte. Die Bibliothek besitzt eine der schönsten Sammlungen mittelalterlicher Handschriften und Inkunabeln. Eine der beiden existierenden Kopien von Benedikts »Regel« wurde im Jahre 817 in dem berühmten Scriptorium dieses Klosters geschrieben. Zweihundert

Sankt Gallus und der Bär

Im achten Jahrhundert sprach man von der »Deutschen Sitte«, ein »richtiges« Gastmahl mindestens bis zur dritten Nachtwache andauern zu lassen. Im Kloster Sankt Gallen habe ich stolze Berichte über die Festgelage zu Ehren des Besuches Karls des Großen gelesen. Da wurde jedes Mal, wenn in gewaltigen Schüsseln eine Süßspeise aufgetragen wurde, von zwanzig uniformierten Herolden »ein Wohl auf den Kaiser« ausgebracht.

Jahre später sollten auch die ersten deutschen Übersetzungen von Aristoteles, Boethius und anderen Klassikern in Sankt Gallen entstehen.

Das Kloster Sankt Gallen war immer ein beliebter Rast- und Zufluchtsort für Könige und Päpste. Im elften und zwölften Jahrhundert wurde ein ziemlich großer Teil der europäischen Geschichte bei den üppigen Festmählern in den großen Speisesälen Sankt Gallens ausgebrütet. Die Mönche – ohne Ausnahme aus ritterlichem Geblüt – feierten hier mit ihren edlen Gästen elegante Feste und »Minnetränke«. Der »Minnetrank« war das viel besungene Symbol für die Zusammengehörigkeit dieses vornehmen Kreises.

Die ersten Plätze in der Klosterhierarchie waren seit eh und je für die Aristokratie reserviert. Niedrige Geburt verurteilte auch zu niedriger Arbeit. Abt Notker (975 gestorben) erzählt uns, wie sehr er die Gesellschaft der bei ihm stationierten ritterlichen Offiziere genoß, obwohl sie alle in wöchentlichem Turnus als Butler und Leibdiener für ihn da sein mußten, denn er wünschte, daß sie ihm voller Disziplin dienten. Ihre Söhne ließ er oft in seine Gemächer einladen, um sie im Privatunterricht mit zusätzlichem Wissen auf ein standesgemäßes Leben und die Verwaltung ihrer Lehnsgüter vorzubereiten. Sie lernten Puff oder auch Tricktrack (heute bekannt als Backgammon), Schach, Tabulae, Würfeln, Falkenjagd und andere Dinge, »in denen die schöpferische Kraft der freigeborenen Jugend geschult sein will«. Der Verlierer bezahlte seine Spielschulden mit einem Kleidungsstück – vielleicht ein Vorläufer des modernen Strip-Poker?

Dieser Notker war ein sehr beliebter Abt, der seine Mönche sogar ermunterte, sich in der Weise die Zeit zu vertreiben, wie sie es für richtig hielten. Er selber jedoch, so wird überliefert, nahm an den

Beim Puff- oder Tricktrackspiel

Kriegsspiele – »ludus monstrorum«

Lustbarkeiten seiner Brüder nicht teil – er fürchtete, durch seine Gegenwart den Mönchen die Freude zu trüben. Außerdem, so meinte er, schicke es sich nicht für einen Abt, bei den ausgelassenen Kindereien seiner Familie gesehen zu werden. Aber er befahl seinen Diakonen, sich zu vergewissern, daß alle Türen gut verschlossen und alle Diener weit weggeschickt waren. Offensichtlich muß das ein Problem gewesen sein, denn er sagt: »Wir wissen aus schmerzlicher Erfahrung, daß man diesem Gesinde nicht trauen kann – trotz ihres Eides, über das, was im Kloster geschieht, Stillschweigen zu bewahren.«

Ego Notker

Namenszug von Notker II., dem Arzt

Sankt Gallen hat eine große medizinische Tradition. Notker »Pfefferkorn« (ebenfalls 975 gestorben) hat einen Ehrenplatz in den Annalen Sankt Gallens inne. Seinen Spitznamen »Pfefferkorn« (piperis granum) bekam er daher, daß er sehr »stricte disciplinaricum« war. Natürlich gab es bei ihm weniger Klimbim als bei seinem Namensvetter Notker dem Abt. Pfefferkorn war Maler – einige Werke haben im Museum von Sankt Gallen überlebt –, Lehrer und Arzt. Aber nur in seiner Eigenschaft als Arzt wurde der Name Pfefferkorn ein Begriff für die Gesellschaft des Mittelalters. »Was für wundertätige Kuren er verschreibt!« »Welch außergewöhnliches Genie von Diagnostiker!« Legenden rankten sich um seine Kunst, Gewürz- und Kräutertinkturen zu mischen. Eigentlich kein Wunder – bei dem erlesenen Kräutergarten und dem reichhaltigen Gewürzkabinett, die ihm in Sankt Gallen zur Verfügung standen! Heinrich I., Erzherzog von Bayern, nahm es auf sich, die außergewöhnlichen Fähigkeiten dieses hippokratischen Zeitgeistes auf die

Probe zu stellen. Listig, wie er zu sein meinte, ließ er ein Fläschchen Urin zur Diagnose zu Pfefferkorn schicken – welches auf seinen Befehl hin von einem hübschen Hoffräulein (auf das er übrigens schon lange ein Auge geworfen hatte) gefüllt worden war. Natürlich gab der pfiffige Herzog diese Probe als eine Schöpfung des eigenen edlen Ichs aus! Glücklicherweise ist uns Pfefferkorns daraufhin erfolgende Analyse des sic! herzoglichen Wassers überliefert: »Haltet ein und höret!« sprach er. »Gott ist dabei, uns an einem außergewöhnlichen und großartigen Ereignis teilnehmen zu lassen! Eine Mannsperson wird schon bald ein Kind gebären! Dreißig Tage nach unserer Untersuchung wird es geschehen, daß seine Hoheit sich ins Kindbett begeben und einen Sohn zur Welt bringen wird, der an der herzoglichen Brust gesäugt sein will!«

Der Erzherzog befand sich in einem verflixten Dilemma. Und er war wütend. Das war ja der Witz des Jahres! Da mußte er zunächst dem Genie Pfefferkorns seine Hochachtung zollen. Was er auch gern und mit Anstand tat, indem er Pfefferkorn ausgewählte Geschenke von erlesener Güte machte und ihn reumütig um Verzeihung für seinen albernen Scherz bat. Aber – das verdammte Hoffräulein! Sie begab sich tatsächlich nach dreißig Tagen ins Kindbett und brachte – wie Notker Pfefferkorn vorausgesagt hatte – ein männliches Kind zur Welt. Dieses Luder! Der Herzog hatte sie doch für eine Jungfer gehalten und sich darauf gefreut, die kleine Änderung ihres Standes selber vorzunehmen! Jedoch – der weise Notker brachte es zustande, daß sich der eifersüchtige Herzog und das leicht beschädigte Hoffräulein aussöhnten. Schließlich hatte sie ihr Fruchtbarkeitsexamen ja gut bestanden!

In der Zeit der Magyareneinfälle, Anfang des zehnten Jahrhunderts, fanden viele aristokratische Verwandte der Mönche im Gästetrakt von Sankt Gallen Zuflucht. Eine von ihnen war die gütige Herrin Wendilgart, deren tapferer Gemahl Udalrich von Buchhorn in die Hände der marodierenden Magyaren gefallen war. Sie wurde in der Nähe der Gemächer ihres Sohnes Wilborad einquartiert, der als Mönch im Kloster lebte. Sie war ein gern gesehener Gast. Im Gedenken an ihren vermeintlich verstorbenen Gatten Udalrich übersäte sie die Mönche und die Armen mit Geld und tröstlichem Rat. Doch mit der Zeit stellte sich heraus, daß der Charakter der guten Wendilgart mit einem schweren Makel behaftet war: Sie hegte eine äußerst undamenhafte Gier nach Fleisch und nach Süßigkeiten. Dies bürdete der Klosterküche eine teure Last auf. Der fromme Sohn Wilborad, dessen Schicksal es sein sollte, von den Hunnen getötet zu werden, versuchte mit wenig Erfolg, seiner Mutter die unchristlichen Freßgelüste durch Gebete auszutreiben. Es sei für eine Frau kein Zeichen von Zucht, eine derartige Fülle von süßen Speisen zu begehren. In höchster Verzweiflung wandte

Einfall der Ungarn in Sankt Gallen am 1. Mai 926

sie sich an die Heilige Jungfrau Maria: Sie möge ihr doch wenigstens ein paar süße Früchte zukommen lassen, flehte die naschhafte Wendilgart. Und wie es damals zuzugehen pflegte, sprach die Mutter Gottes: »Wahrlich, die sollst du bekommen, liebe Tochter. Schöne Äpfel – wie das Volk sie so liebt!« Worauf sie etliche Äpfel aus den Verzierungen der Wandtäfelung produzierte. Sofort schnappte sich die Dame Wendilgart einen dieser Äpfel, biß gierig hinein und – spie ihn im selben Moment voller Entsetzen wieder aus. Er war fürchterlich sauer! »Oh, Heilige Mutter Gottes!« rief sie, »wie bist du herb! – und herb sind deine Äpfel! Hätte der Schöpfer den Apfel des Paradieses so sauer geschaffen, wäre Eva niemals in Versuchung geraten.«

»Der Verführer«

Aber was mußte sich die heilige Mutter Gottes nicht alles anhören – auch vom armen Volk. Selbst Drohungen klangen aus den täglichen Gebeten: »Oh, Heilige Mutter Gottes! Wenn *du* meine Gebete nicht erhörst, werde ich mich bei deinem Sohn Jesus Christus über deine Hartherzigkeit beklagen.« Tja – die Probleme einer jüdischen Mutter!

BENEDICTIONES AD MENSAS

Im elften Jahrhundert ist Sankt Gallen zu einem der mächtigsten Klöster Europas angewachsen. Ein kleiner Staat im Staate mit allen sozialen Verpflichtungen gegenüber seinen Bürgern, über die der Abt von Sankt Gallen unumschränkt herrschte. Die ehemals im Klosterplan entworfenen Gärten sind inzwischen für ihre Schönheit und Blumenpracht überall im europäischen Klostertum bekannt geworden. Die ersten Minnesänger erzählen in entzückten Versen vom Frühlingsbesuch Tausender kleiner Vögelchen, die auch die blühenden Narzissen, Primeln und Osterglocken begrüßen möchten. Vor allem der dicke Grasteppich, der jedes freie Fleckchen Sankt Gallischen Grund und Bodens mit seinem frischen, satten Grün segnete, versetzte die hochadlige Geistlichkeit Europas in eifersüchtiges Staunen. So etwas hatte es noch nie gegeben! Beim Heiligen Iren Gallus – hatten sie etwas anderes als einen perfekten englischen Rasen erwartet?
Zu dieser Zeit wird auch die Geschichte Sankt Gallens (die »Casus St. Galli«) von dem Mönch Ekkehard IV. – mit dem Kosenamen »Junior« – geschrieben. Im Lauf seines Lebens wurde »Junior« zu einem der angesehensten Lehrer, Musiker und Historiker Europas. Lebte er heute, würde man ihn einen Renaissance-Menschen nennen. Um das Jahr 1060 verfaßte er die »Benedictiones ad

Mensas«, die »Segenssprüche über die Tischgerichte« – ein Hymnus in 280 Hexametern auf den Sankt Gallischen Speisenzettel. Die Kirchenhistoriker möchten diese »Benedictiones« am liebsten als eine rein literarische Übung Ekkeharts oder ein »Prunken mit enzyklopädischen Kenntnissen« betrachtet wissen, aber nicht – um Gottes willen – als eine Segnung dessen, was tatsächlich auf die Tische von Sankt Gallen getragen und von den edlen Kuttenträgern des elften Jahrhunderts verschlungen wurde. Damit stellen manche Historiker wieder einmal ihre erstaunliche Fähigkeit unter Beweis, aus zwei fetten Gänsen ein mageres Huhn zu machen.

Die Bedeutung dieses Dokuments – und seine Einmaligkeit – liegt sicherlich nicht in der literarischen Form, das war auch nicht der Zweck, sondern im Inhalt: eine ausführliche Schilderung der Lebensverhältnisse und sozialen Hierarchie im Kloster des elften Jahrhunderts. Und was ist mit dem Glauben, der Mönch lebe nur vom Gebet allein? Nichts. Der Putz dieses Mythos ist schon längst abgebröckelt. Ekkehards »Benedictiones« schildern die unglaubliche, bändefüllende Vielfalt des Essens, das ein Kloster seiner Art mit einer Selbstverständlichkeit, wenn nicht gar Selbstherrlichkeit für seinen täglichen Speisenzettel zusammenstellen ließ. Eine Beschreibung der Kochutensilien sowie der detaillierten Ausstattung der Sankt Gallischen Küche hat uns Ekkehard nicht hinterlassen. Und – leider, leider – vergaß der Meister auch, uns mit Kochrezepten im heutigen Sinn zu segnen, denn damals kochte man mehr mit der Zunge als mit Apothekerwaage und Stoppuhr.

Wein gehört zum Brot . . .

Die »Benedictiones ad Mensas« stellen ein komplettes Mahl vor, aus verschiedenen Gängen zusammengestellt: Fisch, Geflügel, Fleisch, Wild, Käse, Obst, Wein und Bier. Ganz oben auf seiner Segensliste steht das Brot, das »allerheiligste Nahrungsmittel«. Ekkehard unterscheidet deutlich zwischen Art, Form und Qualität des Brotes; er spricht von der Torte, dem Kipfel, der Wecke und der Brezel, alles sogenannte »Herrentisch-Brote«, das heißt Luxusqualität, das weißeste Weizenmehl mit Butterfett, Eiern und Milch gebacken. Torte hieß das gewundene, runde Brot. Der Kipfel hatte zwei spitze Enden und war bauchig. Der hochgewirkte, keilförmige Wecken – das war die edelste Form. Der Stammbaum der Brezel als dem meistgeknabberten Begleiter zum Bier führt auf die Tatsache zurück, daß die Klosterbäckerei neben der Klosterbrauerei lag. Ein anonymer Klosterbäcker schuf diese Gebäckform höchstwahrscheinlich angesichts der langen Schlange von Mönchen, die in dankbarer Erwartung mit devot gekreuzten Armen der Ausgabe ihrer täglichen Bierration harrten. Die gekreuzten Arme – im Klosterlatein »brachitum« genannt – verliehen diesem Devotionsgebäck den Namen »Brezel«.

Das heiligste aller Nahrungsmittel, das Brot, war ursprünglich ein einfacher, flacher, in der Asche gebackener Fladen oder Kuchen. Für den edlen Ekkehard und seine Tischgenossen war aber Brot nicht gleich Brot. Heilig wurde es für die frommen Mönche anscheinend erst, wenn es kunstvoll gestaltet war. Die Form des Brotes war ein eindeutiges Zeichen der Standeszugehörigkeit. Torten, Kipfel, Wecken und Brezeln waren, wie gesagt, »Herrenformen«, die nur für einen »Herrenmund« geeignet waren. Wehe dem Bauern, der unerlaubt über seine Klassenschranken mit einem Kipfel im Mund zu springen wagte! Des weiteren nennt Ekkehard das Eierbrot, das mit Hefe oder Sauerteig getriebene Brot, das gebackene, gesottene, geröstete und das in der Asche gebackene Brot. Er schließt mit dem ungesäuerten Abendmahlsbrot, der Oblate, einem feinen Gebäck aus bestem Weizenmehl.

. . . wie Brezeln zum Bier

Die sozialen Verhältnisse in Sankt Gallen drückten sich auch in den verschiedenen Getreidesorten aus. Weizen für die Herren, Spelt, Dinkel, Roggen und Hafer für die Novizen und das Gesinde – das »bessere« Gesinde durfte gelegentlich ein Brot aus Dinkel essen. Das gefürchtete Gefängnisbrot war das schwarze Roggenbrot – auch Soldatenbrot genannt; das allerschlechteste Brot aber war das »Haberbrot«, aus Hafer gebacken, welches die Herren Mönche nur bei besonderen Anlässen zu sich nahmen, wenn sie ihre Demut unter Beweis stellen wollten. Mit dem sozialen Gewissen der frühen Kirche scheint es nicht weit her gewesen zu sein. Die größte Ernährungssünde wurde von ihr in das Grundnahrungsmittel der Menschen – das Brot – hineingebacken: Je heller die Farbe des Brotes, desto besser ist der Mensch, der es ißt. Das hieß auch: desto höher ist sein sozialer Rang, desto mächtiger ist sein Wort, desto mehr gebührt natürlich ihm, diesem »guten« Menschen. Eine entsetzliche Praxis, Menschen zu disqualifizieren aufgrund der geringeren Qualität eines Brotes, das ihnen verordnet war. Das gleiche Denksystem verbarg sich auch hinter der Qualität des Tuches, unter dem der Kirchenmensch seine Blöße verstecken konnte. Eine Quelle dieses seltsamen Denksystems ist bestimmt in der Zeremonie des Heiligen Abendmahls zu suchen. Nur die reinste, weißeste Oblate durfte während des Abendmahls geopfert werden. Die Oblate oder auch Hostie – aus dem lateinischen »hostia«, Tieropfer – mußte aus ungesäuertem Teig mit weißem Weizenmehl gebacken sein. Die Hostie sollte in sich selber ein Symbol der Reinheit Christi und seiner Kirche sein. Gleichzeitig symbolisiert sie auf unübertreffliche Art und Weise die blanke Macht der überragenden Figur des Priesters, der diese Opferwaffel in den Mund des knienden Empfängers legt.

Der englische Mönch und Heilige, Beda, schreibt schon im siebenten Jahrhundert über heidnische Sachsen-Prinzen, die deshalb auf Knien gingen – lüstern nach der weißen Hostie. Im dreizehnten Jahrhundert mahnte Thomas von Aquin, an der überlieferten Tradition, die Hostien nur aus weißem Mehl zu backen, festzuhalten – koste es, was es wolle. Dabei war das früheste christliche Kommunionsbrot ein runder, flacher Fladen, in dessen Oberfläche ein Kreuz eingeschnitten war und das man nach dem Backen leicht in vier Teile brechen konnte.

Für das Brot der Äbte in den Klöstern mußten besondere Siebe hergestellt werden, um das weiße Mehl noch feiner sieben und ein noch leichteres Brot daraus backen zu können. War das Naturprodukt nicht hell genug, mischte man einfach noch etwas Kalk hinzu. Der Farbton mußte stimmen! Die Zähne waren damals sowieso schlecht! Das Abtbrot wurde berühmt, hoch geschätzt und teuer verkauft – als Panis Dominicus, Brot des Herrn Christus, in Gallien »paindemaine«. Die englischen Mönche, die es »pandemayne« nannten, schnitten den Kopf Christi oder ein Kreuz in die Oberfläche, bevor es zum Backen in den Ofen geschoben wurde. Die englischen Klöster dieser Zeit kannten ebensoviele Brotsorten und -qualitäten wie Ränge in der Klosterhierarchie, natürlich genauso wie bei ihren Cousins auf dem europäischen Festland. Da gab es nach dem Abtbrot ein Brot für den Prior, den Dekan, den Priester, den Mönch, den Novizen (der übrigens »oblate« hieß, »einer, der sich opfert«), für die Dienerschaft, das Gesinde und ein Almosenbrot, das draußen am Klostertor ausgeteilt wurde. Das Gefängnisbrot schloß diese imposante Brotliste ab. Jede Stufe der sozialen Brot- und Prestigeleiter war auch hier mit einer Farbe gekennzeichnet: Je heller das Brot, desto mehr stieg man in Richtung Abt, je dunkler, desto mehr stieg man in Richtung Gefängnis.

Feine Kipfel für den Abt...

Wurde in den englischen Klöstern des elften Jahrhunderts ein großer Kirchentag gefeiert, so brachte das auf allen Ebenen der farbempfindlichen Klosterhierarchie eine kleine Sozialreform mit sich. Die Chronik der Abtei Worcester (1260) macht uns darauf aufmerksam, daß bei einem Fest aus wichtigem Anlaß jeder Stand der Klosterhierarchie die Brotleiter eine Stufe weiter hinaufsteigen durfte – ein Geschenk des gütigen Abtes. An solchen Tagen konnte der Abt seine christliche Gesinnung augenfällig zur Schau stellen, indem er das schwärzeste Haferbrot aß. »... Die ersten werden die letzten sein, aber, wer sich selber erniedrigt, wird erhöht.«

Das in der Asche gebackene Kugelbrot, auf das Ekkehard sich bezieht, dient gleichzeitig zwei Schichten in der Klosterhierarchie. Ursprünglich war es für den Tisch der Mönche gebacken, die die duftende, weiche Krume herauspulten und mit viel Butter und Freude aßen. Die verbrannte, harte Rinde hingegen wurde von der Dienerschaft an das Klostertor gebracht und als milde Gabe an die

Armen verteilt. Für den findigen Klosterbäcker war die Oblate mit ihrer flachen ausgedehnten Form der beste Übungsplatz für seinen Einfallsreichtum und die Ausgangsbasis für viele leckere Backwerke. Ich denke an den Sankt Galler »Biber« aus Honig und Mehl mit einer leckeren Mandelfüllung, die noch heute von Jung und Alt den »Negerküssen« vorgezogen wird. Und dann der Fladen, der – abhängig von Fastenzeit oder Festzeit oder jederzeit – süß oder salzig gegessen werden konnte: Zur Festzeit mit verschiedenen Fleischsorten beschichtet, zur Fastenzeit mit Fisch und jederzeit raffiniert gewürzt und in Fett ausgebacken. Vom Fladen war es nur ein kleiner Schritt zum Krapfen – man brauchte nur das eine Ende des Fladens überzuschlagen und den Teig zusammenzudrücken, um die gewünschte Fülle besser zu halten. Dann konnte man ihn in seinen abertausenden Variationen ausbacken – bis hin zum heutigen Berliner.

. . . platte Laiber für das Gesinde

Aus demselben Teig entstand auch der Kuchen – grundsätzlich ein süßes Backwerk und die älteste Form des Feingebäcks. Die alten Indogermanen hatten aus dem Indischen das Wort »Kaka« – leckeres Essen – für dieses leckere süße Gebäck mitgebracht.

Und daß der Mönch von Volkesmund damals auch »Schlaraffe«, »Maul- oder Gähnaffe« tituliert wurde, der sich in »Kokania«, dem klösterlichen Schlaraffenland, durch Berge süßen Kuchens durchfressen durfte, verwundert daher nicht. Der Kuchen wurde bestreut, bestrichen, belegt und mit allem möglichen gefüllt: mit Nüssen, Honig, Gewürzen, Obst, ja sogar mit Knoblauch, Zwiebeln und Speck. Die Mönche naschten nämlich besonders gern vom heidnischen Speckkuchen! Der dünnste Teig wurde mit gesottenem Fleisch, Speck, zusammengehackt mit Äpfeln, Pfeffer und hartgekochten Eiern, gefüllt. Wurde der Teig aus Schmalz, Eiern, Honig, Speck und viel Pfeffer gemacht, nannte man ihn Pfefferkuchen. Dieser konnte in einem primitiven Ofen gebacken werden, aber am schnellsten ging es in der Pfanne, der römischen »patina«. Bald waren die Klöster gezwungen, eigens einen Pfannkuchenkoch auszubilden, der besonders schnell die Pfannen schwingen konnte und nichts anderes tat, als Pfannkuchen in allen denkbaren Dimensionen und Geschmacksrichtungen zu backen – so groß war der Andrang der pfannkuchensüchtigen Mönche. Im Lauf der Jahrhunderte erlebten die Pfannkuchen eine Metamorphose, sie wurden zu Palatschinken, Kaiserschmarren, Crêpes, Waffeln, Pannekoeken und Blinis – alle mußten den erfinderischen Köchen mit dem Quirl einen Treueeid schwören.

Das angelsächsische Wort »beteldan« heißt bestreichen – ein wichtiger Handgriff im Leben eines Bäckers.

Eines Tages machte einer der unbesungenen Klosterbäcker einen würzigen Kuchenteig aus Roggenmehl, Honig und Hirschhornsalz,

zog ihn flach und rund aus, bestrich ihn mit einer besonderen Mischung aus Eiweiß, Honig, Pfeffer und Ingwer, drückte noch ein paar Mandelkerne hinein und buk ihn. »Ein großer Tag, ein Ehrentag, ein heiliger Tag« – der »Tag des Zelten«! Es ist schwer vorzustellen, was für eine Sensation dieses neue Geschmacksbonbon verursachte. Er wurde auch Lebzelten genannt – wahrscheinlich, weil der Mönch sein Lebtag lang seinen Leib mit den neuen leckeren Zelten stopfte.
Der »Lebkuchen« war ein wichtiger Schritt in diese pfeffrige Richtung. An der Gestaltung dieses klösterlichen Lieblingsgebäcks wirkten der Bruder Holzschnitzer, der Bruder Steinmetz und der Bruder Maler mit. Zwischen den Klöstern wurden Konkurrenzkämpfe in der Gestaltung der geschnitzten Lebkuchenmodeln ausgetragen – zur Freude aller Naschmäuler! Die ersten Lebkuchenhäuser, die die Hänsels und Gretels gegessen haben, waren nicht mit süßen Dingen gefüllt, sondern auch mit Wurst und gewürztem Fleisch!

FISCH

Der Fischhändler preist seine Ware an

Nach dieser Einleitung über das Brot ist das erste Kapitel von Ekkehards Speisezettel dem Fisch gewidmet – wohl wegen seiner religiösen Implikationen für die klösterliche Kost. Allerdings, bevor Ekkehard mit der langen Liste von Fischsorten beginnt, spricht er einen Segen über das Salz und die Saucen, die damals »Salzbrühe« genannt wurden. Die Zusammenstellung von Salz, Fisch und Sauce mag einem zunächst etwas merkwürdig erscheinen. Bedenkt man jedoch, wie wichtig das Salz während des gesamten Mittelalters für die Konservierung von Fisch und Fleisch war, und den Preis, den ein Kloster wie Sankt Gallen für Salz zahlen mußte, versteht man Ekkehards Hervorhebung recht gut.
Die erste von Ekkehard gesegnete Sauce ist die Pökelbrühe, auch »Sulza« oder »Sulze« genannt, in die das Pökelfleisch gelegt wurde. Der Ausdruck »Sulze« wurde dann auf die übriggebliebenen kleinen Fleischstückchen und die schmierige, gallertartige Masse übertragen, die sich in dem Rest der Pökelbrühe gebildet hatten. Zu Ekkehards Zeit ist die »Sulze« die Kost im Klostergefängnis, und der Gefängniswärter, der diese »Sulze« auszuteilen hatte, war der »Sulzer«. Sauce und Salat, die Ekkehard ebenfalls nennt, gehören nicht nur selbstverständlich zusammen, sondern haben – wie auch »Sulze« – eine gemeinsame etymologische Herkunft. Sie kommen aus dem lateinischen »salsus«, gesalzen. Man sollte aber nicht

»Der Heilige fischt«

annehmen, daß Ekkehard und die Sankt Galler Bruderschaft nur Pökelbrühe über ihren frischen, grünen Gartensalat gegossen haben. Wir hören noch von zwei anderen Arten von Sauce, die im elften Jahrhundert in Sankt Gallen verwendet wurden. Eine Sauce zum Fisch war aus sauren Weintrauben, Salbei, Knoblauch, Pfeffer, Öl und Salz, eine zweite zum Fleisch scheint in ihrer interessanten Zusammenstellung eher für den geschmacklich ausgereiften, delikaten Gaumen komponiert worden zu sein: Wein, Honigseim, Ingwer, Pfeffer und Knoblauch.

Der Fischspeisenzettel des Klosters Sankt Gallen im elften Jahrhundert liest sich wie die Inhaltsangabe eines gut bestückten Aquariums. In der langen Liste von Fischen und Schalentieren aus den Meeren, Seen und Flüssen schwimmt sogar der weibliche Walfisch, die Balena, mit. Wie sie ausgerechnet dorthin kam, ist

Fischsorten, aufgezählt von Ekkehard IV. im elften Jahrhundert

1. *Marina balena = Walfisch*
2. *Esox = Lachs (Ekkehard auf deutsch = »lahs«)*
3. *Illanch alemannicus = Rheinanke*
4. *Lucius = Hecht*
5. *Trisca = Trüsche*
6. *Lampreda = Lamprete oder Meerbricke*
7. *Trocta = Bachforelle*
8. *Almarinus = Hering (Ekkehard zu deutsch = »harinch«)*
9. *Novis oculata = Neunauge*
10. *Anguilla = Aal*
11. *Perca = Barsch*
12. *Rubricus = Rotforelle (Ekkehard auf deutsch = »rutin«)*
13. *Walara = Wels oder Weller*
14. *Crundula = Gründling*
15. *Capito = Döbel oder Alet*
16. *Salmo = Salm*
17. *Rubulgra = Saibling oder Röthel*
18. *Danubii piscis huso = Donaufisch-Hausen*
19. *Sturio = Stör*
20. *Cancer = Fluß- oder Seekrebs*
21. *Fiber piscis = Biber-Fisch*

schon ein Rätsel. Höchstwahrscheinlich jedoch über dieselbe Route wie der Thunfisch, der den Sankt Gallern immer in Form von Stockfisch auf ihren Tischen begegnete. Den größten Fischsegen für Sankt Gallen bedeutete jedoch seine ausgezeichnete geografische Lage, nur ein paar Kilometer von dem damals sagenhaften Fischwasser des Bodensees entfernt, der vom Rhein durchströmt wird. Darüber hinaus war es nicht weit zu den Quellengebieten der Donau und ihrer Zuflüsse. So konnten die Köche des Klosters auch viele der mannigfaltigen im Schwarzen Meer und in der Nordsee beheimateten Fische zubereiten, die zum Laichen in die Oberläufe der Flüsse stiegen. Anhand Ekkehards reichem Fischangebot wird das schmerzhafte Ausmaß der modernen ökologischen Kriminalität nur zu deutlich, die diesen ehemals reinen Wassern die schillerndsten Juwelen raubte.

Ekkehard beginnt seine Rangliste mit seinem Lieblingsfisch, dem Lachs. Am besten schmeckte er ihm pochiert und mit einigen Tropfen herben Obstsaftes besprenkelt. Ob die dann folgende Aufzählung der Fischsorten Ekkehards persönliche Stufenfolge ist, wird nicht ganz klar. Da sind Segenssprüche auf die Rheinanken, von ihm auch Seeforellen genannt, auf Hecht, Trusche, Lamprete, Forelle, Hering, Neunauge, Aal, Barsch, Rotforelle, Wels, Grundling, Dobel, Alant, Saibling und den größten zur Störfamilie gehörigen Fisch, den Hausen – geschätzt wegen seines Kaviars und seiner Schwimmblase – sowie den Stör. See- und Flußkrebse garnieren die bunte Fischplatte von Sankt Gallen.

Den Schwanz dieser Liste von Fischsegnungen bildet der des Bibers – eine besondere Leckerei für die strengen fleischlosen Fastentage! Wenn, wie es hin und wieder der Fall war, ein mäkelnder Ernährungspurist im Kloster diese Spezies Fisch in Frage stellte – zudem noch an einem Freitag –, dann haben die Brüder einfach die Schriften vom alten Plinius (dem Älteren) herausgeholt und den Nörgler Mores gelehrt! Weil, wie jeder weiß, der Schwanz des Bibers in Schuppen eingebettet ist.

Diese wahnwitzige Logik fand bei den Klosterzoologen viel Gefallen, dezimierte aber gleichzeitig Europas Biberbestand. Der Otter war ein weiterer dieser seltsamen Fische, die die Mönche fleißig aus ihren Wassern herausholten und die die Refektoriumstische an den fleischlosen Fastentagen zierten.

Im zwölften und dreizehnten Jahrhundert werden die klösterlichen Ernährungsexperten ungeheuerliche Auseinandersetzungen darüber führen, in welche Kategorien die Vögel, insbesonders die Wasservögel, einzuordnen seien und ob nicht auch ihnen an den fleischlosen Fastentagen ein Platz auf den klösterlichen Eßtischen gebühre. Und wie wir bald sehen werden – die Vögel haben diese Schlacht verloren.

GEFLÜGEL

Branca Leucopsis
»Ihr Fleisch ist eßbar, aber unverdaulich.«
(Larousse Gastronomique)

Ekkehard beginnt mit dem Pfau und warnt wegen des schwer verdaulichen Fleisches zur Mäßigkeit; gleichzeitig spricht er über die außerordentliche Zähigkeit und rät zu einer Sonderbehandlung beim Kochen. In der Tat ist das Fleisch dieses Vogels so zäh, daß die frühen Kirchenväter den Pfau als Symbol für das ewige Leben adoptierten. Sein Fleisch – so dachte damals die Kirche – ist einfach unverwüstlich, ebenso wie die katholische Kirche. Daß die Mönche Pfauenfleisch so bevorzugten, liegt wahrscheinlich daran, daß die Römer ihn als Leckerbissen auf den Herrentisch brachten und auch Karl der Große befohlen hatte, daß dieser schöne Vogel ständig gehalten werden sollte.

Es folgen Segnungen auf den Fasan, den Schwan, die Gänse, den Kranich (auch ein zäher Vogel), die Ente, Wachtel, Taube und Turteltaube, das Huhn, den Kapaun, das Schneehuhn und die unzähligen namenlosen Vögelchen, die sich in den vom Kloster aufgestellten Netzen verfangen hatten. Der grausame »italienische Vogelfang« ist – wie aus den »Benedictiones ad mensas« zu entnehmen ist – tief in der monastischen Eßkultur verankert. Die Tatsache, daß angesichts des reichhaltigen allgemeinen Geflügelangebots ausgerechnet diese kleinen Singvögel mit Netzen und Leimruten gefangen wurden, kann nur mit Gier und Freßlust ausreichend begründet werden. Denn selbst bei allerärgster Strapazierung der Phantasie könnte man schwerlich behaupten, daß Mönche zu irgendeinem Zeitpunkt hätten am Hungertuch nagen müssen.

Der Vogelfänger

Vom Fasan meint Ekkehard, daß er ein besonders nobler Vogel sei, der auf den vornehmen Eßtischen des Klosters Sankt Gallen einen ebenbürtigen Platz habe. Besorgt jedoch, daß bei der Zubereitung dieser unschätzbaren Delikatesse eine Panne unterlaufen könne, mahnt er die Köche, nur die edelsten Weine, die frischesten Gewürze, Kräuter und andere Zutaten – bei allersorgfältigster Behandlung des Fasans – zu verwenden. In allen Klöstern wurde der Fasan als ein kulinarisches Geschenk angesehen, und eigentlich hat er, der aus den Weiten des Kaukasus gekommen ist, erst durch die klösterliche Fasanenzucht, die von einem Befehl Karls des Großen ausging, in Europa ein zweites Zuhause gefunden.

Mit dem Schwan, der als nächster auf der Vogelliste erscheint und dessen Charakter Ekkehard als »malignus« – böse – bezeichnet, will er offensichtlich herzlich wenig zu tun haben. Nichtsdestoweniger verzeichnen die meisten Klöster des Mittelalters den Schwan unter »Haustiere«, obwohl sein fast ungenießbares Fleisch wirklich nur als eine SOS-Mahlzeit betrachtet werden kann.

Anders verhält sich Ekkehard gegenüber den Gänsen. Lieblich, fast schwärmerisch preist er das süße Fleisch dieses Tiers. Am liebsten ißt er die Gans gefüllt mit Knoblauch, Quitten und Gewürzen, auf einem Spieß gebraten. Seine hohe Meinung von diesem Federvieh drückt sich am besten in seinem Rat aus, die Gans nicht nur am St. Martinstag zu essen. Darüber hinaus, schreibt er, seien Gänseeier besonders süß und – da sie viel größer als die von Hühnern seien – Grund genug für einen literarischen Vielfraß, ein paar Hexameter über eingelegte Gänseeier abzufassen. Das anmutige Schnattern der Gänse durchzog schon die hellenistischen und römischen Geschichtsblätter. Ihr Anblick zauberte auf die einsamen, traurigen Lippen Penelopes ein müdes Lächeln. Und was wäre aus Rom geworden ohne die wachsamen Gänse am Kapitol? Und wüßten wir überhaupt dieses und jenes, hätten uns die Gänse nicht ihre Federn geliehen, damit alles auf- und abgeschrieben werden kann? Als Rechtshänder mußte sich Meister Ekkehard seine Federkiele aus der zweiten oder dritten Schwungfeder des linken Flügels einer lebendigen Gans schneiden – damit er beim Schreiben nicht dauernd niesen mußte!

Unter den vielen Tausenden Klostergeschichten gibt es eine Gänsegeschichte, die jahrhundertelang die Novizen immer wieder zum Kichern bringen sollte. Ein junger Novize, der seit frühester Kindheit im Kloster aufgezogen worden war, verläßt in Begleitung seines Abtes zum erstenmal die Klostermauern und lernt die Welt draußen kennen. Die Reise führt beide in ein nahegelegenes Dorf, in dem gerade Kirmes gefeiert wird. Unter umhertollenden Menschen sieht der Knabe zwei schöne Mädchen, die unbeschwert miteinander tanzen. Alles ist ein bißchen viel für den Jungen, besonders der Anblick der beiden merkwürdigen Gestalten, die so wild durch die Gegend hüpfen. Erschrocken fragt er den Vater Abt: »Was sind das da für Dinge?« Anscheinend hatte der Abt kein besonderes Verlangen, mitten auf der Kirmes Aufklärungsprobleme zu lösen und erzählte dem Novizen, »das sind Gänse, mein Sohn, nur Gänse«. Damit gibt sich der junge Mann zunächst zufrieden. Doch, wie wir wissen, schläft der Teufel nicht – insbesondere, wenn es sich um junge Burschen und Gänse handelt. Einige Tage nach diesem Ereignis kommt der Jüngling zum Abt und bittet ihn höflichst unter herzzerbrechendem Schluchzen, doch Gänse essen zu dürfen!

Mönch und Frau in einem Fußstock

Ekkehard gibt nicht preis, ob diese Gänsegeschichte seine Pubertätsträume beeinflußt hat oder auch seine schwärmerischen Segnungen über das Gänsefleisch. Mit seinem Lob schließt er sich aber all den großen Feinschmeckern an, die seit Babylons Zeiten Feigen oder Nüsse – oder gar beides – der Gans in den Schnabel stopften, damit die Gänseleber riesig würde und komponiert eine spezielle Segnung über die Glorie der »foie gras«. In alten römischen Zeiten war die Feigenmast so häufig, daß die romanischen Sprachen daraus ihr Wort für »Leber« entlehnten. Aus dem lateinischen »ficatum« – Leber – entstand das italienische »fegato« und das französische »foie«. Nach all diesen Lobpreisungen kann man sich lebhaft vorstellen, wie Ekkehard am Abend seinen müden, vollgestopften Leib in die weichen Federn sinken läßt, welche selbstverständlich aus den feinsten Daunen edelster Schnattergänse aufs Sorgfältigste gezupft wurden. Und wie ihm in einem zarten Leberpastetentraum das Wasser im Munde zusammenläuft, beim Anblick einer riesigen, fetten Gänseleber, durchdrungen vom Geschmack der süßen Kastanienmast!

Kranich und Ente folgen in Ekkehards Speisenzettel der Gans auf die Refektoriumsbretter. Beide werden auf dem Spieß fertig gebraten, wobei die Ente vorher gesiedet worden ist. Inzwischen ist eine Sauce aus Beeren, Ingwer, Nelken und Safran vorbereitet worden. Die Ente wird dann auf einen Spieß gesteckt und mit dieser Sauce beim Braten fleißig begossen, bis sich durch den Safran eine schöne Farbe gebildet hat. Die Ente wurde natürlich auch gefüllt – nach zwei grundsätzlichen Geschmacksrichtungen: zum einen

Der Heilige und die Vögel

Feigen, Datteln und frisches Obst ohne weiteres Bindemittel und zum anderen gehacktes Schweinefleisch, sehr scharf gewürzt, mit Brotkrumen und Eiern gebunden. Der Kranich war seit seiner Deklaration als »Herrentisch-Vogel« durch die Römer ein hochgeschätztes Haustier – unerlaubte Tötung oder gar Raub wurden mit hohen Geldbußen geahndet.
Schon im April fingen Ekkehard und seine Brüder an, sich auf die Wachteln zu freuen. Alljährlich im Monat Mai fielen nämlich diese Vögel auf die Auen rings um das Kloster ein und ließen mit ihrem lauten »Pickwerwick« den Klosterbrüdern das Wasser im Munde zusammenlaufen. Die Taube hingegen, die als nächster Vogel auf Ekkehards Speisenzettel erscheint, macht beim Laufen eine recht komische Figur. Am besten bemerkte man das, wenn der Koch eine riesige Überraschungspastete auf den Tisch setzte, aus der lebendige Tauben herausplatzten und über den Tisch spazierten. Aber ihr lustiger Gang hat seit dem Altertum die Feinschmecker nicht abhalten können, das süße gebratene Fleisch dieses Symbols des göttlichen Geistes zu genießen. Ekkehard, der sich nur allzugern unter diese Gourmets begibt, sagt, die Köche sollten die Taube backen, braten, auf einen Spieß setzen und sogar eine Taubensuppe aus dem Vogel kochen – er sei in jeder Zubereitungsform eine Delikatesse.
Die alten Griechen waren fest davon überzeugt, daß das Geheimnis des süßen Taubenfleisches in der fehlenden Galle läge. Dieser nette anatomische Aberglaube wurde noch im zwölften Jahrhundert von Walther von der Vogelweide besungen. Er kennt »ein ros ane dorn, eine tube sonder gallen«.
Sankt Gallen liegt genau in der wichtigsten Vogelfluglinie Europas, in der Mitte der hochfrequentierten Nord-Süd-Zugstraße. Das erklärt, warum auf Ekkehards Speisenzettel die kleinen, im Garn gefangenen Vögelchen zu Tausenden über ihn hinweg geradewegs in die Pasteten und Torten der Sankt Galler Köche flogen. Die gebratenen Vögelchen mit kleinen Küchlein im Mund flogen den Mönchen wohl in den Schlund hinein! Die eher knappen Bemerkungen über das prosaische Huhn, den Hahn, sowie den aus ihm künstlich erzeugten Kapaun, mit denen Ekkehard den geflügelten Gang seiner »Benedictiones« beendet, sollten ihm nicht verübelt werden. Die Sankt Gallischen Mönche waren ein Verband höchst verwöhnter Gaumen.
Bevor wir mit Ekkehards Segnungen über die verschiedenen Arten von Fleisch und Wildbret beginnen, die den nächsten Gang im klösterlichen Speisenzettel des elften Jahrhunderts bilden, sollten wir uns des Abschnitts in der Regel des heiligen Benedikt aus dem Jahre 529 entsinnen: »Auf den Genuß des Fleisches von vierfüßigen Tieren aber sollen alle (Mönche) vollständig verzichten.«

DIE VIERFÜSSER

Hoffentlich wird die folgende – gelinde gesagt phantastische – Aufzählung der verzehrten Vierfüßer das romantische oder nostalgische Bild des asketischen Mönchs nicht allzusehr ins Wanken bringen. Sie gibt am besten die Lebens- und Eßgewohnheiten eines für die damalige Zeit modernen und dynamischen Klosters wieder, dessen Haupt-raison d'être die Stabilisierung und Erweiterung seiner politischen Macht, seiner Bedürfnisse und Ziele war. Den damit zusammenhängenden Verpflichtungen läßt sich damals wie heute schlecht bei einem Teller mit ein paar einsamen Erbsen nachkommen. Und dennoch, so seltsam es klingen mag – und trotz der im Jahre 1336 von Papst Benedikt XII. (komischer Namenszufall!) gegebenen offiziellen Erlaubnis für alle Klöster, dreimal wöchentlich Fleisch zu essen –, versuchten die Mönche einige Jahrhunderte lang mit scheinheiliger List, ihre Gelüste nach Fleisch zu verschleiern. (Den Nonnen, ihres schwächeren Geschlechtes wegen, wurde diese Erlaubnis schon etwas früher erteilt.) Über längere Zeit hinweg haben jedoch alle Träger des Stoffes Christi, und zwar beiderlei Geschlechts, ihre Sehnsucht nach Fleisch in kleinen abgesonderten Räumen des Klosters in kleinen Gruppen, manchmal in Tag- und Nachtschichten, befriedigt.

Kommen wir aber zurück zu Ekkehard und zu der ungewöhnlichsten Aufzählung von Zweibeinern, die je ein Pergamentfolio einer klösterlichen Handschrift gesehen hat. Ekkehard teilt seine Tiere in drei Kategorien ein: Haustiere, Wildtiere, Jagdtiere. Die Unterscheidung zwischen den letzten beiden Gruppen ist ein schönes Beispiel monastischer Haarspalterei. In der Gruppe der Haustiere beschreibt er: Ochsen, Kälber, Hammel, Schafe und vor allem das geliebte »zweibeinige« Schwein, das im Blickwinkel des Mönchs desto zweibeiniger wurde, je fetter es war.

An die erste Stelle seiner Wildtierliste setzt Ekkehard den Bären, nicht nur, weil Bärenfleisch eine köstliche Delikatesse war, sondern auch, weil die Sankt Galler Bären angesichts eines Mönchs immer auf zwei Beinen umherzugehen pflegten. Was den Geschmack ihres Fleisches – vom Standpunkt eines frommen Mönchs her gesehen – erheblich verbesserte. Das Fett des Bären, so berichtet uns Ekkehard, leistete dem Klosterarzt des elften Jahrhunderts große Hilfe, oder besser gesagt, war einer der Stützpfeiler der medizinischen Heilkunst in den Klöstern. Besonders geeignet für die Mönche und vor allem für ihr Lieblingsleiden, die Gicht, gefolgt von Blasenleiden und Haarausfall.

Nach dem Tod des letzten ostfränkischen Karolingerkönigs,

Ludwig III. – »das Kind«, denn er wurde nur achtzehn Jahre alt –, im September 911, wurde Konrad, der Herzog von Franken und Mitglied des mächtigen Konradinengeschlechts, im November desselben Jahres zum König der Deutschen in Forchheim gekrönt. Unmittelbar darauf – im Dezember 911 – stattete er dem Kloster Sankt Gallen seinen Reverenzbesuch ab. Zu Ehren des frischgebakkenen Königs Konrad I. gingen die Mönche auf die Jagd und fingen einen großen Bären und einen kapitalen Hirsch für die Festtafel. Daß die saftigen Bärensteaks – langsam über einem offenen Feuer gegrillt und mit ausgepreßtem Knoblauch- und Wildbeerensaft besprenkelt – nicht nur für das königliche Mahl reserviert waren, erfahren wir ebenfalls von Ekkehard.

Die weitere Aufzählung von wilden Tieren, die noch zu seinen Zeiten durch die Wälder rasten, ist einfach faszinierend und müßte einen historisch interessierten Gourmet vor Neid erblassen lassen: Hirsch, Edelhirsch, Hindin, Damhirsch, Reh, Wisent, Ur- oder Auerochs – der, wollen wir der Beschreibung Glauben schenken, fast so groß wie ein Elefant war. Die Mönche jagten dieses gefährliche Monstrum in tiefe Fallgruben, in denen es dann getötet wurde.

Steinböcke, Gemsen, Hasen und der besonders begehrte Leckerbissen, das süße Murmeltier, runden das Wildbret auf der Festtagstafel der Sankt Gallischen Mönche ab, das heißt, wenn es nicht zuvor von den Rudeln böser Wölfe, die die Gegend verpesteten, geschnappt und gefressen worden war. Wie Ekkehard berichtet, setzte der bekannte Mönch und Professor Notker Labeo, genannt »die Lippe«, einem solchen Pack Wölfe nach und brachte eigenhändig eine der Bestien um. Unser Held hatte jedoch im Mönchshabit den bösen Wolf getötet, anstatt für diese Beschäftigung sein Jagdkostüm anzulegen, so wie es sich für einen etikettebewußten Gentleman von Sankt Gallen eigentlich geziemt hätte. Ein Formfehler, der ihn bis an sein Lebensende verfolgte!

Ekkehards Speisenzettel preist das Fleisch all dieser Wildtiere in Superlativen. Die feinsten Teile wurden geröstet, gesotten, gebraten und geräuchert. Die anderen Stücke wurden für Wurst und Füllungen verarbeitet, was übrigblieb, ging in die Sulze. Aus den Knochen brühte man Suppen, und aus dem Knochenmark machten die guten Köche erlesene Pasteten und Saucen. Felle und Häute verwandelten sich in Pelze, Mäntel, Hosen, Bettdecken und Schuhe. Aus den Geweihen wurden Werkzeuge gefertigt. Was blieb übrig? Die Zähne – ? Die wurden heimlich in Amulette eingearbeitet, die sich die gläubigen Mönche zum Schutz gegen die bösen Geister um den Hals hängten, die immer noch durch die Wälder streiften und deren Lockgesang in den Vollmondnächten den gottesfürchtigsten Mönch erschauern ließ.

Der persische Gesandte am Hofe Karls des Großen war einmal Gast bei solch einer Jagd. Er wurde von einer heidnischen Angst überfallen, als er sah, wie der Kaiser brüllend durch die Wälder Sankt Gallens pirschte – auf der Jagd nach einem dieser schrecklichen Urviecher. Die riesigen Hörner des Urochsen waren fabelhafte Becher. Die Mönche faßten sie in Gold und Silber ein und verzierten sie oft mit kostbaren Juwelen. Der Inhalt eines solchen Horns war groß genug, um einen ganzen Wochenend-Durst zu stillen – worüber keine Reklamationen zu finden sind.

VON DER MILCH BIS ZUM KNOBLAUCH

»Nach Essen under der Predig, pacht man die holehip und oblatt zum der Collätzen, darzue mues man haben 2 Pfund Feigen und ain hant voll weinperl. Oblatt müssen sein jeden herren ains, und zwo holehip, dem Succentor und Junckhern jeden ein halbes Oblatt und 1 holehip.«
(Seckauer Speiseordnung, 1556)

Der Stellenwert von Milch und Milchprodukten in den »Benedictiones« ist nicht ganz klar. Ekkehard spricht über Milch von der Kuh und über Milch von der Ziege. Merkwürdigerweise vergißt er die der Schafe, aus der man schon zu jener Zeit den besten Käse machte. Vielleicht hat der ihm nicht geschmeckt, und das möglicherweise, weil er zur Ernährung des Bauern gehörte. Englands Mönche jedenfalls brüsteten sich seit dem siebenten Jahrhundert mit dem außergewöhnlich schmackhaften Käse aus der Milch von Schafen. Sie schrieben außerdem, daß man von schwarzen Schafen eine viel fettere Milch erhält als von weißen Schafen. Zweifellos sind dies Benediktiner-Schafe gewesen, mit ihren schwarzen Pelzen! Ziegenmilch, meint Ekkehard, solle nur pur getrunken werden, sie sei sehr gesund. Kuhmilch hingegen sei nur dann verdaulich, wenn sie mit reichlich Pfeffer, Honig und Wein vermischt werde. Sie kann man pur in den Brei (oder das Mus) gießen, solange beides genügend gewürzt wird. Kloster-»Mues« und Brei sind nämlich ein Lieblingsessen Ekkehards: Gerste, Hafer oder natürlich auch Hirse wurden mit Milch weich gekocht und dabei bunt gefärbt, indem man verschiedenfarbige Blütenblätter oder Pollen mitkochte. Im letzten Moment wurden noch ein paar Eier hineingeschlagen. Eine Mischung von feingehackten Feigen, Datteln und Rosinen, Nüssen und Honig, feinen Gewürzen je nach Geschmack wurden zum Herrentisch gebracht, und dann wurde als letzte Raffinesse frischer, dicker Rahm über das Gericht gegossen. – Das war der so verpönte Hirsebrei der Mönche – ein leckeres Schweizer Müsli!

Käse ist ein wichtiger und schmackhafter Bestandteil der Klosterernährung, aber ebenso wie Kuhmilch eine schwer verdauliche Speise, die auch Nierensteine verursachen könnte! Dieses doppelte Problem kann aber gemildert werden, wenn genügend Kräuter, Gewürze, Wein und Honig untergemischt werden. Mit diesen historischen Ratschlägen Ekkehards sind die Grundsätze und Leitlinien der kommenden europäischen Käseindustrie festgelegt, die ja von den Klöstern ausging. Außerdem war Käse ein fester Bestandteil der damaligen Lehensabgaben.

Die Bienen werden viel gesegnet und hochgepriesen. Sie spielten eine wichtige Rolle im mittelalterlichen Wirtschaftsleben. Ihr Honig war ein Geschenk Gottes für den Naschzahn der Mönche und unerläßlich für die Produktion von Met, das zür Zeit Ekkehards noch in kleinen Mengen hergestellt wurde. Denn erst im elften Jahrhundert wurde in Stankt Gallen der arabische Zucker bekannt, dessen Anschaffung aber selbst für diese frühen Pfeffersäcke viel zu teuer war. Außerdem war Bienenwachs das bevorzugte Beleuchtungsmittel im Mittelalter. Die Landgüterverordnung Karls des Großen befahl den Ausbau der Imkerei in großem Maßstab und die Pflege von vielen Bienenstöcken. Ein Kloster von der Größe Sankt Gallens mußte mindestens fünfzig Stöcke anlegen. Zu dieser Zeit hielt man die Waldbienen in ausgehöhlten Baumstämmen – daher die Bezeichnung Bienen-»Stock«. Ekkehard widmet einen besonderen Vers der Honigwabe, die er als ein ganz erlesenes Tischgericht preist. Seine Mitbrüder haben wahrscheinlich die Honigreste genießerisch aus der Wabe herausgepult. Oder meint er die Waffel, für die die Bienenwabe Modell stand?

Honig war ein Geschenk Gottes

Dann bestätigen die »Benedictiones« den fundamentalen Wert des Olivenöls im Leben eines mittelalterlichen Klosters, das klimatisch nördlich der »Olivenöllinie« lag. Für Sankt Gallen ist die Beschaffung des Olivenöls aus Italien nicht mit sonderlichen Schwierigkeiten verbunden, wie es für die meisten nördlicher gelegenen Klöster der Fall war. Viele dieser Klöster bezogen ihr Olivenöl aus Südfrankreich oder stillschweigend aus dem muselmanischen Spanien im Tausch gegen teure Ware, wie Salz, Pelze, Sklaven. Sankt Gallen hatte schon ab Mitte des achten Jahrhunderts ein eigenes Importbüro in Pavia, das damals einer der bedeutendsten Umschlagplätze gen Norden war. Von dort wurde das italienische Öl zusammen mit exotischen Gewürzen sowie kostbaren Stoffen, die über Venedig aus dem Orient kamen, in planmäßigen Karawanen über den Reschenpaß nach Sankt Gallen gesandt.

Die Klöster benötigten das Olivenöl in erster Linie für rituelle Zwecke. Ebenso wichtig für denselben Zweck war aber auch der Weihrauch, der viel schwieriger herbeizuholen war als das Olivenöl. Das wirft ein Licht darauf, wie dringend notwendig es war, die alten Transportwege und Verbindungen zum andersdenkenden, feindlichen Orient offenzuhalten. Die eigene Produktion von Öl aus Mohn und Nüssen sowie die in England weit verbreitete Gewinnung von Rapsöl war unter den primitiven Voraussetzungen, die zu dieser Zeit herrschten, von nur bescheidenem Erfolg gekrönt. Die Mönche brauchten das Öl aber auch für ihre Ernährung, denn die alte Regel Benedikts über die vierfüßigen Tiere brachte die Klöster oberhalb der Olivenöl-Linie in eine richtige Zwickmühle. Der alte Heilige hatte kein ausdrückliches Verbot gegen das Fett vierfüßiger Tiere oder die Milchfettprodukte ausgesprochen, seinen Mönchen aber auch keine ausdrückliche Erlaubnis zum Genuß derselben gegeben. Die Notwendigkeit von Fett in der Ernährung braucht nicht unterstrichen zu werden. Die Mönche haben mit dieser kopfzerbrechenden Wahrheit jahrhundertelang leben müssen, bis sich eine stillschweigende Übereinkunft durchsetzte, daß man Tierfett verwenden dürfte. Das galt aber nur für diejenigen, die kein »Baumöl« in Hülle und Fülle zur Verfügung hatten. Ihre italienischen und südfranzösischen Brüder konnten sich leicht ihrer »Benedikt-Treue« brüsten – mit den eigenen Olivenhainen im Hinterhalt.

Das Wort »Butter« wird, laut Ekkehard, bei den Sankt Gallischen Mönchen nicht groß geschrieben. Es ist über das klosterlateinische »butyrum« in die deutsche Sprache gekommen. Fortunatus, der Gourmet-Bischof von Poitiers im sechsten Jahrhundert, war voll des Lobes über die gute »butyrum« auf den Klostertischen der Heiligen Radegunde gewesen. Auf jeden Fall wurde schon lange Zeit zuvor in den Meiereien St. Gallens Butter aus Kuh- und Schafmilch hergestellt und von den Lehnsleuten und dem Gesinde gegessen. Als Nahrungsmittel war sie deshalb kein besonderes Statussymbol, aber als Haarwuchsmittel wurde sie ständig benutzt; alle rieben sich den Kopf damit ein, um volles, buschiges Haar zu bekommen. Das wirkte in einer Zeit, in der das Tragen von langem Haar das Vorrecht des Adels war, sehr imponierend!

Am Heiligabend 1566 im Chorherrenstift Seckau »soll man in aller Frue die Stripfen backen. Zum Fruemal essen die Herrn undt Junckhern alle zue hoff auf drei Tisch, und gibt wie volgt: Erstlichen-Mandlsuppen, Geisliz, haißgesoten Fisch, Khraut und Pachfisch, Stockfisch, Plateissen, Feigenkoch, Sulzfisch, Reiß, Stripfen und Holehip und Obst, oder was man zuwegen khan bringen.« (Seckauer Speiseordnung, 1556)

Um das Fett führte kein klösterlicher Weg herum. Riesige Mengen aller Arten von Fett mußten die Meierhöfe an die Klöster abliefern. Manche schwäbische Klöster verlangten im Mittelalter bei der Hochzeit eines zu ihrer Herrschaft gehörenden Bauernmädchens, daß sie an das Kloster einen Kupferkessel, »so groß wie ihr Hinterteil«, geben mußte. Eine etwas pragmatische Auslegung der damaligen Herrschaftssitte des »jus primae noctis«! Es bleibt der Spekulation überlassen, wer dem Mädchen diesen teuren Gegenstand geschenkt hat.

Nach der Eheschließung wurde die von der Bauersfrau abzuliefernde Menge Butter oder Käse dann als »so dick und so schwer wie ihr Hintern« bemessen. Es ist zu vermuten, daß der Kloster-Eichmeister in solchen Fällen die Verpflichtungen seines Amtes sehr genau nahm. Ein wohlgeformtes Hinterteil einer Bauersfrau war unter den damaligen Verhältnissen eben kostbar!

Die vielfältigen Obst- und Nußsorten, über die Ekkehard spricht, unterstreichen, wie lebendig der Nord-Süd-Handel im elften Jahrhundert war. Da gibt es Feigen, Datteln, Mandeln, Piniennüsse, Pfirsiche, Zitronen, Granatäpfel. Die übrigen Früchte – Äpfel, Birnen, Quitten, Pflaumen, Mispeln, Kirschen, Walnüsse, Haselnüsse und Kastanien – wachsen seit längerer Zeit in den Gärten Sankt Gallens und werden durch die Gartenkenntnisse der Mönche ständig veredelt und verbessert. Salat und Kürbis, Lauch, Linsen und Kichererbsen »made in Italy« nehmen neben Zwiebeln und Knoblauch einen bevorzugten Platz auf dem Gemüseteller Ekkehards ein. Das ist sein Lieblingsgrünzeug! Zum Speck ißt er lieber

Kichererbsen als Bohnen. Den italienischen Kürbis, den Ekkehard beschreibt, sieht man noch heute: Er ist klein, hat eine hellgrüne Haut und dunkelorangefarbenes Fleisch. Im Ofen mit Butter, Salz, Pfeffer und geriebener Muskatnuß gebacken, schmeckt er ungleich besser als sein wohl größerer, runderer, aber geschmackloserer Artgenosse, der heute auf den meisten Märkten als Kürbis angeboten wird. Lauch sollte zuerst in Wein eingelegt werden und dann – weil es gesünder ist – roh gegessen werden. Über den Salat ist viel geschrieben und zugleich gestritten worden. Lattich, wie er damals hieß, wurde so oder so angerichtet, viel gegessen. Ein englischer Salat-Gesundheits-Fanatiker des elften bis dreizehnten Jahrhunderts mischte 80 bis 100 verschiedene Sorten Kräuter und Grünzeug als Salat zusammen und goß eine aus Italien kommende grüne Sauce, Essig, Öl, Salz und Pfeffer darüber. Die weiteren Gewürzkombinationen für Salat sind in diesen Zeiten einfach unglaublich und belaufen sich in die Hunderte.

Mönch als geile Klosterkatze

In Ekkehards Lattich-Diskussion werden folgende Thesen angeführt: Er ist ein Schlafmittel – er besitzt zumindest einschläfernde Wirkung. Er ist ein Mittel, das das Aussehen des Mönchs nicht zu seinem Vorteil beeinflußt. Aber, was noch wichtiger ist, er dämpft seine Lebenslust, und das hieß in der diplomatisch verschlüsselten Klostersprache: Manneskraft – Potenz – Virilität.

Die Abstinenzler haben viel Zeit aufgewendet, um Gedanken und Theorien über diejenigen Nahrungsmittel und Speisen auszudenken, die die Lebenslüste am schnellsten anstacheln, und diejenigen, die sie am schnellsten einschläfern. Denn weil der Mönch ein lebenslustiger Kerl war, haben diese originellen Sexualforscher getreu ihrem Gelübde versucht, das Leben dieser Kerle weniger lustig zu machen.

Aber zurück zum Sankt Gallischen Salat im elften Jahrhundert: Er regte den Appetit an und die Lebenslüste ab, und er wurde nicht zu den Schönheitspflegemitteln gezählt. Ein verflixtes Zeug! Das aber immer in großen Mengen auf den Refektoriumstischen zu finden war, mit den besten Grüßen vom Abt! Die englischen Mönche andererseits drehten die Blätter um – und entdeckten im Salat, von ihnen »Portulak« genannt, eine völlig umgekehrte Konstellation: Für sie schaffte der Salat Kraft, gutes Blut und erhöhte die Lebenslust. Sie bestanden darauf, daß auf ihren Eßtischen immer Berge von Portulak zu finden waren, dem etwas grimmigen Gruß ihres Abtes zum Trotz. Im Knoblauch hingegen sahen alle Mönche einen an sie vom lieben Gott gesandten Gruß, als Belohnung für die in seinem Namen geleistete Arbeit. Die delikaten Eigenschaften dieses »Elixier des Lebens« ließen sich am besten in der harmonischen Verschmelzung mit der Füllung einer langsam gebratenen Gans entfalten, glaubten die Mönche. Zu Recht!

Zinnkanne aus Budapest

WEIN UND BIER

Die »Benedictiones ad Mensas« schließen mit langen, höchst differenzierten Segnungen über den Wein und das Bier. Wein aus Beeren, Kräutern und Obst wurde viel mehr als allgemein bekannt getrunken, wegen seiner natürlichen Süße. Kein angeschlagenes Obst und nur beste Qualität durften laut Ekkehard für die Apfelweinproduktion verwendet werden. Myrtenwein, Wermuth, Säbenwein – übrigens eine Art Wacholderwein, also eine frühe Form des Gin – sind nur ein Teil der vielen Kräuterweine, die die Klosterärzte und -apotheker ihren leidenden Mönchen verschrieben. Milzwein. Lungenwein. Nierenwein. Für jedes Organ des menschlichen Körpers gab es einen speziellen Wein, dessen magische Kräfte nur in dem in Mitleidenschaft gezogenen Organ zur Wirkung gelangen konnten.

Ihre Würzweine aus edlen Trauben tauften die Klöster Pigmentum, Piperatum, Claret, Lutertrank, Sinopel und anderes, abhängig hauptsächlich von der Gegend, der Farbe der Traube, dem Grad der Süße und dem würzigen Geschmack. Den Weintrank mit dem nobelsten Charakter nannten sie Hyppocras, zu Ehren des griechischen Urvaters aller Ärzte, Hippokrates. All diese Namen bezeichnen ein würziges Weingemisch aus Wein, Wasser, Honig und allerlei Gewürzen und Kräutern. Ein bevorzugter Trank aller edlen Menschen seit antiken Zeiten, aus denen einige Rezepte überliefert worden sind.

Ein Sankt Galler Rezept aus dem elften Jahrhundert verlangt für einen Pigmentwein: 8 Teile roten Wein, 1 Teil Wasser und 1 Teil Honig, dazu Zimt, Ingwer, Paradieskörner, Nelken, Safran und Nardenwurzel, alles im Mörser fein zerstoßen und unter den Saft gemischt. Das Ganze für kurze Zeit zum Kochen gebracht, abgekühlt und durch ein Sieb gegossen. Und die Gewürzmischung sollte für Saucen aufgehoben werden!

Ein Rezept aus dem englischen Kloster Gloucester ist etwas komplizierter, aber das Getränk dadurch noch schmackhafter. Das Rezept ist ausreichend für 8 bis 9 Liter, und seine Ausgangsbasis ist ebenfalls Rotwein. Man benötigt je 3 Unzen (etwa 80 Gramm) Zimt und Ingwer, soviel spanische Spikenarde, um das Gesicht auf einer kleinen Münze zu verdecken. 1/4 Unze Galingale-Wurzel, Pfeffer, Muskat, Kardamom, 1 Unze Paradieskörner. Pfeffer kann mit Ingwer ausgetauscht werden. Alle Gewürze werden sehr fein gemahlen und in einem großen Topf mit 8 Litern Wein vermischt. Das Ganze muß für die Dauer von etwa 20 Pater noster – salbungsvoll gesprochen! – langsam sieden. Ein komplizierter Prozeß, der viel Zeit in Anspruch nimmt!

Vor allem die Anschaffung der exotischen Gewürze machte diese Luxus-Getränke zum teuersten Bestandteil der mönchischen Ernährung im elften Jahrhundert. Trotzdem waren sie so populär, daß viele Prediger gegen diese Sucht der Mönche donnerten und mannigfache Vorschriften erlassen wurden, um den Verbrauch in Grenzen zu halten. Mit magerem Erfolg! Gegen den Hyppocras mit seinem – sic »medizinischen Charakter« war ohnehin schwer zu wettern.

Daß Ekkehard das Bier als Tischgetränk im Kloster Sankt Gallen preist und damit die »Benedictiones« abschließt, hat historische wie wirtschaftliche Gründe. Seine keltisch-germanischen – und wer weiß, vielleicht auch slawischen – Vorfahren, die die Wälder um Sankt Gallen mit ihren heiligen Gesängen zum Klingen brachten, waren Völker des Biers. Viele Jahrhunderte, bevor Gallus und Kolumban die Harmonie aus diesen Wäldern mit ihren neuen, grellen Tönen verdrängten, brauten schon die Ureinwohner ihr Bier in mächtigen großen Fässern. Das Bierfaß wurde als Opfer für den allheiligen Wotan aufgebaut. Erst durch die Weihe des Wotansdienstes erhielt das Bier den Stoff, aus dem die Träume geschaffen sind. Betrachtet man die alte Bierkarte Europas, auf der auch die gesamte iberische Halbinsel, Spanien, verzeichnet ist, dann muß Wotan wahrhaftig ein rasender Gott gewesen sein, der alle ihm geweihten »Bierdienste« nur mit Hilfe Sleipnirs, seines achtfüßigen Superpferdes, segnen konnte. Das Bier aus Sankt Gallen war im zehnten Jahrhundert fast ebenso berühmt wie sein Klostergarten und sein englischer Rasenteppich. Im Jahre 1000 konnte sich Sankt Gallen rühmen, drei große Brauereien zu besitzen, von denen jede eine eigene Bierqualität braute. Die erste – und beste – für den Tisch des Abtes und seiner Gäste, die zweite für den Refektoriumstisch der Mönche. Die dritte und letzte Sorte war für das Klostergesinde bestimmt und wurde auch an die Pilger draußen am Klostertor verkauft. Angesichts der Größe dieser Brauereien – eigentlich fand hier die erste Bierproduktion Europas in größerem Maßstab statt! – dauerte es verblüffenderweise fast noch einmal hundert Jahre, bevor man in Sankt Gallen Lagerhäuser für das Bier baute. Bis dahin trank man es frisch vom Faß weg, sobald es fertig gebraut war.

Das Wort »Bier« steht wie viele andere Worte unter klösterlichem Copyright: Es ist irgendwann zwischen dem sechsten und siebenten Jahrhundert in einem fränkischen Kloster geprägt worden, und es entstand etwa gleichzeitig mit der rein klösterlichen Praxis, dem Getränk beim Brauen Hopfen zuzusetzen. Ursprünglich hatten die Römer ihr Bier »cervisia« genannt – Gabe der Ceres, der heidnischen Muttergöttin und Schutzherrin der Feldfrüchte. Aber das störte die Mönche nicht und hielt sie nicht im geringsten davon ab, Bier zu trinken. Deshalb mußte man auf dem Klosterreform-Konzil

Bierkrug aus Steingut

von Aachen im Jahre 817 beschließen, daß das Bier nicht länger als heidnisches Getränk galt: Da die Mönche die ersten in Europa waren, die der Bierproduktion Hopfen zusetzten – aus »medizinischen« Gründen und um es haltbarer zu machen –, erhob man das Bier zum christlichen »Heiltrank«, das in die klösterliche Kost integriert werden mußte. Das war gut so. Und was noch besser war – das Biertrinken an Fasttagen war erlaubt! Eine weise Entscheidung: Bier schmeckte gut, füllte den Bauch mit Zufriedenheit und war gesund.

Diese wundervollen Mönche sollten bald Wege finden, das Bier noch unsagbar besser und verlockender schmecken zu lassen. Seine Beliebtheit beim Kirchen- und Laienvolk wuchs unaufhaltsam. Der durchschnittliche Bierkonsum im Mittelalter sollte auf fünf bis sechs Liter pro Tag ansteigen. Ekkehard stellt für Sankt Gallen fest: »Für alle Klosterinsassen sind erlaubt – durch die ganze Woche, alle Tage – sieben Essen mit reichlichem Brot und fünf Zumessungen von Bier. Das fünfte Essen zur Vesperzeit kann mit Wein eingenommen werden.« Diese germanische Sauflust war schon den alten Kirchenvätern ein Stein des Anstoßes gewesen: Venantius Fortunatus wetterte gegen die »Barbaren am Rhein, die sich wie Rasende um die Wette zutranken«. Der englische Erzbischof Theodore mußte im Jahre 670 in seiner Diözese ein Strafregister gegen die Auswüchse der Trunksucht aufstellen lassen: »Ist ein Priester so betrunken, daß er die heiligen Psalmen nur noch lallt, soll er für die Dauer von zwölf Tagen nur von Brot und Wasser leben. Ist ein Mönch so alkoholisiert, daß er speien muß, soll er dreißig Tage Buße tun. Ist ein Bischof so besoffen, daß er die Hostie auskotzt, muß er neunzig Tage Buße tun. Fällt sie dabei ins Feuer oder ins Wasser, muß er außerdem noch hundert Psalmen singen. Wird sie aber, mit seinem Wissen, von einem Hund gefressen, soll er noch hundert Tage dazu Buße tun, sonst nur vierzig. Wird ein Priester ohne sein Zutun betrunken, soll er für die Dauer von sieben Tagen bei Brot und Wasser Buße tun, geschieht es durch Nachlässigkeit, fünfzehn Tage, geschieht es aus reiner Lüsternheit, dann soll er vierzig Tage Buße tun. Trunkenheit wird definiert als: launische Stimmung, mangelnde Kontrolle der Zunge, rollende Augen, Schwindel im Kopf, geschwollener Bauch und nachfolgende Übelkeit.« So sprach der Erzbischof Theodore, ein gewissenhafter Mann mit Erfahrung.

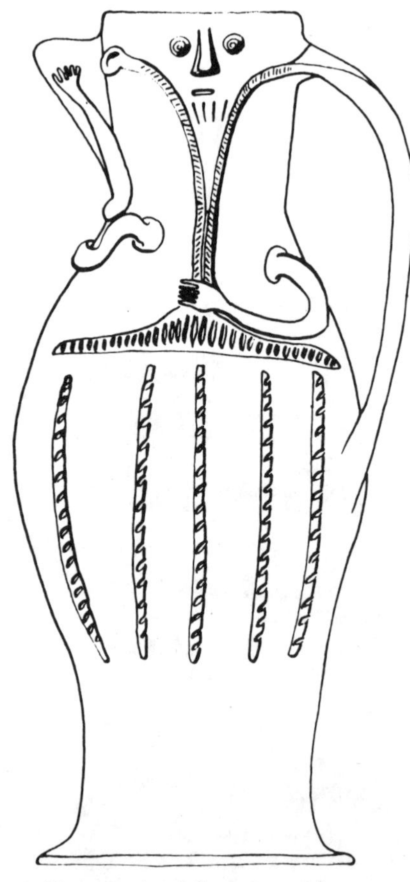

Kanne mit anthropomorpher Dekoration

Man sollte das Problem der klösterlichen Trunklust aus einer gewissen historischen Distanz betrachten. Schließlich war es Sitte, auch auf die Gesundheit der Heiligen das Glas zu heben. Und da es im elften Jahrhundert schon 25 000 Heilige gab . . .

Doch zurück zum Bier. Nach dem Aachener Konzil im Jahre 817, auf dem das Bier als Christentrank erlaubt wurde, mußte das

Braugeschäft organisiert werden: Jemand mußte das Bier brauen, die Qualität kontrollieren, es verkaufen und Steuern aus dem Verkauf schöpfen. Was konnte logischer und praktischer sein, als das gesamte Brau- und Verkaufsgeschäft dieses christlichen Getränkes dem exklusiven christlichen Management durch die Klöster anzuvertrauen?

Man tat gut daran. Sie machten ihre Sache so gut, diese lieben Brüder, besonders in Gegenden, wo der Wein nicht so recht gedeihen wollte – auf den holländischen Nordseedeichen zum Beispiel oder auf dem schottischen Hochland oder in Mecklenburg, wo ein vielbesungener Rebsaft im Jahre 1124 das Prädikat »Jahrtausendwein« bekam, weil die Trauben zum erstenmal reif geworden waren. Diese brillanten Geister und Fein-Abschmecker in den Klöstern produzierten Biersorten in mancherlei Variation – Bier in ständig wachsender Quantität und Qualität. Mit Ingredienzien aus den Laboratorien und Kräutergärten der Klöster braute man Bier für jeden Anlaß, für spezielle Leiden und Gebrechen, für unaussprechliche Krankheiten, aber auch zur Schönheitspflege und als Verjüngungskur, für Feste und Fasten, für Freude und Traurigkeit. Unglaubliche Kompositionen aus Gewürzen, Kräutern, Wurzeln, Pilzen, Beeren und Blumen gingen in es ein. Eichenrinde und Eichenblätter, Tannensprossen, Honig, Wermuth, Salbei, Nelken, Lavendel, Kirschblüten, Anis, Fenchel, Schafgarbe, Wacholder und Kiefernborke, nichts war vor ihm sicher. Alles, was wuchs und sproß, war für die erfinderischen Mönche eine Herausforderung, neue Spezialbiere zu produzieren.

Natürlich zog das Biermonopol auch eine Biersteuer nach sich und eine Biergerechtigkeit – für die Geistlichkeit und den Adel in Erbpacht! Es ist daher kaum verwunderlich, daß die älteste bekannte Braurechtsurkunde der Kirche gehört – Otto I. hatte sie im Jahre 947 der Kirche von Lüttich erteilt. Das älteste Braurecht in Deutschland wurde im Jahre 1143 dem Kloster Weihenstephan verliehen (in dem sich heute übrigens eine Schule für Brauereiwesen befindet). Es sorgte nicht nur für wohlhabende Klöster, sondern auch für Zufriedenheit bei den Menschen draußen vor den Klostermauern; ein rechter Bauer konnte sich nun des Abends, nachdem er den ganzen Tag und die halbe Nacht als Lehnsmann geschuftet hatte, bei seiner Familie mit einigen Krügen frischen Bieres ausruhen, und zwar bei original christlichem Bier und nicht einem alten »Heidenbräu«. Das ließ einen Mann garantiert von einem besseren Leben träumen, in dem es mehr zu essen gab und weniger Dämonen und Teufel, vor denen man sich fürchten mußte. Und das vielleicht ein klein wenig Raum bot für die Hoffnung, daß er selber solange am Leben bliebe, bis aus seinen Babys Kinder geworden waren, in der brutalen Christenwelt des Mittelalters.

Anglica custodia
Corona vite
Demones sagittis suis scandentes ad alta impugnant.
heremita
Monachus
Laica
Presbiter
Sanctimonialis
Urbes
Clipeus

DER BAUCH IST DER MEISTER ALLER KÜNSTE ODER WIE DER MÖNCH ZUM FRESSEN KAM

DER MEDIZINMANN

Johann Geiler von Kaysersberg, Prediger im Dom zu Straßburg, im Elsaß bekannt als »der deutsche Savonarola«, ging überhaupt nicht zimperlich mit den Eßgewohnheiten der Brüder um, als er 1511 die »Navicula Penitentie« schrieb: »Alle Gottesdienste der Kirche sind so bestellt wie die Küche es diktiert. Die Präfation, das Credo, das Paternoster werden entweder in die Länge gezogen oder gekürzt. Die Kirche folgt der Küche wie ein Hund seinem Herrn. Eigentlich sollte das Fest nicht ›Kirchweih‹, sondern ›Küchenweih‹ heißen.«

»Dicke Männer sind klüger«, philosophierte Thomas von Aquin im zwölften Jahrhundert. Dank dieser schönen Maxime konnte sich ein Mönch mit großem Appetit guten Gewissens den Bauch vollschlagen. In der Tat suchten die Mönche Schützenhilfe von jeder nur möglichen Seite, um ihr schlechtes Gewissen ein wenig zu besänftigen. Denn: Nirgends wurde mehr und ausdauernder gegessen und getrunken als in den mittelalterlichen Klöstern. Und dennoch, keine Sünde strapazierte das Gewissen der Mönche so stetig wie die der Völlerei. Eigentlich ist die Geschichte des Schlemmens im Kloster während des Mittelalters die Geschichte des schlechten Gewissens der Mönche. Nicht jeder Mönch hat den genialen Zug zum Philosophieren wie der Heilige Thomas von Aquin, der dreihundert Pfund schwere »Bulle von Sizilien«, wie er in liebenswürdiger Ehrfurcht auch genannt wurde. Oh ja, es gab schon viele Mönche und Nonnen, für die das Essenmüssen nur mit der Folter zu vergleichen war, wie es der Heilige Bernhard von Clairvaux bezeichnete. Und gleichzeitig durchzieht die mittelalterliche Geschichte des Mönchtums das salbungsvolle Gebet: »O beata viscera nulla sit vobis mora« – »Mögest du niemals darben, oh seliger Bauch« . . . Amen.

»Vor dem Sündfluß haben die Leute kein Fleisch gegessen, sie aßen nur Wurzeln, Kräuter und Baum-Früchten, und deswegen lebten sie über 700, 800, 900 Jahre. Als aber der Sündfluß mit seinem gesaltzern Wasser die Erden samt ihren Früchten verderbet hatte, fiengen endlich die Leute nach und nach an, Fleisch zu essen, lebten aber nicht mehr so lang . . . Das Fleisch-Essen ist nicht ungesund, sondern macht stark und leibig; dann, wie man sagt, Fleisch macht wider Fleisch; doch gehöret ein guter Magen darzu.«

Dieser eminente klösterliche Beitrag zur anthropologischen Forschung wurde vom Benediktiner-Mönch Odilone Schreger aus dem Kloster Ensdorff in der Oberen Pfalz im Jahre 1766 vertreten und niedergeschrieben, in seinem wertvollen wie komischen »Speiß-Meister«, einem Buch über den »Nützlichen Unterricht vom Essen und Trinken«. Aus den 30 Kapiteln über die Gewürzlehre spricht ein erstaunlicher Menschenverstand: »Salbei in das Essen fein gemischet machet einen vollen Kopf und schwarzes Haar. Destillierter Salbei hingegen in den Wein gemischet fordert die Nachgeburt und machet auch fruchtbar! Safran andererseits sollte man nicht zuviel gebrauchen, indem daß der übermäßige Safrangebrauch den Menschen zum stetigen Lachen beweget, und, wie die Medici vorgeben, dermaßen frölich mache, daß er vor lauter Freud dahinsterbe. Obwohl – ein Pflaster aus einer Mischung von einem

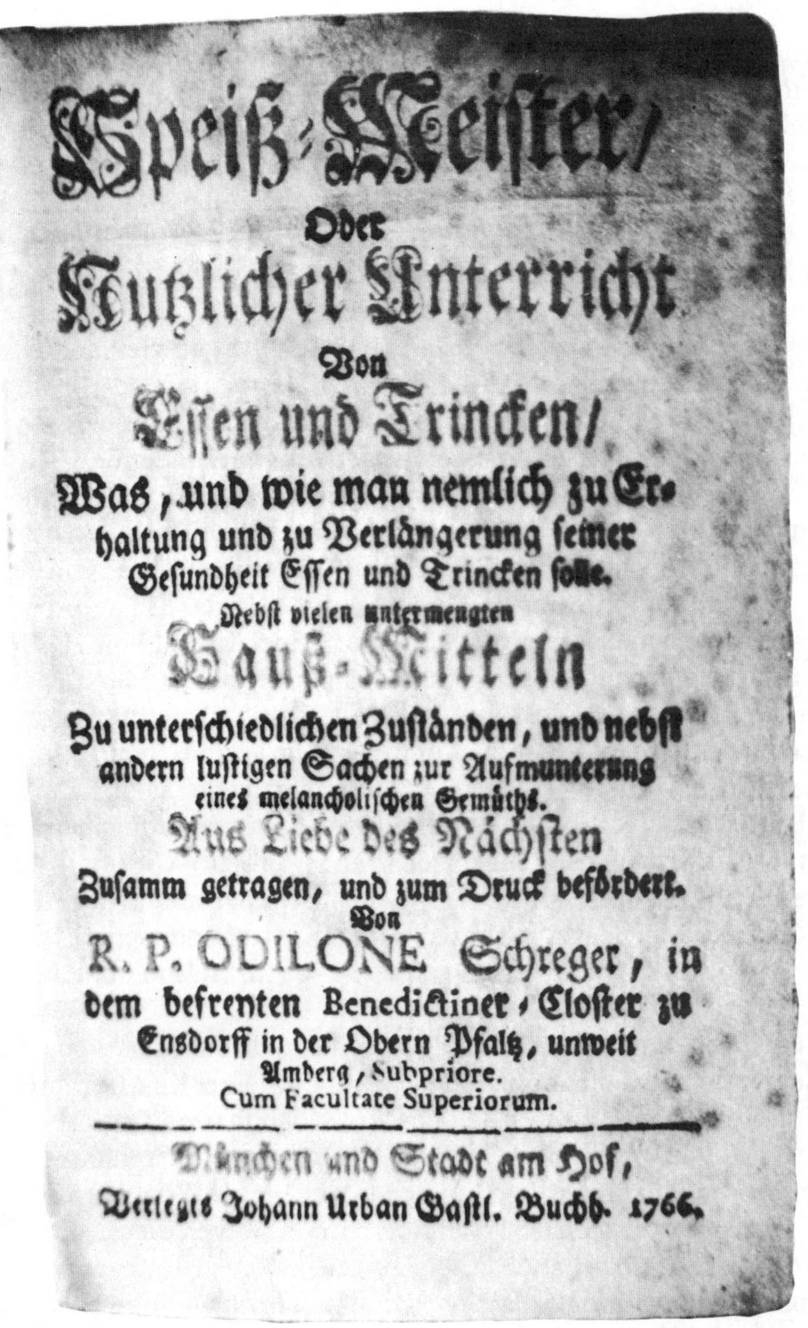

Speiß-Meister/
Oder
Nutzlicher Unterricht
Von
Essen und Trincken/
Was, und wie man nemlich zu Erhaltung und zu Verlängerung seiner Gesundheit Essen und Trincken solle.
Nebst vielen untermengten
Hauß-Mitteln
Zu unterschiedlichen Zuständen, und nebst andern lustigen Sachen zur Aufmunterung eines melancholischen Gemüths.
Aus Liebe des Nächsten
Zusamm getragen, und zum Druck befördert.
Von
R. P. ODILONE Schreger, in dem befreyten Benedictiner-Closter zu Ensdorff in der Obern Pfaltz, unweit Amberg, Subpriore.
Cum Facultate Superiorum.

München und Stadt am Hof,
Verlegts Johann Urban Gastl. Buchh. 1766.

Teil Safran, 2 Teilen Eiern und einem Teil Opium über die Schmerzen der Podagra gelegt, hilft. Die süße Mandelmilch nähret überaus wohl, absonderlich in hitzigen Manns- und Weibzuständen. Das Gewürznägelein bringet Leben in die natürlichen Glieder des Körpers – andererseits zuviel davon fördert die Melancholie. Zibeben stärken die gleichen Glieder. Doch muß man nicht zuviel tun. Ein paar Körnchen im Mund machet es dem Prediger eine laute Stimm. Und falls alle natürlichen Glieder nicht ausreichend verstärcket sind, dann sollte ein wenig Cardamömlein zu sich

Als der Kardinal Giovanni dei Medici den Papstthron bestieg – als Leo X. (1513 bis 1521) –, soll er zu seinen persönlichen Vertrauten gesagt haben: »Jetzt, da Gott uns zum Papst gemacht hat, laßt es uns genießen!«

nehmen, weil dies starcket trefflich alle sinnlichen Geister. Um den Husten zu vertreiben, macht man eine Mischung aus ausgepreßtem Knoblauch und Schweineschmer. Mit dieser reibet man gut die Fußsohlen ein. Das Baum-Oel (Olivenöl) ist für vieles trefflich und gut, für die Hautpflege, gegen Saufen und Rausch, bis zur Austreibung der bösen Winde. Vor allem ist Baumoel das beste Gegengift für einen, dem Gift gegeben worden.«

Ein besonders schmerzhaftes, unangenehmes und auch peinliches Ernährungsleiden, welches Brüder und Schwestern gleichermaßen zu erdulden hatten, waren die »bösen Körper-Winde« – oh, du Heiliger Benedikt und deine Bohnen! Die Klostergeschichte ist durchzogen von Berichten über die gepeinigten Brüder und Schwestern in Christi, die anscheinend zu jeder Tages- und Nachtzeit schwer unter dieser körperlichen Plage zu leiden hatten. Die berühmte medizinische Schule von Salerno wurde (um 820) beauftragt, sich intensiv mit diesem eigenartigen Klosterproblem zu beschäftigen. Man entwickelte dort eine Anzahl von Heilmitteln zur Linderung dieser Winde aus dem Kloster. Schon damals war den weisen Professoren bekannt, daß sich »eingeklemmte Pfürze« im Gehirn festsetzen und Blödheit verursachen.

Der Professor

Der »Speiß-Meister« Pater Odilone, der viele salernitanische Schriften zitiert, macht uns auf einige Gewürze aufmerksam, für deren windvertilgende Eigenschaften er bürgt: Kümmel, Anis, Fenchel, Olivenöl, Branntwein, Zimt, Zwiebel und Bittermandel (»aber nicht zu viel thun, sonnst wird ein bitter Ende sein«). Jedes – einzeln oder in Kombination gemischt – wird trefflich und kräftig die Winde verzehren, verteilen und entkräften. Als pièce de résistance aller Heilmittel und, wie Pater Odilone sagt, wenn alles andere versagt: »Tabakrauch, durch ein besonderes Klistierröhrchen in Hintern blaset, ist trefflich gut wider den Darm-Miserere«.

»Das Wasser«, schreibt Odilone, »anfeuchtet, aber nahret oder stärcket nicht. Bier nahret aber stärcket nicht. Wein aber nahret und stärcket, deshalb den Wein nur trinket, wegen dieser Vorteil.« Aber, ebenso wie bei allen guten Dingen, hat auch das Weintrinken einen Haken. »Trincket nicht zuviel«, mahnte Odilone, »weil die Speise schwimmet und kann deshalb nicht recht verkocht werden – in dem Magen. Außerdem wird der Speisebrennofen in dem Magen ausgelöscht durch zu viel Wein . . . Trotzdem soll man aber allzeit wenigstens noch einmal soviel Trincken als Essen.« Es ist kaum zu glauben, daß diese im Mittelalter populäre anatomische Magenlehre Ausgang des achtzehnten Jahrhunderts immer noch Gültigkeit besaß.

Daß diese Lehre im freß- und sauflustigen dreizehnten Jahrhundert, in dem der Kirche nicht nur die verdorbenen Mägen große Sorge bereiteten, viele Anhänger hatte, ist nicht verwunderlich. In dieser

Zeit lebte der große Franziskaner-Mönch und Prediger Berthold von Regensburg. Sein berühmtes Paradies war ein reiches Restaurant voller Gourmet-Seelen, die einen endlosen Strom von verhexten Kreationen und raffinierten Saucen aus der Hand Gottes, des Chefkochs, probierten. Wenn der hochgeschätzte Volksprediger nicht von seinem paradiesischen Restaurant träumte, donnerte er gegen die Freßwelle, die das Deutschland des dreizehnten Jahrhunderts verschlingen wollte. Völlerei entsprach dem Zeitgeist dieses deutschen Jahrhunderts – in dem die erwachende Gesellschaft drohte, sich an der von den Klöstern geprägten sozialen Bedeutung des Luxus-Tisches eifrig zu orientieren. Für die Kirche war das eine unerträgliche Erscheinung, denn einerseits mußten die Klöster zurechtgewiesen, andererseits die neuen Sitten im Keim erstickt werden. Sie war aber ebenso erfolglos gegen die Völlerei wie gegen die Prostitution oder das Laster der Trunkenheit, gegen die offenen Badeanstalten – der aus dem Morgenland mitgebrachten Sitte des »Familien-Dampfbades« – oder gegen das Schach- und das Würfelspiel, das Tanzen sowie viele andere Ausschweifungen der explodierenden Gesellschaft dieses verdorbenen Jahrhunderts.

Predigt des Berthold von Regensburg

Berthold von Regensburg versuchte in seiner inzwischen klassisch gewordenen Predigt über die anatomischen Funktionen des Speisetraktes seine damalige Hörerschar vor den Gefahren der Prasserei zu warnen: »Der Magen, der alles zu sich nehmet, was der Mensch esset und trinket, liegt direkt in der Mitte des Körpers. Er hat die Form eines Kessels, genau wie der, in dem wir unser Essen über einem offenen Feuer kochen. Nun wohl – Freunde, wenn ihr eure Kessel mit zu viel Essen vollstopfet, werden böse und fürchterliche Dinge geschehen. Als erstes kocht entweder der Kessel über und das darin liegende Essen bleibet ungekocht, oder aber das Essen in dem Kessel brennet an und bleibt auch so ungekocht. Aber merket euch! Wenn ihr eueren Kessel mit Mäßigkeit füllen würdet, dann wird das Essen Platz haben – und ruhig vor sich hin sieden, bis es richtig gar ist. Die Leber, die sich gleich neben dem Magen befindet, ist jenes Organ, das das Feuer macht, welches den Magen erhitzt. Die Leber besitzt von Natur aus jene größte Hitze und diese wiederum kochet alles, was der Mensch in seinen Kessel hineingibt. Wenn ihr aber eure Mägen bis zum geht-nicht-mehr überfüllet, bleibt das Essen ungekocht, unabhängig davon, wieviel Hitze die Leber gehalten wird zu produzieren. Und noch etwas dazu: das Hineingießen von Unmengen Wein in den Magen, um eine bessere Kochtemperatur zu erreichen, führt zum allergrößten Übel! Das ungekochte Essen kochet sicherlich über die Wände des Magens, und der Mensch ist verloren. Denn, wenn ein Teil des ungekochten Essens ihm zum Kopfe steigt, geschieht es, daß die Ohren des Menschen stumpf oder gar taub werden. Steigt ein Teil des übergekochten Essens in das Gesicht hinauf, werden die Augen des Menschen schwach und glasig, in manchen Fällen wird er auch blind. Schauet euch gut um – sehet ihr jemand, der einen schwerhörigen, stumpfen Ausdruck hat? Hat er auch einen glasigen Blick? Dann ist ihm sicherlich der gesamte Kessel übergekocht und zu Kopfe gestiegen.«

Im allgemeinen hat uns die Kirche mit zwei romantisch-populären, aber grundverschiedenen Bildern vom mittelalterlichen Mönch versehen. Das eine zeigt uns einen Menschen, der ein Leben von makelloser Ehrbarkeit führt, zurückgezogen von den Realitäten der sündhaften Welt, und der sich ganz der Überzeugung unterwirft, nur durch strenge Enthaltsamkeit von allen irdischen Freuden sein Heil zu finden. Ein Bild, von Mönchen erfunden und nicht ungeschickt verbreitet. Zugegeben, in dieser Vorstellung liegt etwas Mutiges, wenn nicht gar Poetisches. Ein Mönch oder eine Nonne und das Regime, das sie sich selber lebenslang auferlegt haben – Schweigsamkeit, Beten, Askese und vor allem Fasten. Am meisten sind wir von fastenden Mönchen und Nonnen beeindruckt. Die Vorstellung, daß der Mönch, wenn er überhaupt ißt, wenig anderes als ein bißchen Brei oder dünne Gerstensuppe zu sich nimmt, außer natürlich an hohen Festtagen, wo er sich den Luxus leistet, ein paar Tropfen Olivenöl oder einen Stich Butter an seinen Spinat zu geben, ist beneidenswert.

Besonders für jene unter uns, die nicht im Traum daran dächten, freiwillig irgendeine ihrer kulinarischen »3-Sterne«-Annehmlichkeiten für das Gebet aufzugeben, um damit etliche sündige Seelen vor dem langen Verweilen im Fegefeuer zu retten, ganz zu schweigen von dem Grauen der Hölle. Überdies, da auf dem seltsamen Markt von heute der Tarif für Seelen jeder Güte weit geringer zu sein scheint als der für ein gutes Essen.

Mönch in der Nonnenzelle

Das zweite Bild des mittelalterlichen Mönchs, allerdings weniger romantisch verklärt als das erste, hat ebenfalls die Kirche porträtiert, mit den intensiven Farbspritzern aus der Crême der mittelalterlichen Literatur à la Chaucer oder Boccaccio. Es zeigt einen bösen, korrupten, geldgierigen und – wie könnte es anders sein – prassenden Fresser-Mönch. Ein häßliches, selbstzerstörerisches Bild, das aufgrund der Autorität derer, die es geprägt hatten, bei der Bevölkerung überragende Popularität genoß. Peter Abaelard, Peter Venerabilis, Bernhard von Clairvaux, Roger Bacon, Johannes Busch, Johannes Geiler, Berthold von Regensburg und viele, viele andere ernste Männer und Frauen, Mönche und Nonnen, die ihre harte Kritik am Klosterleben schwer bezahlen mußten – bis hin zum abtrünnigen Augustiner-Mönch Martin Luther. Alle opferten ihre gesamte Kraft und manche gar ihr Leben für den heroischen Versuch, das entgleiste Mönchtum vom dreizehnten bis zum sechzehnten Jahrhundert wieder auf die rechte Bahn zu bringen. Eigentlich setzte erst mit Martin Luther das willkommene Ende dieser kircheninternen Nahkämpfe ein. Mit seiner Exkommunikation hörten dann die klösterlichen Ordensauseinandersetzungen schlagartig auf.

Die schon im dreizehnten Jahrhundert weit verbreiteten Beschreibungen des unmöglichen Verhaltens der Klosterbrüder und Schwestern hatten mit ihrer ätzenden Brutalität verheerende Auswirkungen. Zweifellos wurde hier genausoweit über das Ziel hinausgeschossen wie auf der anderen Seite bei den verklärten Romantikern und ihren pietätvollen Schilderungen der gütigen Auf- und Hingabe der asketischen Brüder und Schwestern – nur die Scharlatane suchen immer die Extreme. Daß dem Mönch der Heiligenschein inzwischen doch etwas zu eng geworden war, ist dem Bürger Ende des vierzehnten Jahrhunderts ziemlich klar – er ist einfach nicht länger gewillt, das tradierte Konzept, der Mönch sei eine Art heiliger Übermensch, zu akzeptieren. Viel lieber liest er Geschichten wie »Über den Tag im Leben eines Abtes«:

»Der Abt beginnt seinen Tag erst, wenn die Sonne ihren Höhepunkt überschritten hat. Erst zu dieser Zeit kann er seinen müden, fetten, überfüllten Leib aus den weichen Pelzen und seidigen Federn heben. Durch Aufstampfen mit den Füßen und Rütteln seines Körpers versucht er wieder Leben in seine vom Prassen und den Orgien des Vorabends betäubten Glieder strömen zu lassen... Seine zarte bloße Haut läßt er nur mit dem feinsten Leinen in Berührung kommen, obwohl er sich – um ehrlich zu bleiben – gelegentlich mit der allergrößten Vorsicht zu Ehren Christi ein frommes härenes Hemd über seine feine Leinenwäsche zieht, doch läßt er ein Eckchen davon frei schwingen, um sein Leiden kundzugeben. Hosen, Kleider, Schuhe sind – wie zu erwarten – nach dem letzten Schrei der Mode seinem Körper angepaßt. Darüber trägt er – abhängig vom Wetter– ein oder zwei exotische, schöne Pelzmäntel. Die starke männliche Stirn versteckt er fast völlig unter der großen schwarzen Kapuze seiner Zunft. So ausgestopft gegen die Unbilden der Elemente, geht der fette, großbäuchige Abt den täglichen Problemen seiner Schäflein entgegen. Er ist ein erbarmungsvoller, liebenswürdiger Mann, der gütige Abt. Und voll Mitleid umarmt und tröstet er sein hungriges und bedürftiges Volk. Nachdem er diese verdrießliche Alltags-Hausarbeit verrichtet hat, kehrt der Lord Abt schnellstens in seine Gemächer zurück, um die quälenden Leiden seines rasenden Appetits zu besänftigen.

Dort sind die Tische mit Speisen voll beladen, die unmöglich aufzuzählen sind: große Seezungen, gekocht und gebraten, Salm, geröstet, gegrillt und in fetten Teig eingebacken. Riesige Hechte – die kleinen sind ihm verhaßt. Fette Karpfen, dampfende Kessel voll frischgekochter Langusten, neben langen feisten Aalen in Gelatine und alle Arten von Fisch, geröstet, gekocht, gebraten und gefüllt, in Ei gehüllte, goldene Fische. Unser Abt denkt nicht im geringsten daran, das Fleisch vierfüßiger Tiere in seinen Mund zu nehmen – das wäre eine entsetzliche Verletzung der Regel Benedikts. Aber enthält er sich allen Fleisches? Was für eine Frage, nur jenes der vierfüßigen Tiere.

Jonas und der Walfisch

Beim Geflügel sieht er als Mann Gottes kein hemmendes Verbot. Allerdings müssen die Flügel abgeschnitten, der Vogel muß tief ins Wasser getunkt und dann mit Umsicht und Liebe gekocht, gebraten und genossen werden. Im ersten Buch Mose steht, alle Fische und Vögel seien am selben Tag aus dem Wasser heraus erschaffen worden, und deshalb sind sie auch für den Abt ›gesetzlich‹ freigegeben. Auch er stützt sich auf das Wort des heiligen Ambrosius: ›Großer Gott! Hattest du nicht durch deine überirdische Macht dieses aus dem Wasser erhoben und jenes wieder in die strudelnde Tiefe des Meeres hinabgleiten lassen? Wobei du erhebetest wiederum andere hochschwingend in die Luft hinauf?‹ So förderte der Lord Abt fliegendes und schwimmendes Geflügel ohne Ausnahme und Unterscheidung in die Tiefe seines strudelnden Schlundes hinein: Pfauen, Schwäne, Gänse, Enten und Kapaune. Den Hahn läßt der Abt links liegen – mehr aus schöpferischen Erwägungen denn aus kulinarischen: ›Seid fruchtbar und mehret Euch, sagt der Herr.‹ Damit ist er zwar einverstanden, nicht nur, wenn es den Vorrat für seinen Tisch angeht, und aus diesem Grund meint der Abt, äße er sowohl den Hahn wie das Huhn, würde die natürliche Nachkommenschaft auf dem Hühnerhof zerstört.

Was meint er zu der geräucherten Speckseite? Ist nicht auch sie ›hochschwingend in die Luft hinauf erhoben‹? Der schlaue Abt erkennt schon die Falle in dieser Frage. Den Speck als Fleisch von Vierfüßern darf er unter keinen Umständen essen. Andererseits führt er mit mundwässernder Logik vor: Das Fleisch ist schmackhaft und reich und fett – wenn es in eine heiße Pfanne geworfen und so lange gequält, gepeinigt, geschlagen und hochgeworfen wird, bis aus dem Speck die Tränen fließen und sich das Ganze zu Flüssigkeit verwandelt? Dann kann er mit gutem Gewissen das, was sich flüssig gemacht hat, zu sich nehmen. Flüssigkeit kann – wie jeder weiß – nicht gegessen werden.

Vor allem – der heiligen Regel Benedikts gemäß – ißt er viel Eier. Sie gelten als Bewahrer der Gesundheit und des Aussehens; ein Ei hat außerdem ein leicht verdauliches Fleisch. Dazu – wie Ovid festgestellt hat – fördert das Ei die Sinnlichkeit des Menschen, welches – bei seiner Ehre – allein schon eine nicht zu verachtende Empfehlung wäre. Aber was tun, da die Regel ihm die Zahl von fünf Eiern zu überschreiten verbietet? So esset er demgemäß fünf harte Eier, fünf weiche, fünf gebratene, fünf gekochte, fünf weiße mit Kumin und fünf schwarze mit Pfeffer, fünf in Fleischklößchen und fünf in Käseklößchen, fünf gerührte und fünf halb rohe und fünf zu Baisers geschlagen. Das wären fünfundfünfzig Eier. Andererseits sind es nicht mehr als fünf von jedem – der logischen Unerbittlichkeit des ›Distributiv-Gesetzes‹ entsprechend.

Proviant für den Abt

Als wenn sie gerade gerufen wäre, besucht ein dralles Bauernmädchen diesen rundlichen Missetäter. Vor dem offenen Kamin sinken beide zusammen in ein weiches samtiges Federbett, tief in eine ungeheuerliche Union der Sünde. Mittlerweile gibt es kein Bauernmädchen, und sei sie noch so arm, die nicht an allen Fingern mit Gold protzt, wenn eben ein Mönch das Jucken nach ihr verspürt. In der Regel – wie es auch sein mag – zahlt der Mönch ein ganzes Pfund für jenes, was die Novizen für einen halben Penny oder für Liebe geschenkt bekommen.

Nach diesem Zeitvertreib werden auf dem Tisch unseres Herrn Abtes Weine in allen Farben kredenzt. Die starken Roten auf seiner rechten Seite und links von ihnen die Weißen. Jede Sorte schmeckt und trinkt er neunmal, um sicher feststellen zu können, ob Aroma, Blume und Körper stimmen. Erst dann und in fester Überzeugung trinkt er nacheinander einen Roten, dann einen Weißen, dann wieder einen Roten – zuerst für den Frieden in der Kirche, dann für alle Prälaten, für ihre Untertanen, für alle Gefangenen in fremden Ländern, für die Kranken, für gutes Wetter, für eine ruhige See, für alle Pilger und Reisenden – und alle, die zu Hause warten – und einen großen Schluck, daß alle seine Mönche weniger essen sollten und einen noch größeren, daß er mehr essen könnte, er trinkt für die gesamte christliche Bevölkerung der Welt, für das menschliche Geschick im allgemeinen und letztlich, daß unser gütiger Gott im besonderen seinen zarten Tau über den Berg Gilboa legen möge, auf daß die Paradiesäpfel sprießen und daß dieser sein himmlischer Kuß die Reben zu noch größerer Fruchtbarkeit antreibe. An dem Rest des Weines nippt er schlückchenweise, damit das schier unauslöschbare Feuer des in seinem Magen brennenden Hochofens besänftigt werde. Ach – was sind es doch für unerträgliche Leiden, die ein Abt für Christus ertragen muß!

Als dann auch noch das Abendessen vorbei und all seine Jucken gestillt worden sind, ruht sich der Abt in einem großen Sessel aus, unter jeden Arm zur Unterstützung einen Stuhl geschoben. Seinen aufgeblähten Bauch bis zum Platzen gefährlich voll, beginnt er sorgfältig, die Winde aus dessen Reichtum herauszulassen – sonst liefe er Gefahr, in der Mitte auseinanderzuplatzen. Diesem Zweck zu entgehen, reißt er die Nasengruben, den Mund und andere Öffnungen weit auseinander. Die aufwallenden Gase aus der Dampfpfeife unseres Josua versetzen die Dienerschaft in stetige Bewunderung!«

Der Verfasser dieses Bildnisses eines englischen Abtes im hohen Mittelalter war nicht – wie vielleicht zu erwarten gewesen wäre – der deftige Geoffrey Chaucer, sondern der Enkel Heinrichs I. und Erzdiakon von Oxford, Walter Mapes, einer der profiliertesten Schriftsteller und Historiker des zwölften Jahrhunderts. Leider enthüllt er uns nicht Name und Kloster des von ihm geschilderten Monstrums. Dieses Bild spiegelt jedoch, wie viele andere, den Klostergeist der Renaissance des zwölften Jahrhunderts wider. In der Regel sind es die Zisterzienser, die das Material für die erbarmungslosen Feder-»streiche« Mapes' lieferten.

KLOSTERKRANKENHAUS

Das Krankenhaus oder Hospital war ein wesentlicher Teil des Klosterkomplexes. Dorthin kamen alte, gebrechliche oder kranke Mönche, damit sie in einer angenehmen Atmosphäre genesen, ruhen oder sterben konnten. Das Krankenhaus war der einzige Ort im Kloster, wo ein Mönch legal ein wenig Luxus genießen konnte – mit Ausnahme der Privatgemächer des Abtes, in denen der erlaubte Luxus keine Grenzen kannte. Dazu war es in vielen Klöstern – abgesehen vom Abtshaus – das einzige geheizte Gebäude – was die Popularität eines Aufenthaltes darin nun keineswegs minderte!

Die Krankenzimmer waren groß und luftig, und die Fenster sahen nach Süden, um soviel Sonne einzufangen, wie der jeweilige Tag es erlaubte. Die Krankenbetten waren weich, warm und bequem. Des weiteren wurde der Mönch während seines Aufenthaltes im Krankenhaus von allerlei lästigen Vorschriften verschont: Er konnte baden, so oft er wollte. Er mußte nicht gekleidet und gegürtet ins Bett gehen. Im Krankenhaus mußte nicht bis zum Morgen ein Licht brennen. Und vor allem wurde der Mönch, was das Schlafen betraf, von einem »Aufseher« verschont, der sonst im Dormitorium die ganze Nacht über die Träume und Gedanken der schlafenden Brüder wachte.

»Behandlung« eines Nasenpolypen

Demzufolge konnte der Aufenthalt im Krankenhaus – war ein

Mönch nicht ernsthaft krank – ein angenehmes und entspannendes Erlebnis sein. Aber es gab noch einen weiteren Anlaß, der dem Aufenthalt im Krankenhaus ein zusätzliches Ausmaß an Freude verlieh, und der wenigstens zum Teil erklärt, weshalb die Krankenhäuser immer größer gebaut werden mußten und dennoch immer voll ausgebucht waren: das Fleisch! Soviel Fleisch, wie der Mönch nur irgend zu sich nehmen konnte! Fleisch in all seinen Formen und in all seiner Vielfalt! Zweibeiniges oder Vier- oder wie immer Beiniges, Fliegendes, Schwimmendes, Schleichendes, Kriechendes, Stehendes, Hüpfendes und Laufendes – Fleisch, Fleisch, Fleisch.
Nichts und niemand hat den kranken Mönch davon abhalten können, sich Nacht und Tag in den wohligen Krankenhausbetten zu kuscheln, und wenn nach der sechsten Schüssel des süßen Fleisches der besorgte Abt ihn ein bißchen schief anmurrte, dann hat der ganz »schwache Mönch« nur die selige Regel des heiligen Benedikt zu zitieren brauchen: »Auf den Genuß des Fleisches von vierfüßigen Tieren sollen alle vollständig verzichten, mit Ausnahme der schwachen Kranken« – um dann ruhig nach einer siebenten Schüssel Fleisch zu verlangen. Offensichtlich war das Krankenhaus der Ort, wo sich Mönch und Nonne von den ewig gleichbleibenden Klosteraufgaben sowie der Monotonie der Klosterkost erholen konnten. Um so mehr, wenn man das Mißgeschick hatte, von einem jener pedantischen Zuchtmeister von Abt regiert zu werden, über die die Mönche hätten Bände füllen können.
Eine dieser Geschichten beschreibt einen Paragraphenhengst, der strikt nach der Regel nur drei Gänge zum Mittagstisch zuließ.

In der »Praxis« des Mönchsarztes

»Lasset uns zum lieben Gott beten, daß er bald sterbe!« sagten die Mönche. Und bald geschah es! Er wurde leider durch einen Abt ersetzt, der nur zwei Gänge auf dem Mittagstisch erlaubte. Die Mönche beteten um so dringlicher, daß der liebe Gott sie von diesem schweren Kreuz erlöse – und der liebe Gott hat genau das getan. Der nächste Abt war der grausamste von all seinen Vorgängern. Nicht mehr als einen Gang sollten die entsetzten Mönche zum Hauptmahl bekommen. »Dieser Kerl ist der allerschrecklichste«, klagten die Mönche, »jetzt müssen wir beten wie nie zuvor, damit er schnell dahinscheide!« »Nay, Nay«, warnte der alte weise Mönch, »gerade das Gegenteil müssen wir tun, meine Brüder, wir müssen beten wie nie zuvor, daß der liebe Gott ihm ein sehr langes Lebens schenke und wir ihn behalten dürfen. Der erste Abt war böse, der zweite Abt war noch schlechter, der dritte ein Monstrum. Und doch, wenn ich die Wege unseres Glücks zur Zeit betrachte, fürchte ich, daß ein nächster es schaffen wird, uns alle in den Tod zu treiben!«

ADERLASS

Die einfachste Methode, drei bis sechs Tage Krankenhaus-Schlaraffenland genießen zu können, war der Aderlaß – jene uralte Gesundheitstherapie, die Venen eines Menschen zu öffnen. Die Ärzte des Mittelalters haben dem Aderlaß eine große Bedeutung beigemessen. Jeder Mönch und jede Nonne bekamen einen Aderlaß-Paß, um in regelmäßigen Abständen etwa fünfmal im Jahr zu bluten. Der griechischen Schulmedizin zufolge bewirkte der Aderlaß eine größere Harmonie der Körpersäfte. Das hat einen so schönen Klang! Doch im Grunde war es nur eine galante Art, die endemische Krankheit der meisten Klöster während des Mittelalters am besten zu beschreiben. Das Überfressen! Ärzte jener Zeit berichten, daß das Essen im Kloster viel zu schwer, zu reich an Kohlehydraten und zu fett war. Und dann die alkoholischen Getränke, die in ungeheurem Ausmaß konsumiert wurden. Dazu hatten die meisten Mönche, außer daß sie ein wenig in den Gärten herumbuddelten, keine körperliche Bewegung.

Das bedeutet für die Klostermedizin: Ist der Leib des Mönchs zu schwer und zu vollblütig, ist er für hohen Blutdruck und Apoplexie sowie andere Krankheiten anfällig, die angeblich von der Übergewichtigkeit verursacht werden. So wurde der Mönch ins Krankenhaus geschickt und zur Ader gelassen. Während seines Aufenthaltes dort stopfte er sich um so voller – mit Fleisch, von dem er

Die Fahrt ins Krankenhaus

Übrigens war nicht nur das Krankenhaus von Cluny lange Zeit eines der größten. Seine Basilika St. Peter und Paul war bis ins siebzehnte Jahrhundert hinein der größte Kirchenbau der gesamten Christenheit. Und diese Tatsache hatte Papst Nicolas V. im Auge, als er im Jahre 1452 einen neuen Petersdom für Rom bestellte. Der Architekt Donato Bramante beruhigte die Seele des inzwischen verstorbenen Papstes, indem er in seinem Domplan in der Länge ein paar Prestigemeter mehr zugeschlagen hatte. So ging mit der Fertigstellung des Petersdoms der Titel »Der Größte« fast zweihundert Jahre später nach Rom.

zugleich annahm, es sei leicht verdauliche und vor allem blutbildende Kost. Ein ganz schön irrer Circulus vitiosus. Viele Mönche erpreßten sich über den Aderlaß den Weg ins Krankenhaus, um auf diese Weise ihre wahre Krankheit besänftigen zu können – ihre Gier nach Fleisch. Das erinnert schon an den verfressenen Römer, der sich übergibt, um wieder Platz in seinem Magen zu schaffen, eine Praxis, die auch die Mönche übernahmen.

Udalrich, der im elften Jahrhundert lebende Mönch und Historiker in Cluny, beschreibt mit Akribie und Schärfe, daß die Mönche von Cluny sich mindestens fünfzehnmal im Jahr zum Aderlaß meldeten. Die Genesungszeit danach betrug vier bis sechs Tage – soviel Zeit brauchte der Körper, bis ein harmonisches Zusammenströmen aller Körpersäfte wieder erreicht war. Das hieß nicht mehr und nicht weniger, als daß der cluniazensische Mönch auf dem Weg über den Aderlaß mehr als zwei volle Monate ohne Versteck und Falschspiel und mit frommem Gewissen die verbotene Frucht des vierbeinigen Schweines genießen durfte. Eine recht gehaltvolle Grundlage. Zur Zeit Udalrichs gingen dreihundert Mönche regelmäßig zum Aderlaß, das allein macht also schon die unwahrscheinliche Größe des Krankenhauses von Cluny verständlich. Und vielleicht auch das rabiate Vorgehen des Heiligen Bernhard von Clairvaux gegen die Cluniazenser, ihm kam nämlich das Ganze wie ein »Meer der Harmonie der Körpersäfte« vor.

Natürlich waren die Klosterkrankenhäuser die einzigen Häuser, die diese Bezeichnung zu Recht trugen – sie waren der Position der Klöster entsprechend von hohem Niveau. Dazu muß angemerkt werden, daß allerdings so wichtige Sparten der medizinischen Heilkunst wie Internistik oder Chirurgie, abgesehen vom Aderlaß, nicht existierten.

KRANKHEIT UND FLEISCH

Das Krankenhaus war infolge der eigenen Küche auch in der Lage, alle Patienten in der Genesungszeit reichlich mit nahrhaften Mahlzeiten zu versorgen, und zwar war Fleisch – wie zu erwarten – die überwiegende Grundlage des Essens. Um es zu verdeutlichen: Ein Mönch wird krank geschrieben, kommt in das Krankenhaus, in dem er Fleisch essen darf, soviel er will. Auch wenn der Kranke schon aus eigener Kraft wieder umhergehen kann, darf er weiter bleiben und Fleisch essen, um seine Genesung zu beschleunigen. Bis dahin ist nichts Unregelmäßiges zu entdecken, meint man. Tatsächlich war von dem Augenblick an, in dem das verführerische Aroma von gebratenem Fleisch wie Weihrauchschwaden das Kloster durchwehte, die Regelmäßigkeit aller Dinge auf den Kopf gestellt. Was hieß damals »krank sein«? Wie krank mußte ein Mönch werden, bevor ihm der erwünschte Aufenthalt im Krankenhaus erlaubt wurde? Sicherlich war die Aufstellung von Krankheitskriterien und Richtlinien für die Klöster, deren Hauptaufgabe ohnehin war, die Seele des Menschen zu betreuen, ein leidiges Problem. Die Seele des Menschen war dem Kloster allzu gut bekannt, und deshalb war es für den Mönch als Fachmann logischerweise nicht problematisch, seelische Krankheiten nachzuahmen. Aber ein cleverer Mönch, der zudem schauspielerisch begabt war, konnte auch fast jede bekannte und etliche noch unbekannte körperliche Krankheiten simulieren.

Viele Darstellungen der Heilung von Krankheiten und Gebresten des neunten bis elften Jahrhunderts beziehen sich auf die weit verbreitet gewesenen Hautausschläge, Lähmungen sowie die schmerzhaften Augenentzündungen – zumeist verursacht durch Feuer und Rauch in den Wohnstätten und in den Küchen der Klöster.

Bernhard von Clairvaux mahnte daher, »Der Abt achte und prüfe, daß sich keiner als krank ausgibt wegen des besseren Essens«, und er warnte vor Simulanten. Überhaupt ist er ganz allgemein der Ansicht, daß auf Krankheit nicht besonders Rücksicht zu nehmen sei, und er verachtet medizinische Hilfe ebenso wie heilende Spezereien. Überdies meint er, die Krankheit der Seele sei mehr zu fürchten als die des Leibes.

Den Kloster-Chroniken zufolge waren die erfinderischen Fähigkeiten mancher Mönche recht beachtlich – vor allem, wenn sie durch die Vorstellung von einem saftigen Schweinebraten angefeuert wurden. Demzufolge gab es ein böses Strafregister für diejenigen unbegabten Mönche, die bei der Vortäuschung irgendeiner Krankheit erwischt worden waren. Interessanterweise gab es schon im elften Jahrhundert unterschiedliche Klassen von Krankheiten und Behandlungsweisen. Als ob Kranke erster, zweiter und dritter Klasse zu behandeln wären.

Der seelisch kranke Mönch – er litt unter der allerschwersten Krankheit! – wurde am sorgfältigsten behandelt sowohl hinsichtlich des Essens als auch seiner Ruhe. Für seine betrübte Seele war jede Form humaner, vorfreudianischer Pflege gerechtfertigt. Auch der körperlich kranke Mönch wurde liebevoll gepflegt – so gut es die damaligen, manchmal etwas seltsamen medizinischen Behandlungs-Usancen erlaubten. Ihm wurde aber oft milde in Erinnerung gebracht, daß der Chordienst auf ihn wartete. Die Behandlung der dritten Kategorie von Krankheiten, der schweren Geisteskrankheiten, war schlimm. Das Thema wird in den Chroniken genauso selten erwähnt wie der Ort, an den die Kranken oft geschickt wurden – das Klostergefängnis. Dort blieben die armen »Verrückten« neben Homosexuellen und Mördern zumeist für den Rest ihres Lebens. Die Therapie in diesen unmenschlichen finsteren Löchern bestand aus einem grauenhaften Schwarzbrot, Wasser und Ketten. Es lohnte sich also wirklich nicht, verrückt zu spielen!

Cuthbert und Boisil auf dem Krankenbett

Wie unterscheidet man zwischen dem schwer kranken Mönch, dem krankgeschriebenen Mönch – der gesund genug war herumzugehen, aber im Krankenhaus wohnte und deshalb in den Genuß von Fleisch und anderen Annehmlichkeiten kam – und seinen gesunden Brüdern, die nach der strengen »Fleisch-Regel« leben sollten? Der spazierengehende Fleischesser mußte während seiner Rekonvaleszenzzeit in irgendeiner Weise gekennzeichnet werden – sonst hätte nur zu leicht der Eindruck entstehen können, er mogele, besonders im Gespräch mit einem gesunden Bruder. Unbeschreiblich viel Wert, der sich in Regeln ausdrückte, wurde diesem heiklen Punkt beigemessen. Eigentlich sehr verständlich und schon gar nicht kleinkrämerisch. Versetzen Sie sich einmal in die Lage eines gesunden Mönchs, der über den Klosterhof eilt, und siehe da – ausgestreckt auf einer Bank sonnt sich ein dicker Bruder mit rosigen Backen und einem Leib voll Fettigkeit (corpulentia crassitudo), der ihm mit einem Odem voll Knoblauch »Gott zum Gruße« wünscht und dabei mit einer halb abgeknabberten Schweinshaxe winkt. Woran erkennt man um Gottes willen, daß seine Seele krank ist? Nur an dem Geruch?

Die verblüffende Zahl von »consuetudines«, abgefaßt, um das Verhalten des Fleisch essenden Kranken zu präzisieren, unterscheidet sich kaum von Klosterfamilie zu Klosterfamilie. Der »Kranke« darf nie sein Fleisch mit einem Nichtkranken teilen. Überdies muß er immer, wenn er sich gerade dem Fleisch hingibt, besorgt sein, nicht von einem Gesunden beobachtet zu werden (so schmort der oben erwähnte Leib voll Fettigkeit bereits in der Falle).

»Nachdem er aus dem Krankenhaus entlassen und für gesund erklärt wurde, muß er einen ganzen Tag – oder für so lange, bis der Fleischgeruch aus seinem Körper und seinen Kleidern verflogen ist – in Isolation gehen, bevor er sich dem Konvent wieder anschließt. Danach, weil er Fleisch gegessen, viel Wein getrunken und noch mehr geschlafen hat, muß er vor dem gesamten Konvent um Verzeihung bitten und bekennen ›mea culpa‹. Daraufhin wird er vom Abt absolviert.« Bände wurden mit sinnreichen, doch kuriosen Regeln gefüllt wie diese: »Nach der Rückkehr aus dem Krankenhaus dürfen die, die Fleisch gegessen haben, am ersten Tage weder mit anderen sprechen oder die Messe singen.« Keine Regel schien streng genug, die übermäßige Zahl sich krank meldender Mönche einzuschränken – trotz des peinlichen Strafregisters für »Heuchler, die mit verwüstetem, blutlosem Gesichte herumgehen, diejenigen, die ein ausgemergeltes Aussehen vortäuschen, um auf diese Weise ihre Gier nach dem Fleisch zu befriedigen«.

Mitte des zwölften Jahrhunderts melden die Berichterstatter eine seltsame Epidemie, die die europäischen Klöster befallen hatte. Die Krankheit wurde »Klosterstockkrankheit«, manchmal auch »Culla-Krankheit« genannt. Wie man liest, ist kaum ein europäisches Haus von ihr verschont geblieben. Nur mit Hilfe tiefen Wühlens in staubigen Chroniken gelang es, der Ursache dieses eigentümlichen Leidens auf die Spur zu kommen.

Um 1020 – das exakte Datum harrt weiterer intensiver Erforschung – waren neue Kloster-Leitsätze entworfen worden, die das Verhalten von kranken, Fleisch essenden Mönchen und Nonnen einer DIN-Norm unterwerfen sollten. Strikt wurde beschlossen, daß jeder Mönch, unabhängig von Alter oder Aussehen, der ex cathedra für krank erklärt worden war, sei es an Leib oder Seele, ab sofort nicht mehr ohne Stock in der Hand und ohne hochgeschlagene Kapuze auf dem Kopf herumgehen dürfe. Die Tatsache, daß in verschiedenen Klöstern zur Mittagszeit der gesamte Konvent mit Stöcken in der Hand und aufgesetzten Kapuzen den Mahlzeitspfad ins Krankenhaus tappte, hatte mit der grundsätzlichen Qualität dieses Gesetzes nichts zu tun.

Mit Stock und Kapuze . . .

Peter Venerabilis (1092–1156), profiliertester alle Reformäbte der Cluniazenser-Kongregation, lebte zur selben Zeit wie Bernhard von Clairvaux. Er bot die Hauptzielscheibe für die übertriebenen Attacken des zu dieser Zeit en vogue gewesenen fanatischen Zisterziensers. Venerabilis war auch eine Art Renaissance-Mensch, der das Unglück hatte, mit der Begrenztheit der mittelalterlichen Ignoranz leben zu müssen. Er war ein Wegbereiter des Humanismus und der organisierten Ausbildungswege, er ließ den Koran ins Lateinische übersetzen, weil er meinte, man brauche einen intellektuellen Dialog mit der Theologie des Islam. Ein gefährliches Unterfangen in einer Zeit, in der das Wort »intellektuell« starke ketzerische Anklänge hatte. Mit Erfolg setzte er sich für Peter Abaelard ein und rettete dessen Leben und Lebenswerk vor der Engstirnigkeit des frenetischen Zisterziensers Bernhard von Clairvaux. Er verfaßte schöne Gedichte, Hymnen, Briefe von historischem Interesse und auch eine Liste aller Nahrungsmittel und Speisen, nach denen der Mönch »lüsterte«: »carnes porcinae« – Schweinefleisch; »assus et elixus porcus« – gesottenes und gebratenes Schweinefleisch; »iuvenca pingius« – fettes Kalb; »carnes vaccinae« – Rindfleisch; »caprea« – Ziege; »gallinae« – Huhn; »anseres« – Gänse; »volatile domesticum« – Hausgeflügel; »phasiani« – Fasane; »perdices« – Rebhühner; »tortures« – Turteltauben; »cervus« – Hirsch; »aper« – Eber; »ursus« – Bär; und »lepus« – Hase. Was den »lepus« betrifft, gab es zu jener Zeit eine epikureische Schule, die auf der Behauptung basierte, der ungeborene Fötus des Hasen sei in Wahrheit als Fisch zu betrachten – und daher, ohne die Regel Benedikts zu verletzen, eßbar. Daraus entstand, besonders in den französischen Klöstern, eine blühende Zucht von Hauskaninchen! Peter Venerabilis schrieb vom Fisch, »er ist zum Kotzen, und die blähenden Erbsen, Bohnen und anderen Hülsenfrüchte sind ein Schweinefutter, nur eines Barbaren würdig«. Töne eines verzweifelten Gourmets?

Die Küchenmeister müssen sich vor Weihnachten stärken. Am dritten Tag vor Heiligabend servieren sie sich ein Extra-Essen, denn sie müssen viel für die Festtage vorbereiten:
»Am dritten Tag vor den Heiligen Abent sezt man die Sulzfisch drey schüssel voll, auf drey Tisch zum Heiligen abent, zue dem Fruemal, und ein schüssel vol in die Khuchl. Darzue gehören Khuchelmeister, Köch, Khelner, Khämerer, Fleischhackher und Hausknecht; und der Khelner soll zwai Viertl wein darzue geben, ein Viertl Phründt und ein Viertl des Herrn Gnaden Tischwein.
Item es soll auch ein Kuchelmaister ein Viertl habern zur Geisliz lassen mahlen zue den Heiligen abent.«
(Seckauer Speiseordnung, 1556)

Ungeborene Hasen als Fisch zu deklarieren, so unappetitlich das auch immer klingen mag, war nur eine der vielen Fährten, die ein frommer Mönch finden mußte, um die trüben Wasser der benediktinischen Ernährungsweise umsegeln und so überlisten zu können. Um so intensiver nun manche Klöster und etliche Prediger für die fragwürdige Hypothese argumentierten, daß ein bescheidenes, das heißt hundsmiserables Essen ein Zeichen für überragende Frömmigkeit, Askese und – wer weiß was noch? – vielleicht sogar für Heiligkeit sei, desto schneller geriet die gesamte Struktur der religiösen Ernährungsvorschriften in das grelle Licht der Lächerlichkeit. Bei den Mönchen und den Menschen.

Falls es überhaupt möglich ist, die gesamte wirre Ernährungslandschaft etwas zu erhellen, so würde ich behaupten, daß es – im Zusammenhang mit der schon allbekannten Klosterfresserei sowie der von den Klöstern aufgestellten sozialen Rangordnung des Essens – genau dieser Trugschluß war, der den Menschen im Spätmittelalter zu gargantuesken Freßorgien verführte.

Die alte Eine-Million-Mark-Frage: Was war zuerst da – das Huhn oder das Ei? –, haben die Mönche eindeutig mit dem Ei gewonnen.

HÜHNERDISKUSSIONEN

In seiner Regel hatte Benedikt weder von Eiern, Hühnern, Milch noch von Milchprodukten gesprochen – was weder bedeutete, daß sie erlaubt, noch, daß sie verboten waren. Ganz klar! Wir erinnern uns, daß sein Fleischverbot sich nur auf die vierfüßigen Tiere bezog. Nun ja, und da die Mönche schon bis zwei haben zählen können... brauchte man infolgedessen nicht tief in der Seele zu schürfen, um festzustellen, daß das Huhn wie alle anderen fliegenden Vögel nur auf zwei Beinen stand. Dennoch dauerte es Hunderte von Jahren – von Benedikt an gerechnet –, und es bedurfte endloser Hühner-Kontroversen, bis adäquate Grundprinzipien entwickelt wurden, die dem Mönch das Fleisch zweibeiniger Tiere erlaubten.

Der Hühnerträger

In der Zwischenzeit aber aßen die Mönche ungeheure Mengen an Eiern; wenn auch nicht gleich fünfundfünfzig auf einmal, wie es der vollgefressene englische Abt zu tun beliebt hatte oder dreißig pro Tag, wie es damals in Cluny üblich war. Mein Freund und Landwirt versichert mir, daß ein mittelalterliches französisches Huhn mit 150 Eiern im Jahr Rekorde schlug. Um den geistlichen Proteinspiegel der 300 Mönche zu decken, mußten demzufolge 30 000 Hühner monatlich 270 000 Eier legen. Wollte man einen Durchschnitt angeben, so müßte man zwischen fünf bis zwölf Eier pro Mönch und pro Tag rechnen, jene nicht berücksichtigt, die in Form von Fastensüßspeisen oder Broten auf den Tisch kamen. Ein Tegernseer Klosterkochbuch aus dem vierzehnten Jahrhundert verlangt für ein Milchbrot siebzig Eier, und zweihundert Stück gehen in eine Art von Karamel-Pudding – wobei die Frage nach der Größe der Backformen angesichts der heutigen DIN-Norm-Verhältnisse nicht so leicht beantwortet werden kann.

Andererseits, das Rezept der ausgezeichneten Mohntorte österreichischen Ursprungs, angeblich aus dem elften Jahrhundert, spiegelt die technischen Möglichkeiten der Klosterküche dieser Zeit wider. Das Rezept ist aus Kremsmünster. Heute verwendet der Bäckermeister achtzehn Eier für seine Form von dreißig Zentimetern Durchmesser – doch hervorragend ist sie auch noch mit nur dreizehn Eiern. Im Kloster Gries/Muri bei Bozen in Italien tauschte ich mit dem Bäckermeister das Rezept für die Mohntorte gegen das für eine »Genovese«-Torte. Für diesen Bäckermeister schien eine Torte erst ab zwanzig Eiern interessant zu werden.

Ein Küchenzettel aus dem englischen Kloster Winchester aus dem fünfzehnten Jahrhundert beweist, daß an »Fischtagen« 400 Eier von der dreißigköpfigen Familie gegessen wurden – als Unterlage für all die Salmen, Weißfische und Sardinen . . . Der Küchenzettel für ein ebensolches »Fischtagsessen« im Kloster Westminster aus dem zwölften Jahrhundert zeigt, daß sechs Eier pro Kopf zu verwenden sind, sechs Fische – »das Beste vom Markt« – für jeden Mönch für das Fischgericht und daß jeder Mönch eine tägliche Ale-Ration von fünf Litern zu sich nahm.

Die schon früh aufgeworfene Frage, ob Milchprodukte im Kloster-Speisenplan zulässig seien, wurde schon im neunten Jahrhundert fast eindeutig beantwortet. Da diese nicht aus dem Fleisch des Tieres, sondern aus der Nahrung, die es zu sich nimmt, entstanden seien, dürften sie nicht als Fleischprodukt behandelt werden. Als Argumentationshilfe diente, daß Wein kein Rebstock und Öl kein Holz sei, und deshalb sollten auch Milchprodukte erlaubt werden, was auch geschah.

Peter Venerabilis erzählt die Geschichte von einem bestimmten waghalsigen Mönch, der alle Vorsichtsmaßregeln über Bord geworfen und ein ganzes Huhn gegessen habe. Als Belohnung sei er einen fürchterlichen Erstickungstod gestorben, wofür der Grund höchstwahrscheinlich eher die schlechte Zubereitung des Vogels gewesen sein könnte. Der ehrwürdige Peter lieh hier seine Stimme den großen Chören der zisterziensischen Hühnergegner, die da meinten: »Wenn schon das Fleisch der Vierfüßler verboten ist, wieviel mehr dann jenes der Vögel, das süßer ist als jenes . . .«

Diese Arena betrat dann die Heilige Hildegard von Bingen, genannt die Sibylle des Rheins, und sprach: Geflügel sei doch statthaft, weil es die Leidenschaften nicht aufstachle! Gegen dieses schlaue, höchst pragmatische Denken fand nicht einmal der Heilige Bernhard von Clairvaux Worte, und so wurde der erste europäische Hühnerkrieg mit Hilfe einer Frau abgeschlossen. Respekt – Respekt!

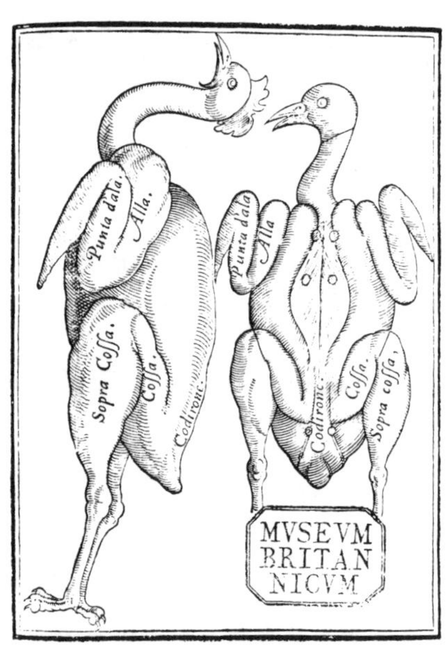

Hühner – ein Mittel gegen die Leidenschaft

Sie sind schon witzig, diese Hühner-Diskussionen des elften Jahrhunderts. Um so mehr, als schon im neunten Jahrhundert die Mönche die Erlaubnis erhielten, Hühner zu genießen – von Hrabanus Maurus, dem Praeceptor Germaniae, überragendem Enzyklopädisten und Abt des Klosters Fulda. Mit einem Meisterstück talmudischer Auslegungskunst setzte er alles Geflügel ins rechte Licht – nämlich als Geschwister der Fische. Geleitet von den gleichen Überlegungen wie Moses und Ambrosius spricht Hrabanus: »Schuf nicht Gott alle Vögel und Fische am selben Tag? Sind nicht beide, Fisch wie Vogel, aus der Tiefe des Meeres hervorgekommen?« Diese Fragen zwangen viele zu tiefem Nachdenken, um so mehr, als sie aus dem Munde des Praeceptor Germaniae gekommen waren. »Rupf das Huhn«, meint Hrabanus, »fein säuberlich, stürze es dann tief in einen großen Topf kochenden Wassers, bis es gar wird. Aus dieser Tiefe herauskommend kann der Vogel wie alle anderen Schöpfungen des Meeres von geistlichen Personen gegessen werden.«

FISCH - FREITAG - FRUCHTBARKEIT

Fisch ist ein schönes Beispiel für die enge Verknüpfung eines Nahrungsmittels mit Göttern, Freitag, Religion, Sexualität und Fruchtbarkeit. Die beiden Fische in dem astrologischen Sternzeichen Pisces stellen die alten griechischen Götter Aphrodite (Fruchtbarkeit) und Eros (Liebe) dar. Sie haben sich gerade in zwei Fische verwandelt und sind in einen Fluß gesprungen. So entkamen sie dem bösen Monster Typhon. Die christliche Fastenzeit – übrigens von den alten Christen »Fischzeit« genannt – fällt immer in die Periode der Pisces (19. 2. bis 20. 3.). Der Fisch war auch das geheime Erkennungszeichen der frühen Christen – Symbol ihrer Zusammengehörigkeit in der neuen Gemeinschaft Christi. Das damalige Paßwort hieß »Ichthys« – das griechische Wort für Fisch.

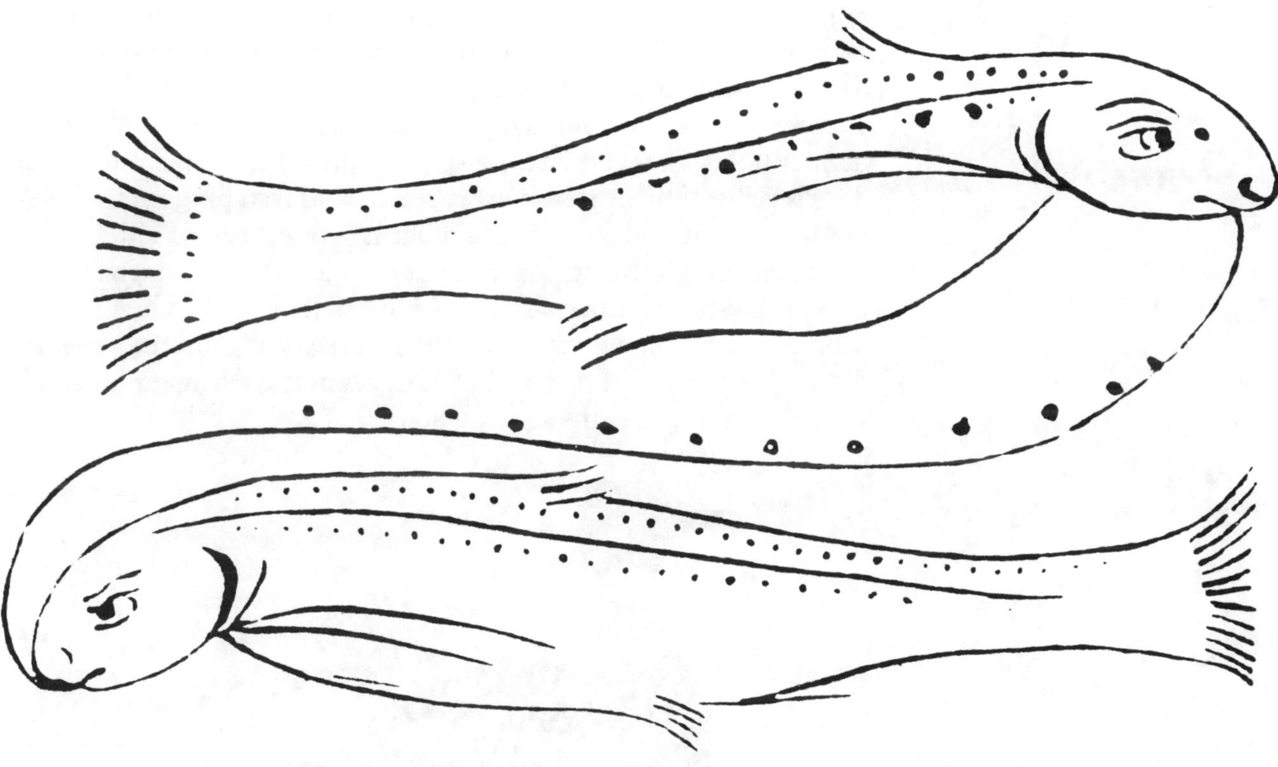

Das Sternbild der Fische

Und wie der Zufall so spielt, bildet das Wort »Ichthys« die Anfangsbuchstaben für das griechische »Jesus Christus, Gottes Sohn, Erlöser«. Um dem Essen von Fisch eine größere religiöse Bedeutung zu verleihen, haben die frühen Christen an einem Tag in der Woche – am Freitag – mit dem Verzicht auf Fleisch ihrer Verehrung für die Leiden und den Tod Christi Ausdruck gegeben. An diesem Tag – dem »Kummertag« – aßen sie nur Fisch.

Auch die Römer waren inbrünstige Fisch-Verehrer. Sie feierten ebenfalls mit einem Fisch-Festessen den Tag der Venus. Freitag – dies veneris. Sie liebten Fisch in all seiner Vielfalt, aßen ihn in riesigen Mengen und mit großem Appetit. In ihren Kochbüchern und Rezepten, die die Mönche ja später voller Freude kopiert und »weitergekocht« haben, findet man zahlreiche außergewöhnliche Zubereitungsarten für Fisch. Die schlauen Römer waren vollkommen davon überzeugt, daß er die faulste Libido anregen und darüber hinaus den Frauen neue Dimensionen der Fruchtbarkeit eröffnen könnte. Dem uralten Sexsymbol »Fisch« wuchs dann ein Januskopf. Zum einen aßen die heidnischen Römer am Freitag das Sexsymbol »Fisch« zu Ehren der Göttin der Liebe – Venus –, um ihre Manneskraft zu stärken, zum anderen aßen die frommen, christlichen Römer das gleiche Sexsymbol »Fisch«, um ihre Manneskraft zu vermindern, im Gedenken an den Tod Christi, den Sohn Gottes, der, wie man weiß, die Liebe verkündet hat.

Für die Kirchenväter bestand ein unleugbarer Zusammenhang zwischen dem Genuß des Fleisches und der Psyche des Menschen, das heißt nur jenem besonderen Aspekt der Psyche, den die Kirche verachtete: den wollüstigen, sinnlichen, lüsternen und geilen. Schließlich glaubten sie zu wissen, daß diese Leidenschaften durch das Fleischessen angestachelt würden. Der Fisch hingegen war von Natur aus kalt und sollte demzufolge Apathie, Stumpfheit, Gleichgültigkeit und Kälte erzeugen, genau das Richtige für die frommen Brüder. Deshalb hatte man dem Abtöten der fleischlichen Leidenschaften der Mönche die höchste Priorität eingeräumt, und auf diesem Leitsatz beruht letztlich das verzwickte Muster klösterlicher Ernährungsregeln. So weit, so gut.

»Ein Schottische Baum Ganz«

Vorhergehende Seite:
Islamisches Kriegsschiff

Der Aderlaß

Liebeserklärung

Initiale aus Cîteaux, frühes 12. Jahrhundert

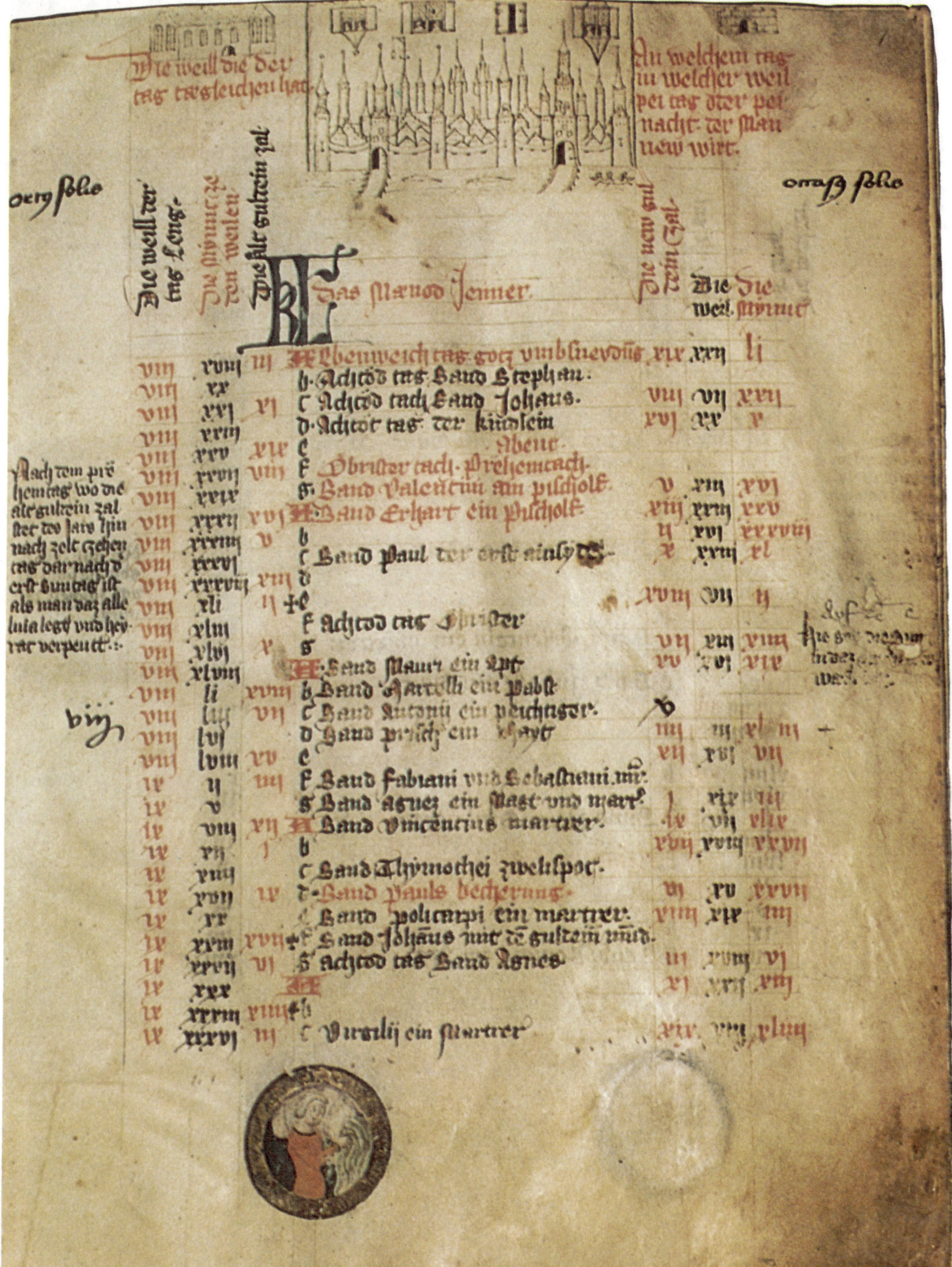

Die weill die der tag tagleichen hat

An welchem tag in welcher weil pei tag oder pei nacht der man new wirt.

K das Manod Jenner

Die weill der tag lenng	Die minuten der weilen	Die alt gulden zal			Die new gulden zal	Die weil	Die minut
viii	xviii	iii	A	Ebenweich tag gotz umbsneydung	xix	xxi	li
viii	xx		b	Achtod tag sand Stephan			
viii	xxi	xi	c	Achtod nach sand Johanns	viii	vii	xxvii
viii	xxiii		d	Achtod des der kindlein	xvi	xx	v
viii	xxv	xix	e	Abent			
viii	xxvii	viii	f	Obrister nach Prehemnacht			
viii	xxix		g	Sand Valentin ain pischolf	v	xiii	xvi
viii	xxxii	xvi	A	Sand Erhart ein pischolf	xiii	xiii	xxv
viii	xxxiiii	v	b		ii	xvi	xxxviii
viii	xxxvi		c	Sand Paul der erst ainsydel	x	xviii	xl
viii	xxxviii	xiii	d				
viii	xli	ii	e		xviii	vii	ii
viii	xliii		f	Achtod des obrister			
viii	xlvi	x	g		vii	xiii	xiiii
viii	xlviii		A	Sand Maur ein apt	xv	xvi	xix
viii	li	xviii	b	Sand Marcelli ein pabst			
viii	liii	vii	c	Sand Antonii ein peichtiger			
viii	lvi		d	Sand Prisch ein [illegible]	iiii	iii	xl
viii	lviii	xv	e		xii	xvi	vii
ix	ii	iiii	f	Sand Fabiani und Sebastiani mr.			
ix	v		g	Sand Agnez ein maget und mart.	i	xix	iii
ix	viii	xii	A	Sand Vincentius martrer	ix	vii	xlix
ix	xi	i	b		xvii	xviii	xxvii
ix	xiiii		c	Sand Thymothei zwelfpot			
ix	xvii	ix	d	Sand Pauls bekerung	vi	xv	xxvii
ix	xx		e	Sand Policarpi ein martrer	xiiii	xix	iiii
ix	xxiii	xvii	f	Sand Johanns mit dem gulden mund			
ix	xxvii	vi	g	Achtod des sand Agnes	iii	xviii	vi
ix	xxx		A		xi	xxi	xiii
ix	xxxiii	xiiii	b				
ix	xxxvi	iii	c	Virgilii ein Martrer	xix	viii	xliiii

Nach dem prehemtag wo die alt gulden zal stet des jars hin nach zelt sechen tag dar nach der erst suntag ist als man daz alle luia legt und heirat verpeutt.

Vorhergehende Seite: Kalender von Wurmprecht, 1373
Linke Seite, oben: Arzt untersucht die kranke Brust einer stillenden Mutter
Linke Seite, unten: Heiltrank gegen Durchfall
Oben: Otmars Leichnam wird über den Bodensee gerudert
Folgende Seite: Mönche bauen

Flucht vor den Ungarn

Votivgaben

Ermordung von Mönch und Nonne

Folgende Seite: »syrene«, 12. Jahrhundert

Doch wir müssen mit dem inzwischen etwas schlüpfrig gewordenen Thema »Fisch« ein wenig weiterkommen. Zu keiner Zeit wurde das Fischessen im Kloster in Frage gestellt. Allerdings waren einige ziemlich fragwürdige Fischsorten für den Freitagstisch »getauft« worden. Einmal abgesehen von der Baumgans, den Rohrvögeln und Rohrhühnern, für die sich der Heilige Thomas von Aquin persönlich eingesetzt hatte, auch der Alkenvogel, der Papageientaucher und fast alle Vogelarten, die auch nur in der Nähe eines Wassers oder Schilfes brüteten.

Eine besondere Fastentagsspezialität war in manchen Klöstern die Schildkröte. Schmackhafte Suppen und Schildkrötenflossen-Eintöpfe in erstaunlichen Mengen segneten die Fastentagstische derjenigen Klöster, die das Glück hatten, in der Nähe eines Meeres zu liegen. Die englischen Küchenmeister des sechzehnten Jahrhunderts haben Schildkrötenflossen in einem süßen Wein, Sherry oder Madeira geschmort, sie in Butter gebraten, Zwiebeln, Knoblauch und frische Pilze über die weichen Flossen gegeben, schließlich das Ganze kurz in den Ofen geschoben – und serviert. Dieselben Klosterköche von Winchester verwendeten für die Schildkrötensuppe folgende Gewürze: Basilikum, Majoran, Salbei, Rosmarin, Thymian, Koriander, Pfeffer und Salz. Dafür brauchten sie etwa 50 Liter Wasser, eine große Menge dicker Fleischknochen vom Rind und Haxen vom Kalb, in die sie das Schildkrötenfleisch mit Mohrrüben, Zwiebeln, Knoblauch, Schalotten, Porree und Petersilie hineingaben und bis auf etwa 35 Liter herunterkochten. Beim Servieren sollten in jeden Liter Suppe ein Becher voll Portwein oder Sherry hineinfließen. (Das klingt verdammt gut!)

Ein anderer Fastenzeit-Günstling war der Fischotter, obwohl mir unverständlich ist, auf welche Art und Weise aus dem öligen, ledernen Fleisch dieses Säugetiers genießbares Essen gezaubert wurde. Das gleiche traf auf den zu allen Zeiten gegessenen Fastenfisch zu, den Schwanz des Bibers, der bis zu zwei Kilogramm Gewicht auf die Waage bringen konnte. Dieses schlüpfrige Anhängsel mußte zuerst gebacken oder geröstet und dann längere Zeit gekocht werden, um seinen starken unangenehmen Geruch zu verlieren.

Beachtlich, daß die stolze Vielfalt des Fischtagsessens dem Bruder Koch überhaupt nichts auszumachen schien. Doch wie sich die Geschmäcker geändert haben! Heute zählen wir Schnecken und Flußkrebse in die Kategorie der kulinarischen Delikatessen, damals waren sie nur dem Fastentagstisch des Gesindes zugewiesen. Aus dem Küchenzettel des Klosters Admont in Österreich ersieht man, daß das Gesinde (?!) im Jahre 1776 während der fleischverbotenen Tage 71 924 Schnecken verschlungen hat. Wer weiß? Oder waren es vielleicht 71 928? Niemand soll vollkommen sein,

Kirchenkalender für Fisch
Aufstellung von Johannes Schenklin, Sankt Gallen, 1416
St. Gallen Codex 919

Jänner
Kilch und Gründel

Februar
Blautfisch und Rötli

März
Welchen und Groppo

April
Rutvörchen und Augan

Mai
Barb und Adelfelk

Juni
Krebes, Brachs und Schlige

Juli
Äsche und Hasel

August
Inlank und Blaufelk

September
Huoch und Egli

Oct.
Salm und Al

Nove.
Rintrisch und Ganguisch

Dec.
Relifisch und Aland.

insbesondere jener arme Küchenjunge nicht, der über jede einzelne Schnecke, die die Küche passierte, Buch führen mußte. Der ermattete Gaumen eines Mönchs, dem Thunfisch, Schwertfisch, Haifisch, Lamprete, Aal, Delphin und Walfisch einfach zum Hals heraushingen, konnte in einem Kloster in Meeresnähe mit Hummern, Tintenfischen, Krebsen, Krabben, Garnelen, Austern und Muscheln, den miesen genauso wie den schönen, an Fastentagen angeregt werden.

Sankt Gallus und der Diakon Hiltibod fischen in Steinach

Die Klöster, die das Leid ertragen mußten, weit vom Meer entfernt zu sein, hatten normalerweise in ihrem Bauplan einen Fischteich vorgesehen, in dem viele Sorten Süßwasserfisch großartig gezüchtet wurden. Abgesehen davon lagen die meisten Klöster in der Nähe eines Flusses oder Sees. Unter den 24 Fischsorten, die in den (im dreizehnten Jahrhundert verfaßten) Kloster Neuburger Rechnungsbüchern vorkommen, gibt es Tuck, Barb, Stör, Kreßling, Nase, Pfrille, Rheinanke, Sänglein, Scheiden, Schied, Schratze und Schleie. Aber, als den Chorherren von Kloster Neuburg ihre 24 Sorten Fisch nicht mehr ausreichten, ließen sie sich ein Expreß-Expeditionssystem zwischen Österreich und Italien austüfteln, das sie schon im sechzehnten Jahrhundert in den Genuß von frischen Meeresfrüchten aus der Adria brachte.

Um so seltsamer und wunderlicher muten die bitteren Klagen der Mönche über ihr karges Fastentagsfisch-Menü an. Nicht, daß sie nicht wußten, wie Fisch schmackhaft zuzubereiten ist; man erzählt aus dem England des elften Jahrhunderts, daß der neue französische Abt aus Cluny, Simeon, seiner neuen englischen Klosterfamilie in Winchester das sündige Fleischessen durch seine großartigen Fischrezepte verleidete – nein, die Klöster haben für die Zubereitung des Fischs zahlreiche Techniken eingesetzt und neue erfunden. Getreu ihrer Einstellung gegenüber dem Essen im allgemeinen, haben sie viel mehr Mühe und Phantasie aufgewendet, als wir es uns heutzutage vorstellen können.

Die klösterlichen Fastentagsschöpfungen sind sicherlich die größten kulinarischen Beiträge für die Welt der Haute Cuisine. Seien es Fischspeisen oder süße Gebäcke, Torten, Soufflés, Crêmes, Saucen und Kuchen. Beispielsweise Fischgerichte wie das folgende: Zukker, Ingwer, Senf, Mandelkerne wurden im Mörser fein zerstoßen und über den Fisch gestreut, der in Rotwein pochiert war. Nachdem der Sud abgekühlt war, wurde der Fisch herausgenommen, enthäutet, entgrätet und auf einen Teller gelegt. Die Haut kam wieder in den Sud, dazu ein Spritzer Fruchtessig. Danach wurde der Sud durch ein Sieb und über den Fisch gegossen, worauf das Ganze noch ein wenig ruhte, um sich zu setzen, und dann wurde es für das Auge mit Nüssen und Früchten schön verziert. Oder ein fetter Karpfen wurde mit einer Kräutersauce aus geriebenen Walnüssen, Petersi-

lie, Thymian, Zitrone, Melisse, Rosmarin, einem Spritzer Most – Verjuice – und Safran in einem zarten Mürbeteig eingebacken. Beide Rezepte sind aus der englischen Benediktiner-Klosterküche des fünfzehnten Jahrhunderts. Ebenso wie die Pasteten à la Bénédictine, gefüllt mit dem Fleisch des Mönchfisches, das mit Öl, zerstoßenem Knoblauch, dickem süßen Rahm gemischt war, belegt mit blättrig geschnittenen Trüffeln. Aus dem großen Benediktinerkloster auf der Insel Mont St. Michel an der Küste Nordfrankreichs kommen die »Crêpes de Saumon à Mont Michel«, die den ihnen gebührenden Platz neben vielen großartigen Speisen einnahmen, die den Zusatz »à la Bénédictine« tragen.
Die im Mittelalter am meisten verleumdeten Fische waren Stockfische und Salzfische. Beide werden in Sonne und Wind getrocknet, der Stockfisch aber zuvor nicht gesalzen. Der Stockfisch – meistens Kabeljau – wird auf Stockgerüsten in Reihen zum Trocknen gelegt, daher auch die Bezeichnung »Stockfisch«. Es war die Kost der Armen und Reichen in der Fastenzeit. Der Stockfisch mußte, um ihn genießbar zu machen, zuerst 24 Stunden im Wasser liegen und dann mit einem Hammer geklopft werden – ein Rezept schlägt eine zweistündige Hammerbehandlung mit dem zur damaligen Zeit speziell für den Stockfisch konstruierten Hammer vor. Währenddessen konnte man sich überlegen: Was macht man mit dem Zeug? Mich dünkt: Wenn nichts anderes als ausklopfen, ausbraten, backen oder kochen, dann war es wahrlich ein Essen nur für die Armen – mehr der Armen im Geiste denn der Armen der Mittel; eine üble schleichende Krankheit, unter der die Kunst eines Koches fürchterlich zu leiden hat. Gutes Kochen kann teuer sein. Das ist nicht neu. Andererseits – das exotischste, schmackhafteste Gewürz bleibt immer noch die Phantasie eines Kochs. Die Behandlung des bescheidenen Stockfisches ist ein hervorragendes Beispiel für dieses Axiom.

Fischmodel aus Speckstein

Seit mehr als dreihundert Jahren führen die berühmten Restaurants Frankreichs, die mit dem dritten Stern, einen Wettstreit miteinander, eine noch raffiniertere »brandade de morue« zu kreieren – das heißt, seit man dieses Gericht Ende des siebzehnten Jahrhunderts im Languedoc im Süden Frankreichs entdeckt hat. Man kennt dieses Gericht auch als »brandade à la Bénédictine« – Stockfisch nach Benediktiner-Art, was auch seine Herkunft beschreibt: Den eingeweichten, weichgeschlagenen und gedämpften Stockfisch haben die Mönche schon im dreizehnten Jahrhundert einfach mit Olivenöl, Milch, Knoblauch, Salz, Pfeffer, Muskat, ein wenig Obstessig und Petersilie zusammengestampft oder gerührt – die Bezeichnung »brandade« kommt von dem Wort brandir = rütteln, stampfen. Das Ganze kam dann in einen Tontopf, Butter wurde darüber gegossen und langsam über einem kleinen Feuer gegart.

Das »Monument« der französischen Cuisine – Auguste Escoffier (1847–1935) – schlägt für die »brandade de morue« süßen Rahm anstelle der Milch vor. Alle von Escoffiers vielen inzwischen berühmt gewordenen Schülern können sich an die Goldene Regel des Meisters erinnern: »Faites simple« – »Macht es einfach!«.

Bevor wir nun die Fischgerichte verlassen und den Fleischspeisen nachspüren, ein kurzes Wort über die Königin aller Suppen – jene Fischsuppe, die ihr Herkunftsland Frankreich als »Bouillabaisse« anbietet. Manche Leute schwören, daß diese göttliche Suppe zuerst von Venus als Versöhnungsgruß für ihren Gatten Vulkan gekocht wurde. Das wird ganz und gar verständlich, besonders, wenn man diese himmlische Suppe einmal zwischen Marseille und Toulon gekostet hat. Aber zurück zur Erde: Die Bouillabaisse, wie wir sie heute kennen, soll – laut Larousse Gastronomique – von einer leider unbekannten Äbtissin eines Klosters in Marseille komponiert worden sein.

Wie man sieht, aßen die Mönche ihren Fisch – und das, was sie Fisch getauft hatten! – in großer Vielfalt und jeder nur denkbaren Zubereitungsart. Die komischste Art aber, Fisch zuzubereiten und zu essen, war – aus Fisch »Ersatzfleisch« zu machen. Der zugrundeliegende Gedanke war nicht so sehr, den Geschmack von Fleisch vorzutäuschen, als vielmehr den Küchenchefs die Möglichkeit zu geben, ihren künstlerischen, meist architektonischen Fähigkeiten freien Lauf zu lassen. Falsche Rehrücken, Schweineköpfe, Hasenbraten und sogar Pfauen – mit Gefieder! –, alles gebaut aus Fischfleisch, sind in einem wahren Triumphzug auf den Tisch gebracht worden, begleitet von Trompetenfanfaren und fünfstimmig gesungenen Hallelujas.

Das folgende Rezept für einen falschen Schweinskopf aus dem vierzehnten Jahrhundert kommt mir trotz aller Gewürztarnung sehr fischverdächtig vor: Karpfen, in sanft gluckerndem Wein gegart, dann mit Äpfeln oder Birnen fein gehackt und mit Rosinen in Schmalz geröstet. Dazu wird mit Wein gebeizter geriebener Lebkuchen gegeben, vermischt mit Zimt und Safran. Ein wenig Mehl, etliche Eier, wohlschmeckende Kräutlein – Kerbel, Petersilie, Majoran –, in Zucker gestoßene Mandeln sowie gehackte, hart gekochte Eidotter, alles vermischt – und »mach ein Schweinkopf und gib es hin«. Verwendet man dieselbe Mischung zum Beispiel für einen Rehrücken, dann soll er mit Streifen von rohem Hecht gespickt werden.

Es war völlig klar, daß sich die gebändigte Phantasie der mittelalterlichen Kochkünstler nicht mit den beschränkten Dimensionen eines einfachen Schweinskopfes oder Rehrückens ausfüllen ließ. Daraus folgte eines der unglaublichsten Kapitel in der gesamten Geschichte der Kochkunst: die Schaugerichte. Solche Gerichte waren nicht nur für die Fischtage oder Fastenzeiten, sondern für jeden großen Anlaß und jede große Feier auch aus verschiedenem Konfekt oder süßem Erbsenteig konstruiert. Um den abgedroschenen Appetit des Abtes und seiner Gäste anzustacheln, schufen die witzigen Klosterköche alles nur auf Erden Erdenkliche aus Teig.

Der Fischer wirft sein Netz

Angefangen mit maßstabgetreuen Nachbildungen von Kathedralen, Burgen und Schiffen bis hin zu riesigen Pasteten, aus denen kabolzschießende Zwerge und Affen sprangen. Aus anderen Pasteten flogen Schwärme weißer Tauben – auch konnte ein Hase oder der Lieblingshund des Abtes heraushüpfen.
Im England des sechzehnten Jahrhunderts hießen diese Schaugerichte »soteltties«. Bei Staatsbanketten hatten sie auch diplomatische Zwecke zu erfüllen. Zeigte man zum Beispiel ein Schlachtfeld aus süßem Marzipan, übersät mit gefallenen Franzosen, in der Mitte eine Kompanie englischer Soldaten in Siegerpose, dann konnte man gewiß sein: Das war eine treffliche Nahrung für die Gedanken des französischen Botschafters!
Kardinal Thomas Wolsey, nach seinem König Heinrich VII. der zweitreichste und -mächtigste Mann in England, fand bei seinen Banketten übergroßen Spaß an noch außergewöhnlicheren Schaugerichten. Er ließ die gesamte Weihnachtsgeschichte aus Zuckerguß herstellen; große Tiere, Vögel, berühmte Persönlichkeiten in allen möglichen Posen, und andere Darstellungen. Der größte Erfolg der »soteltties« aber waren die süßen Meerjungfern, die man mit nach Hause nehmen durfte.

All dieses macht sehr verständlich, warum man die Ursprünge manches ausgelassenen Festgelages von heute in solchen mittelalterlichen Banketten zu suchen hat. Vor ein paar Jahren waren die ungarischen Zeitungen voll von empörten Berichten über gespenstische Vorgänge bei den Dolce-Vita-Diners, die von Staats wegen in exklusiven Restaurants für wichtige ausländische Geschäftspersönlichkeiten organisiert wurden. Die dort aufgebahrten Schaugerichte wurden nicht in Form von Palästen und Kathedralen hergestellt, man fand auch keine Darstellung der Weihnachtsgeschichte vor. All dies betrachtete man als politischen Anachronismus. Die talentierten ungarischen Köche hatten prachtvolle Doboschtorten geschaffen – in Form von Traktoren und Fabriken, aus denen entzückende, in Schokolade getunkte Puszta-Mädchen sprangen, mit denen man einen swinging Zigeuner-Csardas tanzen konnte.

DAS VERFLUCHTE FLEISCH

Fleisch, die Geißel der Mönche – sie durften nicht mit ihm und konnten nicht ohne es leben. Das gesamte Thema »Fleisch« war jahrhundertelang ein echtes Kreuz. Nie gaben die Mönche zu, daß sie Fleisch gegessen hatten – dieses Eingeständnis hätte schwerwiegende Folgen gehabt. Bändeweise lästerten sie dagegen über die Mönche der Klöster nebenan, die offenbar überhaupt nichts anderes taten, als den ganzen Tag lang Fleisch zu essen. Doch an einem Ort im Kloster mußten die beredten Lästermäuler schweigen: am Eßtisch. Das entzückende Werk »Dialogus Miraculorum«, das der Prior Caesarius des Zisterzienserklosters Heisterbach im Siebengebirge zwischen 1220 und 1235 verfaßte, enthält dazu eine liebenswürdige Vignette. Eine Gruppe von Mönchen war im Refektorium des St. Andreas-Klosters in Köln zu Besuch. Als der Prior Ensfried entdeckte, daß in seiner Küche »die Nahrung, die Mönche essen sollten«, ausgegangen und kein Fisch mehr vorrätig war, befahl er seinem Koch, einen Fleischeintopf zu kochen: »Entferne alle Knochen und würze die Soße mit vielerlei Kräutern und viel Pfeffer. Wenn du die Mahlzeit aufträgst, sagst du zu uns allen: ›Mit Gottes

Segen – genießt diesen köstlichen Steinbutt!‹ Die Brüder sind einfache Gemüter, sind nicht argwöhnisch und außerdem sehr hungrig. Gott wird uns diese kleine Hinterlist aus Nächstenliebe schon verzeihen.«

Das ging dann folgendermaßen vor sich: Die Mönche ließen sich an den Refektoriumstischen nieder und löffelten den frommen Betrug, den ihnen der Prior aufgetischt hatte. Fragen über die Herkunft des Gerichtes wurden genausowenig gestellt, wie Kommentare über den Geschmack abgegeben. Das Redeverbot bei Tisch wurde strikt eingehalten. Als einer der Mönche sich eine zweite Portion nehmen wollte, fand er ein Schweinsohr im Topf und hielt es hoch

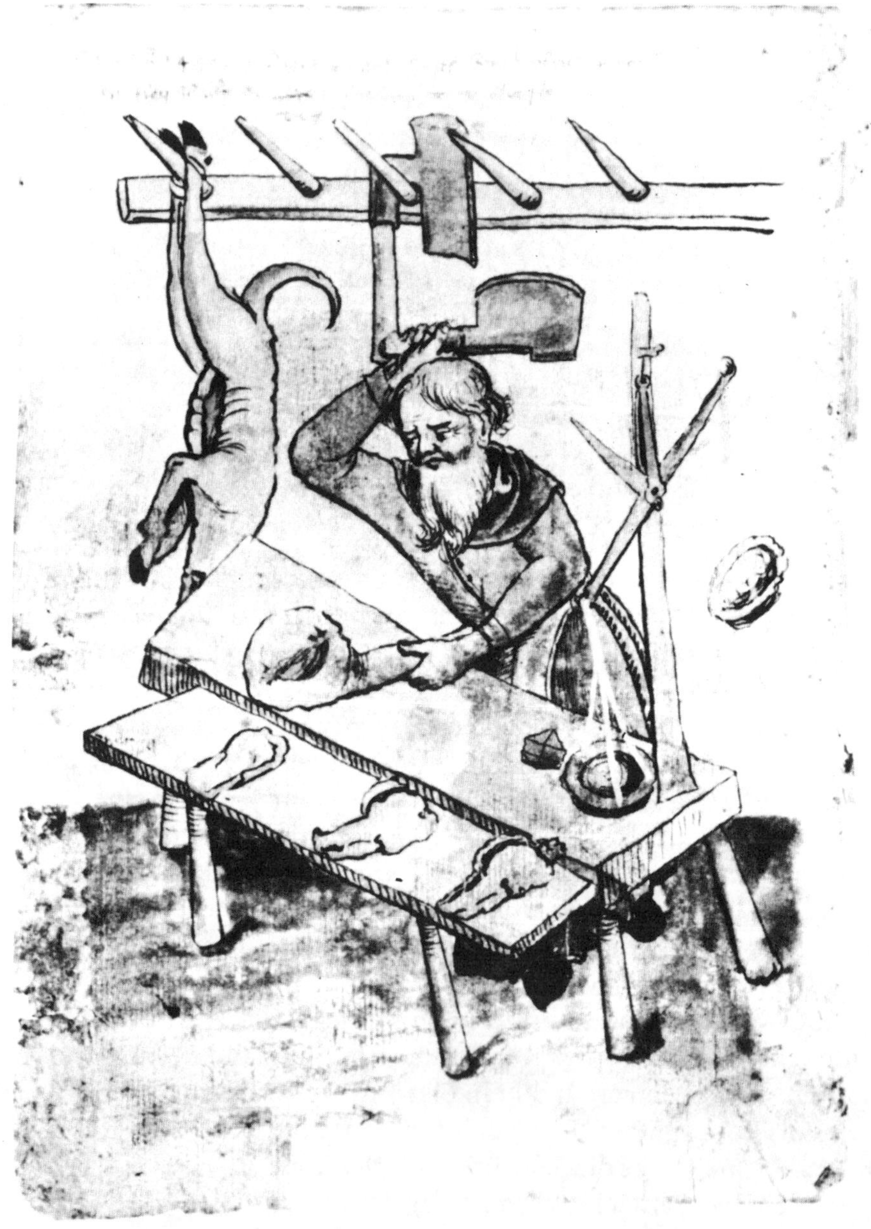

Der Fleischhacker

über seinen Kopf, so daß alle seine Glaubensbrüder es sehen konnten. Entrüstung vortäuschend rief der Prior: »Mein Gott, so eßt doch weiter! Mönche sollten nicht so neugierig sein! Und außerdem – auch Steinbutte haben Ohren!«

Sie werden sich an die liebevollen Segenssprüche erinnern, die Ekkehard von Sankt Gallen zum Lobe des Bären, Bisons, Hirschen, der Mitglieder der Rotwildfamilie bis hin zum Lob des netten kleinen Murmeltiers gedichtet hatte. Nun – nicht jedes Kloster lag in jenen Teilen Europas, in denen diese Tiere zu Hause waren. Falls aber ein Kloster solche Bären, Bisons oder Ure in seinen Wäldern herumspazieren hatte, konnte ein nachdenklicher Mönch argumentieren, daß Benedikt nie in seinem Leben eines dieser Viecher zu Gesicht bekommen hatte und sie daher auch nicht im Sinn gehabt haben konnte, als er sein Verbot gegen den Verzehr von Vierbeinern aussprach. Damit hätte er Recht gehabt. Doch es war das freundliche Schwein, wild oder zahm, das Benedikt nur allzugut gekannt hatte, dieses Tier des Teufels, Nummer eins auf der Liste der verbotenen Fleischsorten, das dazu in der Nähe jedes Klosters einen außerordentlichen Vermehrungsdrang an den Tag legte und dadurch eine wahre Landplage war – so, als ob es Gottes Gebot »Gehet hin und mehret euch« gehorchen wollte.

Die Tabus gegen das Essen von Schweinefleisch sind legendär, nicht nur in der Geschichte des christlichen Mönchtums. Doch fast ebenso legendär ist die unübertroffene Gabe der Mönche, die Regel des Meisters auf den Kopf zu stellen. Zunächst wurde konstatiert: Das Fett des Schweines könne doch gegessen werden. Schweineschmalz und Speck waren zum Kochen unentbehrlich – vor allem für die Klöster, die nördlich der Olivenöl-Grenze in Europa lagen. Butter bot einen Ausweg aus diesem Dilemma. Aber auch sie – und das wurde immer wieder betont – war ein Produkt von Vierbeinern, und außerdem wurde sie in manchen Gegenden eher wegen der ihr zugeschriebenen heilenden Kräfte geschätzt. Die Chroniken strotzen nur so von authentischen Beispielen, daß die meisten Brüder und Schwestern ihr Schweinefleisch aßen, wann immer und wo immer sie es bekommen konnten. So verzehrten die Nonnen im Kloster Herford im Jahre 1347 zu fast jeder Mahlzeit Schweinefleisch. Nur in der Zeit zwischen Himmelfahrt und St. Michaelis waren sie enthaltsam – anstelle dessen aßen sie Lammfleisch. Die Aufzeichnungen verraten uns, daß jede Nonne – »2 Schinken, 1 Seitenstück, 1 Slopebraten, 3 Würste« bekam und bei anderer Gelegenheit »1 Seitenstück, 3 Schinken, 2 Slopebraten und 6 Würste, jede eine Elle lang (vom Ellenbogen bis zur Spitze des Mittelfingers gemessen)«. Jeder Schinken mußte, wenn er gut sein sollte, mindestens drei Finger breit Fett haben! Ergo, die guten Damen haben bestimmt keine Not gelitten. Und noch heute sind

Die Nonnen des Klosters Sankt Odilien

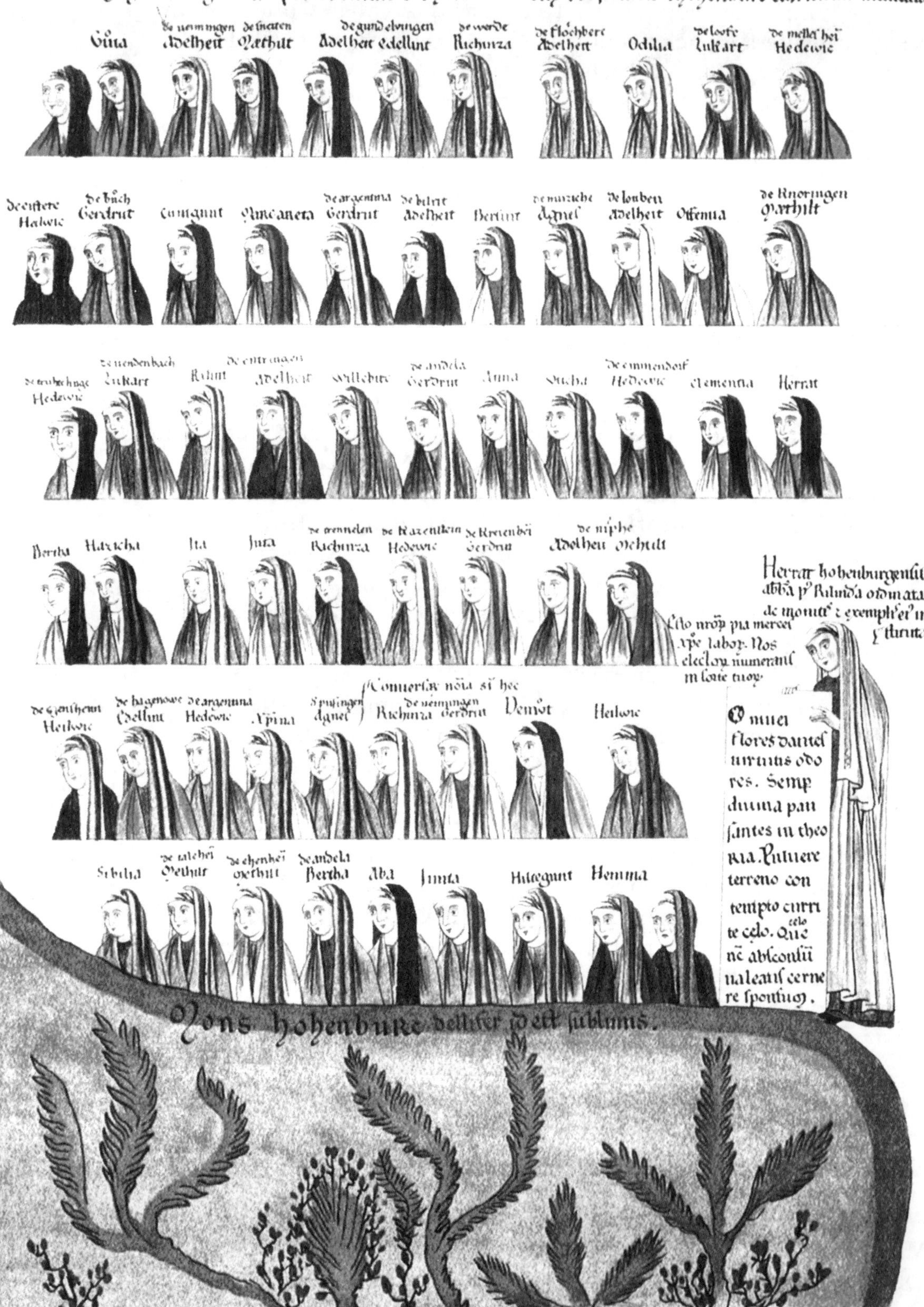

zwei bis drei Finger breit Speck das beste Zeichen für einen guten westfälischen Knochenschinken, nicht zu vergessen die fetten Mettwürste!
Der Erzbischof zu Köln benötigte zur selben Zeit, ebenfalls im vierzehnten Jahrhundert, für seine Hofhaltung täglich vierundzwanzig große und mittlere Schweine. Und der Abt von Corvey bat um fünf sehr große fette und fünf etwas weniger fette, aber genau so große, sowie zwei kleine Schweine für seinen täglichen Mittagstisch. All diese »fetten« Statistiken beziehen sich auf das Schweinefleisch, das ja nur ein Teil des verzehrten Fleisches darstellte (wenn auch den beliebtesten und wichtigsten!). Die vielen ebenfalls konsumierten Kälber, Rinder, Lämmer, Hühner, Gänse, Enten und so weiter, die den ausgewogenen Speisenzettel abrundeten, dürfen nicht vergessen werden. Allein in den deutschen Klöstern lebten zu dieser Zeit fast eineinhalb Millionen Mönche. So können wir uns gut vorstellen, wie riesig die Schafsherden waren und wieviel Tausende von Schweinen, Kälbern und Rindern auf den klösterlichen Ländereien gehalten werden mußten, um das leibliche Wohl der Brüder und Schwestern zu garantieren.
Nun soll aber nicht etwa behauptet werden, nur die deutschen Mönche und Nonnen hätten im Fleische geschwelgt. Im tonangebenden Kloster Cluny bekamen die Mönche jeden Tag zweimal Fleisch – außer Mittwoch und Freitag. Mittags gab es Rindfleisch, abends aß man Schweinefleisch, ganz abgesehen von den Geflügel- und Leberpasteten, die als Hors d'œuvre so beliebt waren. Auch die englischen Mönche hegten keineswegs eine Abneigung gegen das Fleisch, sondern sie haben auf diesem Gebiet Bewundernswertes geleistet! Der englische Bischof von Hereford, Richard Swinfield, veranstaltete am Ostersonntag eine kleine Dinner-Party für achtzig Gäste, um den Abschluß der Fastenzeit zu feiern. Die erlauchten Gäste fraßen sich ihren Weg durch: »1 1/2 gesalzene Rinder, 1 Schinken, 1 3/4 frische Rinder, 2 Eber, 5 Schweine, 4 1/2 Kälber, 22 Ziegen, 3 Stück fettes Wild, 12 Kapaune, 88 Tauben, 1400 Eier«, dazu Brot, Käse, ungezählte Liter Bier und sechsundsechzig Gallonen Wein – wobei eine Gallone 4 1/2 Liter mißt!
Es war Benedikts Wunsch, daß die Mahlzeiten nur im Refektorium, dem Speiseraum des Klosters, eingenommen werden sollten. Während des Essens sollte »tiefstes Schweigen« herrschen und ein »Vorleser«, der im wöchentlichen Turnus wechselte, trug ausgewählte Bibelstellen vor. Waren es keine Bibelstellen, dann Abschnitte aus der Ordensregel oder andere Literatur, die die heroischen Opfer der Heiligen und anderer verdienter Kirchenväter beschrieben. Die Passage der Ordensregel, die den Kellermeister betraf, wurde mit Ungeduld und Freude erwartet, weil jeder Mönch dann eine Sonderration Wein zugeteilt bekam.

Die Brüder reichten sich gegenseitig alles zu, was beim Essen und Trinken benötigt wird. Fehlte dennoch etwas, bat man »darum eher mit irgendeinem vernehmbaren Zeichen als mit Worten«. Jedes Kloster mußte sich daher ein ausgeklügeltes System von Hand-, Finger-, Kopf- und Augenzeichen erarbeiten, um eine zweite Portion Fleisch zu bekommen oder sich über fehlendes Salz zu beschweren. Alles, was der Mönch bei Tisch, im Gebet, bei der Arbeit oder im Schlafe tat, wurde mit einem bestimmten Zeichen versehen. Vom Fisch – »mit der Hand wie eine Flosse seitwärts wedeln« – über das Brot – »mit beiden Daumen und Zeigefingern einen Kreis bilden« (sollte es Schwarzbrot sein, dann mußte man dabei »den Ärmel der Kutte berühren«) – bis hin zur Butter, um die man mit »einer schmierenden Geste mit zwei Fingern auf der anderen Handfläche« bat. Oder das Ei – »mit dem Zeigefinger der rechten Hand mach, als ob du die Haut vom Daumen der linken Hand abpellen würdest« – und dazu etwas Salz – »aus dem Daumen und Zeigefinger der rechten Hand einen Kreis bilden und über den aufzeigenden Daumen der linken Hand auf und ab bewegen«. Eine Faust mit nach oben zeigendem Daumen – so, wie ein Pilot signalisiert »alles o.k.« – hieß »das kenne ich gut« oder »genug«. Weitere Beispiele aus dem Repertoire der Geheimzeichen: Trinken – »beuge deinen rechten Zeigefinger und lege ihn auf die Unterlippe«; Essen – »Daumen und die beiden Zeigefinger zusammenlegen und an den Mund legen«; kalt – »blase auf deinen rechten Zeigefinger«; heiß – »steck die rechte Seite deines rechten Zeigefingers in den Mund und laß ihn darin«. Einen Glockenschlag zeigt man an, indem man »auf etwas wie mit einem Hammer« schlug; Weihrauch – »stecke zwei Finger in deine Nase«; Bier – »gib das Zeichen für ein Getränk und streiche mit der Hand vor deinem Ohr abwärts«; Bett – »schmiege die Wange in deine rechte Hand und schließe die Augen«. Unterbrach ein Bote das Mahl mit der Nachricht: »Der König kommt« – »alle zehn Finger nebeneinander, die Spitzen nach oben zeigend, mit den Handrücken gegen die Stirn legen«.

Mönche im Gespräch

In seinem »Speculum Monachorum« berichtet uns Giraldus Cambrensis von einem Besuch bei einem Festbankett im Kloster Canterbury im Jahre 1179: »Ich saß dort mit dem Abt und den Ältesten an der erhöhten Speisetafel. Zwei Dinge haben mich hier vor allem beeindruckt: die Vielfalt der Speisen und die erstaunliche Anzahl von Zeichen, die sich die Mönche – durch ihre Vorschriften zum Schweigen verurteilt – gegenseitig signalisierten. Da saß der Prior und segnete die große Zahl der Gerichte, die von den bedienenden Brüdern gebracht wurden. Diese wiederum trugen sie an die niedrigeren Tische. Die Mönche, die sie dort empfingen, entboten ihren Dank. Jedermann gestikulierte mit seinen Fingern,

Händen und Armen, gab die verrücktesten Zeichen, Verrenkungen und Pfiffe ab, weil sie nicht miteinander reden durften. Ein Verhalten, das ich eher als unanständig und frivol denn als schicklich empfunden habe. Es kam mir vor, als sei ich zu Gast bei einer Theateraufführung – dargestellt von Schauspielern, Clowns und Hanswursten.«

Der berühmte französische Mönch Hugh von St. Victor, Zeitgenosse Bernhards und Peter Abaelards, schrieb Ende des elften Jahrhunderts eine Abhandlung über falsches und richtiges Benehmen der Novizen. In dem Kapitel über unmögliche Tischmanieren berichtet er »von Mönchen, die ihre Köpfe hin und her wiegen, die Arme ausstrecken, mit den Augen rollen, widerwärtige Bewegungen machen und das ganze Essen in einem Schlingen herunterwürgen. Sie hecheln und ächzen und versuchen mit fürchterlichen Quälereien ihren Schlund noch weiter aufzureißen, als ob er zu eng sei, die Süchte ihres brüllenden Appetits einlassen zu können. Einige schienen an seltenen und aberwitzigen Krankheiten zu leiden, die wohl nur durch eine Fülle von Fett und exotischen Delikatessen geheilt werden konnten. Des weiteren zeigen diese Mönche ihre Verachtung gegenüber einem frugalen und bescheidenen Essen. Sie klagen über Verdauungsbeschwerden, Brustbeklemmungen und Schwindelanfälle – alles fadenscheinige Vorwände, um an Delikatessen und Spezialitäten heranzukommen. Sie schicken Heere von Bediensteten aus, die das ganze Land nach seltenem und teurem Fleisch durchkämmen. Aus exotischen fernen Ländern lassen sie sich seltene Wurzeln und Pflanzen herbeischaffen. Die Tiefen des Meeres werden mit ungeheurer Mühe nach einer Handvoll erlesener Fische abgesucht, um die Gier ihres zügellosen Appetits zu befriedigen. Andere wiederum treiben ihre Köche fast in den Wahnsinn mit ihrer Forderung nach unendlicher Abwechslung und Sorgfalt bei der Zubereitung der Speisen: sieden, braten, kochen, rösten – heute heiß und zart, und morgen fest und kalt –, zuerst mit Pfeffer und Kümmel gewürzt, dann mit Knoblauch und Salz. Sie kommen mir vor wie ein Haufen schwangerer Weiber, die ihre seltsamen Gelüste stillen wollen.«

Die weitere Beschreibung mönchischer Tischmanieren und klösterlicher Eßkultur durch Hugh von St. Victor liest sich wie das Drehbuch zu einem frühen Chaplin-Film mit dem Titel »Charlies letzte Mahlzeit«: »Die Mönche fuhren mit ihren Händen – die Löffel lassen sie liegen – tief in die Schüssel hinein, als ob sie gleichzeitig ihre Bäuche füllen und ihre Hände in derselben Sauce waschen wollten!«

Überflüssig zu betonen, daß solche Enthüllungen – auch Verrat genannt, denn es gab ihrer viele – schmerzlich waren, um so mehr, wenn diese Geheimnisse von berühmten Klerikern aufgedeckt wurden. So knobelten sich die Klöster ein raffiniertes Versteckspiel für ihre kulinarischen Phantasien aus, besonders, um sie vor den indiskreten Augen fremder Besucher zu schützen. Benedikt hatte angeordnet, der Mönch dürfe sein Essen – wenn man das, was der alte Meister empfahl, überhaupt Essen nennen konnte – nur im Refektorium einnehmen. So weit, so gut. Nun aber einmal angenommen, ein anderer Raum könnte zum Essen zur Verfügung gestellt werden, könnte man dann nicht zwei Vögel mit einem Netz fangen (und essen)? Die Klosterordnung hätte in diesem Raum keine Gültigkeit, kein Besucher würde jemals Kenntnis von den Mahlzeiten oder auch Zutritt vor, während oder nach den Mahlzeiten erhalten und außerdem – könnte man endlich diesen verleumderischen Geschichten ein Ende bereiten! Leider kennen wir den Mönch nicht, der diese charmante Sophisterei erfand. Wie dem auch immer sei, der feinsinnige Plan dieses anonymen Logikers durchströmte die europäischen Klöster des zwölften Jahrhunderts wie das süße, anheimelnde Aroma eines gebratenen Spanferkels. Den neuen Eßsaal nannten die Mönche »Misericord«. Ein hübsches Beispiel für schwarzen Humor – das Wort kommt von »miserere« – Erbarmen. Dasselbe Wort wurde aber auch als Bezeichnung für einen schemelartigen Untersatz für schwankende oder schwache Mönche verwendet.

Die neue Angewohnheit der Mönche, ihre »sicheren« Mahlzeiten im »Saal der Barmherzigkeit«, wie der Raum auch genannt wurde, zu verzehren, nahm derart skandalöse Ausmaße an, daß Papst Benedikt XII. sich gezwungen sah, durch strengere Erlasse die Eßgewohnheiten in den exterritorialen Refektorien zu regeln. Im

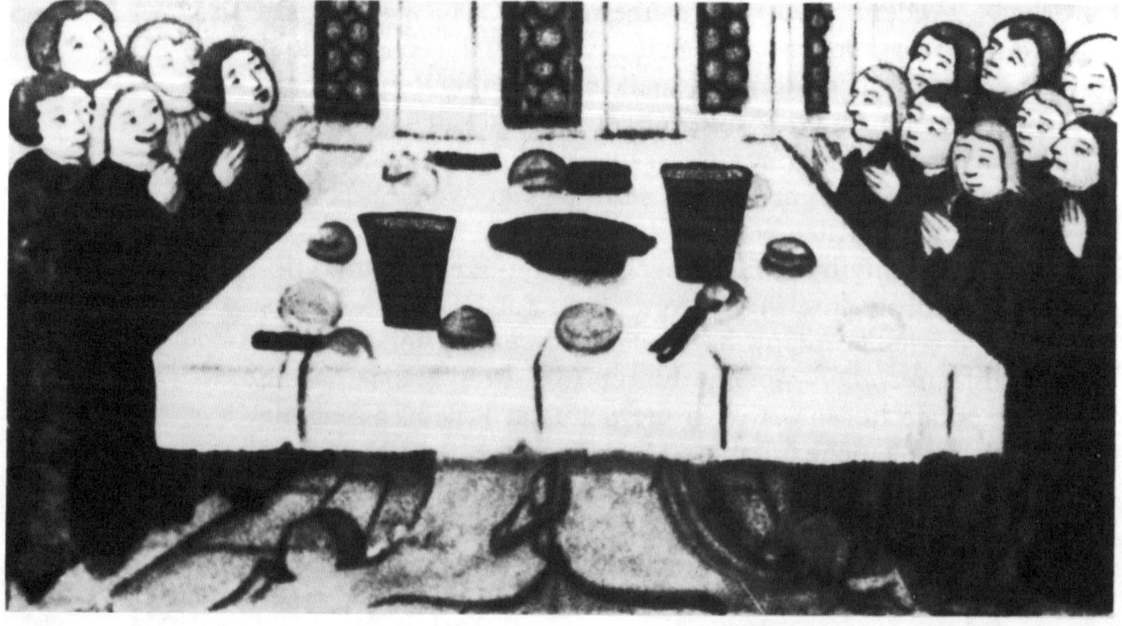

Im Misericord

Jahre 1339 gestattete er, daß 50 Prozent des Konvents ihre Mahlzeiten bis zu 50 Prozent der Zeit im »Misericord« einnehmen durfte. Den sarkastischen Eintragungen in den Visitationsbüchern nach zu urteilen, waren die Mönche offensichtlich besonders clevere Kopfrechner. Des öfteren sind 75 Prozent des Konvents bei den »Mitleidsmahlen« im »Saal der Barmherzigkeit« aufgeführt, während nur 25 Prozent im Refektorium saßen. Das dann allerdings 100 Prozent der Zeit!

In den englischen Klöstern des dreizehnten Jahrhunderts galt es als besonders schick, seine Mitbrüder und Gäste mit einem »Rere souper« zu überraschen. »Reredos« heißt der reichverzierte Schirm hinter dem Altar – trotzdem wurden »Rere soupers« normalerweise nicht in den Kirchen gegeben. Das Gefühl, von all den Figuren und Gemälden um den Altar beobachtet zu werden, hätte wohl nicht gerade zum Wohlbehagen beigetragen. Man errichtete deshalb ein »Reredos« im Privatquartier der Mönche, hinter dem man sich dann beim Souper ungestört vergnügen konnte.

In den Annalen von Sankt Gallen erzählt uns Ekkehard eine vergnügliche Geschichte von dem Besuch eines Visitators namens Sandrat, der im zehnten Jahrhundert ins Kloster geschickt wurde, um sich zu vergewissern, daß die Mönche auch in Übereinstimmung mit ihrem Gelübde lebten. Wie die Mönche von Sankt Gallen es schafften, den Visitator Sandrat bald loszuwerden und gleichzeitig einen Persilschein dafür zu erlangen, daß sie von geistlichen Fehlern frei seien? Indem ihn ein angeblich ihm zugetaner Mönch dazu überredete, in den Privatgemächern ein üppiges »Rere souper« zu sich zu nehmen. In dem Augenblick, als die listigen Mönche dem Visitator Sandrat zum zweitenmal geröstetes Ferkel auftrugen, traten der Abt und der Provost in seine Gemächer und ertappten den armen Christensünder in flagranti!

»Visitationen« waren in allen Klöstern verhaßt und nicht willkommen – das Auftauchen eines Visitators war dem Kloster ungefähr genauso unangenehm wie das eines Steuerprüfers in der Geschäftswelt von heute. Die Fälle, in denen der Bericht des ersten Visitators nicht akzeptiert wurde und ein zweiter Visitator geschickt werden mußte, waren genauso an der Tagesordnung wie die Tatsache, daß Visitatoren bestochen wurden – und hin und wieder sogar erstochen. Deshalb zogen die Visitatoren auch häufig gepanzert und begleitet von etlichen bewaffneten »Garciones« auf ihre Mission. Wurde nun aber ein Kloster von solch einem Visitator heimgesucht, dachten sich die Mönche alle möglichen Tricks und Streiche aus und ließen alle Verstellungs- und Verwandlungskünste spielen, um ihn davon zu überzeugen, daß die Kongregation seit dem letzten »Check-up« noch immer makellos geblieben war.

»Der Verräter wird verbrannt«

Es kam aber auch vor, daß es Wochen dauerte, bis der Visitator seinen Bericht über die geistliche Verfassung des Klosters angefertigt hatte, denn das hing sehr von der Größe des Hauses und oft auch von der Qualität des Weinkellers ab. Das Leben im Kloster spielte sich in dieser Zeit reichlich verkrampft ab, alles, was Mißtrauen hätte hervorrufen können, mußte vor den Augen und der Nase des Schnüfflers in Sicherheit gebracht werden: vom geräucherten Schinken in der Küche bis zum versteckten Privateigentum der Mönche in ihren Zellen. Denn Privatbesitz war ebenso ein Kardinalvergehen gegen das Klosterleben wie das Essen von Schweinefleisch. Das erinnert mich an die Geschichte von dem Rabbi, der seiner Gemeinde von der Sünde, Schweinefleisch zu essen, predigt und vergleicht: »Das Essen von Schweinefleisch ist genauso schrecklich wie das Schlafen mit einer Christin.« Am nächsten Tag fand der Rabbi eine Notiz am Anschlagbrett: »Lieber Rabbi – beides versucht – kein Vergleich!«

Ungefähr neunhundert Jahre später, nachdem der Visitator Sandrat den Verlockungen eines duftenden gerösteten Ferkels erlegen war, wurde ein anderer Berichterstatter vor die Gretchenfrage gestellt, wie er es mit dem Schweinefleisch halte. Der berühmte amerikanische Schriftsteller Theodor White war Ehrengast eines Banketts, das Chou-En-Lai Anfang der vierziger Jahre unseres Jahrhunderts in China gab. Theodore White schreibt in seinen Erinnerungen »A Search of History« (1978):

»Nach einem Jahr wachsender Freundschaft lud mich Chou-En-Lai als Ehrengast zu einem Bankett. Wir gingen in eines der vornehmsten Restaurants in Chungking, das ›Kuan Sun Yuan‹ essen – Chou, die Mitglieder des kommunistischen Hauptquartiers und ich, der einzige Ausländer. Ich darf dem Leser ins Gedächtnis zurückrufen, daß ich mich weit von meinen jüdischen Lebensgewohnheiten entfernt hatte. Mir war bewußt, daß ich monatelang nicht-koschere Speisen gegessen hatte, trotzdem versuchte ich mir einzureden, daß das Fleisch, das ich aß, Lamm, Rind oder Hühnchen war. Ich war der jüdischen Tradition immer noch so verbunden, daß mir vorbehaltloses Essen von Schweinefleisch wie eine Entweihung vorkam. Auf Chou-En-Lais Bankett bestand der Hauptgang jedenfalls unübersehbar aus Schweinefleisch, einem goldbraunen, kross gerösteten Ferkel.

›Ch'ing, ch'ing‹, sagte Chou-En-Lai, der Gastgeber. ›Bitte sehr, bitte sehr‹, und lud den Gast ein, als erster die Kruste zu knacken, indem er mit seinen Eßstäbchen auf das Schwein wies. Einen Moment lang dachte ich an meine Herkunft. Ich legte meine Eßstäbchen nieder und erklärte so gut ich konnte auf chinesisch, daß es Juden nicht erlaubt sei, Schweinefleisch in irgendeiner Zubereitungsform zu essen. Die Runde – sie waren inzwischen alle meine Freunde geworden – saß stumm und mit niedergeschlagenem Blick da, weil ich ihr Gast war und sie sich falsch verhalten hatte. – Nun ergriff Chou das Wort. Er nahm noch einmal seine Eßstäbchen, wiederholte ›Ch'ing, ch'ing‹, wies mit den Eßstäbchen lächelnd auf das Ferkel und erklärte mir: ›Teddy, so ist das in China: Sieh noch einmal hin – für dich ist es ein Schwein. Aber in China ist das kein Schwein, sondern eine Ente.‹ Ich konnte mir nicht helfen, ich brach in Lachen aus; er lachte, die Tischrunde lachte, ich bohrte meine Eßstäbchen in das ›Entenfleisch‹, brach die Kruste, aß den ersten Bissen vom beglaubigten Schwein und habe seit der Zeit weiterhin Schweinefleisch gegessen. Ich hoffe, meine Ahnen werden mir verzeihen.«

DIE MEISTERKÖCHE

Der Chefkoch eines Klosters, der mit allen kulinarischen Ereignissen seiner Zeit Schritt halten konnte, war ein Schatz, den man gut hüten mußte. So beschuldigt der englische Erzbischof Pechan in einem Dokument aus dem Jahre 1284 die Mönche am Oxford College: Sie zahlten dem Koch und dem Bierbrauer überhöhte Gehälter.

Professionelle Köche, Bierbrauer, Tranchiermeister, Bäcker und die vielen anderen Künstler, die für die Zubereitung exklusiver Speisen gebraucht wurden, waren bereits seit dem neunten Jahrhundert ein unverzichtbarer Bestandteil der klösterlichen Arbeitskräfte. Es wäre den unbesungenen Helden der Klosterküchen gegenüber ungerecht, wenn ich den Eindruck erwecken wollte, sie hätten mit dem Fleisch nichts anderes anfangen können, als es lediglich in großen, gebratenen Stücken auf den Tisch zu bringen, wo es dann auseinandergerissen und im Stil Heinrichs VIII. verschlungen wurde. Es wäre nicht nur ungerecht, sondern auch nicht wahr. Nicht, weil es – wie manche glauben mögen – gegen die Fleisch-Regel Benedikts verstieße, sondern weil die meisten mittelalterlichen Mönche, alt und jung, einfach keine Zähne mehr hatten! Sie hätten deshalb die knusprigsten Schweinshaxen nur wehmütig angucken können. Aber jede dunkle Wolke hat auch einen Silberstreif – die zahnlosen Gourmets spornten ihre Küchenmeister zu immer neuen Höhenflügen kulinarischer Phantasien an.

Die Köche erfanden die feinsten und weichsten Pasteten, Mortadellas, Salamis, Würste, Eintöpfe und Ragouts. Sie pökelten das Fleisch, räucherten Schinken und Fisch, komponierten deftige Sülzen und delikate Gelees. Sie ersannen schmackhafte Gerichte aus Innereien – aus Beuschel, Hirn, Leber, Niere, Bries und Kutteln.

Pastetenerfinder Koch

Der bekannteste Kochbuch-Autor des deutschen Rokoko, Konrad Hagger, lernte im Kloster Sankt Gallen kochen und war dann Leibkoch beim Erzbischof von Salzburg. Die Salzburger Hofküche scheint sich eines ganz besonderen Rufes erfreut zu haben. So schickte Herzog Wilhelm in Bayern 1576 einen Koch hierher, um »bey vnnser Kuchl vnnd vnnsern Köchen guete Fürstliche speisen – besonders aber ›die gueten nudeln‹ – Kochen ze lernen.«

Um die Jahrtausendwende bereitete man in italienischen Klöstern die »fegatelli« wie folgt: Kalbslebern wurden in Schinkenspeck gewickelt, vorsichtig gegrillt, und dann mit einer Mischung aus süßen Früchten, Datteln, Feigen, Walnüssen und einer Weinsauce übergossen. Die italienischen und französischen Klöster kannten bereits damals Fleischklößchen – Vorfahren unserer heutigen Bouletten und Hamburger. Die heißgeliebten Fleischklößchen des zwölften Jahrhunderts waren allerdings viel kleiner und rund. Sie wurden in eine Masse aus Mehl, Zucker und Mandelmilch getunkt und geröstet. Die Mönche knabberten diese knusprigen winzigen Fleischbällchen wie wir heute unsere Chips.

Ein englisches Rezept für eine Schweinefleischpastete aus der Abtei Spaulding des zwölften Jahrhunderts klingt, als ob der Koch vom Altmeister Apicius Unterricht bekommen hätte: Frisches Schweinefleisch wird gar gekocht, Haut und Knochen entfernt, in kleine Würfel geschnitten. Rosinen, Feigen, Pflaumen, gehackte Mandeln, Brotkrumen oder Hafermehl, Zucker, Safran und gepökeltes Schweinefleisch werden hinzugefügt, die ganze Mischung wird dann mit Eigelb und Milch gebunden. Man konnte diese Pastetenmasse auch als Füllung für ein ganzes Schwein nehmen, das dann zugenäht, auf den Bratspieß gesteckt, mit einer Sauce aus Ingwer, Pfeffer und Obstmost während des Röstens begossen wurde. Kam die Masse jedoch in eine Pastete, wurde die Kruste besonders lecker, wenn man sie mit Ei und Safran bepinselte.

Das von Giraldus Cambrensis im zwölften Jahrhundert beschriebene Gastmahl mit all den komischen Zeichen und Pfiffen war – obwohl völlig fleischlos – ein Lobgesang auf die Köche von Canterbury: »Sechzehn und mehr sündhaft teure Gerichte trug man entgegen aller Order auf. Zuletzt wurde ›Potherbs‹ (ein Gemüseeintopf) auf den Tisch gestellt, aber es wurde nur wenig davon gekostet. Die Mönche hatten bereits zu viele Fischgerichte hinuntergeschlungen – Fisch, geröstet, gebraten und gefüllt; und außerdem waren von den gewandten Köchen so viele Speisen mit Eiern und Gewürzen äußerst verlockend zubereitet worden. Viele verschiedene Würzmittel und konservierte Köstlichkeiten waren außerdem auf den Tisch gestellt worden, nur um die Gier der Mönche zu kitzeln und ihren Appetit zu wecken.«

Die »Geheimwaffe« eines Klosters war eben ein guter Koch. Nur infolge seiner feinsinnigen Bemühungen war es möglich, die unendlich langen, sechs aufeinanderfolgenden Fastenwochen zu überleben. Man denke vor allem an die Klöster, die es mit den Butter- und Eierverboten zu gewissen Zeiten besonders genau nahmen, ganz zu schweigen von den Fleischprodukten. Denn unter solchen Umständen mußte ein Koch große Erfindungsgabe besitzen, um eine Meuterei während dieser langen, unerbittlichen

Fastenzeit zu verhindern – und darin lag des Pudels Kern. Die byzantinischen Klöster hatten eine neuartige, sehr wirkungsvolle Methode eingeführt, um anspruchsvolle Betbrüder ein wenig für ein miserables Essen zu entschädigen: Der Missetäter wurde aus der Küche geholt und gezwungen, sich vor dem Konvent auf den Boden zu werfen und um Verzeihung für sein Verbrechen zu bitten.

»Die Geheimwaffe« *des Klosters*

GEWÜRZE

Wenn das »Herz« des Kochens gute und vor allem frische Zutaten sind, so ist die »Seele« das Gewürz. Der Koch eines mittelalterlichen Klosters war in der glücklichen Lage, die größte vorstellbare Auswahl an Kräutern, Gewürzen, anderen Geschmacksveredlern und Räucherwerk zu haben. Sigrid Hunke erzählt in ihrem aufschlußreichen Buch »Allahs Sonne über dem Abendland«, wie erstaunt der muselmanische Diplomat Ibrahim Ben Achmed von Tartuschi war, Gewürze wie Pfeffer, Ingwer, Nelken, Spikenarde, Costus und Galgantwurzel am Merseburger Hof Ottos I. im Jahre 973 vorzufinden. Nun, der gute Ibrahim wäre sicherlich – ebenso wie ich – noch erstaunter gewesen, wenn er entdeckt hätte, daß ähnliche Gewürze, die über das Land seiner Väter gekommen waren, schon bereits sechshundert Jahre vor seiner Zeit in englischen Klöstern verwendet worden waren.

Die alten Kelten und später die Angelsachsen hätten nicht im Traum daran gedacht, ohne diesen römischen Luxus zu leben. Als Sankt Beda, verehrt als »Vater der englischen Kirchengeschichte«, im Jahre 735 in der Abtei zu Jarrow auf seiner Sterbecouch lag – bereit, seinem Schöpfer unter die Augen zu treten –, übergab er seinen Schülern seinen wertvollsten Besitz: ein kleines Säckchen Pfeffer. Eine wahrhaft bewegende Szene – die vor allem die Bedeutung der Gewürze unterstreicht, denn mit diesem privaten Pfefferbeutel hatte der alte Heilige Benedikts Gesetz über das Verbot von Privateigentum ein klein wenig verbogen.

Benediktus-Regel, Kapitel 33: »Keiner darf sich herausnehmen, ohne Erlaubnis des Abtes etwas zu verschenken oder anzunehmen oder etwas als Eigentum zu besitzen, durchaus nichts: kein Buch, keine Schreibtafeln, keinen Griffel, überhaupt gar nichts.«

Der Klosterbruder, der die Verantwortung für die kostbaren Gewürze hatte, war der Kellermeister – der zweitwichtigste Mann in der Klosterhierarchie. Eine seiner Aufgaben bestand darin, diese wertvollen, vor allem aber teuren Gewürze und Kräuter unter Verschluß zu halten. Die Säcke voll Gewürze und Kräuter waren aber nicht nur eine milde Gabe für die Köche und Bäcker, sondern auch der Apotheker benötigte sie zentnerweise für seine komplizierten Arzneien. Und noch mehr wurden sie vom Kellermeister in seiner Rolle als Oberster Mischmeister der süßen Weine und Biere verwendet. Ganz gleich auf welche Weise – irgendwie fanden die Gewürze und Kräuter jedoch immer ihren Weg in den Magen der Mönche.

Die Gewürze und Kräuter – sei es als Heil- oder als Genußmittel – waren immer von etwas Magischem und Mythischem umgeben. Noch im zwölften Jahrhundert wurden Gebete und Beschwörungsformeln von den Priestern über die Gewürz- und Kräutermixturen gesprochen, bevor man sie weiter verwendete. Unserem heutigen Bezugsrahmen von christlichem Selbstverständnis erscheinen Gebete zur Lobpreisung der »Heiligen Göttin der Natur, mächtige Königin der Götter« und die Anbetung von einzelnen Kräutern völlig abwegig und fast unheimlich. Relikte solcher Bräuche findet man aber noch heute in den geweihten Palmbüschen an Gründonnerstag oder den geweihten Himmelfahrtssträußen, die in manchen Gegenden aus siebenundsiebzig Kräutern gebunden sein müssen. Doch damals waren Krankheiten – im Kopf oder im Leib – eine Sache, die man nicht auf die leichte Schulter nehmen durfte. Für die Menschen war es der Teufel, Satan selber – allgegenwärtiger Erzfeind aller Christen –, der in den Körper eines Menschen gekrochen war, sich in seinen Kopf gesetzt hatte, um ihm die Gesundheit zu rauben. Das Mischen und Verabreichen von Gewürzen und Kräutern erforderte immer irgendeine Art von Zeremonie, und dabei war einigen Kirchenvätern die Trennungslinie zwischen Heilkunst und Hexerei nicht scharf genug gezogen. So verdammte im Jahre 1020 der Bischof Burchard von Worms alle, »die bei einer Ansammlung von Heilkräutern bestimmte Riten [vollzögen] und beschwörende Zaubersprüche statt eines Vaterunsers und des Glaubensbekenntnisses zur Ehre unseres Gottes, dem Herrn«, sagten.

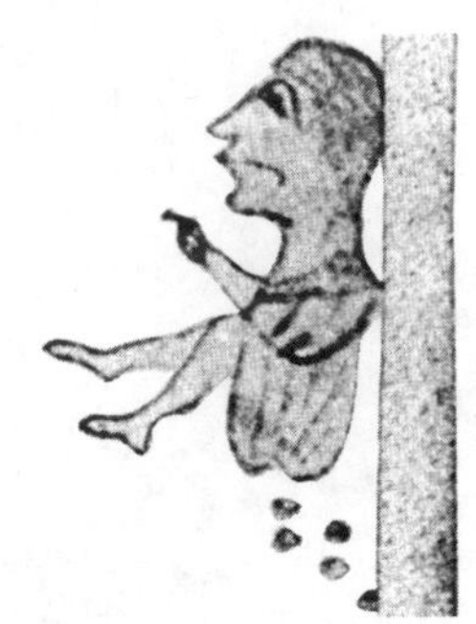

Überreichung eines Heiltranks

Ein historisches Rezept gegen Bauchschmerzen wurde nach Karl dem Großen benannt. Wahrscheinlich mußte er es häufiger in Anspruch nehmen, um seinen überfressenen Magen zu beruhigen, wenn er wieder einmal verbotenerweise statt des von seinem Leibarzt verordneten gekochten Fleisches einen fetten Braten verschlungen hatte. Als ein wahrhaft apothekerisches Traumrezept wurde es aus folgenden Gewürzen und Kräutern zusammengebraut: Ingwer, Zitwan, Nelken, Muskatblüte, Galgant, Muskatnuß, Zimt, Kardamom, Pfeffer, Rhabarber, Zibeben, Pfefferkörner, Paradieskörner, Lorbeer, Bertram, Salbei, Safran, Kalmus, Traganth, griechischer Mastix und Zucker – der im Jahre 755 von den Arabern nach Spanien gebracht und zur selben Zeit aus Ägypten nach Sizilien gekommen war, hingegen man ihn in China bereits seit fast tausend Jahren vor Christi Geburt kannte. Dem Bauchweh-Rezept Karls wurden später noch Rehzungen hinzugefügt – des guten Geschmacks wegen?

Von den zweiundzwanzig Zutaten dieses Rezepts wuchsen nur drei in Karls Reich. Die übrigen mußten eine lange, gefährliche und sehr teure Reise aus weit entfernten Ländern wie Indien und China antreten. Die Araber haben einen Großteil des Abendlandes mit Gewürzen und Räucherwerk beliefert und dabei phantastische Märchen über deren Herkunft und Beschaffung verbreitet. Das trieb den Preis in die Höhe, erschwerte die Konkurrenz und trug zweifellos zum Nimbus und Mythos der Gewürze bei. Da erzählen Geschichten von grausamen, geflügelten Dämonen, die in der Mitte der Seen wohnten, an deren Ufer »Kassia« – chinesischer Zimt – wuchs. Die Dämonen waren so groß, daß sie einen erwachsenen Mann auf einmal hinunterschlangen, wenn er das Losungswort zum Pflücken der »Kassia« nicht wußte. Andere berichten von gräßlichen, fünf Meter langen Giftschlangen, die in tiefen undurchdringlichen Wäldern lauerten, in denen der Zimtbaum wächst. Die Araber sponnen diese Geschichten in der Manier von Tausend-und-eine-Nacht aus, und die leichtgläubigen Christen – zu ängstlich, den Wahrheitsgehalt solcher Fabeln zu überprüfen – zahlten jahrhundertelang die geforderten exorbitant hohen Preise.

Man könnte übrigens ein ganzes Buch mit Begriffen und Worten besonders aus der Heilkunde – Medikamente, Drogen, Chemikalien, Geräte – füllen, die arabischer, türkischer und persischer Herkunft sind. So ist aus dem ursprünglichen arabischen Wort für Wein – »qahwa« – unser Kaffee geworden; es erhielt seine heutige Bedeutung erst nach dem Alkoholverbot durch Mohammed. »Qahwa« wurde dann zu einem Bestandteil der arabischen Medizin, zunächst als Mittel gegen Mandelentzündung und Ruhr, dann als Herzstimulans und schließlich zu einem Ersatzgetränk für das

Die Schachspieler

Genußmittel Wein. Doch die Geschichtsschreibung klösterlicher Prägung wußte im achtzehnten Jahrhundert zu vermelden, daß »zwey Geistliche den Kaffee-Trank erfunden. Sie sollen gehiessen haben: Sciadli und Aidrus, kamen aus einem Kloster in Arabia. Die Türken sind so dankbar dafür, daß sie pflegen alle Tage zu ihnen zu beten. Einige Brüder trinken morgens etliche Teelöffel Branntwein oder Aquavit auf den Thee oder Kaffee und thun nicht unrecht dazu.«

Darüber hinaus wurden Tausende von Mönchen, die während der über zweihundert Jahre dauernden Kreuzzüge im Osten kämpften, arbeiteten und beteten, von einer beträchtlichen Anzahl islamischer Gewohnheiten, Techniken, Worte, Ideen und Produkte infiziert, die sie zurück nach Hause brachten. Als da waren: Alchimie, Alkohol, Blutdruck, Emailleglas, Destillation, Farbstoff, Lack, lackieren, Medikamente, Musseline, Damast, Mohair, Samt und Kattun.

Ein erfolgreicher *Emissär*, ein Ritter vom Templerorden, mit einigen islamischen Kenntnissen kaufte seine Ware im *Basar*, lagerte sie in seinem *Magazin*, verhandelte mit den *Nabobs* auf dem *Diwan* und wußte, an welchen Grenzen der freundlichste *Alkade* saß. Er konnte auch gut mit *Ziffern* umgehen, scheute zwar jedes *Risiko*, holte dennoch den besten *Tarif* heraus und bezahlte mit einem *Scheck*.

Der vom Kreuzzug zurückkehrende Mönch trug an seinen Füßen lederne *Gamaschen*, in seiner *Kittel*tasche hatte er ein Klümpchen *Haschisch* erfolgreich durch die *Douane* geschmuggelt, über seinen Rücken eine *Gitarre* geschwungen und eine *Mandoline* in seine *Joppe* gewickelt. In seinem *Koffer* versteckte er unter Hunderten von morgenländischen Rezepten und Gewürzen einen arabischen Liebesroman, den er auf seiner *Matratze* liegend heimlich in seiner Zelle las, wobei er sich den Mund voll *Marzipan* stopfte, ermuntert durch seinen *Papagei*, der im *Alkoven* saß und schrie: *»Harem Pascha! Lila Mulatte Sofa massieren! Zucker, Zucker! Kandiszukker! – Razzia!.«* *»Kismet«*, murmelte der Mönch, schob die *Gazette* unter seine *Mütze*, nahm einen kräftigen Schluck *Arrak* aus der *Karaffe* und sein Gebetbuch wieder zur Hand.

Bernhard von Clairvaux beschwerte sich, daß in cluniazensischen Klöstern tausenderlei Gewürze die Gaumen erfreuten und die Begierde der Mönche entzündeten. Das war im elften Jahrhundert – und der Heilige Bernhard hatte natürlich wieder mal in seiner Kampagne gegen die Benediktiner übertrieben. Hätte der alte Heilige seine Nase einmal in die Gewürzkabinette des von ihm gegründeten Klosters Clairvaux gesteckt – er wäre sicherlich über die reichhaltige Sammlung von Kräutern, Gewürzen und Räucherwerk erstaunt gewesen. Wahrscheinlich hätte er keinen Anstoß an den verschiedenen Duft- und Räucherstoffen – Myrrhe und anderem »Weihrauch« – genommen, obwohl diese Waren genauso kostbar und schwer zu erhalten waren wie diejenigen, gegen die er so erbittert wetterte.

Die Gewürzkabinette enthielten zumindest: Koriander, Zimt, Kassia, Nelken, Ingwer, Kümmel, Kreuzkümmel, Gelbwurz, Muskatnuß und Muskatblüte, exotischen Honig, Lavendel, Anis, Lorbeer, Salbei, Sesam, Senf, Mohn, Myrrhe, Dill, Rosenwasser, Oregano, Majoran, Rosmarin, Pfeffer – langen und kurzen, weißen, grünen und schwarzen – und selbstverständlich Salz. In manchen gab es sogar Zucker. Diese Liste ist nicht vollständig, aber doch repräsentativ für ein gut ausgerüstetes Kloster des elften Jahrhunderts. Es mag sein, daß Bernhard diese Gewürze für medizinische

Überprüfung des Inventars

Zwecke gerade noch geduldet hätte – und zumindest zur Hälfte hätte er damit Recht getan. Myrrhenwein war ein beliebter Schmerztöter seiner Zeit. Und die Ärzte benutzten auch Feigen, Datteln, Walnüsse und Sonnenblumenkerne – ebenso wie die Köche und Bäcker –, um daraus Medizin und Arzneien für die überanstrengten Verdauungsorgane zu brauen.

Der Schlüssel zu diesen Sesamkabinetten mit all ihren Kostbarkeiten hing, wie wir schon wissen, am Gürtel des Kellermeisters. Der mußte nicht nur die Gewürze, Kräuter und das Räucherwerk bezahlen, verwahren und vor unrechtem Zugriff schützen, sondern sie auch gegen Rezept an die verschiedenen Abteilungen des Klosters aushändigen – Apotheke, Küche, Brauhaus usw. Ein harter Job, der einen zähen Mann brauchte.

Doch das war nur eine der vielen Aufgaben, die der Kellermeister als stellvertretender Befehlshaber nach dem Abt in der Klosterhierarchie innehatte. Benedikt lieferte uns im Jahre 529 die ideale Charakterisierung dieses Amtes: »Man wählt einen aus der Gemeinschaft, der Lebenserfahrung und einen guten Charakter hat. Der mäßig und kein großer Esser ist, nicht aufgeregt, grob, umständlich, hochmütig oder verschwenderisch. Er trägt die Sorge für alles, was ihm der Abt überträgt. Er soll die Brüder nicht betrüben. Er soll unvernünftige Brüder oder deren Wünsche vernünftig behandeln. Er muß auch für die Kranken, die Kinder, die Gäste und die Armen sorgen. Alles Gerät, die gesamte Habe des Klosters ist seiner großherzigen – nicht geizigen – Disposition anvertraut. Er gibt den Brüdern das festgesetzte Maß an Speisen und Getränken.« Er muß – so wie der Abt – die murrenden Brüder in Schach halten, eine Aufgabe, die allein schon einen ganzen Mann erfordert hätte. Aber das ist noch lange nicht alles. Superaufgaben harrten dieses Supermannes: Er hatte die Aufsicht über den Getreidemeister, über den Brotverwalter, den Speisemeister, der die Speisen aufzutragen hatte, den Gärtner, der für das stetige Gedeihen und Blühen der Bäume, des Gemüses und der Blumen zu sorgen hatte; den Custos Vini, der Wein und Bier auszutragen hatte; den Fischmeister, der sich genau wie der Gärtner nicht nur allein darüber Gedanken machen mußte, daß genügend Nachschub und Vorrat von seinen »Schützlingen« zur Verfügung stand, sondern auch, daß er seinen Bestand ständig vergrößerte und verbesserte; den Viehmeister, der sich um die Viehherden kümmern mußte und darum, daß genügend Schafe gehalten wurden, aus deren Häuten Pergament hergestellt werden konnte – ein enormes Unterfangen, wenn man bedenkt, wieviel geschrieben wurde!

Der Mönch, der alles verwaltete, was im Kloster »gebraucht und konsumiert« wurde, war der Camerarius, und auch er unterstand dem Kellermeister. Und zu guter letzt mußten Ärzte, Köche,

Kellermeister Directorium aus dem Jahre 1766. Bei Ablieferung des Zehnten (im Herbst) bekamen die Bauern aus Lans zum Essen Suppe, geselchtes Fleisch, Kraut, Gerste, dazu jeder ein Maß Wein und ein Viertel Mayrlaib Brot. Vier Sillhofbauern erhielten vom Kellermeister zusätzlich ein Voressen aus drei Pfund Rindfleisch und Kraut als Beilage. Anstelle Selchfleisch wurde ihnen als Hauptessen eingemachter Braten, Salat, Gerste und pro Person zwei Maß Wein und ein Herrenbrot aufgetischt. (Stift Wilten/Tirol)

Küchenmeister, Bäcker, Pastetenbäcker, Kelterer, Met- und Bierbrauer und noch andere Berufssparten mehr sowie die kleine Armee von persönlichen Bediensteten seinem strengen Befehl gehorchen. Aber es gab auch kompensierende Faktoren: Sein Name, sein Namenstag und die Verlesung des ihm gewidmeten Kapitels aus der Klosterregel wurden mit extra Rationen an Speise und Trank an den Refektoriumstischen gefeiert.

ALKOHOLISCHES

Das Verschneiden des Weines und das Ansetzen von Würzweinen war die aufregendste Aufgabe des Kellermeisters. Diese Prozedur stand nicht von ungefähr in manchen Teilen Europas in dem Ruf, die Kunst eines Hexenmeisters zu sein. Der Geschmack von naturbelassenen Weinen, die in englischen, flandrischen und norddeutschen Klöstern gekeltert wurden, um die Bedürfnisse ihrer Mönche zu befriedigen – und diese waren recht beachtlich –, war so grauenhaft, daß er eigentlich jeder Beschreibung spottete. Der Franziskaner-Pater Salimbene erinnert sich an den ersten Becher Meßwein, den er in England zu Munde führte. Der Wein war so sauer, schreibt er im dreizehnten Jahrhundert, daß er seinen Mund fünf Tage lang nicht mehr öffnen konnte. Es war eben nicht immer leicht, den Unterschied zwischen neuem Wein und altem Essig herauszukosten . . .
Wohlhabendere Klöster in diesen rauhen Gegenden konnten es sich leisten, süßen griechischen oder spanischen Wein zu importieren. Diese waren allerdings auch bis zu sechshundert Prozent teurer als der beste französische Importwein. Selbst Mosel- und Rheinweine waren beispielsweise noch um zweihundert Prozent teurer als die örtliche Fuldaer Hausmarke. Wie und wo immer der Wein wuchs, stets mußte ein Quentchen hinzugedoktert werden, um die Begierde der Mönche nach Süßem zu befriedigen. Selbst der römische Landwein, der »Temetum«, war zu trocken und zu sauer, um ungesüßt getrunken zu werden. Laut Plinius dem Älteren hatten die Römer bereits im ersten Jahrhundert n. Chr. achtzig verschiedene Sorten gesüßten Würzweins zur Auswahl.
Die Mönche wendeten später einige dieser römischen Süßweinrezepte für ihre Enzyklopädie berühmter Klosterliköre an. Dieser Plinius war der Autor des unentbehrlichen und weisen Werkes »Die Naturgeschichte«. Aus diesem Buch, das Pflichtlektüre gewesen zu sein scheint, ernteten Ärzte, Köche, Gärtner und Kellermeister der Klöster ihr reiches Wissen über die vielfältigen

Collect ꝛc

Got der du auß sonder
deiner grossen gnad
vnd miltreicher güt
tigkait sant Birgitte
himmelische ding die vor der welt
weisen verborgen seind geoffen
bart hast verleich vns durch
ir milte furbietung. Das wir
deiner dienerin offenbarung dei
ner ewigen freid vns freyen
werdent ewigklichen. Durch dey
nen sone vnnsern herrenn
Jesum Cristum Amen

Vorhergehende Seite: Engelchen sammeln Nüsse
Oben: Der Heilige Gallus beim Fischen
Folgende Doppelseite: Festmenü zum Jubelfest des Stiftsdekans Franz Dittel von Dittenberg, 1759

Gastwirt

Panzerhemdmacher

Weber

Schneider

Hufschmied

Schuster

Winzer

Laternenmacher

Sporenmacher

Erster aufTragen 6 grosse Schüssel 4 mittlere Schüsseln 10 ...

Gsulzte Äsch mit Saurampfern

Tigen mit Kayser Nudeln und Schildkroden

Brun-Sup

Höchten Würst

Stockfisch mit Hollendisch gen butter

Dann Krantz mit Höchtenleber und Lammernadeln

Gebrüh Mandel

Sälden

Gestöllen von Lebz Nudeln

Rutten mit Myzherrln

Grässling mit Kohlen Stein

Anderter aufTragen 6 grosse Schüsseln 4 lange

Dünnen Salad mit Gerütten und Möhr rettig

Cragandl Dortten

Krebs Starz

Süssen Salad mit ein Schmach von Kräuter

Haßchen denen Summer Karpfen mit Forthlen

Gebraten wur asch mit Schne

Kalte Pastern

Bäume

Kalte Pastern

Abraum mit gschältem Öpfeln

Gesambelte Marille Koch

Zum dritt Trachtlen 6 ... mit

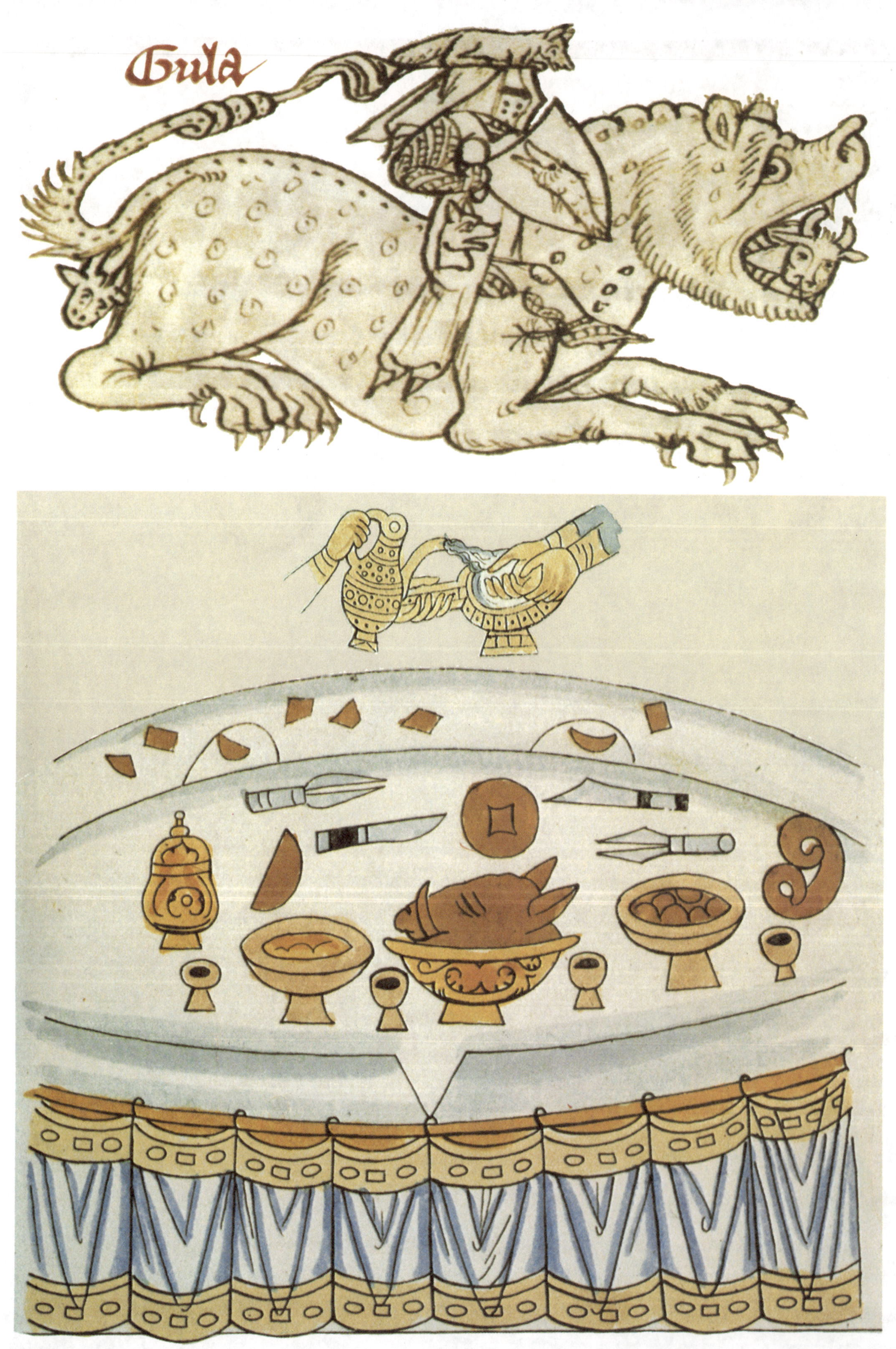
Gula

Linke Seite, oben: Völlerei, älteste ikonographische Darstellung der siebenten Todsünde

Linke Seite, unten: Gedeckter Tisch

Oben: Wasserkrug, Bronze vergoldet, aus der Gegend von Meuse, Mitte 12. Jahrhundert

Folgende Seite: Der Fall von Babylon

Der Kellermeister – Vorgänger des Doktor Faustus

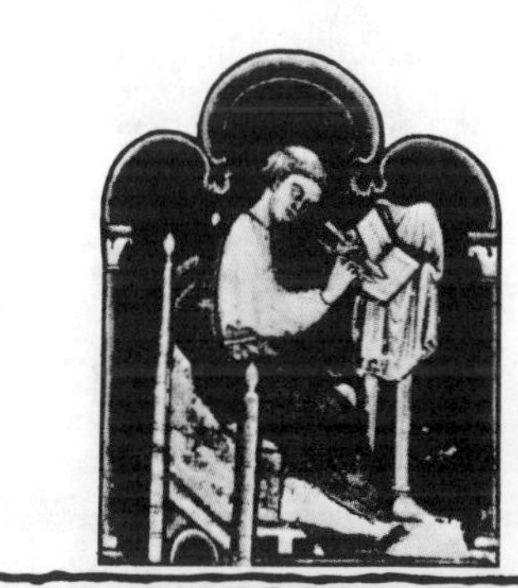

Die Abtei Salem am Bodensee produzierte zum Beispiel im 12./13. Jahrhundert allein 25 000 Hektoliter Wein – für ihren Eigenbedarf! Um 1400 umfaßte die Rebfläche des Heiligen Römischen Reiches Deutscher Nation 300 000 Hektar – also dreimal soviel wie heute, bei nur einem Bruchteil der heutigen Bevölkerungszahl. Man brauchte eben Meßwein.

Verwendungsmöglichkeiten von Gewürzen und Kräutern für Speisen, Getränke und Arzneien.

Mit der Heiligen Schrift in der einen Hand – die warnte, »Trinket nicht mehr Wasser, sondern brauche ein wenig Wein um deines Magens willen, und weil du oft krank bist« (1. Brief des Paulus an Timotheus 5.23) – und der »Naturgeschichte« in der anderen, brauten die klösterlichen Kellermeister viel mehr verschiedene Sorten von Würzweinen zusammen, als sie je eingestanden hätten. Pigmentum, Hyppocras, Claret, Wermuth, Siceras – Vater der spanischen Fruchtweine – sind nur einige der Spezialvergnügen, die von den Mönchen unter der charmanten Bezeichnung »caritas« oder »Trostgetränk« gepichelt wurden. Wenn ich mich in den verstaubten Klosterarchiven so durch die alten Rezepte für solche Würzweine hindurchlas, überkam mich manchmal das Gefühl, sie seien in den Laboratorien eines Vorgängers des legendären Doktor Faustus zusammengebraut worden.

Im zwölften Jahrhundert stellte die Heilige Hildegard von Bingen – Beschützerin aller klösterlichen Heil- und Gewürzgärtlein – eine beeindruckende Liste von Gewürzen zusammen, die für die Herstellung von Würzweinen benötigt wurden. Nachzuschlagen in ihrem berühmten Werk »Causae et Curae« sind: Lavendel, Fenchel, Salbei, Ingwer, Wermuth, Liebstöckel, Ehrenpreis, Schafgarbe, Pfeffer, Honig und Majoran. Andere zeitgenössische Quellen verwenden zusätzlich Enzian, Wacholder, Polei, Pfefferminze, Ackerminze, Krauseminze, Holunder, Rosmarin, Alantwurzel, Eibisch, Flieder, Quitten, Schlehenblüten, Zimt, Süßholz – erst etwas später kam noch die Zitrone dazu.

Eine der interessantesten »Transmutationen« der aus dem Islam gekommenen alchimistischen Goldforschung war das »Aqua Vita«. Constantin von Afrika, ein in Bagdad ausgebildeter Muselmane, brachte all diese Kenntnisse Anfang des elften Jahrhunderts mit nach Italien – als eine Art Mitgift für seine Ehe mit dem Christentum. Er wurde Mönch – und starb auch in Monte Cassino im Jahre 1087. Die klösterlichen Kellermeister lernten sehr schnell, mit dieser Technik umzugehen und fügten all ihre Geheimnisse der Würzweinrezepte hinzu. So bescherten sie der Welt Hunderte von alkoholischen Getränken in jeder Geschmacksrichtung und mit leuchtenden Farben – alle erfunden, um die beladenen Seelen der Mönche ein wenig zu erleichtern, und – nicht zu vergessen! – auch ihre Bauchspeicheldrüsen.

Ich bin sicher, daß weder Sie noch das gesamte schottische Volk sich völlig bewußt sind, daß im fünften Jahrhundert der Heilige Patrick, Apostelmönch der irischen Nation, das »vis ge beatha« – das Wasser des Lebens – kurz »Whiskey« genannt, erfunden hat. Immerhin eintausend Jahre bevor die Schottenröcke ihren Whisky in den Highlands gebrannt haben! Höchstwahrscheinlich tranken der Heilige Patrick und seine Freunde ihr »vis ge beatha« besonders gern bei dem neuen beliebten Mönchsspiel, dem Kegeln, das sich die Mönche in Norddeutschland so um das vierte Jahrhundert ausgedacht hatten. Der Mönch rammte den Griff seines Knüppels, den er immer bei sich trug, in die Erde. Dieser Knüppel – Kegel genannt – stellte einen Heiden dar, dann rollte er eine Steinkugel darauf zu. Traf er den Kegel – den Heiden –, war er aller seiner Sünden ledig. Was mit einem kräftigen Schluck Lebenswasser gefeiert wurde.

Der Karthäuserorden hatte von allen Mönchsorden die strengsten Regeln. Erst im sechzehnten Jahrhundert wurde seinen Mönchen erlaubt, Fleisch zu essen. (Sie waren übrigens diejenigen, die das »Reihenhaus« in der Architektur erfanden. Der heilige Bruno – Abt und Gründer ihres Ordens im Jahre 1084 – entwarf diese zweistökkigen »Maisonnettes« für seine Brüder.)

Im Nordosten von Grenoble, in den französischen Alpen, liegt das Mutterkloster, La Grande Chartreuse. Anfang des sechzehnten Jahrhunderts stellten diese schweigenden Mönche ein Likör-Meisterwerk her und nannten es »Chartreuse«. Noch heute wird Chartreuse in zwei Farben hergestellt: für den Herrn in grün und mit 55 Prozent Alkohol, und eine süße gelbe Variante für die Damen mit 43 Prozent Alkohol. Über das Rezept haben die Mönche natürlich ebenfalls tiefes Schweigen verhängt – jedoch soll der Likör 130 verschiedene Gewürze und Kräuter enthalten. Um nicht völlig ausgestochen zu werden, erfand der Benediktiner-Mönch Bernardo Vincelli im Kloster Féchamp ungefähr im Jahre 1510 – den »Bénédictine«, einen ebenfalls unvergleichlichen Likör.

Und so ging es weiter. Ungefähr 150 Jahre später – 1668 – probierte Dom Oudart in den Gewölben des Benediktinerklosters zu Hautevillers, südlich von Reims, ein prickelndes Getränk, das ihm der blinde Kellermeister Dom Pèrignon gereicht hatte. Danach soll er ausgerufen haben: »Bruder, ich trinke Sterne« – der Champagner war geboren! Doch die Liste der von Mönchen verfeinerten Weine ist zu lang, um hier aufgeführt zu werden, und sie hört gewiß nicht bei der »Erfindung« von Spätlese und Edelfäule im Benediktinerkloster Johannisberg bei Fulda im Jahre 1775 auf.

Bevor wir aber den Kellermeister mit all seinen göttlichen

Schöpfungen verlassen, um an einigen superben klösterlichen »Mehlspeisen« und anderen Desserts zu naschen, möchte ich noch eine interessante Geschichte über den Zusammenhang von Alkohol und Frauenemanzipation erzählen. Offensichtlich waren die Nonnen – da die Männer die Geschicke der Kirche lenkten – einer genaueren Prüfung und einer schärferen Kritik ausgesetzt als die Mönche. Diese stellten also Tausende von Regeln auf, um das Leben und vor allem das Betragen der Nonnen bis ins kleinste Detail zu kontrollieren. Schließlich mußten sie wieder einmal beweisen, daß das »ernstzunehmende« Mönchtum eine Männersache war. Unter der Vielzahl von Regeln und Vorschriften befinden sich »Traktate«, die sich mit der Frage beschäftigen, ob Nonnen überhaupt Wein trinken dürfen, und wenn ja, wieviel ihnen gestattet sei. »Die Jungfräulichkeit der Nonne muß unter allen Umständen beschützt werden«, schreibt der Heilige Hieronymus. »Die größten teuflischen Versuchungen sind Wein und Jugend. Habgier, Stolz und Ehrgeiz bringen sie genausowenig ins Wanken wie die anderen Laster. Wein und Jugend sind die Zwillingsfeuer der Lust. Warum Öl auf die Flamme des brennenden Körpers gießen? Die Braut Christi muß daher den Wein wie Gift meiden.«

Die Nonne und der Tod

Daraufhin nahm Peter Abaelard im elften Jahrhundert einen Anlauf und machte sich damit zu einem frühen Vorkämpfer für die Gleichberechtigung der Frau: Er argumentierte, es sei unfair, den Nonnen den Wein streitig zu machen, da doch »offensichtlich die Mönche durch das Trinken einen viel größeren Schaden« erlitten. »Jedermann weiß«, schrieb er, »daß das Hauptinteresse der Mönche um das Weinfaß kreist. Dort füllen sie sich voll mit den unterschiedlichsten Weinsorten, die mit Kräutern, Gewürzen und Honig schmackhafter gemacht worden sind. Je besser der Wein schmeckt, desto mehr trinken sie und desto schneller sind sie betrunken. Je mehr sie vom Wein gewärmt werden, desto mehr stimulieren sie sich in die Wollust. Obwohl ihre Körper in den Klöstern eingeschlossen sind, sind ihre Gedanken von Feuer und Hurerei beherrscht.« Für Frauen hingegen sei der Wein weniger gefährlich, wegen des größeren »Feuchtigkeitsgehaltes des weiblichen Körpers«. Hier stützt er seine Information auf ein aristotelisches Argument, das im vierten Jahrhundert von dem Philosophen Theosius gebraucht wurde: »Aristoteles sagt, daß Frauen selten berauscht sind – alte Männer dagegen oft.« Abaelard erklärt das so: »Frauen haben einen extrem feuchten Körper, was an ihrer samtweichen, schimmernden Haut zu erkennen ist. Sie erreichen das vor allen Dingen durch eine regelmäßige Reinigung, die den Körper von überflüssiger Flüssigkeit befreit. Wenn jetzt also Frauen Wein trinken, wird er von der allgemeinen Feuchtigkeit aufgesogen, er verliert seine Macht und greift den Sitz des Gehirns nicht so leicht an. Es ist uns wohl bekannt von denen, die sich mit der Physik beschäftigen, daß Wein über Frauen viel weniger Macht als über Männer hat.« Und außerdem »ist der Körper einer Frau, bestimmt durch den regelmäßigen Reinigungsprozeß, mit vielen Löchern übersät, die in verschiedene Kanäle führen, und die wiederum stellen die Ableitungen dar, durch die die Feuchtigkeit des Körpers abgeleitet wird. Durch diese Löcher werden die Dämpfe der Weinschwaden schnellstens entlassen.«

OH, DU SÜSSE FASTENZEIT

Es ist beruhigend – welche Epoche klösterlicher Ernährungsbräuche auch immer erforscht wird, ständig wird man mit der spannenden Auseinandersetzung zwischen dem fastenden Mönch und den Realitäten des knurrenden Magens konfrontiert. Fleisch – und sei es auch nur das der vierfüßigen Tiere – ist das immerwährende Laster im Werdegang des Mönchtums. Selbst in den uralten Zeiten, in denen die Wüsten Ägyptens und Syriens von Abertausenden von Heiligen-Clochards wimmelten, jeder mit dem anderen wetteifernd, um einen noch außergewöhnlicheren Beweis seiner Enthaltsamkeit und Selbstkasteiung an den Tag zu legen – Fleisch war immer die Nummer eins auf dem Index der verbotenen Dinge! Ihren Abscheu vor dem Fleisch – insbesonders ihre erbarmungslose Verachtung all derer, die es essen – offenbarten diese asozialen Asketen in einer erstaunlichen, wenn nicht gar bewundernswerten Dialektik. Johannes der Täufer war gewißlich ein Mann mit exzellenten Referenzen. Auf seinen Wanderungen durch die öden Wüsten Jordaniens nährte er sich nur von Wanderheuschrecken und wildem Honig. Eine ziemlich grimmige Diät – könnte man glauben. »Was heißt hier grimmig«, lästerten die ausgeflippten Wüsten-Logiker, »des Menschen Täufer hat nichts Geringeres getan, als seine kulinarische Kunst zur Schau gestellt. Gegrilltes, mit wildem Honig begossenes Fleisch! Welche Delikatesse für den Gourmet!«

Johannes der Täufer

Im Jahre 384 machte der Heilige Hieronymus kurzen Prozeß mit den demonstrierenden Wüstenfreaks. Er beschrieb sie in seinem Brief an Eustochius als geldgierige Wüstlinge, deren Fasten in Wahrheit nicht Christus diene, sondern ein rivalisierender Wettstreit untereinander sei nur um des Sieges willen. »Diese Schlampen! Ihr Seufzen und Leiden ist nichts als affektierte Heuchelei! Sie sind hinterhältige Mönche, die junge Mädchen verführen. – Sie laufen jedem Festessen nach. Dort fressen und saufen sie sich alle an, bis sie erbrechen müssen.« Ein wahrhaft böser Brief.

Aber nun zur Fastenzeit. Man munkelt, daß die Mönche nur mit Zuckerbrot und Peitsche bei der Stange gehalten werden konnten – und es ist tatsächlich etwas Wahres daran: Sie wurden ausgepeitscht, wenn sie ungezogen waren, und erhielten etwas Süßes, wenn sie artig waren. Sieht man sich das riesige Sortiment an Schleckereien an, dann müssen all die Gerüchte über unartige, verdorbene, sündige Mönche und Nonnen lauter Schmarren sein. Angesichts der vielen Plätzchen, Kuchen, Pasteten, Torten, Soufflés und anderer feiner Backwaren, der Pfannkuchen und Mehlspeisen jeder Art sowie dem Angebot an Süßweinen, Likören, Frucht-

»Das Rad der Habsucht«

und Nußdesserts, Konfekt und Bonbons, deren Rezepte in den Klöstern entweder ausgedacht oder verfeinert wurden, müssen sie alle wahre Engel gewesen sein.

Ungefähr achthundert Jahre lang bestand eine Art »Kriegszustand« zwischen Benedikts seltsamen Ernährungsvorschriften und den kulinarischen Leidenschaften der Mönche und Nonnen. Diese Situation wurde noch unerträglicher durch die Fastentage, an denen die ohnehin schon karge Zuteilung noch mehr eingeschränkt wurde. Die dagegen Murrenden – was heißt hier Murrenden –, die Chöre von schreienden und protestierenden Mönchen und Nonnen nahmen revolutionäre Ausmaße an. Die zahlreichen blutigen Eßrevolutionen in den Klöstern betonen die Brisanz dieses Problems. Welch dichterische Gerechtigkeit, daß die Mönche durch die verfluchten Fastentage geradezu provoziert wurden, den vertriebenen Genius Apicius' und seiner »heidnischen« römischen Küche wieder herbeizuschwören und damit der Kochkunst ein neues europäisches Geschmacksprofil zu verleihen.

Drei Tage in der Woche waren ausschließlich dem Fasten vorbehalten: Der Freitag diente der Erinnerung an die Kreuzigung Jesu, mittwochs fastete man, weil an diesem Tag Judas das Geld annahm und Jesus verriet, und der Sonnabend war dazu da, die Jungfräulichkeit Marias zu preisen; und außerdem gab es das vierwöchige Adventfasten vor Weihnachten, ganz zu schweigen von der großen Fastenzeit nach Aschermittwoch. Eine Legende berichtet uns, daß Sankt Nikolaus schon als Säugling dem Fasten seine Reverenz offenbarte: Am Mittwoch und Freitag weigerte er sich, öfter als einmal am Tag an der Brust seiner Mutter zu nuckeln! Warum der junge Heilige allerdings am Sonnabend, dem Tag der Jungfräulichkeit, die strengen, selbstauferlegten Fastenregeln häufiger brach, bleibt Spekulationen vorbehalten.

Fleisch war an Fastentagen verboten; allerdings war Fleisch ja dem gesunden Mönch ohnehin immer verboten! Und obwohl schon der »Hähnchenkrieg« verloren war, wollten die allerpenetrantesten Glaubenshüter auch noch ein universales Verbot für Eier und Milchprodukte an Fastentagen durchsetzen: das sogenannte »Laktizinienverbot«. So blieben den Mönchen nur Früchte, Nüsse, Gemüse, Getreide und – Gott sei Dank – Wein, denn sie mußten an Fastentagen mehr Wein trinken, schon um das Sprichwort zu bewahrheiten: »Der Fisch muß schwimmen.« Abgesehen davon, daß einige Äbte und Kirchenmänner durch eifernde Predigten für das Laktizinienverbot die Möglichkeit erhielten, ihr politisches Profil aufzumöbeln, hatte es keine weitere Bedeutung – sieht man von der betrüblichen Tatsache ab, daß Laien zu Tode geprügelt wurden, wenn sie zu Fastenzeiten mit einem Ei in der Hand oder im Mund erwischt wurden. Erst zu Anfang des fünfzehnten Jahrhunderts wird Rom sich gnädig entschließen, den Gläubigen zu gestatten, diese Produkte in ihren Speisenzettel aufzunehmen. Die Vorschriften über Butter und Milchprodukte haben die Wohlhabenden natürlich nicht in Bedrängnis gebracht, sie konnten sich eine Dispensation leisten, um auch während der Fastenzeiten in den Genuß dieser begehrten Nahrungsmittel zu gelangen. Der großartige »Butterturm« der Kathedrale zu Rouen wurde übrigens mit den Geldern gebaut, die durch den Verkauf von Butterbriefen und Butterpfennigen zusammengekommen waren. Luther hat dieses Thema in seinen Attacken gegen die Ablaßpraktiken und die Korruption der katholischen Kirche äußerst wirkungsvoll formuliert. Ebenso sind von der Kirche »Käsebriefe« verkauft worden. Das französische Kloster Fontevrault wurde durch seine fabelhafte Küche und durch seinen »Käseturm« zu einer Sehenswürdigkeit.

»Der Turmbau zu Babel«

Die Zahl der Klöster, die Butter, Fett, Milch, Eier und Käse in den Fastenzeiten verwendeten oder nicht, ist schwer zu bestimmen und für unsere Geschichte eigentlich unerheblich. Benedikt hatte in seiner unnachahmlichen Art Milch, Käse, Eier, Fett, Butter und eine Vielzahl anderer Lebensmittel weder erlaubt noch ausdrücklich verboten: Sie sind in seinen Vorschriften nicht einmal erwähnt. Von Fisch redet er allerdings auch nicht. Aber wer hätte auch schon den Mut aufgebracht, diese Speise an Fastentagen zu verbieten?

Eine typische Situation, die repräsentativ für den musterhaften klösterlichen Stil ist: War diese Speise nun erlaubt und jene vielleicht nicht? Es wurde wahrhaft talmudisch um Fisch, Geflügel, Bier und Milch debattiert und diskutiert, diskutiert und debattiert. Diese ewigen Diskussionen sind sogar als »Streitgespräche« in die Literatur eingegangen. Durch sie haben wir Kenntnis von den Fortschritten der klösterlichen Kochkunst, und außerdem kann man verdammt sicher sein, daß doch Eier während der Fastentage gegessen wurden – und zwar in Mengen.

Die einfachen Brote, Oblaten und Fladen verwandelten sich in köstlich schmeckende, süße Fasttagskuchen, Kekse, Pasteten und Soufflés. Sogar der Stammvater aller am Essen Nörgelnden, Bernhard von Clairvaux, hatte gestattet, daß sich etwas Öl und viel Honig in den Mehlbrei einschlichen (pultus ex farina confectas), um den Magen zu »erwärmen« – aber natürlich »nur mit Bedenken« (cum scrupolo). Außerdem wurde eine Art Ehe zwischen dem Fladen und dem Käse, den Eiern und der Milch vollzogen. Das war die Stunde der Wiedergeburt des Käsekuchens, der in England »Flaunes« genannt wurde. Brezeln, jene beseeligende klösterliche Erfindung, wurden weich und süß zubereitet und – genau wie die Krapfen – liebevoll in viel Fett gebacken. Die Krapfen (das althochdeutsche Wort »krapfo« heißt »Haken, Kralle«) sind schon eine Geschichte für sich. Überall werden sie unter Verwendung von Eiern, Milch, wenig Salz und dem besten Mehl hergestellt und in Fett, Öl oder Butter gebacken. Die russischen Mönche verwendeten später Buchweizenmehl und nannten sie »Blinis« – die Vorfahren der preußischen »Plinsen«. Natürlich wurden sie mit süßen Füllungen gegessen. Je nach Phantasie des Kochs und entsprechend der Jahreszeit sind sie ein wichtiger Bestandteil an Fastentagen wie an normalen Tagen auf den klösterlichen Speisenzetteln gewesen. Wenn der Mönch bei Tisch die ihm auferlegte Schweigepflicht nicht verletzen wollte, er sich aber trotzdem nach einem weiteren Krapfen sehnte, signalisierte er diesen Wunsch mit dem dazu passenden »Krapfenzeichen«: »Der Mönch soll aus dem Haar eine Locke drehen.« Für den Betbruder mit Glatze gab es demnach immer nur einen Krapfen.

Wir haben bereits über die »cibi pipperati« gesprochen, jene Pfefferplätzchen, aus denen sich dann im vierzehnten Jahrhundert zahlreiche Formen und Figuren des Lebkuchens entwickelt haben. Im elften Jahrhundert wurden die Oblaten mit Honig, Mandelpaste und viel Pfeffer zubereitet – die »cornutae mica« –, kleine, weiche Brote in Form eines Halbmondes. Die Wiener glauben allerdings auch heute noch immer, daß diese »Kipfel« erstmals im achtzehnten Jahrhundert in Wien gebacken wurden zur Erinnerung an den Sieg über die Türken.

Der Schritt vom Brot zum Kuchen war schnell getan. Man fügte Gewürze, Früchte, Nüsse, Eier und Zucker hinzu; zuerst gab es nur die Süße des Fruchtzuckers, später nahm man Honig und ab dem zwölften Jahrhundert den importierten Rohrzucker. Das Verfahren, Zucker aus Rüben herzustellen, erfand der deutsche Apotheker Marggraf erst im Jahre 1747. Konfekt versüßte die langen Fastenzeiten, und sein Genuß war auch nie verboten. Das beste Konfekt wurde aus kandierten Gewürzen wie Koriander, Nelken oder Ingwer sowie Früchten, Mandelpaste und Rosenwasser, vermengt mit Honig, zubereitet. Veilchen wurden ihrer Farbe und ihres Duftes wegen besonders gerne genommen. Das gleiche galt für kandierte Feigen und Rosinen. Gekochte Früchte oder Kompott (bekannt seit dem vierzehnten Jahrhundert unter dem Sammelbegriff »claminae«) kamen – mit exotischen Gewürzen, Honig und Blumen – auf den Tisch.

Vielleicht weisen die beiden englischen Worte »sweetmeat« und »sweetbread« auf die total verdrehte Logik der Fastenzeit hin?

Alle diejenigen, die sich trotz der Freßorgien einen einigermaßen gesunden Magen bewahrt hatten, aßen »sweetbread« – das sind jedoch nicht süße Brote, sondern Innereien, wie zum Beispiel Bröschen und Lunge. Und zum anderen verstand man in den

Lebkuchen aus Kloster Neustift/Tirol

englischen Klöstern unter »sweetmeat« – süßem Fleisch – zur fleischlosen Fastenzeit Wein, Bier, Früchte, Rosinen, Nüsse, Gewürze, Kuchen, Süßigkeiten und Konfekt. Ungefähr vom dreizehnten Jahrhundert an begannen die Männer ihre Freundinnen »sweetheart« zu nennen –, aber nicht nur zur Fastenzeit!

»Das süßer Mandelmilch nahret überaus wohl, absonderlich in hitzigen Manns und Weibs Zuständen.« (Odilone Schreger)

In vielen europäischen Klöstern des dreizehnten Jahrhunderts wurde die strikte Einhaltung der Fastentage nicht nur durchgesetzt, sondern oft auch drakonisch erzwungen. Die Mandel war da der Retter in der Not; das »wiltu machen blamensir?«, wie es in jedem Kochbuch des fünfzehnten Jahrhunderts zu finden ist, ist eine Verballhornung des französischen »Blanc Manger«, eine süße Mandelspeise. Blätterteige und andere Teigarten wurden, wenn es nicht anders erlaubt war, nicht mit Eiern, sondern mit Mandelmilch gebunden. Ein guter Koch bereitete seine Backwaren aus Mehl, Salz, Safran und Hefe zu, die er aus fermentiertem Malz gewann; diesen Teig legte er auch als Kruste um einen Fisch, der mit Pilzen und Knoblauch gefüllt war, und buk ihn. Mandelmilch gewann man aus frischen Mandeln, sie war dick- oder dünnflüssig, ja manchmal geleeartig, je nach Menge der verwendeten Mandeln. Die dickflüssige Milch wurde mit Safran und Zucker gewürzt und als nahrhafte Suppe serviert. (Gab man zum Beispiel Fisch hinzu, erhielt man eine sehr schmackhafte Fischsuppe.) Eine noch nahrhaftere Version dieser Mandelmilchsuppe war die Mandelbiersuppe, angerührt mit dicker Mandelmilch, Bier und viel Gewürzen. Mandelmilch diente auch dazu, dem Backwerk einen extra feinen Geschmack zu geben, besonders auch den Obstfüllungen in Apfeltaschen und Pflaumenpasteten.

Man verwendete Mandelmilch bevorzugt während der streng einzuhaltenden Fastentage in den Gegenden, in denen es kein Olivenöl gab. Das »Engelsbrot« war eine himmlisch schmeckende Waffelart aus gehackten Mandeln, Zimt und Honig. Die englischen Mönche nannten es »Manna«. Es gibt entzückende Geschichten über Novizen, die den ganzen Tag im Kreis herumsitzen und mit offenen Mündern hingebungsvoll in den Himmel starren, in der Hoffnung, daß ihnen ein Stück »Manna« in den Mund fallen könnte. Fast genauso beliebt wie das »Engelsbrot« ist der »Bénédictine«, ein französischer Mandelkuchen aus Féchamp, demselben Kloster, in dem auch der »Bénédictine«-Likör erfunden wurde.

Eine andere Art Mandelmilch, die sich in den mittelalterlichen Klöstern größter Beliebtheit erfreute, war ein Spezialgetränk, die abendliche »Kollation«, als Trost vor dem Zubettgehen getrunken. Das Aachener Konzil von 817 hatte nämlich den Mönchen erlaubt, während der abendlichen Lesungen über die ersten Wüstenmönche einen kleinen Imbiß zu sich zu nehmen, zunächst zur Fastenzeit. Verfasser der Texte für die abendlichen Lesungen war der Heilige

Johannes Cassianus, Verfasser der ersten Klosterregel, also ein nicht unbedeutender Pionier des westlichen Mönchstums aus dem vierten Jahrhundert; er sammelte sie unter dem Titel »Collationes Patrum«. Noch heute nennen die Italiener ihr Frühstück »colazione«. Ist es nicht seltsam, daß auch der Begriff für einen leichten Imbiß sich aus dem Mahl entwickelt haben soll, das den Mönchen zur Fastenzeit vor dem Zubettgehen gereicht wurde? Damals bestand die »Kollation« oft aus einem Gemisch aus einem Teil dickflüssiger Mandelmilch und zwei Teilen süßen Würzweins. Dazu naschte man entweder eine Waffel oder auch ein einfaches Stück Weißbrot, das man zuerst in Mandelmilch tunkte, leicht in Mandelöl anröstete, dann in gemahlenen Mandeln wälzte und mit einem kleinen Honigklecks krönte. Als Kinder aßen wir gerne Weißbrot, das wir in ein geschlagenes Ei tauchten, in Butter leicht anrösteten, in gemahlene Mandeln, Zimt und Zucker stippten, und wenn es uns dann immer noch nicht süß genug war, mußte halt der Honigtopf herhalten. Wir nannten diese süße Köstlichkeit »Französischen Toast«. Die Zeiten haben sich nicht geändert: In den französischen Klöstern des vierzehnten Jahrhunderts hatte man den gleichen Gusto auf dieses Brot, das man unter dem Namen »pain perdu«, »Verlorenes Brot«, kannte.
Wieviel Mühe und Ehrgeiz brachten die Klosterköche auf, um Eier selbst dann auf den Tisch zu bringen, wenn ihr Genuß streng verboten war: Im Kloster Winchester gab es zur Fastenzeit im Jahre 1203 »falsche Eier« aus pürierter Mandelpaste mit Honig gesüßt und in zwei Teile getrennt, von denen der eine seine helle Farbe behielt und der andere mit Ingwer, Zimt und Safran – der Farbe wegen – vermengt wurde. Dann blies man Eigelb und Eiweiß aus der Schale heraus und ersetzte sie vorsichtig mit den beiden Pasten. Diese Eier wurden dann in heiße Asche gelegt und gebacken, danach gesäubert und stolz als »hartgekochte Eier« serviert.
Ungefähr um die Mitte des kreuzzugsbesessenen dreizehnten Jahrhunderts wurde der Reis aus den islamischen Ländern über Spanien und Italien in die europäischen Klöster eingeführt. Salimbene, der Franziskaner und »Tratschhistoriker« des dreizehnten Jahrhunderts, spricht von delikatem »heidnischen« Reis, der in mit Honig gesüßter und stark gewürzter Mandelmilch gekocht wurde. Er aß ihn auch, wenn er in mit Wasser verdünntem Wein gekocht und mit Pfeffer und Eidotter verrührt war. Überhaupt brachte der Reis in der Ernährung eine revolutionäre Veränderung. Ende des dreizehnten Jahrhunderts war er plötzlich in größeren Mengen in den Kloster- wie in den Laienküchen Italiens aufgetaucht, dann auch in England und Frankreich, wo er noch als Kostbarkeit in den Gewürzkabinetten aufbewahrt wurde. Bereits im sechsten Jahrhundert empfahl Anthimus, der berühmte Leibarzt Theoderichs an

dessem byzantinischen Hof, in seinem Zauberspruch gegen Magenbeschwerden: »Man siede ihn [den Reis] zuerst in Wasser und koche ihn dann so lange in Ziegenmilch, bis er weich ist.« Ein interessanter Bericht aus England erwähnt den Reis als Fastennahrung: 1265 verbrauchten die Gräfin von Leicester und ihre Familie zwischen Weihnachten und Ostern für ihre Fastengerichte 110 Pfund Reis. Das Pfund kostete sie 1½ pennies – eine wirklich luxuriöse Bereicherung des kargen Mahls. Gleichzeitig muß man allerdings erwähnen, daß dieselbe Gräfin bereit war, 2½ pence für ein Pfund Mandeln zu zahlen.

In englischen Klöstern gab es ein sehr beliebtes Fastenbrot, das »Gingerbread« (Ingwerbrot), das so ähnlich wie deutsche Lebkuchen schmeckt. Ursprünglich war es im dreizehnten Jahrhundert aus Holland eingeführt worden. In den Teig für das hausgemachte Gingerbread wurden das weißeste und feinste Semmelmehl, Honig, Pfeffer, Safran, Zimt und Ingwer gerührt und mit Rotwein fermentiert. Er wurde ausgerollt, in Quadrate geschnitten und mit Nelken verziert. Dann ließ man ihn trocknen. Das weiße Gingerbread nannte man auch »marci pani« – »Markusbrot«, wie auch das »Marzipan«. Nebenbei bemerkt war Semmelmehl ein sehr teurer Bestandteil der frühmittelalterlichen Küche. Es wurde beim Gewürzhändler gekauft; je heller und weißer das Semmelmehl war, desto teurer war es. Es wurde für Saucen, Füllungen, Puddings und allgemein als Andickungsmittel für besonders luxuriöse Eintöpfe gebraucht – früher verwendete man dazu auch Hafermehl.

Der Mehlsieber

»Mönchsbrot« in England, »pain demain« – Brot des Herrn – in Frankreich, konnten sich nur Klöster oder wohlhabende Schichten des Volkes leisten oder selber backen. Feingeriebene Brösel dieses Brotes wurden an weniger begüterte Menschen, die wußten, was gut schmeckt, verkauft. Eine andere Spezialität in den englischen Klöstern des frühen zwölften Jahrhunderts waren die rhombenförmigen »Lozenges«, die an Fastentagen heiß geliebt und verschlungen wurden. Ein Rezept lautete: »Bereite einen Teig aus gutem Mehl, Wasser, Safran, Zucker und Salz. Rolle ihn dünn aus und schneide ihn in kleine Teile. Brate sie in Öl, und bringe sie heiß auf den Tisch.« »Lozenges« wurden entweder auf diese Art gegessen oder – wer dann immer noch einen ungestillten Hunger auf Süßes verspürte, tauchte sie obendrein noch in einen Sirup. Dieser Sirup wurde auch damals schon aus getrockneten Früchten mit Gewürzen, Wein und Zucker hergestellt. Wir finden hier also bereits im zwölften Jahrhundert arabischen Zucker als Bestandteil eines englischen Gewürzkabinetts.

Ungefähr einhundert Jahre später goß man in der klösterlichen Küche von Cluny den Teig der »crispellae« oder »crêpes« auf die eine Hälfte eines heißen, eingefetteten Oblateneisens. Diese

Herstellungsart der »gaufres«, wie sie in Frankreich heißen, übernahmen dann auch die Benediktinerklöster in England. Die Portugiesen nannten dieses Gebäck »Guaflas«, die Engländer »wafers«, die Deutschen »Waffeln«. Anfänglich hatten die Waffeleisen auf der Innenseite die Hohlform einer Wabe eingeprägt und wahrscheinlich zusätzlich auch noch ein raffiniertes, in die Metalloberfläche eingraviertes Muster. Das Rezept für die »crêpes« aus dem Kloster Cluny des dreizehnten Jahrhunderts sah Milch, Eier und Fett vor, später angereichert mit Wein, Gewürzen und Mandelmilch. Dazu gab es Zucker, Honig oder Marmelade. Als die Mönche es satt hatten, die Waffeln nur als trockenes Gebäck zu essen, füllten sie sie mit Käse, Früchten, süßen Saucen, und – wenn die Fastenzeit endlich vorbei war – nahmen sie statt dessen feingestoßenes Schweine-, Rind- oder Hähnchenfleisch.

»Pie«, das englische Wort für Pastete, bezeichnet eine Weiterentwicklung der römischen Idee, Fleisch in einen Teig aus Mehl und Öl zu hüllen und dann zu backen. Diese Art nahm nun in England neue Formen an: Schmalz und Butter mußten das Öl ersetzen, verliehen aber dem Teig gleichzeitig eine größere Lockerheit. Er konnte jeder beliebigen Form angepaßt werden und – je nach Kirchenjahreszeit – mit verschiedenen Zutaten gefüllt werden. Leider kennen wir nicht den sicherlich interessanten etymologischen Hintergrund des Wortes »pie«. Er wird sogar mit »magpie«, der »diebischen Elster«, in Zusammenhang gebracht. Die englische Pastete hatte meist die Form eines »Sarges«; sie wurde »coffin« genannt. Sehr frühe Berichte sprechen von einem Klosterkoch, der zwei Dutzend »Backfleischsärge für den Tisch des Abtes« hergestellt hat. »Backfleisch« wurde die Pastete nur genannt, wenn sie entweder mit gewürztem Fisch oder Fleisch gefüllt war.

»Am Sambstag von den Vaschang Tagen nach essen geust man die Sulzen auff zween Tag, Sontag und Montag, zwo auff des Herrn Prelaten Tisch, zwo in das Capitl, zwo den Junckhern, zwo auff die gesellen. Darein werden verschraten zwai Khelber ohn die Lumpraten – des Herrn Prelaten gar schweinen. Sontag ... der Krapfen müessen über hundert sein, ohne des Herrn Gnaden, die sollen von lautter Tutter gemacht und pachen werden. Die Krapfen zue Viermahlen, Sontag, Montag, Erichtag und zum glimpfen.–« (Seckauer Fastnacht Speiseordnung, 1566)

Der Unterschied zwischen einem süßen, angereicherten und verfeinerten Brot und einem Kuchen ist schwer zu erkennen und oft sehr verwirrend. In England war der Kuchen klein und rund und wurde aus weißem Mehl, Eiern, Sahne oder Butter (oder sogar beidem) und ausgewählten Gewürzen hergestellt. Diese kleinen Kuchen oder »buns«, wie sie genannt werden, wurden zunächst nebeneinander aufgestellt und mit einem Sirupguß überzogen. Wenn sie getrocknet waren, kam noch eine weitere Schicht »buns« darüber. Das Ganze wurde noch einmal mit Sirup übergossen. Diese »buns« wurden als »Hot Cross Buns« berühmt, die am Karfreitag gegessen wurden. Man ritzte in jeden kleinen Kuchen oben ein Kreuz ein, bevor sie in den Backofen geschoben wurden. Diese Kreuze sollten wohl auch die bösen Geister fernhalten, die verhindern konnten, daß die Kuchen beim Backen nicht richtig aufgingen! Ähnliche Kuchen wurden im Jahre 1478 für ein kirchliches Fest in St. Evans zubereitet: Als Gewürz nahm man

Safran, und das Mehl wurde zuerst in einem Tontopf im Ofen gebacken, um es zu bleichen, und dann anschließend fein gesiebt. »Das buch von guter spise«, das berühmte Kompendium aus dem vierzehnten Jahrhundert, höchstwahrscheinlich von Köchen aus dem Würzburger Kloster zusammengestellt, führt eine Anzahl von Rezepten für Fladen, Kuchen und andere süße Speisen für die klösterlichen Fastentage auf. In dem Kochbuch des Klosters Tegernsee aus dem vierzehnten Jahrhundert kann man etliche Rezepte finden, die auch in das »buch von guter spise« aufgenommen wurden. Erstaunlicherweise wird auch Reismehl in diesem Buch erwähnt, und zwar im Zusammenhang mit weißem Zucker. Die Rezepte Nr. 1 und Nr. 83 lauten: »Ein Konkavelite: Mandelmilch mit Wein und dem Saft von einem Pfund Kirschen, ein Viertelpfund Reismehl und ein halbes Pfund Zucker.« In Rezept Nr. 83 wird alles in einen Topf gegeben und gekocht. Die Verwendung von Reismehl zum Andicken von Saucen, Suppen und Füllungen muß – in Anbetracht der teuren Transportkosten im vierzehnten Jahrhundert – ein wahrer Luxus gewesen sein. Wir wissen, daß Reis in süßer Form mit Mandelmilch und Zucker schon früher auftauchte. In ärmeren Klöstern mußten die Köche sich mit Hafermehl, Gries und Brotkrumen behelfen. Die Hinzunahme von Reismehl bedeutete ein verfeinertes Kochen. Das zeigt, daß die Köche des zwölften und dreizehnten Jahrhunderts sehr wohl in der Lage waren, zwischen der feinen Struktur eines Puddings, einer Sauce oder eines Kompotts, die mit Reismehl zubereitet waren, und der groben, die durch das einfache Mehl entstand, zu unterscheiden. Mit Reismehl gab es ganz andere Möglichkeiten als mit dem besten Mehl! Abgesehen davon bestand ein starker Geschmacksunterschied zwischen einer mit Brotkrumen oder Hafermehl und einer mit Reismehl zubereiteten Speise. Brot, Kuchen, Pasteten, Krapfen, Fladen, Pfannkuchen – ob fürs Fasten oder zum Feste – sind ein unglaublich faszinierendes Thema. Wir könnten unbegrenzt fortfahren, die frühen Formen und Größen zu beschreiben, ihre Bezeichnungen aufzuzählen. Die Österreicher leben immer noch mit den erfindungsreichen Begriffen für süße Backwaren wie Golatzen, Pranten, Chuckel, Strauben, Strietzel, Paternosterringel, Pachen, Pletern, Buchteln usw. usw. Symbole und Bedeutungen der einzelnen Mehlprodukte und ihrer Backtechniken in verschiedenen Ländern zu verschiedenen Zeiten würden viele Bände füllen; wir aber wollen zu den süßen klösterlichen Fastentagen zurückkehren.

Ich bin oft daran erinnert worden, daß das Hauptnahrungsmittel der Mönche der Brei – in all seinen Variationen – war, besonders während der Fastenzeiten. Gut, mit einiger Skepsis akzeptiere ich dies als historische Tatsache. Um ehrlich zu sein, ein Haferbrei,

Im London des vierzehnten Jahrhunderts gab es 21 Bäcker, die mit weißem Mehl buken, im Gegensatz zu 32 Bäckern, die braunes Mehl verwendeten. Zweihundert Jahre später finden wir bereits 62 »Weißbäcker« gegenüber 36 »Braunbäckern«. Kreide, Kalk, Alaun, sogar zerriebene Knochen sind nur einige dieser »Weißmacher«, die unter das Mehl gemischt wurden, um es attraktiv für das Prestige – allerdings auch giftig – zu machen. Weißes, hochgiftiges Blei konnte man ebenfalls in Brotlaibern finden, die von den »Weißbäckern« verkauft wurden. Deren Produkte waren besonders gefährlich, wenn dafür »Beschemehl«, damals »gebratenes (gebleichtes) Mehl« genannt, verwendet wurde. (Übrigens stammen die englischen Wörter »lord« und »lady« vom Brot ab! Die Frau knetete den Teig, der Mann buk das Brot. Die Etymologie des Wortes »lady« stammt von »Hlaefdige« – die »Laibkneterin«; »lord« von »Hlafward« – »der Brothüter«.)

Hanfsuppe
»Am Kharfreitag zue dem Fruemahl allenthalben haniff Supen, gesocht stockhfisch des herrn Gnaden. Und in das Capitl hausen, Kapen, Khreusen undt zur lezt arbes in Sipl.«
(Seckauer Speiseordnung, 1566)

fein zubereitet mit Nüssen, Rosinen und anderen Früchten, mit einem großen Stück Butter und viel Sahne, ist wirklich nicht zu verachten. Besonders dann nicht, wenn man eine solch große Schwäche für Früchte, Nüsse, Butter und Sahne hat wie ich. Und dann bin ich noch über einen anderen Klosterbrei gestolpert, der offensichtlich in großen Mengen gekocht und gegessen wurde – und das nicht nur zur Fastenzeit, sondern auch als Festessen –, der Hanfbrei: Die Blätter, Beeren und Samen dieser hoch interessanten Pflanze wurden getrocknet, zerstoßen und dann entweder als Mus bereitet oder als Füllung in Plätzchen, Kuchen und andere »high«-machende Dinge eingebacken. Ich habe sogar ein Hanfkäserezept gefunden. Zusammen mit Myrrhenwein muß das einen Wahnsinnsfraß abgegeben haben – Myrrhenwein allein wurde schon als effektvoller Schmerztöter getrunken. Die Araber gewannen ihr Haschisch aus den Blättern und Samen der indischen Hanfpflanze. Das Wort »hasheesh« heißt übersetzt »getrocknetes Gewürz«. Sie rauchten es in ihren wunderschönen Wasserpfeifen oder buken süße Gewürzkuchen daraus. Sie exportierten die Droge zusammen mit denen, die sie nahmen, den »Haschischi«, Meuchelmördern, eine Art arabische Mörder GmbH, Ursprung des englischen Wortes »assassin«. Wenn Hanf nicht geraucht wurde, lieferte er das wichtigste Rohmaterial für die damalige Industrie: Seile, Segel und malerische Stoffe wurden aus seiner Faser hergestellt. Ich habe jedoch weder einen Anhaltspunkt für eine Seilerei oder Segelherstellung in den Klöstern gefunden noch einen, daß die Mönche in ihren Wasserpfeifen Marihuana rauchten. Aber – wer ist schon eingeweiht in alle Geheimnisse hinter den Klostermauern?
Ein Rezept für einen süßen Hanfporridge an Fastentagen empfiehlt: »Nimm viel Hanf – so viel, wie es sich geziemt, zerstampfe ihn in einem Mörser, bis er milchig wird; koche ihn in einem Topf, füge Honig und Brotkrumen oder Brotstückchen, Safran und Pfeffer hinzu, mische es dann mit einer dicken, cremigen Mandelmilch und lasse es eine Weile ziehen«. . . Und dann: »Unde giff dat hen.«
Doch die verrückteste Zusammenstellung, die alle Mönche zu den Schlaraffeninseln fliegen ließ, war der sogenannte Hanfkäse. Es handelte sich um eine Mischung aus zerstoßenen, gekochten und durch ein Sieb gerührten Beeren, gekochtem Reis, Fisch, verschiedenen Beeren, Myrrhenessig oder Wein, Mandelwein, Ingwer und Pfeffer. Die Anweisung lautete, ihn »mit Freude zu servieren« und nicht zuviel zu würzen, obwohl die Mönche leidenschaftlich gerne würzten. Das »buch von guter spise« lehrt: »Ach, und versalze nur nicht, wenn es ist ein gutes Gericht!« Der wohl bekannteste Rat des Buches lautet: »Du sollst nehmen Binsen, Liebstöckel und Minze, das sind gute Würze für die große Fürze.«
Wenn wir schon vom Furzen reden, die Schweizer Klöster sind

berühmt für ihre »Nonnenfürze«! Es war leider nicht möglich, das originale Damenkloster, das diese einzigartige Lieblingsspeise der Mönche gebar, aufzuspüren. Die Priorin des Klosters Sarnen teilte mir ihre Version vom Entstehungsprozeß des »Nonnenfurzes« mit: Einem jugendlichen Bischof, der ein Damenkloster besuchte, zeigte man im Rahmen einer Führung auch die Küche. Dort buk eine junge Novizin gerade Krapfen. Der Mann – er mag durchaus der erste dieser Spezies gewesen sein, den sie je zu Gesicht bekommen hatte – grüßte sie freundlich wie auch die anderen Köchinnen und Helfer. Die Novizin geriet in Panik und vergaß völlig, die Krapfen trocknen zu lassen, bevor sie sie zum Backen ins heiße Öl gleiten ließ. Die Ansichten bezüglich des Geräusches, den der feuchte Krapfen beim Auftreffen auf das heiße Öl verursachte, sind – wie Sie sicherlich verstehen werden – von Kloster zu Kloster sehr verschieden: Die einen behaupten, es sei ein langes, hohes »zissschsch« gewesen, andere wiederum bestehen darauf, daß es sich um ein kurzes »zzoopp« gehandelt hätte. Der junge Bischof, ein Mann mit Phantasie, Humor und einem ausgeprägten Ohr für akustische Eindrücke, segnete die gedemütigte Novizin und betitelte ihr süßes Produkt »Nonnenfurz«. Die Mönche in ihrem nie endenwollenden Bedürfnis, allen Dingen auf den Grund zu gehen, debattieren immer noch sowohl über den möglichen Ursprung, als auch über die Qualität, Konsistenz und Größe des »Furzes« (oder »Fürzchens«, wie er bei einigen Orden auch bekannt ist). Über eine Eigenschaft eines »Nonnenfurzes« herrscht allerdings Übereinstimmung: Süß muß er sein! Es ist gut möglich, daß die Mönche, über die so viele »Freßwitze« erzählt werden, insgeheim die Gleichberechtigung durch den Ausgleich mit dem »Nonnenfurz« betonen wollten.

Im frühen vierzehnten Jahrhundert witzelte man über den Mönch und die von ihm heißgeliebte Eierspeise, das Omelette. John Gower, englischer Dichter dieser Zeit, verglich das Geräusch eines brutzelnden Omelettes in der Pfanne mit dem eines schnarchenden Mönchs. In England nannte man damals das Omelette noch »froise« – Gower erhob es in einem Gedicht zur »monk's froise«.

Holzmodeln aus dem Kloster Sankt Lazarus

Grammatica
Astronomia
Rethorica
Geometria
Dialetica
Arithmetica
Musica
Lira
Cithara
plato
philosophia

KLOSTERKÜCHE

Bevor wir mit der Betrachtung von alten und neuen Rezepten fortfahren, sollten wir uns einmal fragen, unter welchen Umständen damals im Kloster gekocht wurde. Wie sah die technische Seite des Kochens, besonders in der Zeit vom zwölften bis vierzehnten Jahrhundert, aus? Wie war eine Klosterküche in dieser längst vergangenen Zeit ausgestattet? Wie lange setzte ein Koch – in Gottes Namen – einen Eintopf aufs Feuer? Wie regulierte er dieses Feuer? Wie hat er die Eier für den Kuchen geschlagen, und wie lange hat er diesen Kuchen im Ofen gehabt? Was war das für ein Ofen? Woher wußte er, wieviel er wovon brauchte, um einen bestimmten Geschmack zu erzielen? Wog er die Zutaten ab, wenn ein Rezept »nicht zuviel und nicht zuwenig« vorschrieb?
Eine allgemeine Antwort auf viele dieser Fragen lautete: »soviel, wie Du willst« oder »solange Du es für nötig hältst«. Ich hatte zunächst befürchtet, der Versuch, ein altes Rezept auszuprobieren, würde mich sehr ungeduldig machen, bis ich dann das in den Klöstern gebräuchlich gewesene Maßsystem entdeckte, um die nötigen Mengen und die benötigte Zeit zu messen. Ein Beispiel: Äpfel, die in Scheiben geschnitten, in gewürztem, geschlagenem Ei, Mehl und Milch gewendet und dann als Füllungen für Schmalzgebackenes gebacken wurden, sollten die »Dicke von Oblaten«

In den ganz großen Kesseln wurden gleichzeitig mehrere Gerichte gekocht. In der kochenden Brühe schwamm ein gutes Stück Fleisch, daneben standen oder hingen: Tonformen und -krüge mit Pudding, Würsten, Schmorfleisch, Obst sowie in Leintücher oder Beutel eingebundene Knödel und Gemüse.

Die Küche des Augustinerinnenklosters Lacock

haben, die Backzeit betrug die »Dauer von zwei Paternostern«. Nüsse wurden ein »Miserere« lang geröstet. Ein Porridge köchelte so lange vor sich hin, wie es braucht, »um in die Kapelle zu gehen und vier ›Ave Maria‹ zu beten«, eine andere Speise so lange, wie »ein Weg von 100 Metern dauert«, und konnte dann »aufgetan werden«.

Ein Rezept zur Teezubereitung, das 1664 von einem chinesischen Jesuiten nach England gebracht wurde, lautete: »Gieße Tee auf eine Mischung aus Zucker und [man sollte es nicht für möglich halten!] Eigelb, und laß ihn so lange ziehen, wie Du brauchst, ein Miserere sehr langsam aufzusagen.« Diese Zeiten wurden gemessen, indem man alltägliche Verrichtungen miteinander verglich: Ein Teig mußte so lange geschlagen werden, bis eine Person zum Umfallen müde war, eine andere Teigmasse, bis zwei Menschen müde waren usw. Wenn zwei Eier zwei Stunden geschlagen wurden – wie in vielen Rezepten gefordert –, dann können Sie sich vorstellen, wie lange die Prozedur gedauert hat, um zweihundert Eier für einen großen Kuchen zu schlagen.

Der Chefkoch hatte genügend Hilfskräfte, die den Eierteig so lange schlugen, bis er geschmeidig und samtglatt war, selbst dann, wenn es die Kraft von zehn Leuten dazu brauchte. Das Erfolgsgeheimnis der klösterlichen Kochextravaganzen waren unbegrenzte Zeit und unbegrenzt verfügbare Arbeitskräfte. Benedikt schreibt in seiner Regel Nr. 35: »Alle Brüder dienen sich gegenseitig, und keiner (außer den Kranken) ist vom Dienst in der Küche entschuldigt.«

Die Küche des Dominikanerinnenklosters in Rothenburg ob der Tauber

Der alte Lehrmeister nahm den Küchendienst sehr ernst (Nr. 46): »Wer bei der Küchenarbeit Fehler macht, etwas zerbricht oder verliert [ein eleganter Euphemismus für Stehlen] verfällt einer schweren Strafe.« Bei einigen Angaben über historische Abts- und Bischofsfeste finden wir die Fußnote: »Vorbereitungszeit: sechs Wochen.« Die menschliche Arbeitskraft, das billigste Element des klösterlichen Kochens, wurde nach den Bedürfnissen des Chefkochs und den Erfordernissen bestimmter Speisenzubereitungen eingesetzt.

Nehmen wir einmal als Beispiel eine Schüsselpastete an: Im vierzehnten Jahrhundert brauchte der Chefkoch für eine »Vorspeise« für vierzig Menschen 35 Pfund verschiedenes Fleisch und Geflügel, 20 Pfund Speck, würfelgroß geschnitten, Leber, Früchte, Nüsse, Eier, Kräuter, Grünzeug und Gewürze. All dies mußte kleingeschnitten, gemischt und zerstoßen werden, bis es die richtige Konsistenz bekam – und die Mönche damals wußten die Bedeutung einer richtigen Konsistenz genauso gut zu schätzen, wie wir es heute tun. Die einzig verfügbaren Maschinen waren Arme, Schultern und Hände der Mönche, die all das im Mörser zerkleinerten und zerstießen, bis es fein und glatt war. Währenddessen rührte eine Gruppe anderer Mönche den Teig für Kuchen und Torten.

Der Mörser war die universale Küchenmaschine. Zucker und Salz, beides in Blöcken gekauft, mußte so fein wie möglich zerstampft werden. Ein anderer Mörser wurde ausschließlich für die Herstellung von Mandelmilch verwendet. Ein dritter für Gewürze, ein weiterer für die feinen Reis-, Weizenmehle und Semmelbrösel. Ein Fleischmörser konnte ziemlich groß sein: ungefähr zwanzig bis dreißig Zentimeter Innenranddurchmesser und genauso tief. Ein Bronzemörser wog bis zu 50 Kilo. Ein Mönch mit guten Muskeln konnte ein Pfund Fleisch innerhalb von zehn Minuten zerstoßen, wenn er schnell arbeitete. Für die Zubereitung einer feinen Pastete aus 50 Pfund Fleisch und Fett war eine Prozedur am Mörser bis zu neun Stunden nötig. Der Koch verlangte: »Fein genug, um es durch ein Leinentuch zu passieren.«

Bronzemörser aus dem vierzehnten Jahrhundert

Benedikts Küche im Kloster Monte Cassino hatte wohl als Vorbild für das »Schwarze Loch von Kalkutta« gedient. Sie war ein außerordentlich scheußlicher und ungemütlicher Arbeitsplatz, wie eigentlich alle Klosterküchen, bis im Kloster Sankt Gallen (im Jahre 820) der Kamin wieder eingeführt wurde – die Römer hatten in ihren Küchen ja bereits Schornsteine gehabt. Es sollte tatsächlich noch einmal 1200 Jahre dauern, bis die Christenheit den technischen Standard und das Niveau römischer Küchen, ihrer Geräte und vor allem die Kochkunst der Römer wieder erreichte; ganz abgesehen davon, daß die Worte »coquina« – Küche, »coquus« – der Koch, und das, was er tut – »coquinare«, alle Geschenke Roms

Rauchabzug der Klosterküche von Durham

sind. Mit dem Einbau von Schornsteinen in die Klöster wurde es möglich, das Kochen und einen großen Teil des Backens in einem Raum vorzunehmen – mit Ausnahme der großen Ochsen, die auch weiterhin im Freien am Spieß gebraten wurden. Im frühen Mittelalter mußte ein großer Teil des Kochens vor der Tür stattfinden, damit sich die Menschen in diesen winzigen Schuppen, die man »Küchen« nannte, in all dem Ruß und Rauch nicht zu Tode husteten oder erstickten. Und selbst, wenn die Küchen größer und aus Stein waren – um Stürme und Unwetter abzuhalten –, die kleine Öffnung in der Mitte der Decke dieses pyramidenartigen Gebildes konnte den Rauch, der die Wände hochkroch, nicht schnell genug auffangen, um ein freies Atmen zu ermöglichen. (Die Indianer hatten in ihren Tipis die gleichen Probleme.)

Erst als die Schornsteine endlich ein selbstverständlicher Teil der klösterlichen Kücheneinrichtung geworden waren, entwickelte sich auch die Speisenzubereitung von einem primitiven Vorgang – Nahrungsmittel über das Feuer zu hängen (wie zum Beispiel auf dem Teppich von Bayeux aus dem elften Jahrhundert zu sehen ist) oder die Zutaten einfach in einen Kessel mit kochendem Wasser zu werfen – zu einer hochzivilisierten Kunst, der Kunst des Kochens und Backens. In die entsetzliche Finsternis der rußigen Scheune von Klosterküche nistete sich langsam der Duft der lang unterdrückten römischen Kochkunst wieder ein.

Die Klosterküche von Glastonbury aus dem vierzehnten Jahrhundert hatte vier Schornsteine und sogar verzierte Glasfenster. In Etham legte man 110 qm Fliesen, um den Lehm des Küchenbodens zu bedecken. Das schönste Beispiel mittelalterlichen Küchenbaus ist die Küche der Äbtissin des französischen Klosters Fontevrault aus dem zwölften Jahrhundert mit ihrem Wald von Schornsteinen und dem phantastischen großen Rauchabzug in der Mitte. Eine bahnbrechende Idee!

Nicht alle Klosterküchen waren so nobel wie die von Alcobaça, durch deren große Halle in der Mitte ein Bach klarsten Wassers durch hölzerne Fischreservoire rauschte. Fließendes Wasser jedoch war eine unerläßliche Voraussetzung der »Calefactory«, wie die Küche auch genannt wurde. Das englische Kloster Furness besaß im dreizehnten Jahrhundert einen Ausguß und eine Rinne, in die jeglicher Abfall geworfen wurde. Die sparsamen Mönche hatten jedoch einen Rost über den Abfluß gelegt, damit sie eventuell weggespülte Knochen herausfischen und noch einmal aufkochen konnten.

»Die Küche, siehe, sie raucht schon Tage und Nächte, schwarz und rußbedeckt schwitzen die Köche« (Unbekannter karolingischer Dichter)

Alexander Neckam, Gelehrter und Abt des Augustinerklosters zu Cirencester im zwölften Jahrhundert, berichtet uns in seinem Textbuch »De utensilibus«, wie seine Klosterküche ausgestattet war: Tische, auf denen Kohl und Gemüse geraspelt, geschnitten,

Fischbehälter in der Klosterküche

geschält und gehackt werden konnten. Zwei drehbare Bratenspieße – und wahrscheinlich die doppelte Anzahl Knaben, die diese Spieße drehen mußten. Dann die notwendigen Geräte, um die Töpfe höher oder tiefer ins Feuer hängen zu können. An der zweiten Feuerstelle gab es Feuerblöcke, Bratspieße, einen Rost, dreifüßige Bratspießhalter und -ständer, außerdem Pfannenhalter und Pfannenknechte, Kesselhaken und -ringe und ein Kettengewinde. Weiterhin mußten noch vorhanden sein: Töpfe, Schemel, Mörser und Stößel, Beile, Backformen in verschiedenen Größen, Fleischerhaken, Bratpfannen, Waffeleisen, Fleisch-, Fisch- und Geflügelmesser, langstielige Kochlöffel zum Umrühren und Abschmecken – wohl auch, um das Küchenpersonal durchzuwalken. Dann gab es noch Raspeln, Siebe, Platten, Maße und Gewichte, Schüsseln, Flaschen, Gefäße, Hunderte von Tontellern und -formen, Körbe, lederne Taschen und Fässer. Darüber hinaus ein Vivarium für lebende Fische, dazu Netze, Gabeln, Fischspeere und Haken für den Fang. Und auch ein großes Faß für Pökelfleisch.

Der Chefkoch hatte einen abschließbaren Schrank für Gewürze, Weißbrot und Mehl, das – so teuer es auch war – gleichzeitig als Fischfutter verwendet wurde. Ferner befand sich in der Küche eine Grube, Garde-Robe genannt, in die der Küchenabfall geworfen wurde. In der Speisekammer bewahrte man das Fleisch in einem sicheren eisernen und luftigen Behälter auf, umgeben von einem Fliegennetz. Desgleichen andere Vorräte, zusammen mit Tüchern, Tischdecken und normalen Handtüchern. Alle Lebensmittel mußten möglichst hoch und auf Stangen untergebracht werden, um sie vor Ratten und Mäusen zu schützen. Im Keller und im Lagerraum stapelten sich die Weinfässer und -schläuche, die Bottiche, Trink-

Die Küche des Klosters Fontevrault

becher, Löffel, Wasserkrüge und Behälter jeglicher Art; in den Fässern lagerte Bier, Wein, Apfelwein, heuriger Wein, Weinmixturen, Wein aus der Auvergne und »Nelkenwürzwein für Schwelger, deren Durst unstillbar ist«. In seinem Textbuch erwähnt Abt Neckam auch als erster in der europäischen Literatur den Kompaß.
Eine ähnliche Küche beschreibt ein Reisebericht des Grafen Heinrich von Derby, der 1392 von England nach Preußen reiste. Da er sowohl ein Mann der Vorsicht als auch des großen Appetits war, nahm er eine Reiseküche mit (auf Fischteiche und den Weinkeller mußte er allerdings aus verständlichen Gründen verzichten). Außer den bei Neckam beschriebenen Geräten, erwähnt er ein zusätzliches Gerät: den »Hammer, um die Stockfische weichzuklopfen«. Der Graf hielt sich also offensichtlich an die Fastenregeln! Hundert Jahre nach Ekkehard in seinen »Benedictiones ad Mensas« zählt Neckam eine Vielzahl von Küchengeräten und Utensilien auf, die zu seiner Zeit benutzt wurden. Diese Zusammenstellung ist deshalb so bemerkenswert, weil es sich wahrscheinlich um die Standardeinrichtung einer Klosterküche im zwölften Jahrhundert handelt. Die Dimensionen der Küchen werden später größer, und die Komplexität ihrer Einrichtung wird raffinierter, um auch mit der sozialen Verantwortung des Klosters Schritt zu halten. Neckams Übersicht über die Ausstattung einer Klosterküche aber bleibt die Ausgangsbasis. Neu sind Holzbackformen und Metallsiebe, vor allem aber war die Qualität von Metall und Glas wesentlich verbessert worden, zum Teil auch dank der Beute, die die von den Kreuzzügen aus dem Osten zurückkehrenden Mönche heim in ihre Klöster brachten, wie Kühlflaschen oder den »Kosko«, den arabischen Wasserbadkochtopf.
Die interessantesten Ereignisse in einer Küche waren die immer neuen Gerichte und neuen Zubereitungsarten – und die aus dem Morgenland zurückkehrenden Mönche hatten immer noch den Geschmack von herrlich süßem Backwerk im Mund. Und wie sie das liebten! So einen dünnen und feinen Teig hatte kein Klosterbäcker je gesehen! Neue Gewürzkombinationen, Kefir und Lammpilaws fand man von nun an auf den klösterlichen Eßtischen. So viele Köstlichkeiten, wie zum Beispiel die »heidnischen Kuchen« oder »griechische Hühner«, und vor allem Backwerke waren Geschenke der arabischen Welt.
Kaum eine andere Nachricht verbreitete sich schneller über das Kommunikationsnetz der Klöster als die Kunde von einem neuen, leckeren Gericht. Da die Äbte auf ihren ständigen Reisen von Kloster zu Kloster von ihrem persönlichen Küchenpersonal begleitet wurden, brachten sie auf diese Weise italienische und französische Innovationen nach England, Holland und Deutschland. Jedes Land, jede Region fügte den einzelnen Gerichten einen Hauch der

Der Flaschenschmied

jeweiligen Eßkultur und Tradition hinzu. Den eigenen Koch in seiner Gefolgschaft mitzubringen, wenn man ein »fremdes« Kloster besuchte, war nicht nur eine Sache des Prestiges, die Äbte hielten sich auch an die Weisheit des mittelalterlichen Spruchs: »Gott mag dem Menschen gutes Fleisch geben – aber der Teufel schickt ihm einen bösen Koch.« Das »böse« bezog sich hier hauptsächlich auf die Gewohnheit des mittelalterlichen Kochs, eigentlich ständig betrunken zu sein.

Der Messingschläger

Selbst auf Reisen brauchte der Abt nun nicht mehr auf seine Lieblingspastete zu verzichten, weil es keinen Ofen gab, denn die Rettung war klug erdacht worden: ein tragbarer Ofen in Form von zwei Tonschüsseln – eine Erfindung des elften Jahrhunderts –, die eingefettet und zum Anwärmen in die heiße Asche gestellt wurden. Teig wurde in eine Schüssel gegeben, die andere als Deckel obenaufgesetzt und beide mit glühenden Kohlen zugedeckt, bis der Teig sich gesetzt hatte. Dann wurde die obere Schüssel abgenommen und Fleisch und Gemüse hineingefüllt, der Vorgang wiederholt und zum Schluß gewürzte Eier über die Füllung gegossen. Der Deckel wurde erneut aufgesetzt und alles zum nochmaligen und letzten Durchziehen in die heiße Asche gestellt. Das Ganze war zwar zeitraubend, aber das Resultat für den eßfreudigen Abt beglückend. (Ein System, das Sie mit Ihrem Römertopf auch einmal beim Camping ausprobieren sollten.)

Ferner konnte ein Koch mit Phantasie und Farbempfinden die Fleischpastete in vier flache Pfannkuchen aufteilen. Jede Schicht hatte eine unterschiedliche Rind-, Schweine- oder Hähnchenfüllung; Eier, Käse und Brotkrumen wurden mit Hilfe von Gemüse- und Blumensäften weiß, gelb, grün oder schwarz gefärbt. Flache Schachbrettpasteten – ein besonderer Festschmaus –, die im selben Verfahren hergestellt und gebacken wurden, erhielten ihr schwarzweißes Würfelmuster. Weil diese Tontöpfe nicht fest genug schlossen, wurde eine Paste aus Mehl, Wasser und Öl angerührt, um den Deckel damit zu versiegeln.

Ein anderes Rezept vom reisenden Freiluftkoch: »Man nimmt einen guten, fetten Kapaun, stopft ihn mit einer Füllung aus Brotkrumen, Petersilie, Salbei, Kapern, Rosmarin, Thymian und bindet alles mit Eiern. Dann reibt man die Haut des Vogels mit einer Mischung aus Ei und Safran ein und legt ihn in den Topf auf Holzspäne, um ein Anbrennen zu vermeiden. Man füllt den Topf mit gutem Wein und mehr Gewürzen an (das Rezept verrät leider nicht, welche – so lasse man den eigenen Geschmack sprechen), bedeckt und versiegelt ihn mit der Mehlpaste. Dann stellt man den Topf auf einen Rost über ein Holzkohlenfeuer, bis der Vogel gar ist (ca. 1½ bis 2 Stunden). Nach dem Öffnen schöpft man das Fett ab und rührt einen Sirup an aus Wein, Zucker, Korinthen und

In Norddeutschland hießen diese Krüge und Tongeschirre »gropen«. Klöster wie Marienberg bei Helmstedt kauften sie gleich im »Schock« ein – das sind 60 Stück!

Gewürzen, vermischt ihn mit der Hühnerbrühe, gießt alles über den Hahn« – na, und dann: viel Vergnügen und guten Appetit! Versuchen Sie es mal beim nächsten Picknick, es ist gar nicht so schwierig, und für die Mühe werden Sie mit einem unvergleichlichen Geschmack belohnt. Auf jeden Fall bringt das mehr Spaß als die ewigen belegten Brote und hartgekochten Eier.
Die Küchenbratspieße waren normalerweise aus Eisen. Um einen bestimmten Geschmack zu erhalten, verwendeten die Mönche aber auch Wacholder-, Hasel- oder Erlenholzspieße, vorzugsweise für Fleischklöße oder »Kebabs«. Das Holz verlieh dem Fleisch den besonderen Geschmack. Eigentlich wurde einfach alles am Spieß gebraten, vom Steinbutt bis zum ganzen Ochsen, was uns die Größe einer Feuerstelle in den Küchen erahnen läßt – zumal ja auch noch genügend Platz an beiden Seiten für die Knaben bleiben mußte, die die Spieße drehten. Das Kochen war eine schweißtreibende Arbeit – und es sollte uns daher nicht verwundern, daß die Köche immer wieder ihren Flüssigkeitsspiegel auffüllen mußten.

FÜLLUNGEN, KNÖDEL UND PUDDINGS

Krug aus Steingut

Füllungen, Farcen, Knödel und Mehlklöße waren im dreizehnten Jahrhundert ein wichtiger Bestandteil des klösterlichen Kochens. Man belud zum Beispiel eine Scheibe Fleisch mit Resten, rollte und würzte sie, grillte sie am Spieß; im letzten Moment bestrich man sie mit Eigelb – vermischt mit Safran. Vierhundert Jahre später wurde das »Fleischroulade« getauft. Im dreizehnten Jahrhundert formte man im englischen Kloster Glastonbury »Serviettenknödel« aus Brotkrumen, Eiern und Gewürzen, knotete sie in ein Leinentuch und kochte sie in mit Salbei gewürzter Hühnerbrühe. Anschließend wurde der Knödel mit Safran gelb gefärbt. Safran war im zwölften Jahrhundert »die Königin« der Gewürze, der Pfeffer war »König«. Nahrhafte Knödel waren mit gepfeffertem und gewürztem Fleisch angereichert, eine frühe Form des englischen Plum-Puddings, die in den Klöstern zu Ostern und zu Weihnachten als Festtagsspeise hergestellt wurde. Beide Arten von Knödeln wurden auf einem flachen, heißen Eisen gegrillt, bevor man sie servierte.
Hohe, schlanke Tonkrüge waren in den Klosterküchen unentbehrlich: Die pfiffigen Mönche füllten sie mit einer Mischung aus Brotkrumen, Eiern, gekochtem, feinzerstoßenen Schweinefleisch, Käse, Salz, Pfeffer und Gewürzen. Die Öffnung wurde mit einem

Iudei

taurus
virgo
libra

pisces
aries
Cancer
Leo
Scorpio
Sagitta
rius

Erste Seite: Hölle

Vorhergehende Doppelseite: Sternkreiszeichen

Die Pflanzen von oben nach unten: Vanille, Kakao, Süßkartoffeln, Bohnen

Oben: »Freundschaftsbecher«, 16. Jahrhundert

Unten: Mönch als Kellermeister, Initiale aus einem Gesundheitshandbuch des 13. Jahrhunderts

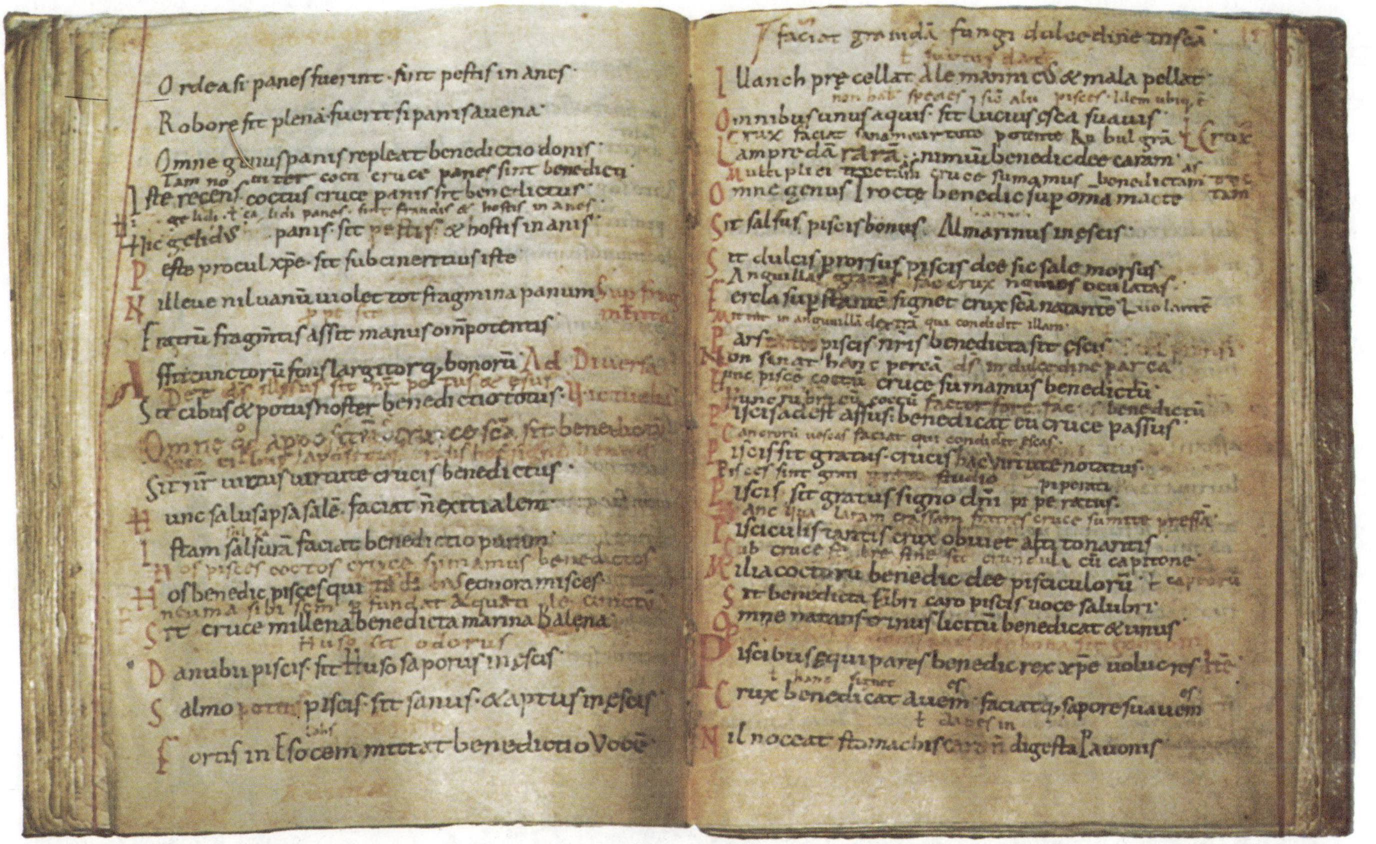

»Benedictiones ad Mensas«

Fische braten

Der Postbote

»Wie pabst Johannes [XXIII.] uff dem Arlenberg im schnee lag.«

Römischer Reisewagen, 2. bis 3. Jahrhundert

Barocker Fischteich, Wasserspiegelung

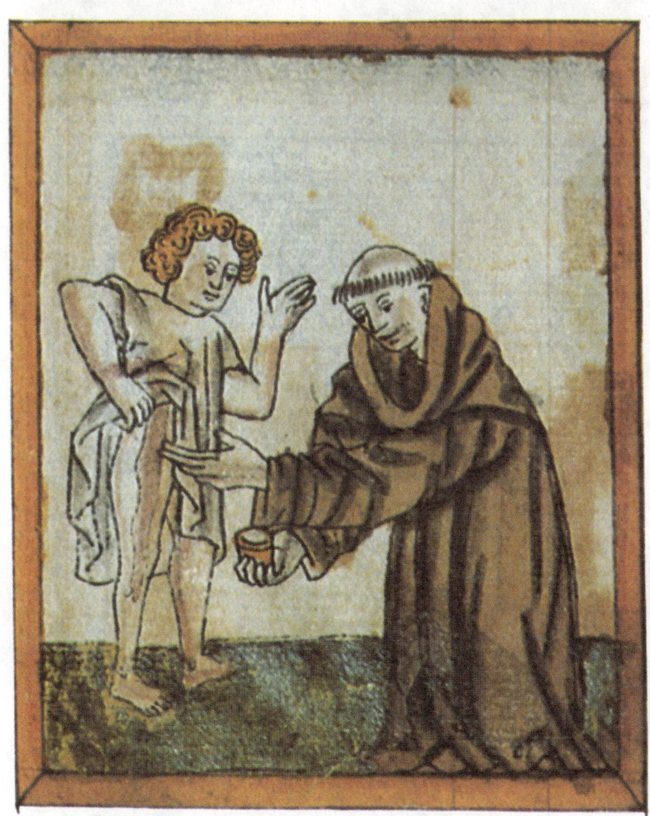

Salbung der Wunden eines Klosterschülers

Zwei Frauen im Kloster

Folgende Seite: Passionsscenen und Wundbehandlung, um 1300

Tuch verschlossen und das Gefäß in einen großen Kessel mit siedendem Wasser gehängt, bis der Inhalt gar war. Der Krug wurde dann mit einem Haken herausgefischt und zerschlagen. Sein Inhalt – eine frühe Form der Wurst – wurde entweder so gegessen oder auf den Bratspieß gesteckt und mit Würzwein bestrichen, was zusätzlichen Geschmack und eine schöne Kruste verlieh. Würste, gefüllte Schweins- und Schafsmägen und Puddings waren nicht nur kulinarische Prüfsteine für talentierte Köche, sie waren auch ein lebensnotwendiger Vorrat für Klöster und Schlösser, um lange Belagerungen zu überstehen. Abt Neckam beschreibt drei verschiedene »Belagerungsspeisen« in seiner »Bestandsaufnahme«: »Aundulyses«, »Saucistres« und »Pudingis«. »Aundulyses« oder »Andouille« (frz.) ist der Dickdarm des Schweins, gefüllt mit gewürzten Innereien; »Saucistres« oder »Sausages« (Würstchen) wurden – wie noch heute – aus magerem Schweinefleisch hergestellt und »Pudingis«, »Schwarzer Pudding« (lat. »Boteli«), aus dem Blut des Tieres – eine Blutwurst. Alle drei Gerichte wurden zuerst gekocht und dann vier bis fünf Tage lang in den Rauch gehängt. Rezept Nr. 27 des mittelniederdeutschen Kochbuchs aus dem fünfzehnten Jahrhundert ist ein »Pudding« für die »Hervart«, gedacht für Kriegs- und Notzeiten. Diese Kriegsmahlzeit bestand aus gefülltem Kuh- oder Lammdarm oder auch aus Schweinemagen, gefüllt mit »Tu darein, was du willst und wieviel du willst«.

Neckam aß Wurst am liebsten kleingeschnitten, in Butter gebraten und mit einer Soße aus Butter, Eiern, gerebeltem Salbei und »süßem Puder«. Damals gab es schon drei fix und fertige, im Handel erhältliche Gewürzmischungen: »süßer Puder« aus Anis, Fenchel und Muskat, »weißer Puder« aus Ingwer, Macis und Zucker und »starker Puder« aus Ingwer, Zimt und Macis. Merkwürdigerweise schließt Abt Neckam den »Haggis« nicht in seine Liste ein. Haggis ist eine sehr alte keltische Spezialität, die noch immer mit großem Vergnügen in Großbritannien verspeist wird. Es handelt sich hier um eine Art Pudding in einem sauberen, gefüllten Schafsmagen, der gekocht oder geräuchert wird. Die Füllung bestand im elften Jahrhundert aus kleingehackten Eingeweiden, vermengt mit Wein, Wasser oder sogar Milch, eingedickt mit Brotkrumen, Eigelb oder Hafermehl, je nach Finanzlage. Haggis wurde dann mit den üblichen Gewürzmischungen des zehnten und elften Jahrhunderts, Zimt, Ingwer und viel Pfeffer, der besseren Haltbarkeit wegen, eingemacht. Sollte das Haggis etwa zu provinziell für den edlen Abt gewesen sein?

Puddings, der leckere englische Beitrag zum europäischen Speisenzettel, wurden überall während des allherbstlichen Schweineschlachtens hergestellt. Aus Schweinsinnereien waren sie Hausmannskost für den Normalverbraucher. Nach einiger Zeit erhielt

Handgeformter Kugeltopf aus Ton

der Begriff »Pudding« die erweiterte Bedeutung für »Gefülltes« im allgemeinen. Man schien einen Weg gefunden zu haben, alles Mögliche und Eßbare zu füllen: vom Hals einer Gans bis zum Magen eines Tümmlers. Im England des vierzehnten Jahrhunderts galt der Tümmler – wegen seines süßen Fleisches auch Meerschwein genannt – als außergewöhnlich exklusive Delikatesse, sowohl für den kirchlichen als auch den sonstigen Adel. Ein Tümmlerpudding war schwarz, der Magen des Tieres wurde mit dem eigenen Fett und Blut, vermischt mit verschiedenen Gewürzen und Krumen, gefüllt, gesotten und dann gegrillt. Nach einiger Zeit konnten die englischen Mönche den Anblick eines schwarzen Puddings nicht mehr ertragen. Ungefähr im vierzehnten Jahrhundert entstand deshalb ein neuer Puddingtyp. Er hieß »Frawnchemyle« und hatte eine gelbe Farbe! Die Ausgangsbasis war Haggis – diese alte treue keltische Spezialität. Eier, Sahne und Safran wurden dazugegeben, um ihm die neue gelbe Farbe zu verleihen und ihn auch besser verdaulich zu machen. Dann wurde er gekocht, in Stücke geschnitten und in viel Butter ausgebacken. Roter Salbei färbte den Pudding rot, Blumen- und Kräutertinkturen purpur, für eine grüne Färbung nahm man Petersilie und Gartenkräuter. Diese farbenprächtigen Puddings verwandelten ein trübes Alltagsessen in ein Festmahl – besonders auch in Fastenzeiten! Denn: Puddings und Würste konnten gegessen werden – wenn man Fett und Fleisch wegließ. Eier waren erlaubt, und die Mägen und Därme der Schafe und Schweine zählten einfach nicht. Ein prima Beispiel für talentierte Philosophasterei.

Füllungen für einen Pudding oder eine Wurst, zubereitet mit würzigen Kräutern, nannte man im England und Frankreich des

»Farce« aus einer Komödie des Terenz

dreizehnten Jahrhunderts eine »Farce«. Gleichzeitig verstand man unter »Farce« kleine erbauliche Texteinlagen in religiösen Schauspielen (sogar in der Messe!), die aus dem Stegreif erdichtet wurden. Eine besonders pietätische Farce überliefert uns die offizielle Kirchengeschichte: Zwischen das schlichte »Kyrie« und »eleison« setzte irgendein unbekannter Geistlicher »genitor, ingenite, vera essentia« – »Herr – Schöpfer durch deine wahrhaftige Wesenheit – erbarme dich«. Nichtsdestoweniger ist der Übergang zum heutigen Sinn der Farce ganz logisch: eine amüsante Theaterform, gespickt mit Situationskomik und derbem schwarzen Humor.

KLÖSTERLICHE FESTGELAGE

Im elften und zwölften Jahrhundert gab es eine Gruppe von heruntergekommenen Mönchen und Klerikern – die Goliarden. Es waren betrügerische Verführer, berühmt-berüchtigt für ihre Lieder, Gedichte, Vagantenstücke und Satiren. Diese Goliarden wurden zu besonderen Anlässen als Unterhalter für den Abt und seine Gäste engagiert. Ihr Name leitet sich aus dem lateinischen »gula« – Gier, Gefräßigkeit – ab. Die wohl berühmteste deutsche Sammlung von Goliardenliedern sind die »Carmina Burana« aus dem dreizehnten Jahrhundert, die in dem bayerischen Benediktinerkloster in Benediktbeuren gefunden wurden. Den charakteristischen Rahmen für die stürmischen Bankette in den Klöstern des zwölften und dreizehnten Jahrhunderts boten die Gaukler, Narren, Spielleute und Troubadoure – alles Abkömmlinge dieser Goliarden. Den Hintergrund für die dort dargebotenen »Fabliaux« – erotische und obszöne Gedichte der Zeit – bildeten äußerst fragwürdige Tableaux, komponiert und dargestellt von dieser merkwürdigen Kaste verrufener Mönche.

Musizierender Mönch und tanzende Nonne

Theater, Musik, Gesang und Tanz erhoben das Diner im Kloster zu einem festlichen Ereignis und das nicht nur im zwölften Jahrhundert! So beschreibt Ekkehard von Sankt Gallen auch die Gaukler, Jongleure und Musikanten, wenn er das rauschende Fest, das im Jahre 911 zu Ehren des deutschen Königs Konrad I. in diesem Kloster gegeben wurde, schildert. Auf den klösterlichen Theaterbrettern des fünfzehnten Jahrhunderts tummelten sich außer Akrobaten, Jongleuren, Gauklern, Tänzern und Poeten auch dressierte Tiere, Dompteure, Zauberer, Schauspieltruppen und Komödianten.

Handschriftliche Aufzeichnungen von klösterlichen Festbanketten berichten von Messern, mit denen jongliert wurde, und von

Brettern, die auf dem Kopf oder gar auf dem Kinn balanciert wurden. »Salome-Pokale« wurden auf Stangen auf der Stirn balanciert und jongliert; Tiere sprangen durch brennende Reifen; Schwerter wurden auf der einen Hand balanciert, während der andere Arm gleichzeitig Bälle an Reifen auf- und abrollen ließ – genau wie im Hamburger Hansa-Theater Samstagnacht. »Intendant« eines ebensolchen Theaters war der Abt von Kloster Selby in Yorkshire. Die Inszenierung dort fand im Jahre 1431 statt, und die gesamte Menagerie kostete ihn ganze 12 pence! Nebenbei gesagt, im Mittelalter war die Vorstellung von »Salome« eine ganz andere als jene, die das Herz von heute so neckisch bewegt. Im Gegensatz zu unserem talentierten hebräischen Go-Go-Girl, das einen berühmten Striptease zu der verführerischen Musik von Richard Strauss vorführt, dachte man sie damals als Meisterin des akrobatischen Jonglierens: Während sie sich so weit nach hinten bog, daß ihr Kopf fast den Boden berührte, konnte sie gleichzeitig drei Schwerter durch die Luft wirbeln. In dieser Pose kann man sie an einer Kirchenwand aus dem dreizehnten Jahrhundert im Kloster Seckau in Österreich sehen: Vor einem einladend gedeckten Tisch erarbeitet sie sich mit ihrer »Nummer« jonglierend ihr Mahl.

Salome tanzt beim Gastmahl des Herodes

War ein Gast all der Purzelbäume und des akrobatischen Gehüpfes

und Gespringes vor seinem Tisch müde, so ließ ein aufmerksamer Abt sogleich eine geröstete Ente oder Gans auf die Tafel setzen, und – siehe da! – vor den verwöhnten Augen des Gastes fing dieser Vogel plötzlich auch zu hüpfen und zu springen an! Dazu bekam der Gast einen schönen »Tantalusbecher« voll Rotwein, dessen Inhalt sich über den Schoß des armen Opfers ergoß, sobald er ihn an den Mund setzen wollte. – Anweisungen, wie man Geflügel zum Hüpfen bringt, kann man im »Buch der Geheimnisse« von Albertus Magnus nachlesen: »Quecksilber gebe man in den gekochten, noch heißen Vogel, das bringt ihn zum Hüpfen und Springen auf dem Teller.« Detaillierte Anweisungen zur Herstellung eines »Tantalusbechers« waren unter anderen eigenartigen Skizzen in einem Notizbuch des Villand de Honnecourt enthalten, dem fleißigen Architekten des dreizehnten Jahrhunderts, der Kirchen für die Zisterzienser baute. Honnecourt entwarf und schnitzte außerdem riesige Lesepulte in Form eines Adlers, der bei der Verlesung besonders gewichtiger Passagen aus der Heiligen Schrift seinen Kopf wendete und den Priester ehrerbietig anschaute. Andere, besonders beliebte Tischvergnügen waren unter anderem nackte Frauenfiguren, an deren Brüsten der Durst mit rotem oder weißem Wein gestillt werden konnte – oder die unübersehbare Anzahl von »Manneken-Pis«, die für Spiel und Spaß in den Klöstern des Mittelalters sorgten.

Mechanischer Adler

Oh, du Heiliger Benedikt! Auf geheimnisvolle Weise konnte man im vierzehnten Jahrhundert Weißwein in Rotwein verwandeln; er wurde mit roten Kornblumen gefärbt. Sechshundert Jahre später wurde derselbe Trick auf Napoleons Truppen angewendet, als sie im Jahre 1805 die Stadt Wien belagerten: Klosterneuburg, für seinen Weißwein berühmt, mußte seinen enormen Weinvorrat mit den Tausenden französischen Soldaten teilen, die um das Kloster herum Quartier bezogen hatten. Aber woher den Rotwein für die Französlinge nehmen? »Einfärben« hieß die Devise! Diese Barbaren konnten den Unterschied sowieso nicht feststellen. Man kann im Klosterarchiv einen lakonisch geschriebenen Situationsbericht finden: »Von dem Wein, welchen Napoleon in dem Stifte Klosterneuburg und in den anderen dem Kloster gehörenden Kellern in Nußdorf, sowie in dem Hofkeller und in jenem des Erzbischofs in Beschlag genommen hat, ist zwar täglich die nötige Quantität in die Ortschaften abgeführt worden, wo seine Garden einquartiert waren. Allein dessen ungeachtet mußten die Hauswirte ihrer Einquartierung bei jeder Mahlzeit Wein geben und zwar größtenteils roten, in dessen Ermängelung sie genötigt waren, den Wein rot zu färben, um ihren ungestümen Gästen genug zu tun.«

Tantalusbecher

Aber solange man zurückdenken kann, haben die Klöster Weine und Spirituosen hergestellt, gemischt, gefärbt und auch vor den

Klosterpforten verkauft. Auf dem Konzil zu Köln 1333 wurde versucht, die Qualität und Mischung klösterlicher Getränke unter Kontrolle zu bringen. Den Klöstern wurde offiziell das Schankgeschäft erlaubt – solange es »maßvoll betrieben, Weine und geistige Getränke ehrlich und nicht betrügerisch« waren.

TISCHGESCHIRR UND TISCHSITTEN

Vor und nach dem Essen wuschen sich die Mönche die Hände. Im Gang, der zum Refektorium führte, befand sich häufig ein Waschbecken. In einigen noblen Häusern aus dem vierzehnten Jahrhundert kann man auch heute noch große Zisternen in der Form von Burgen und Kirchen mit vielen kleinen Wasserspeiern sehen, die von Wasserleitungen gespeist werden. »Nach dem Waschen von Händen und Gesicht trocknet sich der Mönch an dem Handtuch ab, das für seinesgleichen bestimmt ist« (quod suis similibus est deputatum). Dies ist eine alte »Consuetudo« des französischen Klosters Cluny – ungefähr 700 Jahre früher, bevor der populäre Slogan von der »Gleichheit« auf den Straßen von Paris erklang. Man unterschied sorgfältig zwischen drei Handtuchklassen: das feine Tuch für den Priester (Mönche), die zweite Kategorie für die Novizen und die dritte für die Gesichter und Hände der Ungebildeten (»idiotis«). Wenn an den privaten Tisch der Äbte Kirchenfürsten, berühmte Soldaten und Dichter, bedeutende Diplomaten und wohlhabende Kaufleute eingeladen wurden – Ereignisse von Rang –, dann wusch man sich die Hände bei Tisch, eine wahre Zelebration in exquisiten Krügen und Bassins von ungewöhnlicher Form und edlem Metall. Die zum Tischtuch passenden Handtücher aus feinstem Leinen kamen aus Paris, Avignon, der Champagne oder aus Norfolk in England.

Bei einer solchen Dinner-Party soll unser Bernhard von Clairvaux – der es niemals versäumte, sich über Neuerungen zu beschweren – einen Diener, der ihm Krug und Tuch reichte, angeknurrt haben, es sei ihm nicht möglich, aus demselben Krug zu trinken, in dem er sich seine Hände wasche. Der Heilige war hier aber nicht nur ein ungebärdiger Griesgram, sondern er offenbarte auch eine feine Nase. Diese Wein- und Wasserkrüge waren aus Messing und hießen »Aquamaniles«, jene kunstvollen Bronzeartikel des Mittelalters, ohne die kein Kloster auskommen wollte. Nach orientalischen Vorbildern entstanden wunderschöne Kunstwerke: Löwen oder Greife, Symbole für Tapferkeit, Stolz und physischen Mut; Ritter in Rüstungen zu Pferd, geflügelte Drachen, Sirenen, Zentauren

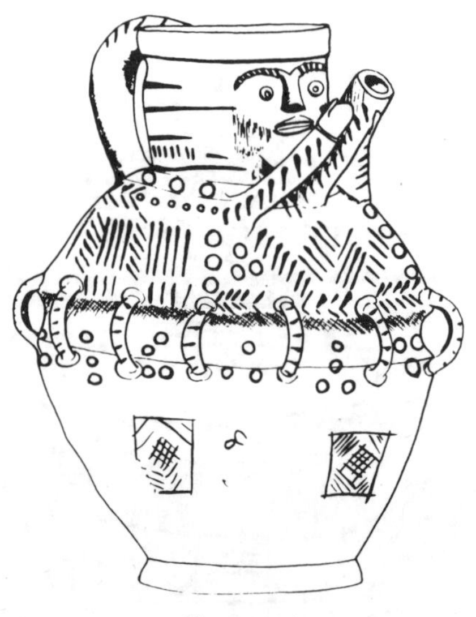

Kanne mit anthropomorpher Dekoration

oder Tauben und natürlich auch Samson, der gerade den Löwen bezwungen hat und seine Knie auf den Rücken des Tieres setzt. All dies waren Motive, die später im Europa des vierzehnten und fünfzehnten Jahrhunderts auf den »Aquamaniles« zu finden sind. Dinand in Belgien zum Beispiel war die bedeutendste Manufaktur für »Aquamaniles«. Die Bassins, in denen man sich die Hände wusch, nannte man »bacina« oder »pelves«, auch bekannt als »Hanseatenkrüge«, da sie im Gebiet des Hanseatischen Bundes hergestellt und benutzt wurden. Diese Schüsseln waren rund oder auch konvex, und sie waren innen mit den schönsten Ziselierungen aller nur denkbaren Bilder und Szenen aus den Geschichten der Klassik und Heiligensagen verziert.

Reiterfigur als »Aquamanile«

Reichverzierte Trinkgefäße, aus Bronze und Kupfer gearbeitet, hatten eine verheerende Wirkung auf den Geschmack und das Bouquet des Weins – aber auch auf den Geschmack des Wassers, wenn diese gesundheitsschädigende Flüssigkeit überhaupt getrunken wurde. Die äußerliche Anwendung des Wassers war für den Wissenschaftler gerade noch vertretbar. Der dominikanische Theologe und Alchimist, der Heilige Albertus Magnus, warnte im dreizehnten Jahrhundert nachdrücklich vor der Benutzung solcher Bronzegefäße. »Der Wein nehmet einen ekelhaften Geschmack an und wird dadurch ungenießbar.«

Becher und Schüsseln wurden für diejenigen Klöster, die sich Gold, Silber oder Glas für ihren Eßtisch nicht leisten konnten, auch aus Holz, einfach glasiertem Ton, Leder oder Horn hergestellt. Schüsseln, Krüge und Becher aus spanischem Lüster und italienischer Majolika kamen im vierzehnten Jahrhundert auf – sie waren mehr

»Esthers Anklage«

wert, als in Gold und Silber aufgewogen. Krüge und Becher waren hochgeschätzte Statussymbole, und sie hatten alle, unabhängig vom Material, einen Deckel, der den besten Schutz gegen potentielle Giftmörder bot. Die Angst vor Gift war eine Tatsache, die im Mittelalter niemals zu leicht genommen werden durfte – ob innerhalb oder außerhalb der Klostermauern.

Die klösterliche Tischetikette schrieb im fünfzehnten Jahrhundert vor, daß die Benutzung des Messers bei Tisch ausschließlich dem Schneiden des Fleisches vorbehalten war, und sie schalt diejenigen, die damit in ihren Zähnen herumstocherten oder gar mit der Messerspitze das Essen in den Mund beförderten. »Es ist wirklich nicht freundlich, den Knochen wie ein Hund abzunagen«, schrieb William Caxton, erster englischer Drucker, im Jahre 1470. »Ein Messer muß dazu benutzt werden, das Fleisch erst vom Knochen und dann in Stücke zu schneiden. Erst dann kann man es mit den Fingern essen.« Die Gabel wurde zur damaligen Zeit noch als furchterregendes Instrument betrachtet.

Einige Jahre später – 1493 – meinte Johann von Tritheim in seinem Werk »De Statu et Ruina«: »Einen anständigen Mönch erkennt man an seinen Tischmanieren. Ein guter Mönch ißt andächtig und bittet niemals um eine zweite Portion. Er denkt mehr an die Nahrung seiner Seele denn an die seines Magens. Ein böser Mönch schaufelt das Essen in sich hinein und schlingt es hinunter, ohne zu kauen. Stets nimmt er gierig ein zweites und drittes Mal und läßt sein Messer keine Sekunde aus der Hand.«

Die Gäste am Tisch des Abtes konnten sich jedoch ihre Portion Fleisch von dem »Tranchiermeister« schneiden und servieren lassen, die geschickte Profis und manchmal wahre Künstler waren. Sie zerlegten das Fleisch und schnitten in raffinierter Weise dünne Scheiben für die Tafelgäste ab. Ein Tranchierer hatte für die Ausübung seines Handwerks mehrere Messer zur Verfügung. Eines davon war sein »Presentoire« – ein langes, breites, gezahntes Messer mit einer abgerundeten Spitze, auf der er das Fleisch reichte, ähnlich dem Brett des Croupiers für die Spielchips. Außerdem konnten mit dem »Presentoire« auch die Reste und Krümel zwischen den einzelnen Gängen vom Tisch gefegt werden.

Normalerweise brachte jeder Gast ein eigenes Messer mit. Nur ein äußerst versnobter Gastgeber deckte den Tisch mit Messern – und wenn er dies tat, mußte ein Messer meist für zwei Personen reichen. Offensichtlich konnte dieses Gemeinschaftsmesser aber nicht mit irgend jemandem geteilt werden, denn es gehörte schon ein erhebliches Maß an Vertrauen zu seinem Tischnachbarn dazu, wollte man nicht Gefahr laufen, das Messer auf unerwartete Weise zurückzuerhalten – nämlich zwischen den Rippen!

Die Anfertigung von Messergriffen erforderte individuellen Geschmack und Ideenreichtum. So war auch die Wahl des Materials ein Hinweis auf die soziale Stellung desjenigen, der den Griff in seiner Hand hielt. Das am meisten geschätzte Material war Horn; es stammte angeblich vom mythischen Einhorn und wurde von manch unbeliebter Person gerade deshalb gern genommen. Der Aberglaube jener Tage hielt dieses Material nämlich für das beste und bei Tisch stets einsatzbereite Gegengift. Tatsächlich handelte es sich aber zumeist um den Zahn eines Wals. In Anbetracht des Umfangs an mittelalterlicher Literatur, die sich mit Gift im Essen und mit unglückseligen Päpsten, Kardinälen und Äbten beschäftigt, die mit den Füßen zuerst von der Tafel getragen wurden, muß Gift ein äußerst beliebtes Gewürz gewesen sein!

»Prüfung der Speisen«

Doch zurück zum Messergriff – war man ein tiefreligiöser Mensch, und wollte dies auch alle Welt wissen lassen, benutzte man zur Fastenzeit ein Messer mit einem Ebenholzgriff, während man am Ostersonntag sein Fleisch mit einer Klinge schnitt, die in einem Griff aus Elfenbein steckte.
Zwar konnte man sich mit der Messerspitze das Salz aus dem Salzgefäß holen, aber man durfte das Messer nicht am Tischtuch abwischen. Dazu waren ein Stück Brot oder die Serviette da – das hieß, wenn man eine bekam, was jedoch überall der Fall war, außer in Deutschland, wo noch im sechzehnten Jahrhundert »Tafeln nach deutscher Art« bedeutete, »keine Serviette« haben. Sobald sich die Gabel nach vielen Schwierigkeiten allerorts durchgesetzt hatte, wurde die Serviette ziemlich überflüssig – außer als Teil der Tischdekoration. Anleitungen aus dem siebzehnten Jahrhundert nennen 26 verschiedene Figuren, zu denen kunstvoll gefaltete Servietten gelegt werden können – beispielsweise eine Arche Noah, ein Kaninchen, ein Karpfen und vieles andere mehr. Um aber nicht allzu ungerecht mit den Tischsitten der Deutschen zu sein, sei an dieser Stelle angemerkt, daß sie die ersten waren, die 1846 die eiserne Gabel als Massenware herstellten.
Ein kleiner Ausflug in die Etymologie sei hier gestattet: Die ursprüngliche Bedeutung des deutschen Wortes »Messer« ent-

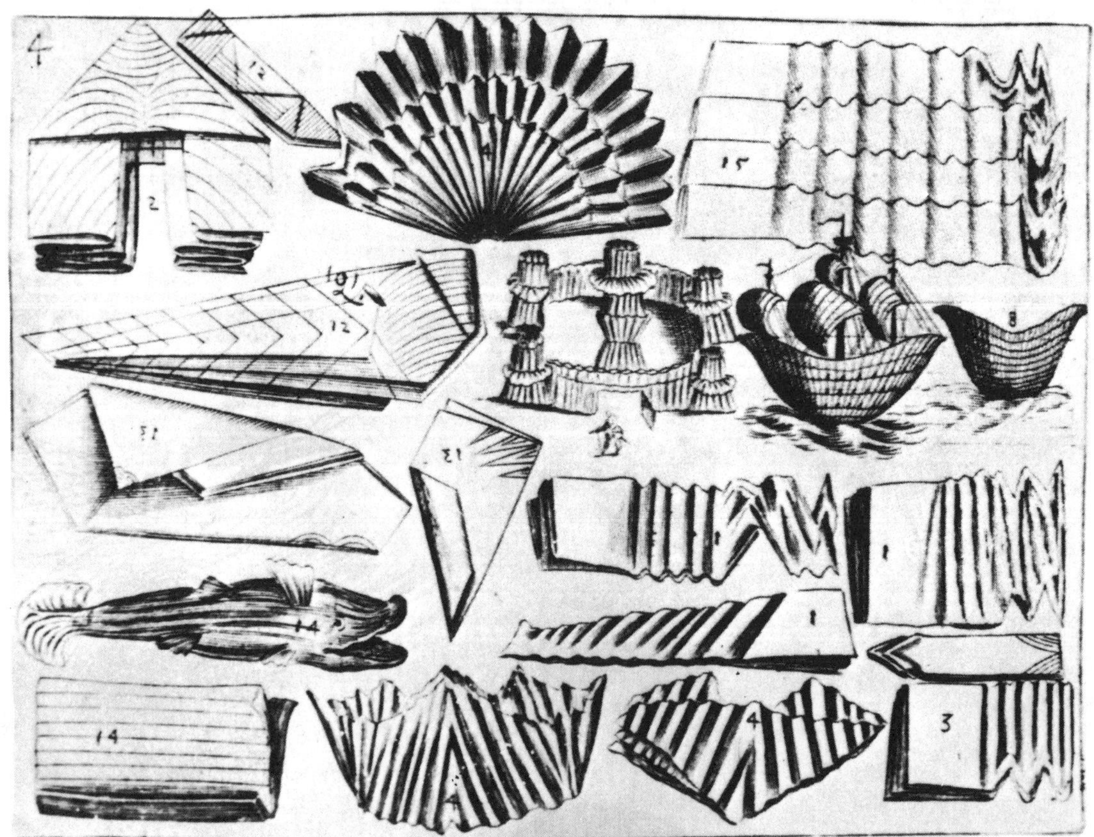

Serviettenfalten

stammt einer etwas dunklen Zusammensetzung, die eigentlich »Speiseschwert« bedeutet, das althochdeutsche Bestimmungswort »maz« ist enthalten im Wort »mati« = Essen, Speise. Interessanterweise kehrt diese Bedeutung in »Mettwurst« wieder. Das Wort »Speise« wurde um die Wende des achten Jahrhunderts aus dem klosterlateinischen »spesa« – Aufwenden – entlehnt, das wiederum auch zu »Spesen«, meist den Kosten eines guten Mahls, umgebildet wurde. Die Etymologie des englischen Wortes für Löffel, »spoon«, geht zurück auf »spon« = Span, das lateinische Wort »coclear« auf »coclea« = die Schnecke, was ziemlich einsichtig ist, wenn man sich solch ein Schneckenhaus einmal genau betrachtet. Das deutsche Wort »Löffel« hat eine sehr viel bildhaftere Etymologie. Das gotische Lehnwort ist »lapius« zu »lapi«, was etwas trinken oder »lecken« bedeutet, das althochdeutsche »laffen« kommt von »lepia« – lecken wie ein Hund. Eine andere Wurzel des Wortes »Löffel« soll das mittelhochdeutsche »Leffel«, das »Ohr des Hasen«, sein, der wegen seiner schlapp herunterhängenden Ohren auch »Schlappohr« genannt wird. Und wie viele Kinder kennen die Warnung »Du bekommst gleich eins hinter die Löffel!« nur zu gut.

Löffel wurden aus allem erdenklichen Material hergestellt, das geschnitzt, geschmolzen oder geformt werden konnte: aus Holz und Knochen über Ton und Bronze bis hin zu Gold und Silber. Der zumeist mit Juwelen reich verzierte, massiv goldene »Apostel-Löffel« gehörte allein dem Abt. Ein Favorit war auch der Hornlöffel – wiederum aus »Einhorn« und, wie man meinte, deshalb besonders gesundheitserhaltend, da das Gegengift im Löffel selber lag! Aber Hornlöffel waren auch deshalb so beliebt, weil sie nicht die Zunge kratzten und leicht sauber zu halten waren, man »lepierte« sie einfach ab.

Löffel aus dem vierzehnten Jahrhundert

DIE MERKWÜRDIGE GESCHICHTE DER GABEL

Noch im England des siebzehnten Jahrhunderts schimpften die Priester, daß das »Fleisch mit einer Gabel zu essen« der Erklärung gleichkäme, daß »Gottes Geschöpfe es nicht wert seien, von des Menschen Hand berührt zu werden«, und ganz abgesehen davon, sei es weibisch. Merkwürdigerweise galt es bis in das siebzehnte Jahrhundert hinein überall in Europa als ein religiöses Verbrechen, die Speisen mit der Gabel aufzuspießen, mit Ausnahme Italiens. Das Hantieren mit der Gabel beim Essen wurde mit der Aussicht auf jahrelanges Schmachten im Fegefeuer oder einen fürchterlichen Tod geahndet. Die Gründe für diesen strengen Bann sind mysteriös und fordern noch immer eine einleuchtende Erklärung heraus. Mitte des sechzehnten Jahrhunderts forderte Heinrich III., König von Polen und Frankreich, mit einem mutigen Erlaß, daß die Gabel in Frankreich hoffähig sei und statt der Finger benutzt werden sollte – sehr zum Ärger der Geistlichkeit und zum Verdruß Roms. Mit Sicherheit war Katharina Medici, die wohl interessanteste Frau in der Geschichte Frankreichs, die Verantwortliche für den Befehl ihres Sohnes. Sie hatte infolge ihrer Heirat mit Heinrichs Vater, König Heinrich II., die aus den Klöstern entwickelte ruhmreiche italienische Renaissanceküche nach Frankreich mitgebracht, denn in ihrem Hofstaat waren auch zweihundert italienische Meisterköche, die als die besten der Welt galten. Deren Pasteten, Saucen, Suppen und Eiscrêmes begründeten die Hohe Schule der französischen Kochkunst. Der »gabelessende« König, Heinrich der III., wurde im Jahre 1589 von dem Dominikaner-Mönch Jacques Clément – erstochen.

Katharina von Medici

Die Bibel fordert die dreizackige Gabel, um Fleisch zu heiligen Zwecken aus dem Topf stechen zu können (Samuel 2:13–14) und das 2. Buch Mose die Herstellung von Gabeln zusammen mit Messingpfannen und -töpfen. Die Gabel hat also schon eine uralte, fromme Tradition, zumindest eine, die uns ihren wahren Zweck verdeutlicht: die Speisen aus dem Topf auf den Teller zu gabeln. Die Römer benutzten in ihren Küchen ebenfalls langstielige, dreizackige Gabeln, um das Fleisch aus den Kochtöpfen zu holen – und sie kannten natürlich auch die Heugabeln auf den Feldern. Im »Satyricon« holt sich eine Hexe ihre Zauberkette mit einer Gabel vom Schrank, und ein wütender Koch bewacht den Eingang zu seiner Küche mit einer Gabel.

Zur selben Zeit pflegten die Gladiatoren Christen aufzuspießen, indem sie ihnen ihre speziellen Dreizackgabeln in die Rippen jagten. Und einer der Götter, der sich das ganze Spektakel vergnüglich von oben betrachtete, war Neptun – mit seinem Dreizack.

Der anspruchsvolle Römer spießte bei Tisch sein Fleisch mit einem spitzen Spießchen auf, dem später eine zweite Zinke hinzugefügt wurde, damit noch mehr Fleisch aus dem Topf geholt werden konnte. Kostbares Material wie Elfenbein und Onyx wurde für die Griffe der zweizackigen Gabel verwendet, die – zusammen mit all den anderen kulinarischen Entwicklungen der Römer – den Christen vermacht wurde. In diesem Augenblick verlieren wir die Gabel aus den Augen – und aus unerklärlichen Gründen scheint sich ein zumindest traumatisch zu nennendes Verhältnis zwischen Kirche und Gabel zu entwickeln. Bis zum neunten Jahrhundert verschwindet sie einfach als Eßwerkzeug. Und danach nimmt die Geschichte der Gabel ganz seltsame Formen an.

In den Jahren 842 bis 847 schreibt Hrabanus Maurus, Bischof zu Mainz und Abt sowie ehemaliger Lehrmeister an der berühmten Fuldaer Klosterschule, seine zweiundzwanzigbändige Enzyklopädie, »De rerum naturalis« – später »De universo« – genannt. Dieses gewaltige Werk gilt als die Synthese der gesamten Geistesgeschichte bis zum neunten Jahrhundert. In Monte Cassino finden wir in einer illustrierten Ausgabe dieser Enzyklopädie aus dem Jahre 1022 als Abbildung Nr. 40 zwei Mönche, die gemütlich an einem Tisch sitzen und Fleisch essen. Sehr interessant – besonders des Fleisches

wegen, wenn man bedenkt, daß hier Benedikts Wiege für das westliche Klostertum stand. Außerdem ist ganz deutlich zu erkennen, daß sie Messer – und Gabel benutzen: Der eine Mönch schneidet ein Stück Fleisch ab, das er mit der Gabel festhält, der andere schiebt sich gerade einen Bissen Fleisch in den Mund – mit einer Gabel. Beide sehen bei dieser Zeremonie sehr zufrieden aus. In einer deutschen Ausgabe, die vierhundert Jahre nach der Monte Cassinoer Handschrift erscheint – ebenfalls illustriert –, sind auf diesem Bild die Gabeln Opfer der Zensur geworden!

Was die Römische Kirche im elften und zwölften Jahrhundert veranlaßt hat, den nicht nur hier sichtbaren Bann über die Gabel zu verhängen, bleibt wirklich nur Spekulationen überlassen. Es könnte sehr gut ein Teil der Kampagne gegen alles Byzantinische gewesen sein. Das große Schisma zwischen der Römischen und der Oströmischen Kirche wird herkömmlicherweise auf das Jahr 1054 festgelegt, als man sich gegenseitig und alles, Menschen und Dinge, exkommunizierte. Es herrschte die allgemein verbreitete Theorie, daß die Gabel ein rein byzantinisches Produkt sei, und – als ob das allein nicht schon schlimm genug war – sie wurde auch noch von Weibern bevorzugt. Möglicherweise wurde diese These untermauert durch die Geschichte von einer byzantinischen Prinzessin, die im elften Jahrhundert nach Venedig gereist war, um den Dogen Domenico Selva zu heiraten. Auf dem Festbankett habe die junge Dame die Venezianische Kirche und Gesellschaft schockiert, als sie eine Gabel aus ihrem Dekolleté zauberte und mit ihr, statt die Finger zu benutzen, wie der liebe Gott es eigentlich vorgeschrieben hatte, ihr Fleisch anmutig in den Mund transportierte.

Redlicher Zeuge dieses »weibischen« Schwankes war der große Peter Damian, Kardinalbischof von Ostia. In vielen darauffolgenden Predigten wetterte und wütete er gegen diesen provokatorischen Bruch der christlichen Etikette. Kurz nach dieser Zurschaustellung byzantinischer Barbarei konnte er immerhin triumphierend verkünden, der edle Körper der Sünderin sei schlichtweg vermodert – was den Heiligen allerdings nicht dazu veranlaßte, sein Erspartes im Kampf gegen die Gabel zu opfern. Die Gabel wurde lediglich zum Werkzeug des Teufels deklariert. In seinen angsterregenden Predigten mit der Losung »Die Frau des venezianischen Dogen« warnte er, daß alle Personen, die es wagten, sich den Auffassungen der Kirche zu widersetzen und eine Gabel statt ihrer Finger zu benutzen, als Jünger des Teufels zu verfolgen seien! Und Peter Damian war bestimmt nicht der einzige Geistliche jener Zeit, der die Gabel mit dem Teufel gleichsetzte.

Die gelehrte Äbtissin Hildegard von Bingen machte sich fünfzig Jahre später ebenfalls gegen das Essen mit der Gabel stark, sie verurteilte scharf diejenigen, die Gott verhöhnten und ärgerten,

Der Beckenschläger

indem sie dieses teuflische Instrument statt der Finger benutzten, um ihre Mäuler zu stopfen. Hätte Gott das so geplant, daß sein Menschensohn eine Gabel statt der Finger benutzte, er hätte ihm die Finger sicherlich nicht gegeben! – Logisch.

Die byzantinischen Maler und Künstler ließen sich von der römischen Gabelhysterie nicht einschüchtern. Furchtlos fuhren sie fort, Gabeln auf ihre Eßtische zu plazieren. Das prachtvollste Beispiel dieses Widerstandes ist das phantastische Altarbild aus dem zwölften Jahrhundert im Paladoro in der Markuskirche zu Venedig. Bei dem auf einem der Bilder gezeigten Abendmahl sind Gabeln und Messer sichtlich ein Teil der Tischdekoration.

Wir können nachlesen, daß der Heilige Thomas Becket am Hofe Heinrichs II. im England des zwölften Jahrhunderts eine Gabel benutzte und ebenso der Philosoph und Gelehrte Roger Bacon, der Franziskaner-Mönch im dreizehnten Jahrhundert. Auch im Hofinventar Charles V., König von Frankreich, wird 1379 *eine* Gabel erwähnt. Einen anderen Präzedenzfall setzt Piers Gaveston, »der Frivole«, Graf von Cornwall und Favorit des englischen Königs Edward II.: Er aß in der Tat eine Birne mit einer Gabel – so etwa um 1309. Für dieses absonderliche Verhalten und natürlich auch für andere Torheiten ließ ihn der Graf von Warwick im Jahre 1311 hinrichten. Man war sich seiner Haut nicht sicher, wenn man in diesen Jahren in Europa eine Gabel benutzte! Der frühere Franziskaner-Mönch Pietro Rainalducci wurde 1328 vom deutschen Kaiser Ludwig IV. – genannt der Bayer – zum Papst Nikolaus V. gekürt. Ihm blieb aber nur eine kurze Amtszeit von zwei Jahren als Gegenpapst in Avignon, bevor er im Jahre 1330 von Papst Johannes XXII. exkommuniziert wurde. Wir besitzen die verläßliche Überlieferung, daß Nikolas V. zusammen mit anderen sündhaften Vergehen eine goldene Gabel benutzte, um Fleisch aufzuspießen. So erschlich sich die Gabel still und leise ihren Platz auf den Tafeln der Klöster und Höfe des fünfzehnten und sechzehnten Jahrhunderts – zunächst hauptsächlich dazu benutzt, kandierte Früchte und klebriges Konfekt aus einem Glas zu fischen. Nichtsdestoweniger konnte die Gabel immer noch ein sehr teurer Spaß sein. Ein gewisser Prinz Monteverdi – er lebte im sechzehnten Jahrhundert in Paris – mußte jedesmal, wenn er eine Gabel beim Essen benutzte, drei Messen lesen lassen – und bezahlen! Für mich ist und bleibt die Aufregung um die Gabel während des gesamten Mittelalters ein Rätsel, und deshalb ist es mir leider auch nicht möglich, eine detailliertere Begründung für den Widerstand der Kirche gegen die Gabel – der bis ins siebzehnte Jahrhundert hinein andauerte – zu geben. Die Einstellung des »niederen« Volkes zur Gabel wird am treffendsten durch einen alten deutschen Bauernspruch illustriert: »Mit der Gabel ist's eine Ehr' – mit dem Löffel kriegt man mehr.«

Bacon war übrigens der erste, der die Formel für das Schwarzpulver niederschrieb. Dem unheimlichen Franziskanermönch Berthold Schwarz aus dem vierzehnten Jahrhundert wird diese Erfindung und die Namensgebung fälschlicherweise zugeschrieben. Aber keine Bange –! Er war derjenige, der als erster bronzene Kanonen in Europa goß.

AUSKLANG

Das Italien des späten Mittelalters blieb offensichtlich von dem Terror der kirchlichen Anti-Gabel-Kampagne verschont. Im fünfzehnten Jahrhundert war die Gewohnheit, bei Tisch mit der Gabel statt mit den Fingern zu essen, an den Höfen, Palästen und in den Klöstern der italienischen Staaten weit verbreitet. Diese »italienische« Sitte war ein Teil der neuen gesellschaftlichen Konventionen, die von der Renaissance geprägt wurden: gepflegtes, individuelles Auftreten, Tischsitten, Koch- und Konversationskunst – das »Bel Parlare«. Allerdings muß man dazu sagen, daß das Italien der Renaissance in allen kulinarischen Dingen seinen europäischen Nachbarn jenseits der Alpen um mindestens ein halbes Jahrhundert voraus war. Florenz und die Medici beanspruchten die führende Rolle des Wegbereiters auf der gesamten Halbinsel. Im Florenz dieser Zeit wurde auch das Synonym »tedesco« – das italienische Wort für »deutsch« – für »ungehobelte Manieren, grobe Ausdrucksweise« geprägt.

Die schöne »Hohe Schule des Kochens« erlebte in der Renaissance in den italienischen Klöstern und Fürstenhäusern eine Wiedergeburt, die die Kochkunst des Römischen Reiches, selbst in ihrer glorreichsten Zeit, noch an Opulenz, Luxus und Raffinement überflügelte. Außerdem hatte sich das Verhältnis zwischen Kirche und Feinschmecker verändert. Die größten Meister der Kochkunst wurden mit Spitzengehältern, Privilegien und allen Rechten eines Ehrenbürgers in die Küchen des Papstes, der Kardinäle, Bischöfe und Äbte gelockt. Da waren im fünfzehnten Jahrhundert Martino aus Como – er kochte für den Patriarchen von Aquilea, den Reverendissimo Camerlengho, er verfaßte das Kochbuch »Liber de Arte Coquinaria« – und Bartholomeo Sacchi, genannt Platina, Hofmeister von Papst Pius II., ob seiner Verdienste um die Kochkunst – er hatte das erste gedruckte Kochbuch, »De honsta voluptate«, geschrieben – vom Papst mit dem Titel »Mundkoch« ausgezeichnet. Weiterhin Christoforo de Messisbugo, der mit seiner Tranchierkunst weit über den Hof von Ferrara hinaus bekannt war – Italien war das »klassische« Land der Tranchierkunst, und die Hochburg war Padua –; er hatte 1549 sein Bankettbuch »Banchetti Compositione de Vivande« verfaßt, und Kaiser Karl V. verlieh ihm den Titel »Pfalzgraf« »für seine Kunstschnitte«. Dann Bartholomeo Scappi, Leibkoch – tatsächlich »cuoco screto« – Geheimkoch – mehrerer Päpste und Kardinäle: Pius V., Paul III., Lulius III. –, dem wir die genaueste Aufstellung von Kücheneinrichtungen, Küchengeräten und -geschirr in seinem mit vielen Abbildungen versehenen »Opera di Bartholomeo Scappi« verdanken, 1570 in sechs Bänden erschienen und wohl das bedeutendste Werk in der Kulturgeschichte der Kochkunst.

Kommen wir aber zum siebzehnten Jahrhundert, zum Barockzeitalter, als alle kümmerlichen Überbleibsel restriktiver Diätvorschriften und tiefschürfenden Raisonnierens, ob man dieses oder jenes essen dürfe, aus den Klöstern verbannt worden waren. Das tägliche Essen hatte die Fülle und Üppigkeit des Lebens erreicht, wie sie uns aus der Architektur und der Malerei jener Epoche bekannt sind. Eine Vielfalt von völlig neuen Nahrungsmitteln und Gewürzen war von den unternehmungsfreudigen Eroberern der Neuen Welt nach Europa gesandt worden. Mitsamt ausführlichen Gebrauchsanweisungen, verfaßt von den bei allen Unternehmungen stets anwesenden Dominikanern, Franziskanern und den Jesuiten. Die neuen Köstlichkeiten wurden sehr schnell von den europäischen Klosterküchen angenommen und natürlich verfeinert. Dem Truthahn – von den Jesuiten nach Europa gebracht und

»Indian« genannt – wurden einfach Trüffelscheiben unter die Haut geschoben, dann wickelte man ihn in ein buttergetränktes, feines Leinentuch und ließ ihn ganz langsam bei mäßiger Hitze braten. Eine unvergleichliche Geschmackskombination! Die Mönche lernten Mais, Kartoffeln, Tomaten, Piment und Chilischoten kennen, und wenn man die Samen der aus Peru eingeführten Kapuzinerkresse nicht als Kapernersatz verwendete, freute sich der Klostergärtner über die farbenprächtigen Blumen. Doch über allen kulinarischen Neuerungen schwebten hoch oben zum Ergötzen der Mönche Kakao und Vanille. Kakao – Lieblingstrunk der Azteken – wurde mit Vanilleschoten aufgekocht und kalt getrunken. In Spanien imitierte man eine andere Art aztekischer Kakaozubereitung – dort kochten ihn die Mönche mit Chilis und anderen scharfen Gewürzen zu einer suppenähnlichen Mischung zusammen.

Kakao wurde in Europa das beliebteste Modegetränk des siebzehnten Jahrhunderts. »Kakaohäuser« wurden überall eröffnet; jedes mit einer eigenen spezifischen Kundschaft: Politiker, Literaten, Spieler – Vorläufer der späteren Kaffeehäuser. Aber die Klosterbrüder wußten von Anfang an, ihren Kakao richtig zu trinken – mit viel Vanille, Zucker und Sahne oder auch nach dem Aderlaß mit einem Schuß Branntwein. Sogar der berühmte französische Gourmet Brillat-Savarin mußte zugeben, daß das Geheimnis für sein bestes Kakaorezept aus den zarten Händen der Äbtissin d'Arestel des Klosters Mariä Heimsuchung zu Belly stammte: Der Kakao wird am Vorabend in einer Fayencekanne angesetzt und ruht über Nacht, dadurch bekommt er »samtene Weichheit«.

Kakaopflanze – »Cacauuaxochtitl«

Zur ständigen Versorgung mit auserlesenen Weinen, »geistigen« Getränken und exotischen Delikatessen unterhielten die Klöster in ganz Europa eigene Agenturen, deren Funktion darin bestand, lokale Spezialitäten in andere Teile Europas zu befördern: Austern, Hummer und Krabben wurden zweimal im Monat von Venedig, Triest und Pula zusammen mit frischem Obst, italienischen und jugoslawischen Spezialitäten an österreichische und deutsche Klöster geschickt. Außerdem exportierten diese Agenturen Käse aus Holland, Lachs aus Polen, Salami aus Spanien und Ungarn. In England trank man österreichische Klosterweine, und schottischer Lachs wurde mit Andacht und Sahnemeerrettich in Klosterneuburg zu Wien verspeist. Einige Klöster gelangten durch ihre selbstgezogenen Spezialitäten zu einer solchen Berühmtheit, daß es schon fast peinlich war; einmal ganz abgesehen von den vielen berühmten Klosterbieren, Weinen, Likören, Obstwassern und anderen Getränken.

Wie Abraham a Santa Clara (1644 bis 1709) es ausdrückte: »Bei diesen unseren Zeiten ist kein Tier mehr sicher, weder auf Erden, weder in dem Wasser, daß man es nicht fängt, kocht und auf die Tafel setzt. Der Hirsch muß also seinen Ziemer hergeben, die wilde Sau ihren Kopf, die einheimischen Schwein ihr Gedärm, der Biber seinen Schweif, der Bär seine Bratzen, der Ochs seine Brust, der Gams seine Schlegel, die Rutten ihre Leber, der Karpfen seine Zung, das Kalb sein Hirn, kein Tier auf dieser Welt ist nicht sicher, außer – der Krokodil, den kann fressen, wer da will.«

Der Wein des Klosters Kremsmünster floß zwar nicht reichlich, dafür aber um so wunderbarer. Seine Mönche besitzen immer noch

Im achtzehnten Jahrhundert hatten die spanischen Minenverwalter in Südamerika eine immer funktionierende, sichere Methode, die Indianer zur Arbeit in den Minen zu verpflichten: Der verführerische Anblick und Geschmack von kaltem, mit Schokolade überzogenem Schweinsbraten ließ jeden Indio stark für die harte Minenarbeit werden. Das für die Indianer so exotische Schwein hatte erst im sechzehnten Jahrhundert – um 1530 – zum erstenmal seine Hufe auf amerikanischen Boden gesetzt, als der spanische Entdecker de Soto in Florida landete und von seinen sechshundert Soldaten dreizehn Schweine an Land treiben ließ – sie waren für die von de Soto gegründete Kolonie in Tampa bestimmt.

die alte liebenswerte Angewohnheit, die Gläser aufzubewahren, die von bedeutenden Persönlichkeiten benutzt wurden, die in die Weinkeller hinabgestiegen waren, um die feinen Jahrgänge zu schlürfen. Russische, französische, englische, italienische und schwedische Kardinäle, Generäle und Könige – Napoleon natürlich eingeschlossen, dessen Glas einen besonderen Ehrenplatz innehat – haben über Jahrhunderte hinweg den »Geist« dieses Klosters in sich aufgenommen. Im Garten von Kremsmünster zog man alle möglichen Arten von feinem Obst und seltenen Gemüsen; im Jahre 1601 schickte man selbstgezogene Artischocken als Geschenk an den Prager Hof, um diejenigen zu erfreuen – und auch zu verwirren –, die dieses merkwürdige Gemüse bis dahin noch nie gesehen hatten.

Das beklemmendste Problem der Mönche von Kremsmünster war jedoch die Beschaffung angemessener Mengen ihrer berühmten Forellen, Saiblinge, Perchen und Äschen für den gut zweihundert Kilometer entfernten Wiener Hof. Am 21. August 1571 erhielt der Abt Erhard Voit den Spezialauftrag des Vizedom in Wien, »soviel Fisch, wie er auftreiben könne« zu liefern. Er sollte die Forellen »durch Tag und Nacht fahrende Gelegenheit« auf kaiserlichen Befehl hin nach Wien liefern. Eine Woche später erhielt Pater Voit die Nachricht vom kaiserlichen obersten Mundkoch, Sebastian Purgkschlägel, daß die vierhundert Forellen »zum besonderen Wohlgefallen des Kaisers (Maximilian II.) gut nach Wien gekommen seien«. Einige Wochen später greift Seine Majestät selbst zur Feder und bestellt »soviel Fisch wie er nur zusammenbringen könne« nach Wien, wo er der Forellen bedürfe »zur angestellten hochzeitlichen Freude seines Bruders Erzherzog Karl«. Unglückseligerweise sind die Teiche fast leergefischt, und am 4. September 1571 schreibt Voit bekümmert an seine Kaiserliche Hoheit, daß er lediglich in der Lage sei, hundert Forellen für die »angestellte hochzeitliche Freude« zu schicken.

Um sicherzugehen, daß solch peinliche Umstände nie wieder einträten, wurden zwei der bedeutendsten Baumeister des Barock beauftragt, den schönsten und ungewöhnlichsten Fischteich Europas zu bauen. So schuf Carlo Antonio Carlone – er hat später das Stift St. Florian gebaut – in den Jahren 1690 bis 1692 das Original, und Jakob Prandtauer – Architekt des Stiftes Melk – erweiterte ihn 1718 auf fünf Bassins. Mit diesem einzigartigen Zeugnis gepflegter Eßkultur war die Versorgung mit liebevoll aufgezogenen Forellen, Karpfen und anderen Süßwasserfischen gesichert.

Im siebzehnten und achtzehnten Jahrhundert wurden in den Klöstern atemberaubende Summen für Essen und Trinken ausgegeben. Und bei Festen kannte man kaum Grenzen: Wir besitzen eine Aufstellung über einen eintägigen Besuch der Kaiserin Maria

Theresia im Stift Melk, derzufolge 2405 Florins für »Kuchlkosten« ausgegeben wurden. Zum Vergleich: Ein Stadthaus in der Nachbarstadt Linz konnte in jenen Tagen für 707 Florins erstanden werden – mit dieser Summe konnte man auch siebzig Stück Vieh kaufen!
Der Ruhm klösterlichen Kochens verbreitete sich weit über die Klostermauern hinaus. Da die Refektoriumstische wie eh und je mit weit mehr Speisen beladen waren, als die Mägen der Mönche zu fassen imstande waren, überließ man die Reste großmütig den Armen an der Klosterpforte. Alsbald entwickelte sich oft eine ganz lustige Situation: Irgendwann verbreitete sich die aufregende Nachricht, daß Feinschmeckermenüs kostenlos an der Klosterpforte verteilt würden. Reiche Leute schickten daraufhin ihre Bediensteten mit silbernen Tabletts, um Klosterspeisung zu empfangen. Das führte verständlicherweise zu turbulenten Auseinandersetzungen zwischen armem Volk und Dienern der Reichen. In Wien existieren Polizeiakten, denen zufolge Wachen an die Klosterpforten des Stiftes Neuburg beordert werden, um für Ordnung zu sorgen. Der Grund: Ruhestörung durch aufgebrachte hungrige Volksmengen. Dieses lästige Problem lösten einige Klöster, indem sie Klosterschenken eröffneten, in denen komplette Menüs in gediegener Umgebung aufgetischt wurden; sie waren gleichzeitig eine nicht unergiebige Einnahmequelle. Die Armen mußten sich dann mit dem zufriedengeben, was sie sich an den Hintertüren der Klosterschenken erbetteln konnten.
Eine interessante Speisenordnung des Tiroler Stiftes Schlägel aus der Mitte des siebzehnten Jahrhunderts – die übrigens für die meisten anderen Klöster dieser Zeit in ähnlicher Weise galt – zeigt uns, daß für die Gerichte fünf verschiedene Klassifikationen und Qualitätsunterschiede nötig waren, um die strikten hierarchischen Ordnungen und Regelungen des Klosters einhalten zu können: zuerst der Abt, dann der Konvent, die Stiftsbedienten, das Stiftsgesinde und ganz unten das Meierhofgesinde. Der Abt hatte zwar einen eigenen Mundkoch, trotzdem mußte es ein Alptraum für das Küchenpersonal gewesen sein, an jedem normalen Tag – also außer freitags und sonnabends – fünf verschiedene Speisenfolgen kochen und servieren zu müssen. Darüber hinaus wurden dem Abt sechs verschiedene Gänge zum Mittag- und vier zum Abendessen aufgetragen. Das bedeutete: vier verschiedene Fleischsorten zum Mittagessen und drei zum Abendessen . . .! An Fastentagen dinierte der Abt ebenfalls sechs- und viergängig, allerdings wurde das Fleisch durch Fisch und Süßspeisen ersetzt. An hohen kirchlichen Feiertagen leistete man sich in den Klöstern reinste Extravaganzen. Zum Mittag tafelten sich der Abt und seine Gäste durch vierundzwanzig verschiedene Gänge.
All denjenigen, die sich vielleicht Gedanken über die Versorgung

des zweitniedrigsten Ranges, des Klostergesindes, machen könnten, sei gesagt, daß deren Speisenordnung zu Mittag drei gekochte Gänge aufwies: Suppe, Fleisch und Kraut sowie drei Gänge zum Abendessen – Suppe, Fleisch, Beuschel oder Mehlspeise. An Fastentagen aßen sie Suppe, Käse, Salat oder Obst, Reis, Hirse und Semmelschmarren, und an Festtagen gab es Wildbret oder Kalbskopf und anstelle von Rindfleisch Kalbs-, Schweine- oder Schafsbraten. Freitags erhielt das Stiftsgesinde nur trocken Brot!
Die untersten in der Klosterhierarchie, das Meiereigesinde, wurden fast genauso abgefüttert wie das Stiftsgesinde – mit dem einzigen Unterschied, daß sie einen Gang weniger bekamen. Mit anderen Worten – zwei gekochte Speisen. Aber halt! Hat dieser Satz nicht einen vertrauten Klang?
Das Riesenrad des Klostertums hat eine volle Drehung beschrieben. Beruhigt können wir feststellen, daß es nach mehr als tausend Jahren Klostergeschichte, mit allen dazugehörigen Höhen und Tiefen, dieser heiligen Institution gelungen ist, ihre unerschütterliche Treue gegenüber der kardinalen Ernährungsregel ihres Gründers aus dem Jahre 529 zu beweisen: »Wir glauben, daß zur täglichen Hauptmahlzeit, mit Rücksicht auf die verschiedenen Bedürfnisse, für jeden Tisch zwei gekochte Speisen genügen« – das heißt, natürlich für das Gesinde!

Die Fußwaschung

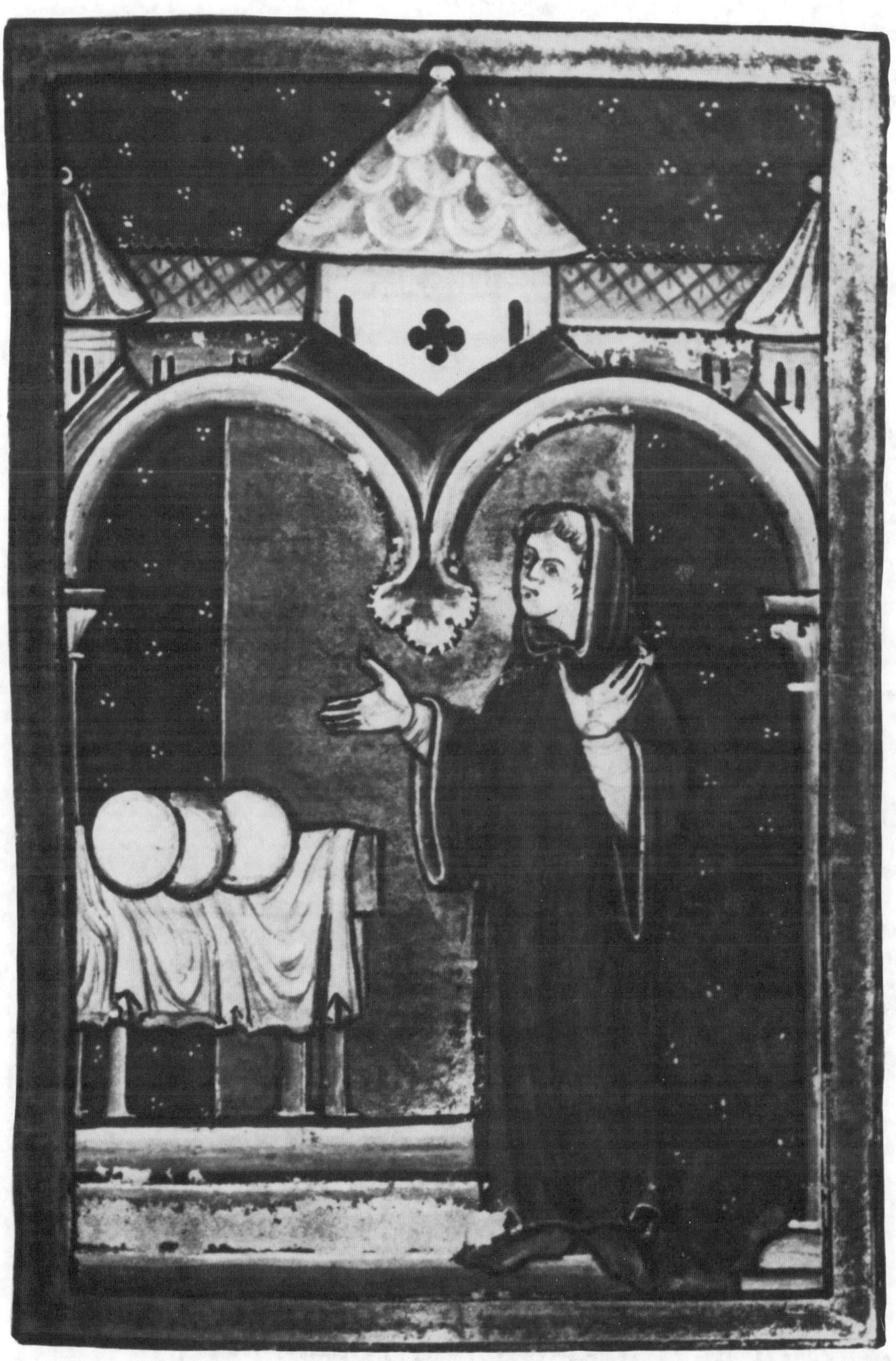

Nim birn vnd besneid die stilen vnd seud sy wol in
aine haffen mit wein vnd mit smaltz durch ge
slagen durch ain tůch vnd erwell sy dan mit
aiern totteren das es stede

Von kerssen ain můs

Nim kerssen vnd brach die stiln ab vnd seud sy mit
ain wenig weins vnd slach sy durch ain tůch mit
ainn semelbrosen wol erwellet in aine heffen vnd
tů smaltz daran genug vnd rür es dan aus mit aier
totteren vnd ströw dar auf wurtz so man an richten
wil

Von weichseln ain Compost

Nim saur weichslen vnd brich in die stil ab vnd
seud si in ainem heffen mit haissem wein vnd wen
sy gesiedent so schüt sy aus vnd laus sie külen
vnd slach sy durch ain tůch vnd schüt sy den in
ain hefen der gebicht sey vnd schütt die kersen
dar ein vnd mengt sy mit honig vnd tů galgan
wurtzen dar vnder gestreüt dar auf zů hant wē
man essen wil

Ain fladen von flaisch kes vnd aiern
Nim flaisch von lämplen oder von dem swinste vnd
nim kütten das es alles wol gesottn sey vnd hack

REZEPTE AUS DER KLOSTERKÜCHE

es alles klain und reib als vil kes dar ein und meng es mit aiern das es dick werd und würtz es mit pfeffer und slach das auf ain plat von taig gemacht und scheuß es in ain offen las pachen und gib es hin

Ain fladen von flaisch kes und aiern ander weisse

Nim lambflaisch wol gesotten und hack es klain und reib dar ein ain viertail kes und meng das wol mit aier totter und tu dar ein würtz und mach das auf ain plat und slach aier gantz dar ein und trag es also gantz hin

Ain gebratens von kalbsleber

Nim kalbsleber und hack die klain und grün speck dar under geschnitten halb gebraten wol und gemacht zwaier vinger lanck und brait geschnitten und gefült wol mit ain guten füll und wol gepachen

Ain fladen von flaisch kes und aiern

ITALIEN

Taramasalata

(Abtei von San Loreto)

Von ihren Kreuzfahrten brachten die Mönche eine Spezialität aus Fischrogen mit, die dem heißen, trockenen Klima Kleinasiens und des Vorderen Orients angepaßt war: »bottarga« – gesalzene, getrocknete Fischrogen, die wie luftgetrocknetes Bündner Fleisch hauchdünn aufgeschnitten und mit Olivenöl und Feigen zu Brot gegessen werden. In Martigues an der Rhônemündung ließen sich die Mönche ihr »poutargue« mit Pfeffer, Öl und Zitronensaft schmecken. Und in der Abtei di Loreto im südlichen Italien bereitet man mit »buttariga« im Mörser eine »taramasalata« zu.

Zutaten

125 g »bottarga« oder geräucherter Dorschrogen
1 Scheibe Weißbrot, etwa 1 1/2 cm dick
1 Knoblauchzehe, zerquetscht
knapp 1/2 l Olivenöl
Saft von 1–2 Zitronen
für die Zubereitung mit Elektroquirl 1 Eigelb
schwarze Oliven

Zubereitung

Da »bottarga« nicht leicht zu bekommen ist, versuchen Sie es am besten mit geräuchertem Dorschrogen.

Entfernen Sie zuerst die Haut und legen ihn ein oder zwei Stunden in Wasser. Weichen Sie das Brot mit etwas Wasser (oder Brühe) ein, drücken Sie es aus und zerzupfen es. Das zerzupfte Brot geben Sie mit dem Knoblauch in einen großen Mörser und zerstoßen es. Nach und nach geben Sie abwechselnd etwas Dorschrogen und Öl hinzu, und falls die Mischung zu steif werden sollte, etwas Zitronensaft. Geben Sie den restlichen Dorschrogen und so viel Öl hinzu, bis Sie die gewünschte Konsistenz erhalten. Würzen Sie zum Schluß mit Zitronensaft.

Falls Sie einen Elektroquirl benutzen, schlagen Sie das Eigelb mit wenig Zitronensaft, fügen dann Knoblauch, Rogen und nach und nach in kleinen Mengen das Olivenöl hinzu. Servieren Sie den Taramasalata eisgekühlt, garniert mit schwarzen Oliven. Dazu reichen Sie dünne Scheiben getoastetes Brot.

Sankt Laurenz Porree-Suppe

(Domkanoniker Florenz)

Diese Suppe gehörte an jedem 10. August als Hauptgericht zum traditionellen Essen zu Ehren des heiligen Laurenz bei den Domkanonikern in Florenz. Die Suppe war so beliebt, daß das »Fest des Heiligen Laurenz« bald nur noch unter dem Namen »Porree-Fest« in Florenz bekannt war.

Zutaten

1 kg junge Porreestangen, davon nur den weißen Teil
Olivenöl
2 El Mehl
1/2 l Bouillon
1 kleines Weißbrot
100 g Pinienkerne
200 g geriebener Parmesan

Zubereitung

Schneiden Sie das Weiße von den gewaschenen und gereinigten Porreestangen in dünne Scheiben und lassen Sie sie in einer großen Pfanne mit genügend Olivenöl unter Rühren langsam anschmurzeln, bis sie goldfarben und durchsichtig sind – sie dürfen nicht braten! Eventuell tropfen Sie nach und nach ein wenig Wasser hinzu, bis der Porree ganz weich ist. Stäuben Sie nun das Mehl darüber und lassen Sie die Masse binden. Jetzt füllen Sie die heiße Bouillon auf. Das Porreegemüse soll auf kleinem Feuer langsam weiterdünsten, bis es ganz musig ist. Legen Sie den Boden einer flachen, feuerfesten Schale mit getoasteten Weißbrotscheiben aus. Darüber sprenkeln Sie die Pinienkerne und verteilen darauf das Porreemus, obenauf wird der Parmesan gestreut. Im heißen Ofen (220° C, Heißluft 190° C) etwa zehn Minuten überbacken.

»Arista al forno« – Florentinische Schweinslende

Im Jahre 1430 wurde in Florenz ein gemeinsames Konzil der Griechischen und Römischen Kirchen abgehalten. Bei einem der vielen üppigen und luxuriösen Gastmähler servierten die römischen Bischöfe ihren griechischen Kollegen einen Schweinslendenbraten. »Arista!« sollen die griechischen Bischöfe einstimmig gerufen haben, was auf Griechisch so viel wie »Gut!« heißt. Seit dieser Zeit erinnert der Name »Arista« an die erhabene Abkunft des knusprigen toskanischen Schweinslendenbratens.

Zutaten

1 gutes Stück Lendenbraten (Rippenspeer) vom Schwein, mit Rippen und Schwarte, mindestens 1 kg Gewicht
3 Zehen Knoblauch, in Stifte geschnitten
1 Zweig Rosmarin
10–15 Nelken
Pfeffer und Salz
1–2 El Öl

Zubereitung

Lassen Sie sich gleich beim Schlachter die Schwarte des Lendenbratens einschneiden! Zuhause spicken Sie den Braten mit Knoblauch, Rosmarin und Nelken, würzen mit Pfeffer und vorsichtig mit Salz. Fetten Sie mit dem Öl die Backofen-Bratpfanne ein, legen Sie den Braten hinein und geben ihn in den vorgeheizten Backofen (225° C, Heißluft 180° C). Lassen Sie ihn 1 1/2 bis 2 Stunden backen, begießen Sie ihn öfter mit dem ausfließenden Saft und Fett. Während der letzten Stunde können Sie Kartoffeln und Gemüse um den Braten herumlegen – sie schmecken besonders gut dazu. Natürlich ist eine »Arista al forno« auch kalt eine besondere Köstlichkeit.

»Torta D'Herbe« – Kräutertorte

(Kloster Montefalco)

Der ehrenwerte Signor Battista Pierluigi da Bevagna beschreibt im Jahre 1640 das heilige Leben der Gründerin von Montefalco, der Heiligen Chiara, die mit eigenen Händen für ihre Mitschwestern diese Kräutertorte gebacken haben soll, als sie einmal kein Brot hatten.

Zutaten

1000 g junger Mangold, frischer Spinat oder Borretschblätter
1/2 Teel. Salz
500 g Zwiebeln
2 Zweige Basilikum
1/4 Teel. Salz
Öl
Pfeffer
1 Knoblauchzehe
100 g Rosinen
150 g Mozzarella (oder ganz frischer Käse)
1 (Salcicca) Schweinswürstchen

Brotteig für Boden und Deckel
500 g Weizenmehl
1 Teel. Zucker
1/2 Päckchen Frischhefe (gut 20 g)
1/4 l Wasser, handwarm
50 g Olivenöl
1 1/2 Teel. Salz

Zubereitung

Falls Sie Borretsch verwenden, müssen die Blätter kurz gebrüht werden!
Der Mangold wird geputzt, in dünne Streifen geschnitten und gesalzen. Unter öfterem Umwenden soll er zwei bis drei Stunden durchziehen. Schneiden Sie die Zwiebeln in Ringe oder Streifen und kochen Sie sie mit dem Basilikum, Salz und etwas Wasser, bis sie weich sind. Drücken Sie den Mangold gut aus, mischen ihn mit der Zwiebel, dem Öl, Pfeffer, Knoblauch, den Rosinen und dem Käse.
Der Brotteig wird ausgerollt, die Mangoldmasse daraufgestrichen und die in Scheiben geschnittene Salcicca darüber verteilt. Dann rollen Sie den Teig aus, »versiegeln« die Enden und legen die Rolle schneckenförmig in eine eingefettete Backform. Backen Sie die Kräutertorte im vorgeheizten Backofen (220° C, Heißluft 165° C) 50 bis 60 Minuten.

Lammragout »Fiordelmondo«

(Kloster Montefalco)

Natürlich essen die Augustinerinnen auch Fleisch. Doch, wie man aus einem alten Schaf ein Ragout namens »Blume der Welt« zubereiten kann, das ist wohl nur in diesem Kloster möglich und wahrscheinlich nur der heiligen Tradition seiner besonders aromatischen Kräuter und Gewürze zu verdanken!

Zutaten

1250 g Lammbrust (im Original in Würfel geschnittenes Fleisch von einem alten Schaf)
4 El Olivenöl
2 Knoblauchzehen, zerdrückt
Salz, Pfeffer
etwa 1/2 l Weißwein
1 Kräuterbouquet aus: je ein Zweig Rosmarin, Salbei, Thymian, Sellerie, 6 Zweige Petersilie, 1 Lorbeerblatt mit Küchenzwirn zusammengebunden
1 Zwiebel, mit Nelken gespickt
4 El Petersilie
1 Knoblauchzehe, zerdrückt
etwas abgeriebene Zitronenschale
3 El Kapern
4 Anchovisfilets
Saft von 1 Zitrone
2 El Mehl
etwas geriebener Parmesan

Zubereitung

Das gewürfelte Lammfleisch wird im heißen Olivenöl gut ringsherum angebraten, dann geben Sie den zerstoßenen Knoblauch hinzu, salzen und pfeffern und gießen mit soviel Wein auf, daß das Fleisch gerade bedeckt ist. Geben Sie das Kräuterbouquet und die Zwiebel dazu und lassen Sie das Ragout einmal aufkochen, schäumen Sie es ab, legen Sie einen Deckel auf und lassen Sie es bei kleiner Flamme etwa 1 1/4 Stunde kochen. Nehmen Sie das Kräuterbouquet und die Zwiebel heraus. Die Fleischwürfel werden aus der Sauce gehoben und alle Knochen und Knorpel entfernt. Die Sauce gießen Sie durch ein Sieb und geben dann das Fleisch wieder dazu.

Inzwischen haben Sie im Mörser (oder Mixer) Petersilie, Knoblauch, Zitronenschale, Kapern und Anchovisfilets zerstoßen und in diese Paste den Zitronensaft gerührt.

Rühren Sie die Mörsermischung und das mit etwas Wasser aufgequirlte Mehl in das Ragout, bringen Sie es zum Kochen und lassen Sie es noch einmal 5 Minuten unter Rühren leise brodeln. Zuletzt würzen Sie mit geriebenem Parmesan.

»Strangozzini« – Strangulierte Nudelchen

(Kloster Montefalco)

Die meisten Rezepte in Montefalco werden mündlich von Nonnengeneration zu Nonnengeneration überliefert. Manche Rezepte sind so alt, daß man ihre Bezeichnungen heute nicht mehr deuten kann.

Zutaten

für den Nudelteig
200 g Mehl
1 El Olivenöl
2 Eier, leicht geschlagen
1–3 El Wasser
1 Teel. Salz

für die Tomatensauce
Olivenöl
2 Knoblauchzehen, abgezogen
4 El Petersilie
500 g Tomaten (oder aus der Dose)

Zubereitung

Nudelteig

Sieben Sie das Mehl in eine Schüssel, in die Mitte machen Sie eine kleine Vertiefung und geben Olivenöl, Eier, Wasser und Salz hinein. Vom Zentrum her verrühren Sie alles mit einem Kochlöffel, bis Sie einen ganz festen Teig haben. Kneten Sie den Teig auf einem Brett, bis er weich und glatt ist.

Lassen Sie den Teig auf einem bemehlten Brett 15 Minuten ruhen. Rollen Sie ihn 1/2 cm dick aus und schneiden Sie Bandnudeln von 1/2 cm Breite und 10 cm Länge. Kochen Sie die Nudeln in sprudelndem Salzwasser etwa 10 bis 12 Minuten.

Sauce

Lassen Sie in einer Pfanne das Olivenöl heiß werden. Die in Scheiben geschnittenen Knoblauchzehen soll darin schön goldbraun braten, dann schnell die gehackte Petersilie dazu und die Tomaten. Die Sauce muß noch ein wenig kochen und wird dann über die heißen Nudeln gegossen.

Eier auf der Wiese – »Le uova al prato«

(Kloster Montefalco)

Die Heilige Chiara soll sich der Legende nach nur von Kräutern, Brot und Wasser ernährt haben. Und so wird bei den Augustinerinnen seit dem dreizehnten Jahrhundert viel Grünes gegessen. Natürlich auch am 28. August, dem Tag des Heiligen Augustin. Da gibt es außer den »Nonnenküßchen« die »Heiligabend Gnocchi«, grüne Klößchen und »Eier auf der Wiese«.

Zutaten

1000 g frischer Spinat
3 El Olivenöl
1 Knoblauchzehe, zerdrückt
etwas Salz
4 Eier
1 El Olivenöl

Zubereitung

Der Spinat wird gewaschen und naß in das heiße Olivenöl gegeben, in dem der Knoblauch vorher leicht angebräunt wurde. Legen Sie den Deckel auf den Topf und lassen Sie den Spinat im eigenen Saft etwa 10 Minuten gar dünsten. Dann drücken Sie den Spinat leicht aus, hacken ihn recht grob, streuen etwas Salz darüber und legen ihn in eine flache Auflaufform. Formen Sie mit einem Eßlöffel vier leichte Vertiefungen in den Spinat, schlagen Sie je ein Ei hinein (ohne das Eigelb zu zerbrechen!) und backen Sie das Ganze im vorgeheizten Backofen (180° C, Heißluft 190° C) ungefähr 15 Minuten, bis die Eier fest sind.
Nördliche Variante: »Eier auf der schneebedeckten Wiese«. Bevor Sie die Eier auf den Spinat setzen, gießen Sie ¼ l Schmand (saure Sahne) über den Spinat und setzen erst dann die Eier darauf.

»I Cuccioloni« – Schnecken in Kräutern

(Kloster Santa Caterina Ripatranzone)

**Zum Fest des San Giovanni Battista, am 24. Juni, ißt man seit ewigen Zeiten diese Schnecken.
Im Mittelalter gab es in Italien – und auch anderswo – richtiggehende Schneckenfarmen aufgrund der vielen Fastentage, an denen man kein Fleisch essen durfte.
Besonders delikat und geschätzt waren schon seit der Antike die »Gasteropodi polmonati« aus Afrika und Dalmatien, die in Italien mit Emmerweizen und Most gemästet wurden.**

Zutaten

500 g Zwiebeln
3 El Rosmarin
1 Teel. Majoran
4 El Petersilie
1 Stange Sellerie
6 Knoblauchzehen
Oregano
Pfeffer
¼ l Olivenöl
500 g Schnecken
500 g Tomaten
Salz

Zubereitung

Zerstoßen Sie die Zwiebeln, den Rosmarin, Majoran, die Petersilie, den Sellerie, Knoblauch, etwas Oregano und Pfeffer im Mörser oder Mixer.
Geben Sie die Masse in heißes Olivenöl und lassen Sie sie kurz darin ziehen. Dann geben Sie die Schnecken hinzu und bräunen sie in den Kräutern an. Nun fügt man Tomaten und Salz hinzu und läßt das Ganze etwa 2 Stunden kochen.

Stockfisch süß-sauer

(Kloster Grottaferrata)

Die Küche in der griechischen Abtei von Grottaferrata, die vom Heiligen Nilo im Jahre 1004 gegründet wurde, wird von Basilianerinnen betreut, im Gedenken an das »Wunder von Còllive«.

Zutaten

700 g Stockfisch
Mehl
6 El Öl
500 g Zwiebeln in Scheiben
etwas Zucker
etwas Weinessig

Zubereitung

Der über Nacht eingeweichte und vorgekochte Stockfisch wird in dreieckige Stücke geschnitten, die in Mehl gewendet und in einer Pfanne mit den Zwiebeln goldbraun angebraten werden. Dann fügt man nach Geschmack Zucker und Essig hinzu, läßt das Ganze kurz abtrocknen und schiebt den Stockfisch zum Überbacken in den vorgeheizten Backofen (225° C, Heißluft 190° C).

Elixiere

(Kloster Santa Caterina a Ripatranzone)

Die fleißigen Dominikanerinnen sind berühmt für ihre Seidenfabrikation – man züchtete selbst die Seidenraupen, hatte eine Spinnerei, Weberei und Färberei. Doch auch der Reichtum der Natur in der Umgebung, Kräuter und Obst, hat die Schwestern zur Herstellung verschiedenster Elixiere und Marmeladen angeregt.

Wein gegen die Gicht

Zutaten

1 l Marsala
50 g Herbstzeitlose, in Alkohol eingelegt

Zubereitung

Mischen Sie den Marsala mit der in Alkohol eingelegten Herbstzeitlose. Lassen Sie dieses Gemisch in einer verkorkten Flasche einige Zeit ziehen (etwa 4 Wochen). Und dann nehmen Sie 1 bis 2 Löffel pro Tag!

Elixier des langen Lebens

Zutaten

940 g 60%ig. Alkohol
5 g Rhabarbersaft
30 g Aloe
5 g Enzian
25 g Safrantinktur

Zubereitung

Mischen Sie alle Zutaten, füllen Sie das Elixier in Flaschen und lassen Sie es durchziehen (etwa 4 Wochen).
Wollen Sie uralt werden, dann sollten Sie jeden Tag 2 bis 3 Eßlöffel davon nehmen.

Kastanienkuchen des Pilade aus Lucca

(Augustiner Florenz)

Der Augustiner-Mönch Ortensio Lando schreibt im sechzehnten Jahrhundert in seiner Chronik von dem köstlichen Kastanienkuchen, den man seit altersher in seinem Kloster aß, daß ein »gewisser Pilade aus Lucca diese bedeutendste und wunderbarste Schöpfung ganz Italiens« erfunden haben soll.

Zutaten

500 g Kastanienmehl
3/4 l kaltes Wasser
2–3 El Olivenöl
etwas Sternanis (Chinesischer Anis), zerrieben oder gemahlen
1 Prise Salz
50 g Pinienkerne
50 g gehackte Walnußkerne
50 g Rosinen

Zubereitung

In eine Rührschüssel sieben Sie das Kastanienmehl, rühren nach und nach das kalte Wasser darunter, dann das Olivenöl, Anis und Salz, bis Sie einen glatten, recht flüssigen Teig haben. Pinseln Sie eine Backform mit Öl aus und gießen Sie den Teig hinein. Obenauf sprenkeln Sie die Pinienkerne, Walnüsse und Rosinen. Im vorgeheizten Ofen (180° C etwa 50 Min., Heißluft 160° C etwa 50–60 Min.) backen, bis der Kuchen eine schöne maronenfarbene Kruste mit feinen Rissen hat – und aussieht wie Erdboden, auf den es lange nicht geregnet hat.

Rosmarinbrot

Am Gründonnerstag stehen vor den Kirchen in der Toskana Straßenhändler und verkaufen diese kleinen Brote an die Kirchgänger.

Zutaten

1000 g Weizenmehl
1 Teel. Zucker
1 Päckchen Frischhefe (45 g)
1/2 l Wasser, handwarm
70 g Olivenöl
3 Teel. Salz
1 El Zucker
100 g Rosinen
3–4 El frische Rosmarinblätter
1 Ei zum Bestreichen

Zubereitung

Sieben Sie das Mehl in eine große Schüssel, machen Sie eine kleine Vertiefung in die Mitte, geben Sie 2 Teel. Zucker, die zerbröselte Hefe und 1/8 l des lauwarmen Wassers hinein. Vermischen Sie den Vorteig, decken Sie die Schüssel mit einem Leinentuch zu und lassen Sie ihn an einem warmen Ort 15 Minuten gehen.
Nun rühren Sie den Rest des Wassers, 70 g Olivenöl und das Salz unter und kneten den Teig etwa 5 Minuten, bis er glatt und weich ist. Lassen Sie ihn nun 5 Minuten ruhen. Nun kneten Sie ihn noch einmal durch (Sie können diesen Teig jetzt für Pasteten, Brote oder Pizzas verwenden), legen Sie ihn in die ausgemehlte Schüssel, decken Sie ihn wieder zu und lassen ihn gehen, bis er sich verdoppelt hat (etwa 1 Stunde).
Dann arbeiten Sie den Rest Olivenöl, den Zucker, die Rosinen und die Rosmarinblätter ein und formen viele kleine runde Brötchen daraus. Lassen Sie sie noch

einmal auf einem eingefetteten Blech 20 Minuten aufgehen, bestreichen Sie sie mit dem geschlagenen Ei und schneiden Sie mit der Schere ein Kreuz oben in jedes Brötchen.
Backen Sie die Rosmarinbrote im vorgeheizten Backofen (220° C, 20 Min., Heißluft 175° C, 30 Min.), bis sie schön goldbraun sind.

Blut-Crême

(Kloster Monte Cassino)

In der berühmten Bibliothek von Monte Cassino stehen mehr als 100 000 Bände, Handschriften und Inkunabeln. Unter den über zweitausend Codices des Klosterarchivs gibt es auch ein Küchenbuch mit Rezepten »ad uso dei monaci cucinieri«, durch die Jahrhunderte von vielen verschiedenen Handschriften geschrieben und ergänzt.

Zutaten

50 g Butter
300 g Schokolade
500 g Zucker
100 g Mehl
1 l Schweineblut
1 kleines Glas Likör

Zubereitung

Das Wichtigste ist natürlich, daß Sie frisches Schweineblut bekommen – fragen Sie Ihren Metzger!
In einem großen Topf lassen Sie die Butter und Schokolade sanft zerschmelzen. Vermischen Sie Zucker und Mehl und fügen sie unter Rühren hinzu.
Gießen Sie nun mit Schweineblut auf und lassen Sie das Ganze unter ständigem Rühren erhitzen, bis die Masse eine dicke, cremige Konsistenz bekommt. Die Crême darf auf keinen Fall kochen! Wenn Sie die Crême vom Feuer genommen haben, geben Sie einen guten Schluck Sambucca (oder einen anderen Likör) hinzu.
Die angegebene Menge reicht als Dessert für 15 (!) Personen.

Nonnenküßchen

(Kloster Montefalco)

Für ein Dutzend Küsse benötigt man:
1 Eiweiß
½ Päckchen Vanillezucker
100 g Zucker
100 g Haselnüsse

Zubereitung

Man schlägt das Eiweiß, bis es steif ist. Dann fügt man den Vanillezucker, den Zucker und die gerösteten und fein gehackten Nüsse hinzu.
Mit einem Löffelchen setzen Sie kleine Häufchen dieser Masse auf ein gefettetes, mit Pergamentpapier belegtes Backblech.
Jeder Nonnenkuß erhält eine halbe Nuß als Verzierung. Backen Sie die Nonnenküßchen im vorgeheizten Backofen (150° C, Heißluft 140° C) etwa 25 Minuten.

Steingutteller, Amsterdam, ca. 1575 bis 1600

Orangen-Brioche

(Kloster Santa Caterina, Cittaducale)

**Zu diesem süßen Hefegebäck erzählten die Benediktinerinnen von Cittaducale folgende süße Geschichte:
Vor langer Zeit kannten die Menschen die Hefe noch nicht zum Brotbacken. Sie kneteten einen Teig aus Wasser und Mehl und buken kleine Fladen daraus. Als Herodes befahl, alle Kinder Bethlehems töten zu lassen, floh die Jungfrau Maria mit dem Heiligen Joseph und dem kleinen Jesus nach Ägypten. Die Häscher waren ihnen schon auf der Spur, als die Familie endlich Zuflucht in einer armen Hütte fand –, aber man konnte das neugeborene Jesuskindlein nirgends verstecken. Da stand nur der Backtrog mit dem Mehl und dem vorbereiteten Brotteig, den die Hausfrau gerade knetete. Als die Jungfrau Maria hörte, daß die Pferde der Soldaten herangaloppierten, bat sie die Frau, das Kindlein im Backtrog zu verstekken. Als Herodes' Soldaten in die Hütte traten, fanden sie nur einen alten Mann und zwei Frauen am Herd vor. Sie nahmen auch den Deckel vom Backtrog – doch die Teigmasse hatte sich über das Kindlein gehoben, und den Trog bis an den Rand mit Brotteig gefüllt! Die Frau des Hauses glaubte, es sei ein Wunder geschehen und holte alle Nachbarn in ihre Hütte, als die Soldaten abgezogen waren. Auch die Nachbarn glaubten, daß es ein Wunder sei. Und jeder nahm ein wenig von dem Brotteig mit, damit sich dieses Wunder auch in ihrem Backtrog zu Hause wiederholte. Und so kam der Brauch, Hefe zum Brotbacken zu verwenden, in die Welt.**

Zutaten

30 g Hefe
1000 g Mehl
300 g Zucker
¼ l Milch
5 Eier
abgeriebene Zitronenschale
½ Glas Anislikör
1 Orange, abgerieben und Saft
100 g Schmalz
1 Prise Zimt
½ Teel. Salz

Zum Bestreichen
1 Eiweiß geschlagen mit 1 Teel. Wasser

Zubereitung

Im Winter wird schon abends der Vorteig für die Brioche aufgesetzt:
Die Hefe wird mit etwas Mehl, Zucker und Milch zu einem weichen Teig verarbeitet, obenauf wird ein Kreuz gemacht. Über Nacht in einer zugedeckten Schüssel gehen lassen. Am nächsten Morgen werden die restlichen Zutaten gut untergemengt, so daß ein weicher Teig entsteht. Der Teig muß gehen, bis er sich verdoppelt hat. Dann werden die Brioche daraus geformt: Zwischen den Händen wird jeweils ein Bällchen geformt, in die gefettete Backform gelegt, in die Mitte eine runde trichterförmige Vertiefung gedrückt, in die Sie jeweils ein kleines, tränenförmiges Teigstückchen legen. Nun lassen Sie die Brioche noch einmal etwa 1 ½ Stunden aufgehen. Vor dem Backen bestreichen Sie die Brioche mit geschlagenem Eiweiß, schneiden mit der Schere den Teig rings um den »Trichter« ein und schieben die Brioche in den vorgeheizten Backofen (250° C, Heißluft 190° C). Etwa 15 Minuten.

Gebäckmodel aus dem 17. bis 18. Jahrhundert

Steingutteller, Amsterdam, ca. 1375 bis 1425

Vorratsbehälter aus Holz, Retz, um 15. Jahrhundert

ENGLAND

»Herring-Fruit Pie« Heiße Heringspastete

(Croyland Abbey)

Der Küchenmeister der Abtei, Lawrence Chaterer, wurde vom Abt im Jahre 1405 besonders für seine erfindungsreiche Fischküche während der Fastenzeit gelobt und daß er den ganzen Konvent dann mit köstlicher Mandelmilch erfrischte.

Zutaten

Pastetenteig (für Boden und Deckel einer 20 cm-Form)
500 g-Salzhering, entgrätet und in Stücke geschnitten
1 3/4 l kochendes Wasser
1 große Birne, in Scheiben geschnitten
1 El Korinthen
1 El Rosinen
2 entkernte, kleingeschnittene Datteln
1 Prise Zucker
1 Prise Salz
1/4 Teel. Zimt
2 El trockener Weißwein
1 El Butter, in kleinen Stückchen
1 Teel. Zucker

Zubereitung

Der Pastetenboden wird bei ca. 220° C (Heißluft 175° C) 10 Minuten vorgebacken. Währenddessen spülen Sie den entgräteten Hering unter kaltem Wasser ab, lassen ihn dann eine Minute lang kochen. Nehmen Sie ihn heraus und lassen Sie ihn abtropfen. Nun vermischen Sie die restlichen Zutaten – außer der Butter und dem Zucker – mit dem Hering und löffeln die überschüssige Flüssigkeit ab. Schütten Sie alles in den Pastetenboden und setzen Sie die Butterflocken auf die Füllung. Legen Sie jetzt den Pastetendeckel auf und versiegeln den Rand. Stechen Sie den Deckel mehrmals ein, damit der Dampf entweichen kann. Zum Schluß wird der Deckel mit Zukker bestreut. Die Pastete wird im vorgeheizten Backofen 1 Stunde lang gebacken (190° C, Heißluft 175° C).

Mandelmilch

(Croyland Abbey)

In keinem mittelalterlichen Kochbuch oder Speisenzettel fehlt die Mandelmilch.

Zutaten

500 g Mandeln, blanchiert
1 l Wasser
Zucker nach Geschmack

Zubereitung

Die blanchierten Mandeln werden mit wenig Wasser im Mörser sehr fein zerstoßen (oder im Mixer »püriert«), dann mit dem restlichen Wasser vermischt. Lassen Sie sie einige Zeit stehen. Wollen Sie »klare« Milch trinken, dann drücken Sie die Mandelmilch in einer Serviette aus. Süßen Sie nach Geschmack und servieren Sie die »Milch« eisgekühlt!

Shepherd's Pie

(Carlisle Abbey)

Schon zur Zeit der Römer wurden die Schafe von Northumberland und Cumberland gerühmt. Die dort stationierten syrischen Truppen waren froh, daß wenigstens der heimatliche Fleischgeschmack das kühle, rauhe Klima erträglich machte. Später zerkleinerten die Mönche von Carlisle die zähen Stücke Hammelfleisch im Mörser, vermischten sie mit gekochten Rüben und buken es. Irgendwann im 18. Jahrhundert kamen anstelle von Rüben die Kartoffeln hinzu, und daraus wurde dann dieser traditionelle »Shepherd's Pie«.

Zutaten

500 g gekochtes Hammelfleisch (oder jede Art von frischem Fleisch oder Geflügel)
500–1000 g geschälte Kartoffeln
60 g Butter
20 g Mehl
1/8 l Milch
gut 1/4 l Fleischbrühe
geriebener Käse
Salz und Pfeffer

Zubereitung

Entfernen Sie Fett, Haut und Knorpel vom Fleisch und drehen Sie es durch den Fleischwolf. Kartoffeln schälen, halbieren und kochen, bis sie zerstampft werden können. Aus 45 g Butter und Mehl machen Sie eine Schwitze, gießen dann mit Milch und Fleischbrühe auf. Ist die Sauce recht dick und fängt an zu kochen, geben Sie das Fleisch hinein, lassen alles etwa 3 Minuten kochen und schmecken mit Salz und Pfeffer ab. Geben Sie alles in eine flache, feuerfeste Auflaufform. Unterdessen werden die Kartoffeln zerstampft, der Rest Butter und ein wenig Milch hineingegeben und abgeschmeckt.

Ist das Fleisch so weit abgekühlt, daß die Sauce eine Haut hat, geben Sie mit einer Gabel den Kartoffelbrei vorsichtig darüber. Obenauf setzen Sie Butterflokken und streuen dick geriebenen Käse darüber. Backen Sie den Auflauf im vorgeheizten Ofen (175° C, Heißluft 175°, Gas 4) 20–30 Minuten, bis er eine goldbraune Kruste hat.

Stößel, Amsterdam, ca. 1500 bis 1700

»Deep-Dish Eel and Onion Pie« – Heiße Aalpastete

Am Palmsonntag des Jahres 1290 ließ Bischof Swinfield seine Gewürzkabinette aufschließen, um Jesus' triumphalen Einzug in Jerusalem mit einem Festessen zu feiern.
Das Fastenzeit-Fischgericht wurde mit Mandeln, Zucker, Ingwer und Senf zubereitet.

Zutaten

1000 g Aal, gewaschen, enthäutet, ohne Rückgrat (ergibt etwa 600 g)
4 El Zitronensaft
1/2 Teel. Salz
1/8 Teel. Ingwerpulver
1/8 Teel. frisch gemahlener Pfeffer
2 mittelgroße, kleingeschnittene Zwiebeln
2 El Butter
2 El Rosinen, 2 El Mandeln
Pastetenteig (evt. Blätterteig)
1 El Milch

Zubereitung

Schneiden Sie den Aal in 2 cm dicke Stücke und lassen Sie ihn in einer Schüssel mit Zitronensaft, Salz, Ingwer und Pfeffer marinieren. Die Zwiebeln werden in der Butter glasig gebraten und zusammen mit den Rosinen und den Mandeln zu den Aalstückchen gegeben. Gut verrühren.
Rollen Sie den Pastetenteig etwas größer aus als die Backform (23 cm Durchmesser) und legen Sie ihn über die Aalmischung und versiegeln Sie die Pastetenform, indem Sie den Teig mit einer Gabel an den Rand der Backform drücken. Bestreichen Sie den Teig mit Milch, stechen Sie den Deckel mehrmals ein. Backen Sie die Pastete im vorgeheizten Backofen 1 Stunde (190° C, Heißluft 175° C) und servieren Sie sie ganz heiß.

Güldene Äpfel

Dieses Rezept aus der »Harleian Handschrift«, Nr. 279 aus dem Jahre 1430, weist eine interessante Ähnlichkeit mit dem »Minitual Matianum«, einem römischen Frikassee-Rezept, auf. Der Schöpfer war der Freund Julius Caesars und Amateurkoch Matius. Er kultivierte auch eine neue Apfelsorte, die seinen Namen trägt: »Malum Matianum«.

Zutaten

500 g Schweinefleisch, gekocht und durch den Fleischwolf gedreht (oder Schweinefleisch und Hühnchenfleisch)
1 Teel. weißen Pfeffer
1/2 Teel. Ingwerpulver
1 Teel. Muskatblüte
1 Teel. Puderzucker
60 g Mehl
4 Eier
gut 1/4 l Milch
Salz
1 gehäufter El Petersilie, feingehackt
Fett zum Ausbacken, zur Hälfte Butter, zur Hälfte Öl

Zubereitung

Mischen Sie die Gewürze mit dem Zucker und einem Teel. Salz unter das durchgedrehte Fleisch und verrühren Sie alles mit 2 Eiern. Formen Sie daraus etwa 16 Bällchen (gut 3 cm Durchmesser).
Aus dem Mehl, 2 Eiern, Milch und einem Teel. Salz bereiten Sie einen Eierkuchenteig. Die Hälfte des Teiges gießen Sie in eine Schüssel und streuen die Petersilie hinein. Die Hälfte der Fleischbällchen tunken Sie in den weißen, die andere Hälfte in den grünen Teig und backen sie sofort in siedend heißem Fett rundherum aus. Heben Sie die Bällchen aus der Pfanne und legen Sie zum Abtropfen auf Küchenkrepp.
Solange die »Äpfel« noch knusprig sind, schmecken sie am allerbesten!

»To Make a Ffrycacee of Chicken« Hühnerfrikassee

(Kloster Reading)

Das Rezept für dieses phantastische Hühnerfrikassee kommt aus dem Reading-Manuskript.
Im Original lautet es:
»Nimm fünf Hühner, schneide sie in Stücke so groß wie Austern, würze sie mit Muskatblüte, Muskat und Pfeffer und Salz, süßem Majoran und Thymian, ein Pint Weißwein, zwei Maß kräftige Brühe, 2 Anchovis, 3 Schalotten, einige Fleischklößchen, in Scheiben geschnittene Zitrone, laß alles dämpfen, bis sie weich sind, dann tue sie in ein halbes Pfund Butter und schlag es mit zwei Eigelb, bis es dick wird, verziere mit gebratenen Sippols, Barbeeren, Zitrone und Austern.«
Da zu dieser Zeit im Kloster Reading um die zwanzig Mönche lebten, hier das Rezept für den heutigen Gebrauch, für sechs bis acht Personen!

Zutaten

für die Brühe
2 Hühnchen à 1–1 ½ kg
2 Zwiebeln, 2 Karotten, 1 Bouquet garni

für die Sauce
4 El Mehl
½ Teel. Muskatnuß
Pfeffer und Salz
150 g Butter
3 od. 4 Schalotten oder
2 mittelgroße Zwiebeln
2 Teel. feingehackter Thymian mit Majoran vermischt
2 kleingeschnittene Anchovisfilets
½ Flasche trockenen Weißwein
gut ½ l Hühnerbrühe, gut abgeschmeckt
2 Eigelb

zum Garnieren
18 kleine, dreieckige Weißbrottoasts (Croûtons)
1 Zitrone in Achteln
250 g gedünstete Champignons (oder Austern)

für die »Sippols« (Semmelklößchen)
90 g Semmelbrösel aus Weißbrot
2 Teel. feingehackte Petersilie
1 Teel. feingehackter Thymian
1 kleine Zwiebel, sehr feingehackt und in Butter weich geschmort
45 g Butter
1 Eidotter

Zubereitung

Zwei Stunden bevor Sie mit dem Kochen beginnen, lösen Sie die Hühnerknochen aus und bereiten eine Brühe:
Haut, Knochen und Gerippe werden zusammen mit den Zwiebeln, Karotten und dem Bouquet garni in gut 1 l Wasser zu einer kräftigen Brühe gekocht. Nach 1 ½ Stunden sollte die Menge auf knapp ein Liter eingekocht sein. Die Brühe wird durch ein Sieb gegossen und das Fett abgeschöpft. Reiben Sie die Hühnerteile leicht mit dem Mehl ein, das zuvor mit Muskatnuß, Pfeffer und Salz vermischt wurde. Unter ständigem Wenden braten Sie sie in 100 g Butter 3 Minuten lang an. Zusammen mit Schalotten, Thymian, Majoran und kleingeschnittenen Anchovis geben Sie das Huhn in einen Topf und gießen die Brühe und den Wein darüber. Lassen Sie alles 45 Minuten lang unter gelegentlichem vorsichtigem Umrühren bei niedriger Hitze kochen.

Währenddessen bereiten Sie die Croûtons, Pilze, die Zitronen und die Semmelklößchen vor. Für die Semmelklößchen werden alle Zutaten vermischt, mit Eigelb gebunden und leicht in der Butter angebraten, in der Sie vorher die Zwiebeln geschmort haben.
Nach 45 Minuten nehmen Sie die Hühnchenteile mit einem Heber heraus und legen sie in eine flache feuerfeste Form. Gießen Sie die Flüssigkeit in eine Schüssel. Lassen Sie 50 g Butter in einem Topf schmelzen und rühren Sie 1 El Mehl hinein und geben Sie nach und nach die Brühe auf die Schwitze, bis sie ganz glatt ist. Dann muß sie etwa 3 Minuten kochen. Dann vom Feuer nehmen und – während Sie die zwei Eigelb verrühren – abkühlen lassen. Nun ziehen Sie die Eier darunter; die Sauce darf aber nicht kochen, sonst gerinnt sie.
Nun gießen Sie sie über das Hühnchen, legen die Semmelklößchen darauf und garnieren sie mit Croûtons, den Pilzen (oder Austern), Zitronenachteln. Danach sofort servieren!

Tontopf, Amsterdam, 14. bis 15. Jahrhundert

Wildschweinskopf

(Selby Abbey)

Dem Lordabt von Selby Abbey war für das Weihnachtsfest 1479/80 nichts zu gut oder zu teuer für seine erlauchte Gästeschar, wie die Rechnungsbücher für das »Fest der Geburt des Herrn« bezeugen: Die wie jedes Jahr in die Abtei eingeladene Weihnachtsgesellschaft wurde von sechs verschiedenen Schauspieltruppen und drei Solisten während der zwölftägigen Feierlichkeiten unterhalten. Der Auftakt des Festmahls am ersten Weihnachtstag war ein gekochter Wildschweinskopf, der von zwei singenden Mönchen zur Tafel gebracht wurde:

»The boris hed in hondes I brynge
With garlondes gay and byrdes synginge;
I pray you all, help me to synge,
Qui estis in convivio.«

Zutaten

1. für die Marinade
1 frischer Wildschweinskopf mit Zunge, sonst ein Schweinskopf
1 Flasche Rotwein
2 weitere Schweins- oder Schafszungen
1000 g mageres Schweinefleisch, gewürfelt
1 Teel. Salz
1 mittelgroße Zwiebel, kleingehackt
1 Teel. Ingwerpulver
1 Teel. gestoßene Muskatblüte
12 Pfefferkörner
3 Lorbeerblätter

2. zum Kochen
1 Zwiebel, feingehackt
2 Teel. feingehackte Petersilie
jeweils 1 Teel. Thymian, Salbei, feingewiegt
viel Salz und gemahlenen schwarzen Pfeffer
1 dünnes Leintuch
1/2 Flasche süßen Sherry oder Madeira
1 Bouquet garni
2 Zwiebeln, geschält und halbiert
4 Karotten
12 Nelken

3. zum Garnieren
Makkaroni oder weiße Rübchen
Pflaumen
hartgekochte Eier
1 kleiner roter Apfel oder 1 Zitrone
Gurke, Kapern, Aspik
Lorbeer- und Myrtenblätter

4. für die Sauce
süßes Obst-Chutney
Senf
rotes Johannisbeergelee
1 Orange
1 Glas Portwein

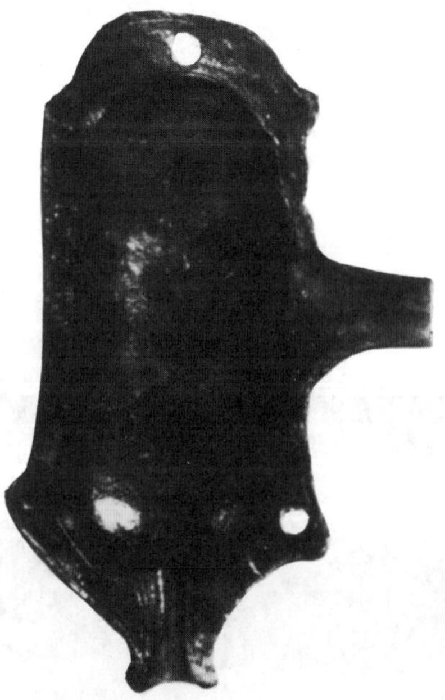

Bratpfanne, 14. Jahrhundert

Zubereitung

1. den Schweinskopf marinieren
Da es nicht leicht ist, einen frischen Wildschweinskopf zu bekommen, werden die meisten von Ihnen mit einem Kopf vom Hausschwein vorlieb nehmen müssen. Der Schweinskopf muß 3 Tage marinieren, bevor er fertig zubereitet werden kann.
Der Kopf sollte dicht vor den Schulterblättern abgeschnitten und gut gesengt sein. Dann lösen Sie den Genickknochen aus, lösen die Haut rings um das Maul vom Knochen, machen auf der Stirn über Kreuz einen Einschnitt. Nun benötigen Sie einen großen Topf. Waschen Sie den Kopf gut (ein Wildschweinskopf sollte ein bis zwei Stunden wässern) und legen ihn dann für 3 Minuten in kochendes Wasser und heben ihn dann wieder heraus. Nun füllen Sie den Topf wieder mit frischem Wasser und mit Wein (Sie können natürlich auch mehr Wein als vorgeschlagen nehmen!). Sobald der Sud aufkocht, nehmen Sie ihn vom Feuer, legen den Schweinskopf hinein, darauf legen Sie die Zungen, das gewürfelte Schweinefleisch, das Salz, die kleingeschnittenen Zwiebeln, Ingwer, Muskatblüte, Pfefferkörner und Lorbeerblätter. Lassen Sie alles drei Tage lang an einem kühlen Ort marinieren.

2. den Schweinskopf kochen
Nehmen Sie den Schweinskopf heraus und entfernen als erstes das Hirn, aber heben Sie die Marinade auf. Die Zungen werden abgezogen und in Scheiben geschnitten, die Schweinefleischstücke mit der kleingehackten Zwiebel, den feingewiegten Kräutern und dem gemahlenen Pfeffer vermischt. Legen Sie die Zungenscheiben in die Hohlräume des Kopfs und stopfen Sie die Schweinefleischwürfel fest dazwischen. Drücken Sie den Kopf in die richtige Form und nähen Sie dann die Öffnun-

gen zu. Der Kopf wird fest in ein dünnes Leinentuch eingebunden. Gießen Sie die Marinade – zusammen mit Sherry, dem Bouquet garni, den Zwiebeln, Karotten, Nelken und 1 Teelöffel Salz – darüber. Lassen Sie alles 4–5 Stunden lang auf ganz kleiner Flamme kochen, so daß die Brühe nur perlt. In der Brühe lassen Sie den Kopf abkühlen, bevor Sie das Tuch entfernen dürfen. Schöpfen Sie alle Rückstände von der Sauce ab, aus der ein fester, dunkler Gallert geworden sein sollte. Falls nicht, kochen Sie sie schnell auf die Hälfte ihrer Flüssigkeit ein und schmecken Sie sie danach ab.

3. den Schweinskopf garnieren
Bringen Sie den Kopf mit den Händen in die richtige Form und garnieren ihn. Die »Hauer« können Sie aus langen Makkaroni über Wasserdampf biegen oder aus Kohlrübchen schneiden. Als »Augen« nehmen Sie Pflaumen, die in Ringen aus hartgekochten Eiern (das Weiße) gesetzt werden. Die Glasur hält sie zusammen. Stecken Sie einen kleinen roten Apfel oder eine Zitrone in den Mund. Nun pinseln Sie 1/3 der Sauce zum Glasieren über den Kopf, geben die restlichen Verzierungen darauf, bevor die Glasur fest ist. Ist die Glasur fest geworden, gießen Sie den Gallert in zwei Portionen darüber, bis jede fest ist, so daß Sie eine einheitliche Glasur von etwa 2 mm Stärke erhalten.

4. die Sauce
Dazu servieren Sie eine Art Cumberlandsauce:
Das süße Chutney, gemischt mit dem angemachten Senf, dem roten Johannisbeergelee, dem Saft von 1 Orange und 1 Glas Portwein wird zu einer dicken, pikanten Sauce zusammengemischt.

»Hare in Wortes« – Hase im Kraut

(Harleian Manuscript)

Das Harleian Manuskript aus dem Jahre 1430 kommt wahrscheinlich aus dem Kloster. Und so konnte sich der Hase unseres Rezeptes im zarten »Wirsing« des Klostergärtners verstecken – im Altenglischen hieß nämlich »wortes« soviel wie »Kraut, Wurzel, Kohl«!

Zutaten

1 Hase
etwas Mehl
60 g Butter
1 Kräutersträußchen: Petersilie, Thymian, Majoran, Lorbeer, Salbei und Minze
2 Zwiebeln, jede mit 3 Nelken gespickt
1/2 Teel. schwarzer Pfeffer, gemahlen
etwas abgeschälte Zitronenschale
gut 1/8 l Rotwein
250 g Wirsingkohl, in feine Streifen geschnitten
4 Stangen Porree, in feine Streifen geschnitten
1 Bund Petersilie, feingehackt
etwas Butter und Mehl, verknetet zum Andicken
1 Glas Portwein
statt dessen eventuell herben Cider (Apfelwein) oder auch Bier

Zubereitung

Waschen Sie den Hasen und zerlegen Sie ihn in einzelne Teile, bestäuben Sie jedes mit Mehl und braten Sie sie in Butter leicht an. Zusammen mit den Kräutern, Zwiebeln, Pfeffer und der Zitronenschale kommen sie nun in einen Schmortopf. Alles wird mit Rotwein und Wasser aufgegossen und auf kleiner Flamme etwa 2 Stunden geschmort.
Fünfzehn Minuten vor Beendigung der Schmorzeit geben Sie Kohl, Porree und Petersilie dazu. Wenn danach alles schön weich geschmort ist, heben Sie die Hasenstücke heraus, dicken die Sauce mit Butter und Mehl an, fügen den Portwein hinzu, lassen die Sauce noch einmal 10 Minuten sanft köcheln. Geben Sie die Hasenstücke wieder dazu und lassen alles zusammen heiß werden.

Schere, Amsterdam, ca. 1300 bis 1350

Erbspudding

(Welbeck Abbey)

Das Protestgeschrei der Mönche gegen den ewigen Erbsbrei
»Pease pudding hot;
pease pudding cold;
pease pudding in the pot,
nine days old.«
verstummte und tauchte erst in den Sammlungen englischer »Nursery rhymes« wieder auf, als im 14. Jahrhundert der Koch von Welbeck Abbey in Nottinghamshire im Refektorium diesen leckeren Pudding zum gerösteten Spanferkel servieren ließ.

Zutaten

250 g getrocknete grüne Erbsen
1 große Zwiebel, kleingeschnitten
je 1 Stengel Petersilie, Thymian, Minze, Majoran, Bohnenkraut
Salz und Pfeffer
30 g Butter
1 El Mehl
gut $^{1}/_{8}$ l Milch
1 Ei

Zubereitung

Weichen Sie die Erbsen über Nacht ein. Zusammen mit der Zwiebel und den Gewürzen werden sie mit Wasser bedeckt und gekocht, bis sie weich sind. Dann abgegossen, durch ein Sieb passiert (oder im Mixer püriert), mit Pfeffer und Salz gewürzt. Zerlassen Sie nun die Butter in einem Topf und lassen das Mehl anschwitzen. Geben Sie dann noch langsam die Milch dazu und lassen 5 Minuten unter Rühren weiterkochen. Rühren Sie das Erbspüree dazu und lassen das Ganze noch eine Weile kochen. Wenn es abgekühlt ist, heben Sie das Eigelb und ganz zum Schluß das geschlagene Eiweiß darunter. Sie backen den Pudding in einer gut eingefetteten Auflaufform (175° C 30 Min., Heißluft 160° 40 Min.) oder in mehreren kleinen Formen.

Zwiebelsauce

(Kloster St. Mary de Pré)

Aus dem englischen Kloster St. Mary de Pré in Hertfordshire wissen wir, daß die Zwiebelsauce nur mit weißem Salz zu machen war:
»Loke thy salte be sutille, whyte, fayre and drye.« (Das Salz [für den Herrn Abt] muß eine feine Konsistenz und gute Qualität haben und trocken sein.)

Zutaten

250 g Zwiebeln, feingehackt
$^{1}/_{4}$ Teel. feingewiegte Zitronenschale
2 El trockenen Weißwein
$^{3}/_{8}$ l Orangensaft
4 El Weißbrotkrumen
Salz
Pfeffer

Zubereitung

Setzen Sie die Zwiebeln mitsamt der Zitronenschale aufs Feuer und löschen Sie sie mit Weißwein und Orangensaft ab. Auf kleiner Flamme soll die Sauce dann 10 Minuten weiterkochen. Gelegentlich rühren Sie um, geben die Brotkrumen dazu, würzen mit Salz und Pfeffer und lassen weitere 2 Minuten auf kleiner Flamme kochen.
Sehr delikat zu Leber und Geflügel!

Knoblauchsauce

(Kloster Cirencester)

Alexander Neckam, Abt des Augustinerklosters von Cirencester (Gloustershire) im 13. Jahrhundert, schreibt in seinem Buch »De utensilibus«, daß eine Gans ohne Knoblauchsauce nicht zu genießen wäre. Diese fundamentale klösterliche Einstellung zum Knoblauch (in jeder Art) wurde im 16. Jahrhundert wieder vernommen, als Thomas Moufet feststellte: »Eine Gans, die älter ist als vier Monate, kann einfach ohne Knoblauchsauce und starke Getränke nicht verdaut werden!«

Zutaten

125 g blanchierte Mandeln
5 große Knoblauchzehen
1 El Eiswasser
4 El Weißbrotkrumen
$^{3}/_{8}$ l Hühnerbrühe

Zubereitung

Im Mixer (sonst im Mörser!) werden Mandeln, Knoblauch und Eiswasser zu einer festen Masse püriert und – zusammen mit der Weißbrotkrume – in die kochende Brühe gegeben. Gut verrühren und 10 Minuten unter gelegentlichem Umrühren auf kleiner Flamme weiterkochen.
Besonders gut zu gebackenen Meeresfrüchten und Artischocken!

Altenglische Saucen

Im Ashmole Manuscript von 1439 findet sich das Original mancher Sauce:

Minzsauce

Schon zu Zeiten Edwards I. (1239–1307) liebten die Engländer ihre »Mint-Sauce« heiß und innig für ihren Lammbraten – nur wird sie in damaligen Handschriften als »Sauce eigre-douce« (»Sauce sauersüß«) bezeichnet – man sprach ja Französisch!

Zutaten

3 El Weinessig (oder Apfelessig)
2 Teel. Puderzucker (früher nahm man Honig!)
1 El Minze, ganz fein gehackt oder zerstoßen

Zubereitung

Lassen Sie den Essig heiß werden und geben den Zucker dazu. Wenn der Zucker aufgekocht ist, nehmen Sie die Sauce vom Feuer und lassen sie etwas abkühlen. Wenn sie noch warm ist, geben Sie die Minze hinzu und lassen die Sauce noch mindestens eine Stunde ziehen.

Sauce gauncile

»Nimm Mehl und Kuhmilch, Safran, gut zerrieben, Knoblauch und gib es in einen ziemlich kleinen Topf und setze es über ein Feuer und serviere es gleich.«

Eine andere Hand hat noch hinzugefügt: »Pfeffer, Salz.« Diese Sauce ist dick, glatt und goldgelb und schmeckt besonders gut zu Gemüse.

Kranichsauce

Für einen gerösteten Kranich wird eine Sauce gereicht, in die die kleingeschnittene Leber zusammen mit Ingwerpulver, Essig und Senf gegeben wird.
Zu Fasan sollte »seine Sauce aus Zucker und Senf« sein.

Krug aus Steingut, Amsterdam, um 14. Jahrhundert

Froise mit Aprikosen

(Canterbury)

Eine Art Omelette sind die »froise«, bezeichnenderweise auch »monks' froise« – »Mönchsomelette« genannt. Im Canterbury des 15. Jahrhunderts hießen sie noch »frayse«, eine französisierte Ableitung aus »fry« – »braten«.

Zutaten

gut ½ l Pfannkuchenteig (s. Rezept »Pfannkuchenteig«, S. 198)
500 g frische Aprikosen, entsteint und halbiert
90 g Butter
60 g Puderzucker

Zubereitung

Rühren Sie einen Pfannkuchenteig und lassen Sie ihn rasten. Inzwischen schmoren Sie die Aprikosen mit etwas Butter (etwa 3 Minuten), bis sie anfangen, weich zu werden. Nehmen Sie sie aus der Pfanne, wenden Sie sie in Zucker und halten Sie sie heiß. Geben Sie noch ein Stückchen Butter in die Pfanne und lassen Sie sie ganz heiß werden. Nun gießen Sie die Hälfte des Teiges hinein. Wenn er fest wird, werden die Aprikosen daraufgelöffelt. Dann gießen Sie den Rest des Teiges darüber. Wenn der Boden des Teiges anfängt braun zu werden, wenden Sie ihn um und geben eventuell noch etwas Butter in die Pfanne.

Apfel-»Tansie«

(Canterbury)

Ein »Carol« Anfang des 16. Jahrhunderts besingt diese geliebte Eierspeise: Wenn das »Oster-Hallelujah« erklingt, darf man wieder Butter, Käse, Eier und ein »Tansay« essen. »Tansie« ist der englische Name für den leuchtend gelb blühenden »Rainfarn«, dessen Blätter man kleingehackt in die Eierspeise rührte, die dieser Blume ihren Namen »Tansie« verdankt. Doch schon im 17. Jahrhundert waren Eier und natürlich auch »Tansies« erlaubte und beliebte Fastenspeisen. Nur entsprachen die leicht bitterlichen »Tansie«-Blätter nicht mehr dem Geschmack der Tudor-Zeit. Aus dem Kräuteromelette wurde eine Art von süßem Pfannkuchen, der mit Spinatsaft grün gefärbt wurde. Schließlich blieb ein gebackener oder gekochter Pudding übrig, an dessen blumige Entstehung nur noch der Name »Tansie« erinnert.

Zutaten

6 Eßäpfel (am besten Cox)
60 g Butter
6 Eigelb
4 Eiweiß
3 El süße Sahne
100 g Puderzucker
100 g alte Semmeln, feingerieben
je eine Prise Zimt, Muskat
Schlagsahne

Zubereitung

Aus den geschälten Äpfeln werden die Kerngehäuse entfernt und die Äpfel in dicke Scheiben geschnitten. In einer großen Pfanne braten Sie nun ganz langsam die Apfelscheiben, bis sie weich und glasig sind. Währenddessen werden Eier, Sahne, Semmelbrösel, Gewürze und zwei Eßlöffel von dem Zucker gut miteinander verschlagen. Der restliche Zucker wird unter die gebratenen Äpfel gestreut, dann die Eiermasse darübergegossen und leicht untergerührt. Wenn dieser »Tansie« unten gebräunt ist, legen Sie ihn auf einen Teller, geben etwas mehr Butter in die Pfanne und braten ihn von der anderen Seite.
Dazu servieren Sie Zucker und frisch geschlagene süße Sahne.

Waffeln

(Glastonbury)

Die Mönche von Glastonbury liebten ihre »wafers« nicht nur am Karfreitag – dem Tag, an dem sie traditionellerweise gebacken wurden.

Zutaten

120 g Butter
240 g Mehl
1 Prise Salz
2 El Honig
30 g Sahne

Zubereitung

Verrühren Sie Butter, Mehl und Salz. Honig und Sahne werden mit einem Messer unter die trokkene Masse gehoben, bis sie geschmeidig und glatt ist.
Der Teig wird 2 mm dick ausgerollt; mit einem runden Glas stechen Sie Plätzchen aus und backen Sie auf einem eingefetteten Backblech 15–20 Minuten (150° C, Heißluft 140°).
Am besten schmecken die Waffeln noch ganz heiß, aber auch kalt sind sie köstlich!

Panperdy

(Harleian Manuscript)

Im 13. Jahrhundert pries man in Englands Nobelklöstern und bei Hof in feinstem Französisch eine der neuesten Kreationen englischer Kochkunst, das »pain perdu«. Denn schließlich war nach der Eroberung durch die Normannen (im Jahre 1066) bis zur Mitte des 14. Jahrhunderts Französisch die Hof- und Regierungssprache. Daß dieses »verlorene Brot« nicht nur eine Delikatesse für Edelleute blieb, deutet die wahrhaft volkstümliche englische Bezeichnung an. Im 15. Jahrhundert liebte man sein »pamperdy« süß und auch salzig, knusprig-köstlich in ein Omelette eingebacken.

Salziges Panperdy

Zutaten

2 Eier pro Person
Salz, Pfeffer, kleingehackte Petersilie, Thymian, Schnittlauch oder etwas geriebener Parmesankäse
20 g Butter
1 Scheibe Weißbrot (5 × 7 cm) ohne Rinde pro Person

Zubereitung

Schlagen Sie die Eier, geben Gewürze, Käse, Salz und Pfeffer hinzu. Die Butter soll in einer Pfanne zerschmelzen, aber nicht braun werden. Rösten Sie die Brotscheiben auf beiden Seiten leicht an. Nun gießen Sie etwa die Hälfte des Eierteiges über das Brot und lassen es 2 Min. braten, drehen es dann um und gießen den Rest darüber. Nun wieder 1 Min. braten lassen und noch einmal umdrehen, damit das Omelette schön goldbraun wird.

Süßes Panperdy

Zutaten

(für 4 Personen)
6 Eier
je 1 Prise Nelken, Zimt und Muskatnuß
1 Prise Salz
1 El Puderzucker
90 g Butter
4 Scheiben Weißbrot ohne Rinde (5 × 7 cm)

Zubereitung

Bereiten Sie die süßen »French toasts« (wie sie auch genannt werden) nach demselben Prinzip wie links angegeben zu.

Gaufres

Auch dem Namen dieser köstlichen knusprigen Waffeln hört man noch an, daß sie zuerst zwischen dem elften und vierzehnten Jahrhundert im französischsprachigen England gebacken wurden.

Zutaten

125 g Butter
250 g Mehl
250 g Rohrzucker
2 Eier, gut geschlagen
2 Teel. Cognac
1 Prise Salz
1 Prise Zimt

Zubereitung

Reiben Sie die Butter in das Mehl, rühren Sie nacheinander Zucker, Eier, Cognac, Salz und Zimt darunter.
Nun lassen Sie ein Eiserkucheneisen oder eine große Bratpfanne sehr heiß werden – wenn Sie ein Stückchen Butter hineinfallen lassen, muß sie sofort gleichzeitig spritzen und rauchen. Nun geben Sie vom Teig kleine Löffel voll in die gut gefettete Bratpfanne, und zwar so weit voneinander entfernt, daß sie beim Auseinandergehen etwa Untertassengröße annehmen können. Sobald jede Waffel viele kleine Löcher an der Oberfläche hat, heben Sie sie blitzschnell aus der Pfanne, rollen sie über einen Kochlöffelstiel auf und lassen sie auf einem Rost abkühlen.
Mit Schlagsahne gefüllt sind diese Gaufres unwiderstehlich!

Banbury-Küchlein

(Banbury Cross)

Bis ins 16. Jahrhundert hinein strömten die Gläubigen in Oxfordshire zum wundertätigen »Banbury Cross«, bis diese Wallfahrtsstätte von den Puritanern zerstört wurde. Doch das Bier, der gute Käse und vor allem die süßen Kuchen, die an die Pilger verkauft wurden, haben auch heute noch eine begeisterte Gemeinde!

Zutaten

200 g süße Sahne
125 g Butter
40 g Zucker
6 El Korinthen
400–450 g Weizenmehl, gesiebt und ungebleicht
1/4 Teel. frisch geriebene Muskatnuß
1/4 Teel. Zimt
1/4 Teel. Nelken
1/8 Teel. Muskatblüte
1 Teel. Zucker
1 Päckchen Hefe
4 El lauwarmes Wasser und
2 Eier und 1 Eiweiß, leicht geschlagen
1 Teel. Salz

Zuckerguß
3 El Puderzucker, aufgelöst mit 1 El Milch und einem Hauch Anis-Extrakt

Zubereitung

Sahne, Butter und Zucker werden zusammen erhitzt, bis sich der Zucker aufgelöst hat. Dann lassen Sie die Mischung abkühlen. Das Mehl, die Korinthen und die Gewürze werden in eine große Schüssel gegeben und miteinander gut vermischt. Machen Sie eine kleine Grube in das Mehl, streuen Sie 1 Teel. Zucker hinein. Die Hefe wird in lauwarmem Wasser aufgelöst und in die Grube gegossen. Decken Sie die Schüssel mit einem sauberen Leinentuch zu und lassen Sie den Vorteig 15. Min. an einem warmen Ort gehen. Nun rühren Sie nacheinander die Sahnemischung, die Eier und das Salz in die Schüssel. Und kneten dann den Teig gut durch, bis er glatt und formbar ist. Geben Sie eventuell mehr Mehl hinzu.
Geben Sie diesen Teig in eine eingefettete Schüssel. Diese wird mit einem sauberen feuchten Tuch bedeckt und warm gestellt, bis der Teig zur doppelten Größe aufgegangen ist – in etwa 1 1/2 Std. Nun kneten Sie den Teig noch einmal einige Minuten gut durch. Aus dem Teig rollen Sie 14–16 (1 1/2 cm) große Bällchen, die Sie auf ein eingefettetes Küchenblech legen. Diese Küchlein mit einem sauberen Tuch zudekken und 1 Std. an einem warmen Platz aufgehen lassen. Dann werden sie 25 Min. im vorgeheizten Backofen (190° C, Heißluft 175° C) gebacken, bis sie goldbraun sind, dann auf ein Drahtgestell zum Abkühlen gegeben und mit Zuckerguß bepinselt.

»Simnel Cake« – Osterkuchen

»Klingt's ›Hallelujah‹ zur Osterfeier, gibts endlich Butter, Käse, Eier!«

So reimte der »Goodman of Paris« im Jahre 1393. Nach der langen, strengen Fastenzeit, in der es sogar verboten war, in der Kirche das freudige »Hallelujah« zu singen, war Ostersonntag der erste Tag, an dem wieder »normal« gegessen werden und endlich der Kuchen wieder mit Eiern gebacken werden durfte!
Von Deutschland über Dänemark bis Finnland findet man ähnliche österliche Kuchenbrote – wie diesen traditionellen englischen Osterkuchen.

Zutaten

150 g Butter
125 g Zucker
2 Teel. goldener Sirup (Glukose), sonst heller Rübensirup, erhitzt
3 Eier, leicht geschlagen
250 g Mehl
360 g kandierte und getrocknete Früchte, kleingeschnitten: Rosinen, Feigen, Kirschen, Birnen, Pflaumen o. ä.
30 g kandierte Zitronen- und Orangenschale
1/2 Teel. Mischgewürz aus: Kardamom, weißer Pfeffer, Piment, Macis, Muskat
1/2 Teel. gemahlener Zimt
1/4 Teel. geriebene Nelken
eventuell 2–6 El Milch
500 g Mandelpaste

Zubereitung

Rühren Sie Butter und Zucker schaumig, dazu den heißen Sirup und die Eier. Die miteinander vermischten, trockenen Zutaten werden nun hineingegeben – der Teig muß aber eine feste Konsistenz behalten! Eventuell etwas Milch dazu rühren.
Geben Sie die Hälfte der Masse in eine ausgefettete Kuchenform (25 cm Durchmesser) und legen Sie darauf die 1/2 cm dick ausgerollte Mandelpaste – gut andrükken, so daß keine Luftblasen zwischen Teig und Mandelpaste sind. Setzen Sie den Rest des Teiges darauf und backen ihn im vorgeheizten Backofen (150° C, Heißluft 140° C) etwa 2 1/4 Stunden, bis er gut aufgegangen ist.

Dundee Cake

Der berühmte englische »Tee-Kuchen« entstand schon vor der Einführung des »Fünf-Uhr-Tees« in England: Kardinal Wolsey gab zu Ehren des französischen Gesandten im Jahre 1520 ein Gastmahl. Eine der berühmten »sotelties« – in Form eines Schachbretts – soll ganz aus saftigem, seidigem »Fruitcake« bestanden haben. Die Felder des Schachbretts waren aus blanchierten Mandeln und kandierten Früchten zusammengesetzt.
Doch unser »Fruitcake«-Rezept, eins der englischen »Meisterwerke kulinarischer Erfindungsgabe«, kommt aus dem Exeter des achtzehnten Jahrhunderts.

Zutaten

250 g Butter
200 g brauner Zucker (Rohrzucker)
5 Eier
Saft von 1 Zitrone und 1 Orange
180 g Korinthen
180 g Sultaninen
120 g gehackte Rosinen
60 g kandierte Ananas
60 g Mandeln, abgezogen und gehackt
60 g Ingwer, kleingeschnitten
250 g Mehl
eine Handvoll blanchierte Mandeln

Zubereitung

Nehmen Sie eine Kuchenform von 20 cm Durchmesser. Schlagen Sie Butter und Zucker schaumig. Rühren Sie die Eier, Saft und die geriebene Schale von Orange und Zitrone hinzu. Die übrigen Zutaten werden vermischt und untergerührt. In eine Backform legen Sie 2 Schichten eingefettetes Papier (20 cm Durchmesser) und füllen sie zu 2/3 mit dem Teig. In die Mitte drücken Sie eine Vertiefung und streuen die in die Milch getunkten, blanchierten Mandeln hinein.
Die Backzeit beträgt 2 Stunden. Die erste Stunde 175° C (Heißluft 160°), die zweite Stunde 150° (Heißluft 140°).

Gingerbread

(Selby Abbey)

Schon im zehnten Jahrhundert hatte sich in England die Vorliebe für Ingwer entwickelt – und bis heute erhalten, besonders im »Gingerbeer« und »Gingerbread«. Und so hat England heute nach Indien den zweitgrößten Ingwerverbrauch in der Welt. Das Rezept für das süße »Gingerbread« brachte der Koch von Selby Anfang des sechzehnten Jahrhunderts aus York mit.

Zutaten

1/4 l Honig (etwa 300 g)
gut 1/4 Teel. Ingwerpulver
1/8 Teel. Nelken, gemahlen
1/8 Teel. Zimt
1/8 Teel. Süßholz, geraspelt
140 g Semmelmehl
1 Teel. Anissamen

Zubereitung

Lassen Sie den Honig im Wasserbad zerschmelzen und rühren Sie alle Gewürze – bis auf den Anis – hinein. Nun rühren Sie die Brösel dazu und lassen alles zugedeckt bei mittlerer Hitze 15 Min. kochen. Die Mischung muß dann dick und feucht sein. Legen Sie den Teig auf ein großes Stück eingefettetes Pergamentpapier und formen Sie daraus ein kleines Rechteck. Nun streuen Sie die Anissamen darauf und drükken sie sanft mit einem Messer in die Oberfläche ein. Nun muß das Gingerbread mindestens zwei Stunden ruhen. Erst dann kann man davon – in dünne Scheiben geschnitten – naschen.

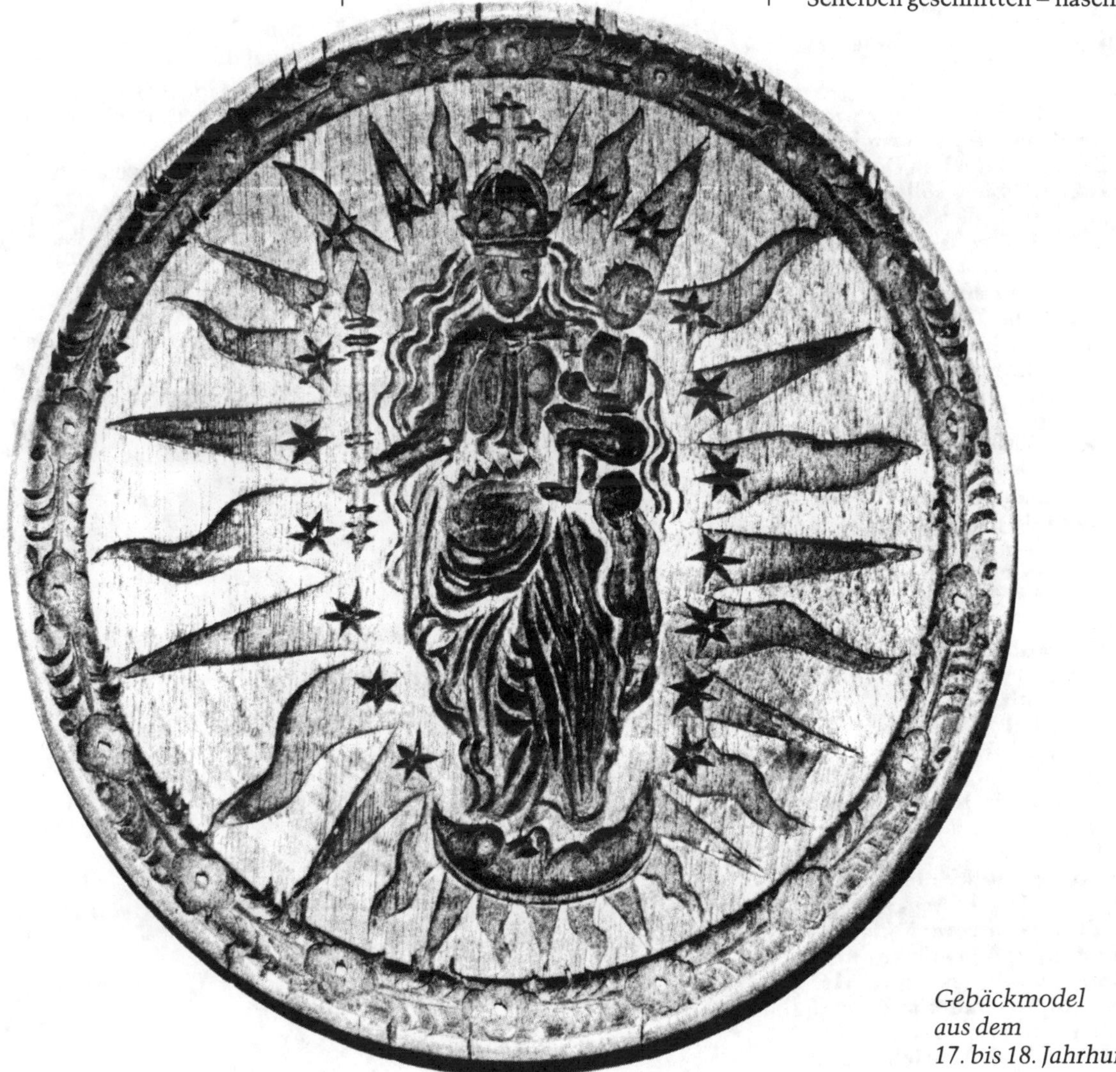

Gebäckmodel aus dem 17. bis 18. Jahrhundert

Mincemeat-Pie

(Harleian Manuscript)

Im Jahre 1198 freuten sich die Bürger von Bury wie jedes Jahr auf die weihnachtliche Einladung in das Kloster St. Edmund. Gab es dort doch für jeden einen neumodischen würzigen heißen »Mincemeat-Pie«. Doch eine vorweihnachtliche Rauferei zwischen den Dienern des Abtes und einigen Bürgern von Bury ärgerte Abt Samson so sehr, daß er alle Gäste kurzerhand auslud. Woraufhin sich die ganze Stadt beim Abt entschuldigte und gemeinsam mit ihm während der folgenden Tage zur Buße fastete . . . wohl auch in Vorbereitung auf das kommende üppige Weihnachtsmahl.
Diese »Mincemeat-Pies« wurden traditionell in Form kleiner Boote mit flachen Deckeln gebacken. Sie sollten die Wiege Jesus' darstellen und waren bis ins sechzehnte Jahrhundert hinein Teil des englischen Weihnachtsmenüs. Während der Reformationszeit wurden diese geliebten »Pies« verboten, mit der Begründung, die Darstellung der Wiege Christi als »pie« und der Gaben der Heiligen Drei Könige als die Gewürze und exotischen Früchte der Füllung sei »papistisch«.
Doch die englischen Puritaner haben sich nicht durchgesetzt, und »Mincemeat-Pies« gehören heute noch ebenso zum traditionellen Weihnachtsessen wie der legendäre »Plumpudding«.
Ursprünglich bestand die »Mincemeat«-Füllung aus feingehacktem (»minced«) magerem Fleisch oder Zunge, Rindertalg, Rosinen, kandierten Früchten und vielen Gewürzen. Später wurde allmählich das Fleisch weggelassen und Brandy hinzugefügt.
Aus dem 18. Jahrhundert kommt unser Rezept, das schon im November angesetzt werden muß, damit der Brandy gut durchzieht. Der Kenner aber schwört auf »Mincemeat«, das bereits im vorangegangenen Jahr angesetzt wurde.

Zutaten

500 g Rosinen
125 g Sultaninen
250 g dunkle, englische Orangenmarmelade
250 g Rindsnierenfett
½ Zitrone
½ Teel. gemischte Gewürze: Macis, Nelken, Zimt, weißer Pfeffer, Piment, Kardamom
1 großes Glas Brandy
250 g Korinthen
125 g kandierte Orangen- und Zitronenschale
250 g brauner Zucker (Rohrzucker)
500 g gute Kochäpfel
¼ Teel. Muskatnuß
1 gute Prise gemahlener Ingwer

12 Pastetenhüllen
500 g Blätterteig oder 750 g Mürbeteig
Eigelb zum Bestreichen
24 kleine runde Backformen

Zubereitung

Die getrockneten Früchte werden gewaschen, die Zitronen abgerieben, die Äpfel geschält, entkernt und in Scheiben geschnitten. Alle trockenen Zutaten werden durch den Fleischwolf gedreht oder ganz klein geschnitten. Danach werden sie mit Zitronensaft und Brandy gut verrührt in einen Tontopf gegeben, luftdicht verschlossen und an einem trockenen, kühlen Platz aufbewahrt.
Dieses Mincemeat sollte mindestens vierzehn Tage vor Weihnachten, wenn nicht sogar schon im November, vorbereitet werden. Es hält sich fast unbegrenzt!
Für den Pastetenteig rollen Sie den Blätterteig (oder anderen Teig) dünn aus und stechen mit einem Glas Kreise aus, die mindestens 1 cm größer als Ihre Pastetenförmchen sind. Legen Sie jeweils ein Teigblättchen in die ausgefettete Form, geben Sie die Mincefüllung hinein, bestreichen Sie den Rand mit Milch, legen Sie ein zweites Teigblättchen obenauf und pressen Sie die Ränder gut zusammen – eventuell mit einer Gabel. Bestreichen Sie jede Pastete mit Eigelb und backen Sie sie etwa 10 Minuten (220° C, Heißluft 175° C).

Holzmodel aus Kloster Sankt Lazarus

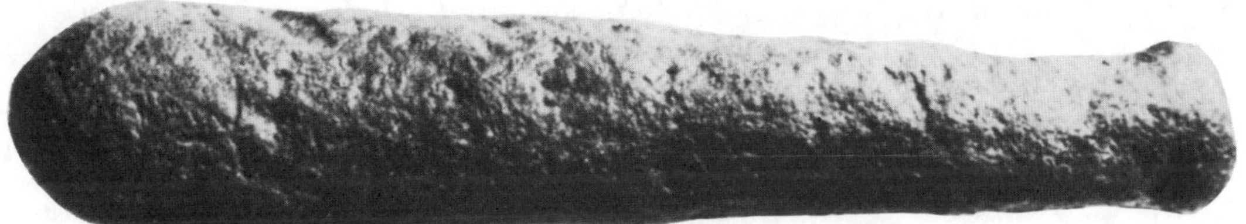

Stößel, Amsterdam, ca. 1500 bis 1700

Steinguttopf, Amsterdam, 1375 bis 1425

FRANKREICH

»Croquettes d'huitres« – Austernkroketten

(Dominikanerkloster Montpellier)

Die »vorbildlichen« Dominikaner säuberten im 14. Jahrhundert nicht nur die südfranzösischen Provinzen von unbequemen Sekten, sondern hielten sich auch relativ lange Zeit recht »vorbildlich« an die Fastengebote der Kirche – was an den Gestaden des Languedoc ein reiner Genuß gewesen sein muß!

Zutaten

Sahnesauce
3 El Butter
3 El Mehl
1/4 l Sahne oder Milch
1/2 gestr. Teel. Salz
1/8 Teel. weißer Pfeffer
1 Eigelb
1 kleine Zwiebel, gehackt, glasig gebraten
12 große frische Austern

100 g große frische Champignonköpfe
etwas Butter
Cayennepfeffer
Muskat
etwas Mehl
Semmelbrösel
Ausbacköl

Zubereitung

Kochen Sie eine dicke Sahnesauce, von der Sie gut die Hälfte benötigen. Die glasig gebratenen Zwiebeln geben Sie in die Sauce und streichen sie durch ein Sieb. Die Austern lassen Sie im eigenen Saft garziehen, bis sich die Ränder kräuseln. Hacken Sie die Austern fein und geben Sie sie mit dem Sud in die Sauce.

Die Champignonköpfe werden gepellt und mit etwas Butter weich gedünstet, dann im Mörser oder Mixer fein zerrieben und zur Sauce gegeben. Würzen Sie mit einer Spur Cayennepfeffer und Muskat, streichen Sie die Masse auf einen Teller und teilen Sie nach dem Abkühlen etwa walnußgroße Stücke ab. Formen Sie daraus kleine »Korken«, die in Mehl und Semmelbrösel gerollt werden. Lassen Sie sie etwa eine Stunde im Kühlschrank ruhen. Dann backen Sie die Austernkroketten im rauchend heißen Ausbackfett schwimmend knusprigbraun, lassen sie auf Küchenkrepp abtropfen und servieren sie.

Salm-Pfannkuchen

(Kloster Mont St. Michel)

Gute Milch, fette Sahne und frische Butter sind seit langen Zeiten der Stolz der Normandie – neben ihrem Reichtum an frischem Meeresgetier aus dem Atlantik und delikatem Salm und Forellen aus Bresles und Arques.
Aus dem 13. Jahrhundert kommt eine exquisite Mischung dieser Zutaten für den ersten Zwischengang beim freitäglichen Fischmahl im Kloster Mont St. Michel.

Zutaten

Pfannkuchenteig
100 g Mehl
2 große Eier
2 El zerlassene Butter
8 El lauwarme Milch
1 gute Prise Salz

Salmfüllung
350 g Salm, gargezogen in 1/8 l Madeira mit Pfefferkörnern, Lorbeerblättern, Koriander, Senfkörnern
100 g Sahne
Salz, Pfeffer, Thymian
gut 1/4 l Sauce Normande
60 g Butter
60 g geriebener Käse

Sauce Normande
50 g Butter
3 El Mehl
8 El Fischsud
3 dl Sahne
Salz, Pfeffer
1 Schluck trockener Weißwein

Zubereitung

Aus den angegebenen Zutaten rühren Sie einen feinen Pfannkuchenteig und backen daraus 12 dünne Pfannkuchen.
Der gargezogene Salm wird mit der Sahne und den Gewürzen im Mixer zu einer dicken Paste verrührt. Auf jeden Pfannkuchen kommt ein Löffel dieser Paste. Dann rollen Sie die Pfannkuchen ein und legen sie dicht nebeneinander in eine gefettete feuerfeste Form.
Bereiten Sie nun die Sauce Normande zu und gießen 1/4 bis 1/2 l davon über die Pfannkuchen (eine Bechamelsauce schmeckt ebenfalls gut).
Zum Schluß setzen Sie die Butterflöckchen auf und streuen den geriebenen Käse darüber.
Backen Sie die Salm-Pfannkuchen im vorgeheizten Backofen (200° C, Heißluft 190° C) etwa 20 Minuten, bis sie schön braun sind.

Jakobsmuschel, Amsterdam, ca. 1475

Verlorene Eier auf Karmeliter-Art

Die Küche der Karmeliter war nicht nur für ihre feinen süßen Gebäcke berühmt, sondern auch besonders für ihre raffinierten und eleganten Fisch- und Eierspeisen.

Zutaten

1 vorgebackene Pastetenhülle von 30 cm Durchmesser
8 verlorene Eier

für die Muscheln
2 kg frische Miesmuscheln
1 El Butter
2 El gehackte Schalotten
1 Bouquet garni: 2 Stengel Petersilie, 1 Stengel Thymian, 1/4 Lorbeerblatt
2 Teel. Butter
1 Glas trockener Weißwein
vom Muschelsud gut 1/8 l für die Weißweinsauce aufbewahren
den Rest vom Muschelsud mit gut 1/4 l Bechamelsauce auffüllen
6 El Sahne
1 El Butter

Weißweinsauce
gut 1/8 l Muschelsud
2 Eigelb
150 g zerlassene Butter
Pfeffer, Salz, Zitrone

Zubereitung

1. Pastetenhülle:
In einer Springform backen Sie eine Pastetenhülle aus Blätter- oder Mürbeteig bis sie hellgelb ist.
2. Verlorene Eier:
Die Eier müssen ganz frisch sein, da sie sonst nicht ihre Form behalten. Poschieren Sie nun die Eier:
Auf 1 l kochendes Wasser 1 1/2 Teel. Salz und 1 Teel. Essig geben. Die Eier ins kochende Wasser geben, dann 3 Min. ziehen lassen, herausnehmen und in heißem Salzwasser warm halten.

3. Sahnemuscheln:
Bürsten und säubern Sie die Muscheln mit viel Wasser! In einem großen Topf zerlassen Sie den Eßlöffel Butter und geben die Schalotten, das Bouquet garni, die Muscheln, den Wein dazu und lassen die Muscheln auf höchster Flamme zugedeckt kochen, bis sie alle geöffnet sind. Gießen Sie den Muschelsud in ein Gefäß – Sie benötigen ihn später für die Sauce! Nehmen Sie alle Muscheln aus der Schale und halten Sie sie in einer Schüssel warm.
Vom Muschelsud nehmen Sie 1/8 l ab und bewahren ihn für die Weißweinsauce auf. Den Rest gießen Sie mit 1/4 l Bechamelsauce auf. Rühren Sie 2 Eßlöffel Sahne darunter und lassen Sie die Sauce leise kochen, bis sie recht dick ist, schließlich die restliche Sahne und die Butter. Dann schmecken Sie die Muschelsauce fein ab und gießen sie über die Muscheln.

4. Die Sahnemuscheln geben Sie nun in die vorgebackene Pastetenhülle und arrangieren die Eier darauf.

5. Nun bereiten Sie die Weißweinsauce zu:
Lassen Sie den aufgekochten Muschelsud auf 2/3 einkochen, ziehen Sie die Eigelbe darunter, lassen Sie einmal aufkochen und geben unter kräftigem Schlagen nach und nach die zerlassene Butter dazu.
Mit Pfeffer, Salz und Zitrone würzen.
Jetzt überziehen Sie die verlorenen Eier mit der Weißweinsauce, geben die Pastete kurz (8 Min.) in den vorgeheizten Backofen (175°, Heißluft 160°).

Suppe aus pürierten Gartenerbsen

(Kloster St.-Germain-des-Prés)

Zutaten

500 g junge, frisch ausgepalte Erbsen (3 El zurückbehalten)
knapp 1 l gute Kraftbrühe
60 g Butter
1 El frisch gehackte Kerbelblätter

Zubereitung

Lassen Sie die frischen Erbsen in Salzwasser sanft garen, dann abtropfen und rühren Sie sie durch ein Sieb. Verdünnen Sie das Püree mit der Brühe und bringen es mit der Butter wieder zum Kochen. Vor dem Servieren fügen Sie die übrigbehaltenen, abgetrockneten frischen Gartenerbsen und die Kerbelblätter hinzu.

Sauce Robert

(Kloster St.-Germain-des-Prés)

Ende des sechzehnten Jahrhunderts war der Mundkoch des Abtes vom Kloster St.-Germain-des-Prés ein gewisser Robert Vinot. Viele seiner Rezepte sind untrennbar mit der französischen Küche verbunden – durch den Namen seines Klosters und seinen eigenen Namen.

Zutaten

3 kleine Zwiebeln, in feine Würfel geschnitten
3 El Butter
entweder 1 El Mehl oder 3 El Sauce Espagnole
1/2 Glas Weißwein
etwas Brühe
Zucker, Pfeffer, Essig
1 El Senf

Zubereitung

Die Zwiebeln lassen Sie in der Butter glasig sein, bis sie goldbraun werden. Dann stäuben Sie das Mehl darüber, lassen es leicht anbräunen, oder Sie geben Sauce Espagnole dazu und löschen mit dem Weißwein ab. Gießen Sie etwas Brühe dazu und lassen Sie die Sauce dann bis zur gewünschten Konsistenz einkochen. Zum Schluß würzen Sie gut und schmecken mit Senf ab. Paßt besonders gut zu Schweinekoteletts!

Gebäckmodel aus dem 17. bis 18. Jahrhundert

»Caneton au Chausson« – Ente in »Clos de Vougeot«

(Zisterzienser von Vougeot)

Der Urvater aller roten Burgunder ist der »Clos de Vougeot«, ein samtiger schwerer Wein aus Pinot-Trauben. Die Zisterzienser aus dem nahen Cîteaux pflanzten, hegten, pflegten und veredelten diese Trauben auf ihren Weinbergen um Vougeot, fast fünfhundert Jahre lang, bis die Revolutionäre von 1789 sie konfiszierten. Welche Ehrerbietung die Franzosen aber diesem großen Wein zollten, geht aus einem Befehl Napoleons hervor. Als seine Soldaten durch den Ort Vougeot zogen, mußte das gesamte Regiment das Gewehr präsentieren und einen Salut zu Ehren des »Clos de Vougeot« abfeuern.

Zutaten

1 Ente
Pfeffer
Salz
2 El Cognac
2 El Portwein
Fülle von foie-gras
Trüffel
ein großes dünnes Leinentuch
Dämpfbrühe (aus den Entenknochen)
1 Flasche Clos de Vougeot

Gänseleberfülle
2 El Butter
250 g fetter Speck, in Würfeln
250 g Kalbsfilet, in Würfeln
250 g foie-gras (oder gute Leberpastete)
Leber von der Ente
50 g Pilzhäute (von Champignonköpfen abgezogen)
30 g Trüffelschalen (möglichst frisch)
3 Schalotten, fein gehackt
1 1/2 Teel. Salz
1/8 Teel. weißer Pfeffer
1 Zweig Thymian
1 kleines Stückchen Lorbeerblatt
1/8 l Madeira oder Cognac
150 g Butter
6 Eigelb

Zubereitung

Entbeinen Sie die Ente bis auf die unteren Keulenknochen. Von den dickeren Schichten des Brust- und Keulenfleisches schneiden Sie einige Scheiben ab, die Sie dann in kleine Würfel schneiden. Würzen Sie die Ente mit Pfeffer, Salz, Cognac und Portwein. Dann rollen Sie die Ente zusammen, legen sie in eine große Schüssel und lassen sie zugedeckt im Kühlschrank durchziehen.

Aus dem Entengerippe und den Knochen wird nun eine Brühe gekocht, während Sie die Fülle zubereiten.

In der heißen Butter werden nacheinander Speck, Kalbfleisch, die »foie-gras« (möglichst im Stück) und die Entenleber angebraten und jeweils mit dem Schaumlöffel herausgenommen. Zum Schluß kommen in das Bratfett Pilzschalen, Trüffel, Schalotten und Gewürze und dazu wieder das vorher Angebratene. Lassen Sie es zwei Minuten brutzeln. Den entstehenden Saft gießen Sie ab und bewahren ihn auf. Fleisch und Gewürze geben Sie in eine große Schüssel und drehen alles durch die feinste Scheibe des Fleischwolfs oder pürieren es im Mixer. Die Bratpfanne wird mit dem Madeira »ausgewaschen«, dieser zum Fleisch gegeben, dann rühren Sie nach und nach Eigelb und Butter in die Fülle.

Jetzt kann die Ente gefüllt werden, dabei legen Sie in die Mitte zwei Reihen von gestiftelten Trüffeln. Nähen Sie die Ente zu und binden Sie sie in ein dünnes Leintuch.

Legen Sie die Ente in einen möglichst rechteckigen Schmortopf (oder Bräter), nur wenig größer als die Ente selbst. Gießen Sie nun mit dem »Clos de Vougeot« auf und soviel von der Entenbrühe, bis die Ente knapp mit der Flüssigkeit bedeckt ist. Setzen Sie den Topf aufs Feuer, bringen Sie alles zum Kochen und lassen Sie die Ente dann bei ganz kleiner Hitze »pochieren«, das heißt ganz sanft sieden, ohne richtig zu kochen.

Nach etwa 1 1/2 Stunden sollte die Ente fertig sein.

Dann wickeln Sie die Ente aus ihrem »Hausschuh« – »chausson« – und kochen einen Teil der durchs Sieb gegossenen Dämpfbrühe so stark ein, bis sie einen flüssigen Sud erhalten, mit dem Sie die Ente glasieren.

Pfannenrost, 15. Jahrhundert

Bouillabaisse

(Marseilles)

Der Legende nach soll Venus diese Suppe für ihren Gemahl Vulkanus erfunden haben. Doch der französische Gastrosoph Méry schreibt die Erfindung dieses göttlichen Eintopfes der Äbtissin eines Marseiller Konvents zu.
Die wirkliche Bouillabaisse braucht natürlich viele Fische, die eigentlich nur im Mittelmeer zu finden sind. Falls Sie sie nicht bekommen können – kaufen Sie lieber frische Fische aus nördlichen Gewässern entsprechend unseren Ersatzvorschlägen, um wenigstens eine Ahnung von dieser meisterlichen Suppe zu bekommen!

Zutaten

Insgesamt 6 Pfund folgender Fische:
Rascasse
(Ersatz: Seebarsch)
Sard
(Ersatz: Schellfisch oder Dorsch)
Langusten
Roter Knurrhahn / Seehahn
Galiente
(Ersatz: Barsch)
Petersfisch, Heringskönig (Zeus faber)
Meeraal
Steinbutt
Merlan / Weißfisch
Fillau
(Ersatz: kleine Aale)
Rouquier
(Ersatz: Aal)
$^1/_8$ l Olivenöl
125 g Zwiebeln, feingehackt
50 g Porree, nur das Weiße, in feinen Streifen
2 frische Tomaten, gepellt, zerdrückt
4 Knoblauchzehen, zerdrückt
1 Teel. Petersilie, feingehackt
1 gute Prise Safran
1 Lorbeerblatt
1 Zweig Bohnenkraut
wenige Spitzen frisches Fenchelkraut
Salz
Pfeffer
kaltes Wasser
Salz
Pfeffer
frisches Weißbrot

Zubereitung

Nehmen Sie etwa gleichviel Fisch jeder Sorte und schneiden Sie die größeren Fische in Stücke, die kleineren lassen Sie ganz. In einen großen Topf (oder Kessel) geben Sie das Öl, das Gemüse, die Kräuter und Gewürze. Nun schichten Sie die Fische locker in den Kessel – außer Weißfisch und Knurrhahn, die erst 8 bis 10 Minuten, nachdem die Bouillabaisse zu kochen begonnen hat, hinzugefügt werden. Gießen Sie soviel kaltes Wasser auf, daß die Fische gerade bedeckt sind, und geben Sie genügend Salz und Pfeffer hinzu. Bringen Sie den Fisch nun zum Kochen und lassen ihn 12 bis 15 Minuten auf hoher Flamme kochen. Die Bouillabaisse ist fertig! In jede Suppenschale legen Sie eine Scheibe frisches (!) Weißbrot und gießen den Sud darüber.
Die Fische servieren Sie extra auf einer großen Platte.

Brandade oder Stockfisch à la Bénédictine

Dieses Gericht kommt ursprünglich aus den Klöstern des Languedoc in Südfrankreich – und es war ein Prüfstein für die Phantasie eines Kochs. Diese Version entstand Anfang des 19. Jahrhunderts.

Zutaten

1000 g Dorsch oder eingeweichter Stockfisch
Fischsud
500 g gekochte Kartoffeln
2 dl Öl
3 dl Milch, abgekocht
50 g geschmolzene Butter

Zubereitung

Anstelle eines Dorschs können Sie natürlich auch die entsprechende Menge (über Nacht eingeweichten) Stockfisch verwenden! Sonst salzen Sie den Dorsch recht kräftig und lassen ihn einige Zeit ziehen. Bereiten Sie einen Fischsud vor und lassen Sie den Dorsch – oder den Stockfisch – sanft sieden, bis er gar ist. Nun wird der Fisch getrocknet, Haut, Gräten und Schuppen entfernt. Geben Sie den Fisch noch ein paar Minuten zum Trocknen in den Backofen und zusammen mit den gekochten Kartoffeln dann in einen Mixer. Rühren Sie nach und nach abwechselnd das Öl und die gekochte Milch hinzu. Ist der Brei recht geschmeidig und feucht, geben Sie ihn in eine Backform und glätten die Oberfläche. Jetzt gießen Sie die geschmolzene Butter darüber und lassen ihn im vorgeheizten Ofen (225° C, Heißluft 190° C) schön braun überkrusten – 20 bis 30 Minuten.

Straßburger Blutwurst

Im gesamten Mittelalter und bis in unser Jahrhundert hinein wurde nach der mitternächtlichen Christmesse in den Klöstern Frankreichs, Englands, Deutschlands – eigentlich überall in Europa – ausgiebig und fröhlich getafelt, mit den delikatesten und üppigsten heimatlichen Spezialitäten. Und überall gehörte »boudin«, »blackpudding«, »Blunze« – eben unsere »Blutwurst« – zum traditionellen Weihnachtsmahl auf dem Refektoriumstisch; so auch im 16. Jahrhundert im Straßburger Benediktinerinnenstift, wie der Küchenzettel vermerkt.
Die Benediktiner waren die ersten im Elsaß, die die Vorteile der Schweinezucht erkannt hatten – finanziell und kulinarisch.
Für dieses Rezept benötigt man Blut und Zunge des »Signeur cochon« – des »edlen Schweines«.

Zutaten

1000 g frisches Schweinefett, in kleine Würfel geschnitten
400 g Zwiebeln, gehackt
6 Teel. Salz
1/4 Teel. schwarzer Pfeffer
1/4 Teel. Mischgewürz
3/4 l frisches Schweineblut
1/4 l Sahne
1 gepökelte Schweinezunge, weichgekocht, in Würfel geschnitten

Zubereitung

Das gewürfelte Schweinefett wird halb ausgeschmolzen und die Zwiebeln darin glasig gebraten, ohne daß sie braun werden. In diese Mischung rühren Sie die Gewürze, das Schweineblut, die Sahne und die Zungenwürfel. Füllen Sie alles in einen Schweinedarm, ohne zuviel hineinzugeben, die Wurst vergrößert sich während des Kochens. Binden Sie kleinere Würste – oder eine große – ab. In einem großen Topf mit nicht ganz kochendem Wasser lassen Sie die Würste für etwa 20 Minuten »pochieren«. Heben Sie sie heraus und lassen Sie sie zugedeckt abkühlen. Die Blutwürste werden in der Pfanne sanft angebraten und heute zu Kartoffelbrei gegessen.
Rheinländische Variante: Lassen Sie die Zunge weg und geben Sie zusätzlich 200 g braunen Zucker und je 100 g Rosinen und Sultaninen, vorgequollen, hinzu.

»Oeuf à l'Oeil de Boeuf« – Ochsenaugen

(Abtei Cîteaux)

Soviel der Heilige Bernhard auch über die fünfzig verschiedenen Zubereitungsarten von Eiern bei den Cluniazensern wetterte, seine Mönche in Cîteaux aßen Eier ebenfalls in vielen möglichen Variationen, und besonders gern und häufig aßen sie diese »Ochsenaugen«.

Zutaten

6 Scheiben Weißbrot vom Vortag, ca. 2 cm dick geschnitten
etwas Butter
200 g Schmand oder dicke saure Sahne
6 Eier
Pfeffer
Salz
3 Teel. Milch
3 Teel. flüssige Sahne

Zubereitung

Schneiden Sie aus dem Weißbrot Kreise mit gut 7 cm Durchmesser, dann stechen Sie mit einer runden Ausstechform mit etwa 3 cm Durchmesser in der Mitte wieder einen Kreis heraus, so daß jeweils ein Ring stehenbleibt.
Diese Ringe setzen Sie in eine gut gebutterte flache Auflauf- oder Backform. Gießen Sie nun über jeden Weißbrotring soviel von dem geschlagenen Schmand, wie das Brot aufsaugen kann. Dann setzen Sie vorsichtig in jeden Ring ein frisch aufgeschlagenes Ei hinein, streuen etwas Pfeffer und Salz hinein und tröpfeln über jedes Ei einen halben Teelöffel Milch und einen halben Teelöffel Sahne.
Backen Sie die Ochsenaugen nun im vorgeheizten Backofen (150° C, Heißluft 150° C), bis die Eier sich gesetzt haben. Dazu gibt es in Sahne gedünstete Champignons!

Holzschnitt aus dem »Büchlein, wie man Fische und Vögel fangen soll«, 1498

Hyppocras

Ein besonders »würziges« Rezept für diesen bei allen Mönchen so beliebten Gewürzwein ist uns aus dem 13. Jahrhundert von Armand de Villeneuve, Leibarzt von Papst Bonifazius VIII. und König Jakob II., überliefert.

Zutaten

3 l alter Wein – weiß oder rot
75 g folgender Gewürzmischung, in ein Leinensäckchen gebunden:
Zibeben, Nelken, Muskat, Rosinen
Zucker nach Geschmack

Zubereitung

Den Wein lassen Sie zusammen mit der Gewürzmischung auf ein Drittel seiner Menge herunterkochen.
Zum Schluß lassen Sie den Hyppocras noch einmal kurz mit Zucker aufkochen.
Gut gekühlt als Apéritif – oder auch als Desserttrunk – servieren!

Bénédictine-Kuchen

(Kloster Féchamps)

Zutaten

250 g abgezogene, gemahlene Mandeln
250 g feiner Zucker
2 Eier
12 Eidotter
2 Eier
1 El Bénédictine-Likör
100 g Mehl, gesiebt
100 g Kartoffelstärke
4–5 Eßlöffel Bénédictine-Likör
Aprikosenmarmelade zum Bestreichen
100 g gehackte, geröstete Mandeln

für den Zuckerguß
250 g Puderzucker
Pistazien oder Walnüsse zum Verzieren

Zubereitung

Rühren Sie aus Mandeln, Zukker, den 2 ganzen Eiern und den 12 Eigelb einen geschmeidigen Teig. Danach fügen Sie die 2 weiteren Eier hinzu, zum Schluß noch einen Eßlöffel Bénédictine-Likör. Das gesiebte Mehl wird zusammen mit der Kartoffelstärke unter die Masse gehoben. Zwei große oder mehrere kleine mit Butter eingefettete Backformen stäuben Sie mit etwas Mehl aus und füllen sie zu 2/3 mit dem Teig. Backen Sie die Kuchen im vorgeheizten Ofen (180°, 160° Heißluft) je nach Größe 20 bis 50 Minuten. Nehmen Sie die Kuchen sofort nach dem Backen aus dem Formen und lassen Sie sie abkühlen. Auf jeden Kuchen sprenkeln Sie ein paar Tropfen Bénédictine-Likör und bestreichen ihn mit Aprikosenmarmelade. Die Seiten werden mit den gerösteten Mandeln garniert. Obenauf streichen Sie den Zuckerguß und verzieren mit einigen Pistazien oder Walnüssen.

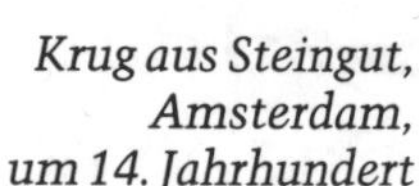

Krug aus Steingut, Amsterdam, um 14. Jahrhundert

Gebäckmodel aus dem 17. bis 18. Jahrhundert

DEUTSCHLAND

Pfannkuchenteig

(Niederdeutsches Kochbuch)

Omne vivum ex ovo« – »Alles Leben kommt aus dem Ei«. Auch eine Vielzahl von ganz eigenen Gerichten, denn Eier waren die erlaubteste Lieblingsspeise der Mönche. Die Omeletten, Eierkuchen, armen Ritter, Waffeln, Pfannkuchen usw. heißen in jeder europäischen Klosterküche anders, doch überall wurden sie zu gleichen oder ähnlichen Anlässen gegessen. In Süddeutschland und im Alpenraum die Küchel, Krapfen und Migelen zu allen Festzeiten – in Norddeutschland die Waffeln, in Frankreich gaufres, in Italien die goffretti besonders zu Neujahr wie auch am Karfreitag. Und die englischen pancakes, die französischen crêpes, die flandrischen pannekoeken im Überfluß an den fetten Faschingstagen, nicht zu vergessen die knusprigen Hohlehippen und Eierkuchen.

Zutaten

125 g Mehl
evt. 2 El Puderzucker (bei salzigen Pfannkuchen weglassen!)
1 Prise Salz
4 Eier
30 g Butter, frisch zerlassen
1/8 l Milch
2 El Sahne
1 Schuß Mineralwasser

Zubereitung

Mehl, Salz (evt. Zucker) werden miteinander vermischt. Nun rühren Sie zwei Eier, zwei Eidotter und die Butter darunter und schlagen das Ganze kräftig. Gießen Sie Milch und Sahne dazu und schlagen Sie wieder kräftig. Sie können auch etwas mehr Milch dazugeben, falls Ihnen der Teig zu fest erscheint. Zum Schluß ziehen Sie die steifgeschlagenen restlichen zwei Eiweiß darunter. Der Teig sollte etwa die Konsistenz von flüssiger Sahne haben.
Dieser reichhaltige Pfannkuchenteig eignet sich für Eier- und Pfannkuchen, auch als Ausbackteig. Verwenden Sie ihn als Ausgangsbasis für die verschiedenen Pfannkuchen-, Eierkuchen- und Ausbackteige oder auch für Waffeln.

Pfannkuchen mit Spinat und Datteln

(Niederdeutsches Kochbuch)

Zutaten

500 g frischer Spinat
2 Eier, leicht geschlagen
1/4 Teel. Salz
1/8 Teel. frisch gemahlener Pfeffer
1/4 Teel. brauner Zucker
1/4 Teel. Zimt
1/4 Teel. Ingwerpulver
15–20 g Semmelmehl
2 El Korinthen
100 g Datteln, entkernt und feingeschnitten
Öl zum Backen

für den Pfannkuchenteig
1/2 Tasse Mehl
1/2 Tasse und 2 El Bier

Zubereitung

Waschen und putzen Sie den Spinat und legen Sie ihn (ohne abzutropfen) in einen großen Topf, dämpfen Sie ihn bei mittlerer Flamme 2 Minuten, bis die Blätter beginnen, sich zu kräuseln. Lassen Sie den Spinat in einem Sieb abtropfen und auf Zimmertemperatur abkühlen, schneiden Sie ihn fein und drükken Sie mit Küchenpapier die überflüssige Feuchtigkeit aus. In einer Schüssel werden die Eier, zusammen mit dem Semmelmehl und den Gewürzen, gut geschlagen. Fügen Sie die Korinthen, Datteln und den geschnittenen Spinat hinzu und verrühren Sie alles gut.
Rühren Sie nun einen festen Teig aus Mehl und Bier. Gießen Sie das Öl 1 ½ cm hoch in eine Pfanne und lassen Sie es heiß werden. Formen Sie aus der Spinatmasse 20 kleine, flache Plätzchen, tunken Sie jeweils 3 oder 4 gleichzeitig in den Pfannkuchenteig und heben Sie die Spinatpfannkuchen mit dem Schaumlöffel aus dem Teig in die Pfanne. Nun sollen sie etwa 3 Minuten auf jeder Seite knusprig goldbraun braten.

»Eynen vulden fladen« – Würzige Pfannkuchen

(Niederdeutsches Kochbuch)

Zutaten

250 g gekochtes, feingeschnittenes Hühnerfleisch (Kalbfleisch oder sehr magerer gekochter Schinken oder eine Mischung aus allem)
60 g feingeschnittene Pilze, leicht angeröstet
30 g feingehackte Zwiebel, in Butter angebraten
gut ¼ l dicke, weiße Sauce (vgl. Salmsauce S. 190)
gut ½ l Pfannkuchenteig
60 g Parmesan, gerieben

Zubereitung

Rühren Sie den Pfannkuchenteig an und lassen Sie ihn rasten. Fleisch, Pilze und Zwiebeln werden in der Sauce erhitzt. Die Mischung muß recht dick sein. Schmecken Sie die Sauce ab! Nun backen Sie die Pfannkuchen, geben jeweils einen Eßlöffel der Füllung auf eine Hälfte, rollen Sie so fest wie möglich ein. Halten Sie die Pfannkuchen auf einer vorgewärmten Platte heiß und legen Sie sie nebeneinander auf den Teller. Sind alle gebakken, streuen Sie den Parmesan darüber und stellen sie zum Überbacken kurz unter einen Grill.

Pfarrer Kneipps Kraftbrot

(Dominikanerinnenkloster Bad Wörishofen)

Auf Anregung und unter Mitarbeit des weltberühmten Pfarrers Sebastian Kneipp arbeiteten die Dominikanerinnen von Bad Wörishofen im Jahre 1892 ein Kochbuch aus »zur Gesunderhaltung und zur Förderung der Zufriedenheit in den Familien«.

Zutaten

1000 g Weizenmehl
500 g Roggenmehl
1 Teel. Zucker
30 g Hefe
1–1 ½ l Wasser, handwarm
500 g Weizenkleie
nach Belieben 2 El Kümmel, etwas Fenchel und Anis
2 El Salz

Zubereitung

Stellen Sie alle Zutaten rechtzeitig zusammen, so daß sie Zimmertemperatur annehmen können. In eine große Steingutschüssel sieben Sie das Weizen- und Roggenmehl, formen eine leichte Vertiefung, in die Sie Zucker, zerbröselte Hefe und vier Eßlöffel warmes Wasser geben. Diesen kleinen »Vorteig« in der Vertiefung vermischen Sie mit etwas Mehl, decken dann ein sauberes Tuch über die Schüssel und lassen den Vorteig an einem warmen, zugfreien Ort etwa fünfzehn Minuten aufgehen – am besten im Backofen. Dann werden die übrigen Zutaten zu einem ziemlich festen Teig geknetet – anfangs kann man die Küchenmaschine oder den Handmixer zu Hilfe nehmen. Doch dann muß der Teig mit den Händen mindestens zehn Minuten lang tüchtig geknetet werden. Der Teig wird wieder zurück in die inzwischen gesäuberte und ausgemehlte Schüssel gegeben. Decken Sie ihn wieder mit dem Tuch zu und lassen Sie ihn ein bis zwei Stunden gehen, bis der Teig gut aufgegangen ist. Dann wieder kräftig durchkneten und wieder 30 bis 40 Minuten ruhen lassen. Nun können Sie aus dem Teig entweder vier einzelne Laibe, große Kipfel oder Wecken formen. Wieder die Brote gehen lassen – etwa eine Stunde. Inzwischen den Backofen auf 250° C (Heißluft 190° C) vorheizen, die Brote mit einer Gabel mehrmals einstechen, mit kaltem Wasser bepinseln. Die Brote auf dem Backblech – noch besser auf Schamottsteinen, mit denen Sie einen Backrost ausgelegt haben – auf der Mittelschiene (Heißluft Schiene 1 und/oder 3) zunächst fünfzehn Minuten backen lassen. Dann schalten Sie die Backtemperatur auf 200° C (Heißluft 175° C) und lassen die Brote etwa fünfundvierzig Minuten backen, bis sie eine schöne braune Kruste haben und ein hineingestecktes Holzstäbchen sauber wieder herausgezogen werden kann. Sofort nach dem Backen die Brote mit kaltem Wasser bepinseln, so bekommen sie einen seidigen Glanz.

Ein Bischof

(Kloster Ottobeuren)

Ein beliebtes Klostergetränk zur »Komplet«, dem abendlichen Stundengebet, war der »Bischof« – heiß als Schlummertrunk oder gut gekühlt als kleine Erfrischung oder Apéritif.

Als Glühwein

Zutaten

250 g Zucker
1 Orange, davon die abgeriebene Schale
1 Zitrone, davon die abgeriebene Schale
2 Nelken
1 Stange Zimt
gut ¼ l Wasser
1 Flasche Rheinwein (oder Champagner)
etwas Madeira, Sherry oder Marsala

Zubereitung

Lassen Sie den Zucker zerschmelzen und mit der Orangen- und Zitronenschale, den Gewürzen und dem Wasser 5 Minuten kochen. Dann fügen Sie eine Flasche Rheinwein hinzu und erhitzen alles solange, bis sich ein leichter, weißer Schaum auf der Oberfläche bildet. Gießen Sie den »Bischof« durch ein feines Sieb, geben Sie einen Schuß Madeira hinzu und servieren Sie ihn im Krug oder in einer großen Punschbowle.

Als eisgekühlter »Bischof«

Zutaten

1 Flasche Champagner
½ l Zitronentee
1 Orange
1 Zitrone
¼ l Wasser
250 g Zucker

Zubereitung

Geben Sie eine Flasche Champagner und den Zitronentee in eine Bowle und fügen Sie die Orange und die Zitrone, in dünne Scheiben geschnitten, hinzu. Kochen Sie aus Zucker und Wasser einen leichten Sirup. Danach stellen Sie den »Bischof« eine Stunde lang kalt und geben ihn dann durch ein feines Sieb.

Rehkeule

(Kloster Ottobeuren)

Die ersten deutschen Christen sahen das Reh laubumkränzt mit der Jungfrau Maria auf dem Rücken durch die tiefen deutschen Wälder ziehen – was die späteren adligen deutschen Christen aber nicht davon abhielt, das Tier Mariä besonders gern zu erlegen und zu verschmausen. Da das Reh (dem Volksglauben nach) am Heiligen Abend »schußfest« war, gingen die klösterlichen Jäger von Ottobeuren im Jahre 1759 zwischen Weihnachten und Silvester auf die Jagd. Schließlich war es üblich, am 1. Januar im Konvent eine Rehkeule zu essen und »Eodum die wird järlich ein schöner Rehbock in das Ober-Spital zu Memmingen dargebracht«.

Zutaten

1 Rehkeule, gespickt
Beize (vgl. Seite 203)
100 g Butter
je 1 Möhre, Petersilienwurzel, Sellerieknolle, weißes Rübchen
1 Zwiebel
1 Lobeerblatt
½ Zitrone mit Schale
250 g geräucherte Speckschwarten

Zubereitung

Legen Sie die gespickte Rehkeule für zwei bis vier Tage in die Beize, lassen Sie sie dann abtropfen und braten Sie sie im Bräter in der heißen Butter rundum kurz an. Nun geben Sie die geputzten Wurzeln, Zwiebel, Gewürze, Zitrone und Speckschwarten hinzu und braten sie unter fleißigem Begießen auch mit der Beize in etwa 1 ½ Stunden fertig.
Dazu gibt es Preiselbeeren, Kastanienpüree und Semmelknödel.

Gefüllter Backfisch

(Wolfenbütteler Kochbuch von 1608)

Reinfeld, heute ein Ort, in dem es die besten Karpfen Norddeutschlands gibt, nennt sich stolz »Karpfenstadt«. Zisterzienser-Mönche haben im frühen Mittelalter Teiche angelegt, in denen sie Karpfen züchteten. An das Kloster »Reynevelde« erinnert heute nur noch ein Gemäuer. Geblieben aber sind die Teiche mit den Karpfen, die in Reinfeld besonders delikat zubereitet werden.

Zutaten

1 Karpfen von etwa 5 Pfund, gesäubert und zum Backen vorbereitet
Salz
Pfeffer, frisch gemahlen
500 g gekochter, kleingeschnittener Spinat
2 Eidotter
1/4 Teel. Salz
1/4 Teel. Zimt
1 Prise Zucker
30 g Semmelmehl
2 El Korinthen
1/4 l Weißwein
3 El geschmolzene Butter

Zubereitung

Reiben Sie den Fisch innen mit Salz und Pfeffer ein. Spinat, Eidotter, Gewürze, Semmelmehl und Korinthen werden miteinander verrührt und der Fisch mit dieser Mischung gefüllt. Verschließen Sie ihn mit Fleischspießen oder Zahnstochern. Der gefüllte Fisch kommt nun in einen Bräter und wird mit dem Wein begossen. Bepinseln Sie den Fisch großzügig mit Butter und geben Sie den Rest in den Bräter. Nicht zudecken!
Braten Sie den Fisch im vorgeheizten Backofen eine Stunde (200° C, Heißluft 190° C) und begießen Sie ihn dabei alle 20 Minuten mit Fett.

Gebäckmodel aus dem 17. bis 18. Jahrhundert

»Posteyden« von Hühnchenleber

(Mittelniederdeutsches Kochbuch)

Ein »moes« oder eine »gude posteyden van honerer« steht an »normalen« Tagen häufig auf den Refektoriumstischen zwischen Schwerin, Minden und Göttingen. Denn die bäuerlichen Hintersassen des Klosters waren zur Abgabe von Hühnern und Eiern in großer Zahl verpflichtet.

Zutaten

500 g Hühnerleber
1 1/4 l kochendes Wasser
1 El Semmelmehl
2 Eier, leicht geschlagen
3/4 Teel. frisch geriebene Muskatnuß
1/8 Teel. frisch gemahlener Pfeffer
Salz zum Abschmecken
1 El geschmolzener Rindertalg oder geschmolzenes Hühnerfett
2 El Korinthen
zum Garnieren: Korinthen, Lorbeerblätter, Vollkorntoast

Zubereitung

Geben Sie die Hühnerleber in das kochende Wasser und lassen Sie sie bei mittlerer Flamme 10 Minuten kochen. Die abgetropfte Leber durch einen Fleischwolf drehen oder im Mixer pürieren. Nun vermischen Sie das Leberpüree in einer Schüssel mit den restlichen Zutaten und rühren alles glatt. Diese Paste geben Sie in eine kleine Schüssel und stellen sie mindestens zwei Stunden kalt.
Vor dem Servieren können Sie ein paar Lorbeerblätter auf die »Posteyden« legen und sie mit Korinthen verzieren.
Dazu: Vollkorntoast.

Schweinshaxen mit Äpfeln

(Mittelniederdeutsches Kochbuch)

Die vielen Eier- und Musspeisen in mittelalterlichen Kochbüchern sind – den neuesten medizinischen Analysen zufolge – ein Indiz für den schlechten Zahnbestand der damals lebenden Menschen. Fleisch wurde zumeist entweder im unentbehrlichen Mörser zerstoßen oder solange gekocht, bis es ganz weich war. Das geht auch aus den Rezepten dieses Kochbuchs hervor, das in einem Kloster des nördlichen Harzvorlandes abgefaßt sein soll. In den dortigen Klöstern liebte man Äpfel aller Sorten. Im Kloster Drübeck am Harz aß man »kleine rothe susße effelen, pallor, symerlinge, paradisß-, aust-, juncfrawenepffel, slotdeken eppel und godderlinge«. Und im Moritzkloster in Minden »Syboldinge, Suringe, Gronlinge, Godehardeke, Sudehardeke«.
Die »Unterlage« für dieses Gericht war damals natürlich nicht Toast, sondern »eynen blade van eigeren. Unde badu dat in smalte«.

Zutaten

4 halbierte Schweinshaxen
1 l Lamm- oder Rindsbrühe
1/8 l Essig
1/4 l Weißwein
1/2 Teel. Salz
1/8 Teel. frisch gemahlener Pfeffer
1 Teel. Butter
2 große Äpfel, geschält, entkernt und in Scheiben geschnitten
2 El Korinthen
4 Scheiben Toast
Petersilie und Apfelscheiben zum Garnieren

Zubereitung

Die Schweinshaxen werden in einem großen Topf mit Wasser bedeckt und zum Kochen gebracht und auf kleiner Flamme 10 Min. weitergekocht. Dann nehmen Sie sie heraus, lassen sie abtropfen und spülen sie unter kaltem Wasser ab. Geben Sie die restlichen Zutaten in das kochende Wasser. Dann legen Sie die Schweinshaxen dazu und lassen das Fleisch zugedeckt 2 bis 3 Stunden auf kleiner Flamme weiterkochen. Das Fett sollte alle halbe Stunde abgeschöpft werden. Wenn das Fleisch ganz weich ist, löffeln Sie die Mischung über die Toastscheiben, legen auf jeden Toast genügend Fleisch und garnieren mit Apfelscheiben und Petersilie.

Gans mit Honig

(Kloster Tegernsee)

In der Vorrede zum Tegernseer Klosterkochbuch aus dem 15. Jahrhundert heißt es:
»Iss gens Martini, mach würst Nicolai,
iss Blasi lemper, häring oculi mei semper,
...
und heb an Martini, trink wein per circulum anni.«
Am Martinstag des Jahres 1453 ließ der Cellerarius des Klosters Tegernsee im Konvent den neuen Wein austeilen – so wie es auch heute noch in Weinbaugegenden üblich ist, den neuen Wein am 11. November zu probieren –, und dazu gab es Martinsgans mit Butter und Honig.

Zutaten

1/2 kg schmalzigen Honig
250 g Butter
1 Gans von 7–9 kg
Bratzeit pro Pfund: etwa 18 Minuten

Zubereitung

Lassen Sie Honig und Butter in einem Topf zerschmelzen. Rühren Sie solange, bis beides schön miteinander vermischt ist. Legen Sie die Gans in einen Bräter und gießen Sie die Honig-Butter-Mischung darüber. Die Gans soll nun eine Stunde ziehen. Von Zeit zu Zeit löffeln Sie den heruntergelaufenen Honig wieder darüber.
Braten Sie die Gans (200° C, Heißluft 180° C) im Backofen (im Heißluftofen müssen Sie nun etwa 1/4 l Wasser zugießen!). Nach etwa 30 Min. sollte der Honig eine fast schwarze Kruste gebildet haben. Begießen Sie die Gans mit dem heruntergelaufenen Honig. Reduzieren Sie die Hitze (175° C, Heißluft 160° C).
Nach weiteren 30 Min. noch einmal begießen, dann wird die Gans mit Folie bedeckt und je nach Gewicht weitere 2–3 Stunden gebraten. Nehmen Sie die Folie 1/4 Stunde vor dem Servieren ab, so daß die Haut schön knusprig werden kann. Der Honig versiegelt die Gans, so daß das Fleisch weiß und zart und die süße schwarze Haut knusprig und köstlich bleibt.

Krustierter Hirschziemer

(Dominikanerinnenkloster Bad Wörishofen)

Der »König der Wälder«, der Hirsch, ist bereits in vorchristlicher Zeit ein mythisches Tier gewesen. Die Gotenkönige sollen mit einem Vierergespann zahmer Hirsche zu Ehren ihres hirschköpfigen Gottes gefahren sein.
Im frühen Christentum galt der Hirsch dann als das heilige Symbol Christi. Der Legende nach soll der heidnische Feld-

herr und Nimrod Placidus zwischen den Geweihen eines gehetzten Hirsches das Kreuz Christi gesehen haben. Sofort gab er die Jagd auf, ließ sich taufen und starb als Märtyrer Eustachius.

Zutaten

750 g Hirschrücken
Salz
200 g Schwarzbrot
1 El Zucker
1 Messerspitze Zimt
40 g Butter

für die Beize
1 l Fleischbrühe
4 El Wasser
3 El Weißwein
Zwiebel
Gelbrübe
Petersilienwurzel
Lorbeerblatt
einige Nelken und Pfefferkörner
Salz
Zitronenscheiben

Zubereitung

Der ausgelöste Hirschrücken wird einen Tag in ein Essigtuch geschlagen, dann gerollt, mit Bindfaden umwickelt, in der Beize weichgekocht und darin zum Erkalten gelassen. Unterdessen bereiten Sie die Füllung zu: Rösten Sie das feingeriebene Schwarzbrot mit dem Zucker und Zimt in Butter gelb an, gießen Sie das Ganze mit etwas Beize auf und lassen alles ziehen. Befreien Sie das Fleisch vom Bindfaden, schneiden Sie die Rolle in Portionen, streichen Sie die Füllung darauf, belegen Sie sie mit Butter und stellen Sie den Hirschrücken zum Überkrusten ungefähr eine halbe Stunde in den vorgeheizten Backofen (220° C, Heißluft 190° C).

Kartoffelmaultaschen

(Dominikanerinnenkloster Bad Wörishofen)

In dem Dominikanerinnenkloster in Wörishofen reicht man zur Fastenzeit kleine Küchlein: Kartoffelmaultaschen mit süßer Apfelfüllung.

Zutaten

1000 g gekochte Kartoffeln
150 g Mehl
1 Ei
Salz
Butter

für die Füllung
750 g Äpfel
2 El Zucker
½ Teel. Zimt

Zubereitung

Geben Sie die heißen Kartoffeln durch ein Sieb und verarbeiten Sie sie mit dem Mehl, Ei und Salz rasch zu einem Teig, den Sie zu handflächengroßen Kuchen ausrollen. Füllen Sie diese mit den geschälten, in dünne Scheiben geschnittenen Äpfeln, die mit Zucker und Zimt vermischt worden sind. Schlagen Sie die Seitenflächen der Taschen zusammen und drücken Sie sie etwas an. Streichen Sie einen Bräter mit Butter aus, geben Sie die Kartoffelmaultaschen hinein und lassen Sie sie im vorgeheizten Backofen (200° C, Heißluft 160° C) 40 bis 45 Minuten backen.
Während des Backens bestreichen Sie sie mehrmals mit Butter.

Gefüllte Steinpilze

(Dominikanerinnenkloster Bad Wörishofen)

In den Wäldern um das Kloster Wörishofen kann man zur Sommerszeit viele Pilze, auch Steinpilze, finden. Das Curry-Gewürz gibt diesem »Fastengericht« eine besonders pikante Note.

Zutaten

500 g große Steinpilze
1 eingeweichtes Brötchen
1 große Zwiebel
1–2 Stengel Petersilie, feingehackt
1 Ei
Salz und Curry nach Geschmack
Zitronensaft

Zubereitung

Nehmen Sie möglichst schöne, gleichmäßig große Steinpilze, putzen und waschen sie, lassen sie abtropfen und höhlen die Stiele aus. Dorthinein geben Sie eine Masse aus dem eingeweichten Brötchen, das sie mit der abgedünsteten Zwiebel, Petersilie, dem feingehackten Inneren der Stiele, Ei, Salz und Curry gut vermengt haben. Geben Sie die gefüllten Pilze in eine gut gefettete Form, beträufeln Sie sie mit Zitronensaft und backen Sie sie im vorgeheizten Backofen (200° C 40 Min., Heißluft 170° C 50 Min., evtl. etwas Fleischbrühe angießen). Dazu servieren Sie eine Rahmsauce.

Zwetschgenknödel

(Crescentiakloster Kaufbeuren)

Im Kochbuch der Franziskanerinnen von Kaufbeuren werden Rezepte für über einhundert verschiedene süße Fastenspeisen als selbständige Hauptgerichte aufgeführt, dann noch einmal 45 verschiedene Arten von Knödeln, Nudeln und Spätzle, ganz zu schweigen von den vielen hundert anderen Kuchen, Torten und Plätzchen.
Diese Kaufbeurer Zwetschgenknödel lassen sich durchaus mit den wienerischen »Powidltascherln« vergleichen.

Zutaten

1000 g Kartoffeln, in der Schale gekocht, heiß gepellt
3 Eidotter
50 g Butter
9–10 El Mehl
Salz
250 g Zwetschgen
Vanillezucker
Zimt
Rum
Würfelzucker

Brösel
5 El Butter
10 El Brösel
Puderzucker

Zubereitung

Die Kartoffeln werden noch heiß durch ein Sieb passiert und mit Eidottern, Butter, Mehl und einer guten Prise Salz schnell zu einem Teig verarbeitet. Rollen Sie den Teig aus und stechen Sie runde Plätzchen aus. Füllen Sie jedes Plätzchen mit halbierten, reifen Zwetschgen, die Sie vorher mit Vanillezucker, Zimt und Rum haben durchziehen lassen. Anstelle des Steins geben Sie ein Zuckerstückchen hinein. Die Knödel lassen Sie 5 bis 8 Minuten in leicht gesalzenem, schwach kochendem Wasser kochen. Zum Austropfen werden die Knödel in ein Sieb gelegt, danach mit den in Butter gerösteten Semmelbröseln bestreut. Vor dem Servieren streuen Sie noch etwas Puderzucker darüber.

Likör von schwarzen Johannisbeeren

(Crescentiakloster Kaufbeuren)

Wer in die Schule der Franziskanerinnen von Kaufbeuren gegangen ist, hat natürlich gut kochen gelernt: Brot zu backen, Leberwurst, Sülze und Schwartenmagen herzustellen und auch Likör und Wein selbst anzusetzen.

Zutaten

1 Tasse Johannisbeeren, gewaschen
1 kleine Zimtstange
2 Nelken
1 l Weingeist
500 g Zucker
½ l Wasser

Zubereitung

Geben Sie in eine gut gereinigte Flasche die gewaschenen Johannisbeeren, die Zimtstange und Nelken. Füllen Sie den Weingeist auf, verkorken Sie die Flasche und lassen Sie sie zehn bis vierzehn Tage in der Sonne oder an einem warmen Ort stehen und schütteln Sie sie ab und zu. Dann wird der Zucker mit dem Wasser geläutert. Die abgekühlte Zuckerlösung wird mit dem abgeseihten Johannisbeeransatz vermischt, in gut gereinigte Flaschen gefüllt, verkorkt und kühl aufbewahrt.

Steingutteller, Amsterdam, ca. 1375 bis 1425

Johannisbeerwein (rote oder weiße Beeren)

(Crescentiakloster Kaufbeuren)

Zutaten

für 10 l Johannisbeerwein
3 l Johannisbeerbrei
6 l Wasser
2000 g Zucker

Zubereitung

Die gut ausgereiften Beeren werden zerquetscht und ausgepreßt. Die Trester können 1 bis 2 mal mit halb soviel Wasser übergossen werden, wie man bei der ersten Pressung Saft erhielt, und wieder abgepreßt werden. Die Säfte der einzelnen Pressungen müssen in einem Gärgefäß gesammelt werden. Kleine Mengen Saft können auch durch Dampfentsaften gewonnen werden. Diese Säfte müssen aber vor Zugabe der Reinzuchthefe auf 20 bis 25° C abgekühlt sein. Lösen Sie den Zucker in leicht warmem Wasser auf (20 bis 25° C), oder kochen Sie die Zuckerlösung und lassen sie dann wieder auf 25° C abkühlen. Geben Sie den Saft und die Zuckerlösung in das gut gereinigte Gärgefäß und setzen Sie das Gärsalz und die Reinzuchthefe zu. Bei roten Johannisbeeren verwenden Sie am besten die Sorte Aßmannshäuser, bei weißen Johannisbeeren die Sorte Steinberg oder Würzburger Stein. Schließen Sie das Gärgefäß mit dem Gärspund, setzen Sie das Gärrohr darauf und dichten Sie den Gärspund mit kalt gut knetbarem Alar-Dichtungswachs ab.

Hagebuttenwein

(Crescentiakloster Kaufbeuren)

Zubereitung

Natürlich müssen Sie zuerst einmal genügend Hagebutten sammeln! Die von Stiel und Blüte befreiten Hagebutten werden zerquetscht, die Kerne werden nicht entfernt. Auf 1000 g Hagebuttenbrei geben Sie 3 l Wasser, lassen alles aufkochen, dann 1 bis 2 Tage stehen, rühren öfters um und pressen die Masse gut ab. Geben Sie auf einen Liter Saft 350 g Zucker und auf 10 Liter Saft 2 bis 4 g Gärsalz. Dann erhitzen Sie alles noch einmal. Setzen Sie nach dem Abkühlen auf 20° C als Reinzuchthefe die Sorte Malaga hinzu, dann geben Sie 2 bis 3 g Milchsäure pro Liter Saft vor der Gärung zu. Sie erhöht die Haltbarkeit und Güte des Hagebuttenweins.

Weitere Behandlung wie beim Johannisbeerwein.

»Waldhonig«

(Crescentiakloster Kaufbeuren)

Zutaten

1 l Fichtenspitzen
1 kleine Tasse ausgezupfte rote Kleeblüten
1 Tasse Löwenzahnblätter
einige Birkenblätter
3 Huflattichblätter
1 Ackerschachtelhalm
7 Spitzwegerichblätter
1 kleine Tasse Waldgoldnessel oder Honignessel

Zubereitung

Geben Sie alle Zutaten in einen Topf, bedecken Sie es gut mit Wasser und kochen es so lange, bis das Wasser wie Milch aussieht, und gießen es dann durch ein Sieb. Geben Sie auf 1 Liter Flüssigkeit 1000 g Zucker und kochen sie bis zur Honigdicke ein. Nehmen Sie diesen Honig in heißer Milch bei Erkältungen.

Holzmodel aus dem Kloster Sankt Lazarus

Gebackener Holunder

(Blankenburger Kochbuch)

In der Wolfenbütteler Bibliotheca Augusta liegt dieses Kochbuch aus dem 16. Jahrhundert, mit einer Mischung von lateinischen, frühneuhochdeutschen, mittelniederdeutschen und griechischen Rezepten, das höchstwahrscheinlich von Klosterschreibern abgefaßt wurde.

Zutaten

12 Holunderblüten
Saft von 1/2 Zitrone
etwas Branntwein
1 El Puderzucker
Pfannkuchenteig (benötigt zusätzlich 1 1/2 El Mehl)
Butter zum Ausbacken
Zucker und Zimt

Zubereitung

Der Holunder muß frisch, gerade aufgeblüht, gepflückt werden. Bereiten Sie einen zähflüssigen Pfannkuchenteig mit etwas mehr Mehl als üblich zu und lassen Sie ihn rasten.
Die Blüten werden gewaschen, trockengeschüttelt und 2 bis 3 Stunden in die Zitronen-Branntwein-Zucker-Marinade gelegt. Lassen Sie die Blüten abtropfen und gießen Sie die Flüssigkeit in den Pfannkuchenteig.
Stippen Sie die Holunderblüten in den Pfannkuchenteig und bakken Sie sie in viel Butter. Schneiden Sie die Stiele von den Blüten so kurz wie möglich ab, wenn der Teig beginnt, fest zu werden. Gut abtropfen lassen, mit Zucker und Zimt ganz heiß servieren.

Nonnenfürzle

(Kloster Ottobeuren)

Pater Aegidius Kolb aus dem Kloster Ottobeuren ist nicht nur ein begeisterter und preisgekrönter Hobby-Koch, sondern hat sich mit der Kulturgeschichte der schwäbischen Küche und ganz besonders mit schwäbischen Klosterrezepten – auch aus seinem Kloster – beschäftigt. Das Rezept für unsere »Nonnenfürzle« stammt aus dem Allgäu – Pater Aegidius hat es aufgeschrieben.

Zutaten

125 g Mehl
50 g Butter
1/4 l Milch
1 Prise Salz
3 Eier
1 EL Zucker
1 Messerspitze Backpulver
Fett zum Ausbacken

Zubereitung

Aus Mehl, Butter, Milch und Salz fertigen Sie einen Brandteig: Milch, Salz und Butter werden zum Kochen gebracht. Nach kurzem Aufwallen wird das Mehl im Ganzen eingerührt und zwar so lange, bis der Teig sich vom Topf löst. Nehmen Sie ihn nun vom Feuer, geben die Eier mit Zucker und Backpulver mit etwas Mehl vermengt hinzu und verrühren alles.
Mit einem Teelöffel formen Sie kleine Knödel, die schwimmend in Fett goldgelb gebacken werden.

Gebäckmodel aus dem 17. bis 18. Jahrhundert

Gebäckmodel aus dem 17. bis 18. Jahrhundert

SCHWEIZ

Grüne Suppe

(Kapuzinerkloster Altdorf)

Am Gründonnerstag des Jahres 1582 aßen Carl Borromäus und Ritter Walter von Roll von Altdorf in dem von ihnen gegründeten Kloster eine Kräutersuppe. Schließlich war es ja Brauch, an diesem Tag etwas Grünes zu essen! Dieses Suppenrezept kommt aus dem Kloster Altdorf des Jahres 1749.

Zutaten

100 g Butter
je 200 g Butterkohl, Wirsing, Weißkohl
2 Stangen Porree
2 weiße Rübchen
2 kleine, junge Selleriewurzeln
2 Petersilienwurzeln
3/4 l klare Fleischbrühe
1/4 l Bratensaft
4 Scheiben »gebähtes« Weißbrot (im Ofen mit etwas Butter gelb geröstet)
Petersilie, Majoran, Schnittlauch, Kerbel, Brunnenkresse
1 Eigelb
etwas Sahne
Muskatnuß, weißer Pfeffer, Zitrone, Zucker, Salz zum Abschmecken

Zubereitung

In der zerlassenen Butter rösten Sie das geputzte und in feine Streifen geschnittene Gemüse an, bis es goldbraun ist, und gießen mit Brühe und Bratensaft auf. Die Suppe soll einmal aufwallen, dann auf kleiner Flamme zehn Minuten leise brodeln. Inzwischen rösten Sie das Weißbrot im Ofen und hacken die Kräuter fein.

Geben Sie die Weißbrotscheiben zur Suppe und lassen Sie sie gut zehn Minuten mitkochen. Geben Sie dann die Kräuter hinein, legieren die Suppe mit verquirltem Eigelb und Sahne und schmecken alles fein ab.

»Gäns oder Änten in Essig, gefilt und gebradten« – Essiggans

(Kloster St. Lazarus)

Zutaten

1 Gans oder Ente (3–5 kg)
1/4 l milder Weinessig, aufgekocht
Pfeffer, Salz
evt. Speck
100 g Butter

für die Füllung
2–3 alte Semmeln, in 1/8 l Fleischbrühe geweicht
1000 g Birnen oder Äpfel oder Dörrobst, eingeweicht
100 g Mandeln, blanchiert
250 g Sultaninen
100 g Rosinen
1/2 Teel. Zimt
1/4 Teel. Muskatnuß, gerieben
2 Eier
3/8 l Hühner- oder Fleischbrühe zum Begießen

Zubereitung

Die Menge der Zutaten muß sich nach der Größe der Gans oder Ente richten! Die bratfertig vorbereitete Gans wird vier bis fünf Mal mit dem jeweils erhitzten Weinessig übergossen und soll vier bis fünf Stunden marinieren. Dann reiben Sie die Gans innen mit Pfeffer und Salz aus und bereiten die Füllung:

Die in der Fleischbrühe eingeweichten Semmeln werden ausgedrückt und mit den kleingeschnittenen Birnen oder Äpfeln, Mandeln, Sultaninen, Rosinen, den Gewürzen und den Eiern vermischt. Füllen Sie die Gans, nähen Sie die Öffnung zu (umbinden Sie sie mit Speck, falls die Gans jung und mager sein sollte). Begießen Sie sie mit zerlassener Butter, setzen Sie sie in die Backofenbratpfanne und schieben Sie sie in den vorgeheizten Backofen (150° C, Heißluft 160° C). Lassen Sie die Gans unter fleißigem Begießen mit der Fleischbrühe – je nach Gewicht – braten (20 bis 25 Minuten pro Pfund). 10 Minuten vor Ende der Bratzeit mit etwas Salzwasser bepinseln.

Hühnerwürstchen

(Kloster St. Lazarus)

Diese »Spisli von Capaunen, Hühnern und halben Nieren« sind ursprünglich kleine Hühnerleberwürstchen im Schweinsnetz, die auf Holzspießchen gesteckt und in der Pfanne gebraten wurden.

Zutaten

250 g Kapaunen- oder Hühnerlebern
250 g Nieren
2 El Butter
1 Zwiebel, feingehackt
Hühnerklein, gekocht
1 El Petersilie, feingehackt
1 El Schnittlauch, feingehackt
Muskat, Pfeffer, Salz
Semmelbrösel aus 1–2 alten Semmeln
Butter zum Ausbacken

Zubereitung

Die Lebern und Nieren werden in Butter angebraten und herausgenommen. In derselben Butter braten Sie die Zwiebeln an. Lösen Sie das Fleisch vom gekochten Hühnerklein. Leber, Nieren, Zwiebeln und Hühnerklein werden entweder durch den Fleischwolf gedreht oder ganz feingehackt. In einer Schüssel vermischen Sie diese Masse mit den Kräutern, Gewürzen, Semmelbröseln und Eiern, so daß Sie daraus kleine längliche Würstchen oder Frikadellen formen können, die Sie auf kleine Holzspieße stecken und in Butter braten.
Diese Masse können Sie auch auf Toastbrot streichen und im Ofen überbacken.

Steinguttopf, Amsterdam, 14. bis 15. Jahrhundert

Kapaun oder Masthahn, gefüllt

(Kloster St. Andreas)

Unsere schweizerischen Kochbücher schwimmen auf Wogen von »ein wenig Niedlen« und ertrinken in »frischem Anken« – man findet kaum ein Gericht ohne Sahne und Butter. Und was für eine feine Küche sich hier hinter seltsamen Ausdrücken versteckt! Da gibt es Kiefel, Räben, Böllen, Würmli, Randech, Boor, Wärz, Kösten und Fideletlein. Da wird gedröhlt, geschwällt und geklopft. Besonders wohlschmeckend und »lind gedämpfet« sind die herrlichen Geflügelrezepte – ganz besonders die von »Capaunen, Hünnern oder Hahnen«.

Zutaten

250 g Kalbfleisch
200 g Speck
Leber und Magen vom Kapaun
2 El Petersilie
4 Schalotten
1 Ei, leicht geschlagen
1/8 Sahne
Peffer, Salz, Muskat
1 Kapaun oder Masthahn von etwa 5 Pfund (Poularden schmecken auch!)
1 El Mehlbutter
Zitronensaft
1 Zwiebel mit 1 Nelke gespickt
100 g Butter
1 Eigelb

Zubereitung

Bereiten Sie zuerst die Füllung zu:
Kalbfleisch, Speck, Leber, Magen, Petersilie und Schalotten werden durch den Fleischwolf gedreht, Ei und Sahne werden dazugemengt, sodann die Masse fein abgeschmeckt. Nun lösen Sie vorsichtig die Brusthaut des Kapauns, füllen die Masse hinein und vernähen die Öffnung. Inwendig wird der Kapaun mit Zitrone, Pfeffer, Salz und Muskat ausgerieben, die gespickte Zwiebel und die Mehlbutter hineingegeben. Nähen Sie auch diese Öffnung zu und dressieren Sie dann den Vogel. Legen Sie ihn in einen Bräter, begießen Sie ihn mit flüssiger Butter, setzen Sie den Deckel auf und lassen ihn im vorgeheizten Backofen (180° C) etwa 1 1/2–2 Stunden (Heißluft 190° C, 2–2 1/2 Stunden, rechnen Sie 28 Min. pro Pfund!) sanft dämpfen. Geben Sie in die Brühe »ein Stück frischen Anken (Butter) im Mehl umgewälzt, auch das gerührte Gelbe vom Ey« und gießen Sie es über den Kapaun.

»Kapaunen oder Hühner zu braten«

(Kloster St. Lazarus)

Zutaten

1 Kapaun oder Masthahn von etwa 5 Pfund
Salz, Pfeffer, eine Spur Ingwer
500 g Speck
Butter
etwas Mehl
1/4 l Hühnerbrühe (für Heißluft 1/2 l)

1. »Filli«
200 g alte Semmeln
Magen und Leber
100 g Butter
etwa 1/8 l Hühner- oder Fleischbrühe
2–3 Eier, leicht geschlagen

2. »Filli«
125 g mageres Kalbfleisch
125 g Kalbsleber
Leber und Magen vom Kapaun
100 g Butter
125 g gekochter Schinken
50 g Rosinen
Muskat
etwa 1/8 l Hühner- oder Fleischbrühe
3–4 Eier, leicht geschlagen

Sauce
1 El Mehlbutter (aus gleichen Teilen Mehl und Butter)
3 Eigelb
60 g Mandeln, blanchiert, blättrig geschnitten

Zubereitung

Der bratfertig vorbereitete Kapaun wird innen gesalzen und gepfeffert und mit einer Spur Ingwer ausgerieben. Dann bereiten Sie die Füllung zu:

1. »Filli«: Die alten Semmeln werden gerieben und in der Butter goldgelb geröstet. Kapaunleber und Magen werden enthäutet und feingehackt und zu den angerösteten Semmeln gegeben. Dazu geben Sie etwa 1/8 l Fleischbrühe und die Eier. Die Füllung sollte nicht zu fest sein!

2. »Filli«: Das Fleisch, die enthäutete Leber und den Magen leicht in Butter anbraten, so daß es innen rosa bleibt. Dann zusammen mit dem Schinken durch den Fleischwolf drehen (oder ganz feinhacken). Dazu geben Sie die Rosinen, den Muskat, die Fleischbrühe und die Eier, so daß Sie eine sehr feste Füllung haben.

Nun füllen Sie den Kapaun, vernähen die Öffnung und umbinden ihn mit Speckstreifen und dressieren ihn.
Sie legen den Kapaun in einen großen offenen Bräter, gießen die zerlassene Butter darüber und streuen etwas Mehl über den Speck – so bleibt die Haut ganz weiß! Schieben Sie den Kapaun in den vorgeheizten Backofen (220° C, Heißluft 180° C) und lassen ihn etwa 20 Min. anbraten. Dann gießen Sie die heiße Hühnerbrühe dazu, reduzieren die Hitze (175° C, Heißluft 165° C) und braten ihn noch einmal etwa 1 1/4 Std. unter fleißigem Begießen. (Im Heißluftofen muß die Hühnerbrühe eventuell aufgefüllt werden, auch verlängert sich die Bratzeit um etwa 40 Min.)
Bereiten Sie folgende Sauce:
In den kochenden Bratensaft geben Sie einen Eßlöffel Mehlbutter und lassen die Sauce unter ständigem Rühren 5 Min. leise kochen. Nehmen Sie sie vom Feuer, schlagen nacheinander das Eigelb unter und geben die Mandeln dazu.
Die Hälfte der Sauce wird über den Kapaun gegossen, die andere Hälfte separat serviert.

[illegible]r Kapaun
in
naturgeschichtlicher, ökonomischer
und
kochkünstlicher Beziehung.

Anleitung
zur Erziehung desselben und seiner Bereitung zum menschlichen Genusse auf 35fache Weise.

Von
Pierre Cuillerapot,
gew. fürstl. Leibkoche.

Ein nothwendiger Nachtrag zu allen Kochbüchern.

Graz, 1859.
Im Verlage von Carl Mühlfeith.

»Kapaunen oder Hühner zu verdämpfen«

(Kloster St. Lazarus)

Zutaten

1 Kapaun oder
Hühner von etwa 5 Pfund
200 g Butter
Salz, Pfeffer, Muskat
2 El Mehl
1 Zitrone, alles Weiße abgeschält, in dünne Scheiben geschnitten
oder 1 Bund Petersilie
oder Essig
etwa 1/2 l Fleisch- oder Dämpfbrühe
Morcheln und Trüffeln
1 El Mehlbutter
etwas Sahne oder Essig

Zubereitung

Der Kapaun wird in größere Stücke zergliedert. In einem großen ofenfesten Schmortopf wird die Butter zerlassen und die Kapaunteile auf beiden Seiten schön gelb angebraten. Dann sprengen Sie Salz, Pfeffer, Muskat und Mehl darüber und belegen die Kapaunteile entweder mit den Zitronenscheiben oder mit jeweils einem Stengel Petersilie und gießen vorsichtig mit Fleisch- oder Dämpfbrühe auf, so daß die Hühnerteile nicht ganz bedeckt sind, und lassen alles etwa 15 Min. kochen. Dann lassen Sie den Kapaun zugedeckt weitere 10 Min. leise sieden. Nun kommt der Topf in den Backofen (180° C, Heißluft 175° C) und muß etwa eine Stunde weiter dämpfen. Wenn Sie Morcheln und Trüffeln finden können, geben Sie sie 20 Minuten vor Ende der Dämpfzeit dazu.

In die Sauce geben Sie einen Eßlöffel Mehlbutter und etwas Sahne oder Essig und lassen sie aufkochen – oder Sie bereiten eine der folgenden Saucen zu:

»Unterschidliche Saucen an gesotten Capaun u. Hunner«

(Kloster St. Lazarus)

1. Mandel-Rosinen-Sauce

Zutaten

4 El Butter
70 g Mandeln, blanchiert, blättrig geschnitten
1 El Mehl, leicht gehäuft
1/4 l Dämpfbrühe vom Huhn oder Fleischbrühe
70 g Rosinen, blanchiert
Zucker, Zimt, Muskat
1 Schuß Madeira

Zubereitung

In der Butter rösten Sie die Mandeln an, stäuben das Mehl darüber, rösten es wieder leicht an und gießen mit der Dämpfbrühe auf. Mitsamt den Rosinen, dem Zucker, Zimt und Muskat etwa 5 bis 10 Minuten sanft kochen lassen. Runden Sie mit einem Schuß Madeira ab.

2. »Ein Eyer-Saucen«

Zutaten

2 Eigelb, gut verschlagen
gut 1/8 l Dämpfbrühe
1 El Majoran
Pfeffer, Salz
1 El Petersilie, feingewiegt
1 El Butter

Zubereitung

Eigelb und Dämpfbrühe werden mit den Gewürzen vorsichtig erhitzt, aber nicht kochen lassen, bis die Sauce beginnt, dick zu werden. Zum Schluß die feingewiegten Kräuter und die Butter darunterrühren.

3. »Ein Nidlein (Sahne) Saucen«

Zutaten

2 Eiweiß, gut verschlagen
1/8 l Sahne
Butter
Muskatnuß, Pfeffer, Salz
1 El Majoran, zerhackt
1 El Schnittlauch, zerhackt

Zubereitung

Das Eiweiß mit der Sahne, der Butter und den Gewürzen vorsichtig unter ständigem Rühren heiß werden lassen. Wenn die Sauce leicht dickt, die Kräuter dazugeben.

4. »Ein ander Saucen«

Zutaten

50 g alte Semmeln, gerieben
50 g Butter
zusammen 1/4 l Milch, Weinessig, etwas Dämpfbrühe
Zucker, Zimt, Muskat, Salz
50 g ganze Mandeln, blanchiert
10–15 Weintrauben oder blanchierte Sultaninen

Zubereitung

Das Semmelmehl wird in der Butter schön golden geröstet, dann mit Milch, Weinessig und Dampfbrühe aufgegossen. Geben Sie die Gewürze, Mandeln und Trauben hinzu und lassen die Sauce fünfzehn Minuten sieden.

»Von allerhand Würsten, Saltzicen und Zerwelade«

(Kloster St. Lazarus)

Für die ganz Mutigen, die Wurst auf traditionelle Weise gern selbst herstellen möchten, liefert uns Kloster St. Lazarus einige Grundinstruktionen:

Hirrun Würst zu machen

So das Hirrun geschält und gewaschen ist, so Verdrückh es, u thuve rein gestoßenen späckh darzu, oder Rinder Marckh, geribes Brodt, rosinli, Zimmet, Muskatnus, Nägelin, pfeffer, Saltz, u. alt geribenen Käs, mach alles wohl durcheinander u thuor es in die Därm stopfen, dann in wasser eingelegt bis sie gell sind. Verbind es wohl, du kanst es hernach im wertz schwällen.

Leberenwurst zu machen

Nimm Leberen u. Lungen jedes ein Pfund, geschwölle beide Sehnen, schöll die Haut u. gräder dazu. Verditsch es hernach in Einem Mörsel zart, nimm auch ein pfundt fein Verhauwen frische. Verlaße Sie in Einer pfann. Wen sie schier Vergangen ist, so stell Sie Vom feur u. thuoe fein Verhacksten peterli darin, rührs wohl in der frischen ancken, hernach thuve es an die geditschte Leberen, schnitt auch guotte Milch oder Fleischbrüe daran, Muscatnus, pfeffer saltz rüchr alles wohl Undereinander. Es muß gar dünlich sein, hernach thuoe es in die Därm u. Verbind es sehr wohl, lege in kalts waßer u. thuoe die Würst mit dem waßer über das feur u. geschwöll es nur nach u. nach nit zugleich. Sie springen sonst auf, sie sind bald genuog.

Topf Würst Von Rindfleisch zu machen

Nimm rindfleisch Verhack es nit sehr fein, thuoe darunter gewirst, Spöckh, Coriander, pfeffer, Saltz u. siede Knoblauch in wönig Wasser u. schitt es ah das brädt. mach alles wohl Voneinander u. schaff es in die Därm; so fest dir möglich ist, laß es aufeinander ligen, ob du es in rauch hängest, laß nur 3 : 4 im rauch hängen.

Frikassierte ganze Hühner

(Kloster St. Andreas)

Zutaten

1 Poularde
250–400 g Butter
Salz
250 g Speck, in dünnen Scheiben
1 Stange Porree, in Streifen geschnitten
1 Bund Petersilie
1 kleine Selleriewurzel, in Streifen geschnitten
1 Zitrone, natur, in dünnen Scheibchen
Saft von 1 Zitrone

Zubereitung

Die bratfertige Poularde wird innen gesalzen. Dann können Sie dem Originalrezept folgen: »Füllet die Hühnlein ganz mit frischem Anken [Butter], und vernähet die Oeffnung; krümmt sie zu Recht, salzet sie, und bindet Schnitten Speck auf den Bauch. Legt nun Seleri, Peterlein und Lauch in die Caßerole, die Hühnlein darauf, auf diese etwelde Citronenscheiben, deckt die Caßerole zu, legt Glüte auf den Deckel und laßt sie weich dämpfen.«
Anstelle der »Glüte« schieben Sie den Bräter in den vorgeheizten Backofen (180° C, Heißluft 190° C) und lassen die Poularde – je nach Gewicht – etwa 1 ½ Stunden dämpfen. In die durch ein Sieb gegossene Dämpfbrühe gießen Sie den Saft einer Zitrone, geben noch ein Stück »frischen Anken« dazu und schmecken ab.

Waffeleisen, Kloster Sankt Andreas, 1593 und 1612

ÖSTERREICH

Artischocken-Suppe

(Stift Kremsmünster)

Vater Alexander« – so berichtete die Klosterchronik – »versah unseren Hofgarten mit den besten Obstgattungen und seltenen Gemüsen. Er ließ mehrere Arten von Südfruchtbäumen aus Italien bringen und baute das erste Feigenhaus.«
»Im Jahre 1601 schickte man selbstgezogene Artischocken als Geschenk an den Prager Hof, um diejenigen zu erfreuen – und auch zu verwirren«, heißt es in der Stiftschronik. Es hätte am kaiserlichen Hof in Prag bestimmt mehr Freude und weniger Verwirrung verursacht, hätte der Abt Alexander I. a Lacu (1601–1613) gleichzeitig mit seinen Artischocken das Rezept für diese feine Suppe mitgeschickt, das sein Mundkoch für ihn geschaffen hatte.

Zutaten

1000 g junge Artischocken
1 El Zitronensaft
1 mittelgroße Zwiebel
1 l helle, klare Brühe
60 g Butter
60 g Mehl
1/4 l Milch
1/4 l Sahne
Salz und Pfeffer
Croûtons
Parmesan, gerieben

Zubereitung

Für dieses Rezept benötigen Sie Artischockenböden!
Legen Sie sie gleich ins Wasser, nachdem Sie sie entblättert haben und geben Sie den Zitronensaft dazu, damit sie schön weiß bleiben. Zusammen mit den kleingeschnittenen Zwiebeln werden sie in der Brühe etwa 30 Minuten gekocht. Heben Sie sie heraus und rühren Sie sie nach dem Abtropfen durch ein Sieb. Aus Butter und Mehl bereiten Sie eine Schwitze und rühren die Brühe unter. Fügen Sie die pürierten Artischocken und die Milch hinzu. Schmecken Sie die Suppe ab und geben Sie die Sahne hinein.
Die Suppe wird mit Croûtons und Parmesan serviert.

Feine Suppeneinlagen

(Klarissenkloster Brixen)

Die Klarissen von Brixen wohnen in Brixen sozusagen Tür an Tür mit den Benediktinern und Franziskanern, und seit langer Zeit kochen die Klarissen für ihre Brüder in Christo, die die feinen Vorsuppen hochpreisen.

Hirnmandeln

Zutaten

1 Hirn
50 g Butter
2 Eidotter
2 Scheiben Weißbrot, in Bouillon oder Milch getunkt und zerzupft
Salz, Pfeffer, Muskat, etwas abgeriebene Zitronenschale
2 Eiweiß

Zubereitung

Waschen und häuten Sie ein Hirn, zerrühren Sie es und rösten es in einer Pfanne. Dann rühren Sie die Butter aus, schlagen nach und nach die Eidotter hinein und die zerzupften Weißbrotscheiben. Das geröstete Hirn wird nun daruntergerührt und mit Zitronenschale, Salz, Pfeffer und Muskat abgeschmeckt. Das Eiweiß wird zu steifem Schnee geschlagen, untergehoben und die Masse in eine gebutterte Back- oder Auflaufform gegeben und im Backofen hellgelb gebacken (165° C etwa 20 Min., Heißluft 160° C etwa dreißig Min.). Stechen Sie mit einem Teelöffel die Hirnmandeln ab und geben Sie sie in eine heiße Suppe.

Schnee- und Rahmnöcklein

Zutaten

350 g dicker Sauerrahm
6 Eidotter
3 Eiweiß
500 g Mehl
Salz
etwas Spinatsaft

Zubereitung

Geben Sie den Sauerrahm und die Eidotter in eine Schüssel und rühren es zusammen. Das Eiweiß schlagen Sie zu einem recht steifen Schnee, heben Sie ihn nach und nach, abwechselnd mit dem Mehl, unter den Eidotter-Sauerrahm. Zum Schluß würzen Sie gut mit Salz und färben den Nöckleinteig mit Spinatsaft schön grün. Mit zwei Teelöffeln stechen Sie kleine Nöcklein ab und lassen sie in einer heißen Suppe aufwallen.

»Das Leopoldifest im Stift Klosterneuburg«

Bis zur Regierungszeit Kaiser Josefs II. (1780 bis 1790) begab sich alle Jahre nach Allerseelen der Prälat des Stiftes Klosterneuburg nach Wien, um das Herrscherpaar und seine Familie für das Fest des Heiligen Leopold einzuladen. Nachher ließ sich der Küchenmeister vom kaiserlichen »Kontrollamt« eine Zusammenstellung aller für die Küche notwendigen Lebensmittel machen, die äußerst reichhaltig und lecker war.
Am 15. November 1730 verspeisten in Anwesenheit des Kaisers und der Kaiserin, der Erzherzogin Maria Magdalena, der Hofdamen, der Minister, der Kavaliere und des Hofstaats zum Frühmahl:

»75 alte Hennen, 57 alt. vaist. Kapaun gerupft, 24 Vaiste Indian, 31 mittlere Vaiste. Kapaun gerupft, 7 mittlere Indian, 156 Tauben, 75 Hendl gebuezt, 6 Masthendl, 43 Gäns gebuezt, 261 junge Hendl, 58 Andten gebuezt, 42 Fashannen, 48 pandl Cran Vögl, 70 Räbhünner, 27 ½ paandl Träscherl, 8 pandl Lerchen, 19 Haasl-Hünner, 12 pndl kernbeißer, 28 Waldschnepfen, 8 pandl Klein Vögl, 37 große Wildandten, 27 alte Haasen, 10 kleine Wildanoten, 8 junge Häsel, 6 Rech-Schlegl, ½ Wiltschweinzemer, 16 Wachtln, 1 ganzen Bachenzemer, 2 Wiltschwein-Köpf, 4 Wiltfrischling-Schlögerl, 110 große Siedt-Krebsen, 800 Auslös-Krebsen, 600 Arsenal-Austern, 500 ordinari Austern, 1615 Muscherl, 6 guethe geselchte Schunkhen, 7 geselschte Oxenzungen, 4 Pfund frische Tartopheln, 2 Pfunde dürre Tartopheln, 1 ½ Pfund Tartopheln in öhl, 6 Pfund Mortadelli, 6 Pfund Cerveladi, 10 paar gesel. Rindfleisch, 20 Pfund gesel. Rinderne Würstl, 4 Pfund große Maccaroni, 8 Pfund eingemachte Frücht, 2 Pfund Hötschepetsch am Stingel, 2 Pfund Kütten Spalten, 900 frische Ayer, 400 ordinari Ayer, 2 Pfund eingemacht-Weixl, 12 Pfund geselcht-Jungschweinfl., 14 achtl gerollte Gersten, 6 Pfund kleine Kendl-Gersten, 150 Pfund frische Butter, 54 Pfund gesalzene Butter, 50 Maas gueten Essig, 114 achtl Mundmehl, 32 achtl Weizmehl, 8 Pfund Reiß, 8 Maas Ramb, 40 achtl Sauer Krauth, 2 putten sieß Kraut, 20 Maas Milch, 24 Kütten, 6 achtl guet Sauer Mundt Kraut, 6 Pfund Kränzlnudl, 1 putten Rahnruahm, 270 Pfund Schmalz, 50 neugelegte Eyer.

Aus der Zuschrott:
980 Pfund Rindernes, 620 Pfund Kälbernes, 140 Pfund Lebernes, 90 Pfund Schweinernes, 105 Pfund Castrauner, 50 paar guete Brüs, 36 paar Eyterl, 72 Pfund Flöckh, 90 Pfund frischen Spöckh, 86 Brathwürst, 60 Pfund Spikh-Spökh, 6 Schwein-Füeß, 18 Pfund Kraut-Spökh, 36 Lember-Füeß, 6 frische Oxenzungen, 8 Schweins-Ohren, 8 Kälbl Zungen, 15 Oxengamb, 4 Schweins-Ruessel, 11 Pfund Mark, 21 Kalbskäpf, 6 pandl Darmb, 14 Pfund Kälbl Krös, 10 Pfund Kälbl Peuschl, 2 Pfund Mark Pein, 2 gesellchte Kämpp, 50 Pfund Faisten.«

Kapaun in Pomeranzensauce

(Stift Klosterneuburg

Die Lieblingsart des Küchenmeisters im Stift Klosterneuburg, Kapaunen zuzubereiten, war ein Rezept, das Pomeranzen (Orangen) für die Sauce vorschrieb:

Zutaten

1 Kapaun oder Masthahn von etwa 4 Pfund mitsamt Knochen in 12–15 Teile zerlegt
Salz
40 g Mehl
2–3 El Butter
3/4 Tasse Hühnerbrühe (1,75dl)
1/8 l trockener Weißwein
3/8 l Orangensaft
2 1/2 Teel. getrocknete Orangenschale
1 gute Prise Muskatblüte
1/8 Teel. geriebener Rosmarin
1/8 Teel. Zimt
1/8 Teel. gemahlener Ingwer
1 Teel. Zucker
200 g Trockenpflaumen ohne Stein
100 g Korinthen
Orangenscheiben zum Garnieren

Zubereitung

Die Kapaunteile werden in gesalzenem Mehl gewendet, in einer Kasserolle mit geschmolzener Butter leicht angebraten und vom Feuer genommen. Lassen Sie nun die restlichen Zutaten in einem Emailletopf aufkochen und bei kleiner Flamme ziehen. Geben Sie die angebratenen Hähnchenteile dazu und lassen Sie sie zugedeckt etwa 1 Stunde schmoren, bis sie ganz weich sind. Überschüssiges Fett wird abgeschöpft. Arrangieren Sie die Geflügelstücke in einen Reisring, geben Sie die Sauce vorsichtig mit einem Löffel darüber und garnieren Sie alles mit Orangenscheiben.

Gebratenes Wildschwein

(Stift Kremsmünster)

Der »Stiftertag« des Stifts Kremsmünster, der 11. Dezember – als Todestag des Gründerherzogs Tassilo – wird feierlich begangen. Der berühmte »Tassilokelch« dient dann als Meßkelch, die »Tassiloleuchter« brennen, der Diakon singt aus dem Kodex Millenarius. Und beim feierlichen Mahl an diesem Tage wird die Stiftungsurkunde aus dem Jahre 777 verlesen – und traditionellerweise wird Wildschweinbraten gegessen.

Der Legende nach soll nämlich ein Wildschwein den Sohn des Herzogs getötet haben, was den Herzog veranlaßte, dieses Kloster zu stiften.

An diesem Festtag nehmen noch heute die Spitzen aus Österreichs Kirche, Adel und Kultur teil. Als gute Nachbarin stiftete die ehemalige Königin Friederike von Griechenland in den ersten Nachkriegsjahren einen Schwarzkittel aus ihren Wäldern, die an den klösterlichen Besitz des Almsees angrenzten. (Bestimmt spekulierte Friederike dabei auf einige der berühmten »Almseeforellen«, die schon Kaiser Maximilian so geschätzt hatte.)

Zutaten

1 Wildschweinrücken, gebeizt
Salz
Rotwein
Beize
1 El Pfefferkörner
6–8 Wacholderbeeren
1/2 kleines Lorbeerblatt
Schinkenabfälle und geräucherte Speckschwarten
1/4 Zitrone mit Schale
Wasser

Beize
1 l Wasser
Essig
Salz
Pfefferkörner
Lorbeerblätter
1/2 Zitrone mit Schale
1 Knoblauchzehe
1–2 Steinpilze
2 Essiggurken
1 Bund Petersilie
1 El Senfkörner
500 g Zwiebeln, in Scheiben

Zubereitung

Kochen Sie eine kräftige Marinade aus den angegebenen Zutaten und lassen Sie sie abkühlen.

Den Wildschweinrücken legen Sie nun zwei bis vier Tage in diese Marinade.

Nehmen Sie ihn heraus, salzen Sie ihn und legen Sie ihn in eine Backofen-Bratpfanne. Übergießen Sie ihn mit dem Rotwein und etwas Beize, fügen Sie die Gewürze und die Zitrone hinzu. Gießen Sie mit Wasser auf und schieben Sie den Rücken in den vorgeheizten Backofen (220° C, Heißluft 190° C) und lassen Sie ihn zugedeckt etwa eine Stunde schmoren. Dann nehmen Sie den Deckel ab und lassen den Rükken unter fleißigem Begießen im eigenen Saft fertig braten.

Dazu gibt es Nockerln, Spätzle, Knödel, Johannisbeergelee, Hagebuttensauce und Quitten in Branntwein.

Geflochtener Lungenbraten auf Reis

(Klarissenkloster Brixen)

Zutaten

1 ganzes, gut abgehangenes Rindsfilet (etwa 1 bis 1 ½ Kilo)
250 g fetter, hoher Speck, in Scheiben geschnitten
1 Bund Suppengrün, gewaschen und gesäubert
125 g zerlassene Butter
¼ l Fleischbrühe
¼ l milder Obstessig
1 Glas trockener Weißwein – Terlaner oder Welschriesling

Zubereitung

Das Rindsfilet wird abgezogen und in drei Stränge geschnitten, aus denen Sie einen Zopf flechten und an den Enden zunähen. Legen Sie eine Bratenkasserolle mit dem Speck aus. Das Rindsfilet plazieren Sie in die Mitte, ringsherum das Wurzelwerk. Gießen Sie die Butter über den Lungenbraten und bis zur Hälfte mit Fleischbrühe und Obstessig an. Geben Sie die Kasserolle in den heißen Backofen (200° C, Heißluft 190° C), lassen Sie das Fleisch etwa 15 Minuten schön braun ansetzen, begießen Sie es und lassen Sie es dann zugedeckt (bei 175° C; Heißluft 175° C) weitere 25 bis 30 Minuten schmoren – je nach Gewicht und ob es eher durchgebraten oder rosa gewünscht wird. Vor dem Herausnehmen gießen Sie noch ein Glas Weißwein darüber.

Ein wenig Mittelmeergeschmack spürt man aus dem von den Klarissen hierzu servierten Reis:

Kochen Sie 250 g Reis körnig, geben Sie 125 g Butter in den heißen Topf, Pfeffer und Salz sowie reichlich frischgeriebenen Parmesan dazu, unterheben alles und lassen Sie es auf heißer Flamme oder im Backofen schön verschmelzen.

Rohrhühner

(Schottenstift Wien)

Bis ins neunzehnte Jahrhundert hinein versuchten gläubige Katholiken, an Fastentagen fleischlos zu essen und nur einmal am Tag zu speisen – natürlich auch alle jene Gerichte, die zu Fastenspeisen oder gar Fisch deklariert wurden. So findet man noch im Kochbuch der Wirtschafterin des Schottenstiftes, Katharina Schreder, im Kapitel »Fisch« folgende Aneinanderreihung: »Fischschnitzel, Rohrhühner, Fogosch, Huchen, Hecht« – das »Rohrhuhn« ist im Kloster eben ein Fisch!

Probieren Sie dieses Originalrezept einmal und nehmen anstelle der »Rohrhühner« – das sind die im Schilf lebenden kleinen Bleß- und Wasserhühner – kleine junge Hühnchen.

»Abgekochte Rohrhühner mit Sauce.

Wenn man den Rohrhühnern die Haut abgezogen, selbe aufgemacht und dressirt hat, wird in einer Kasserolle Butter, Zwiebel, Wurzelwerk, ganzes Gewürz und Beitzkräutel braun eingehen gelassen, und sodann entweder mit Erbsenwasser, oder Suppe und etwas Wein und Essig aufgegossen und darin die Hühner weich gedünstet.

Hierauf werden die Hühner ausgelegt, der Saft abgeseiht, und mit demselben eine braune Sauce abgerührt, welche, wenn man ein wenig Milchrahm, feingeschnittene Limonienschale, ein kleines Stückchen Zucker dazugegeben hat, aufgekocht und dann wie gewöhnlich rein abgenommen werden muß.

Wollte man selbe als schwarze Sauce, so müßte der Milchrahm wegbleiben, und statt dessen Karpfenblut eingerührt und ein wenig verkocht werden. Ist die Sauce nach Belieben bereitet, so werden die tranchierten Rohrhühner auf einer Schüssel angerichtet und die Sauce dazugegeben.«

Gebäckmodel, 17. bis 18. Jahrhundert

Lachs in Bier

(Kloster Mondsee)

Schon zu Beginn des 12. Jahrhunderts war es für einen reichen Mann Sitte, einem Kloster eine große Summe Geldes zu stiften mit der Bitte, jedes Jahr an seinem Todestag eine besondere Messe zu seinem Gedenken lesen zu lassen. An diesem Tag bekamen die Mönche für ihre Mühe ein besonderes Gericht serviert, das von dem Geld des Verstorbenen bezahlt wurde. Diese Geldspende hieß »Pittanz«, und nach einiger Zeit wurde auch das an diesem Tag servierte Gericht »Pittanz« genannt. Es war immer besonders luxuriös und delikat – wie diese Lachspittanz aus dem Kloster Mondsee. Das Rezept kommt ursprünglich aus dem Codex Vindob. 4995 der österreichischen Nationalbibliothek – und diese Sammlung gehörte im Jahre 1453 dem Abt von Mondsee.

Zutaten

3/8 l Wasser und Bier, halb und halb
2 El frische Petersilie, feingehackt
1/4 Teel. Rosmarinblätter
1/8 Teel. Thymian
1/4 Teel. Salz
etwas Essig
4 Lachsfilets

Zubereitung

Aus Wasser, Bier, Kräutern, Salz und Essig bereiten Sie einen Fischsud und lassen ihn 5 Minuten auf kleiner Flamme kochen. Geben Sie die Lachsfilets hinein, decken Sie den Topf zu und lassen Sie den Fisch 10 Minuten garziehen.

Krebse in Milchrahm

(Schottenstift Wien)

Man muß sich vergegenwärtigen, daß Krebse eher als »Arme-Leute-Essen« galten.

Zutaten

100 g Butter
je 4 El feingehackte Petersilie, Kerbel, Champignons, Schalotten, Zwiebellauch (oder 1 El Knoblauch)
2 El Essig
Pfeffer
1000 g Flußkrebse
1/2 l süße Sahne
Salz

Zubereitung

In der zerlassenen Butter rösten Sie kurz die Kräuter und die Zwiebeln an, lassen sie kurz mit den Gewürzen und der Sahne aufkochen. Geben Sie jetzt die gut ausgewaschenen Krebse dazu und lassen Sie sie etwa 30 Minuten mitsieden. Währenddessen rütteln Sie ab und an den Topf. Die Krebse schichten Sie auf einen großen Teller und legen Zitronenachtel ringsum. Die Sauce wird abgeseiht und separat gereicht.

Holzschnitt aus dem »Büchlein, wie man Fische und Vögel fangen soll«, 1498

Tiroler Speckknödel

(Kloster Sonnenburg)

Knödeln, Nudeln, Nocken, Plenten, sein die vier Tiroler Element.« Auch auf dem Speisenzettel der Tiroler Klöster Sonnenburg, Hall, Stams, Wilten und St. Georgenberg findet man im 18. Jahrhundert diese bäuerliche Kost. Fast zu jeder Mahlzeit gab es »Knödel«, »Knödel mit Kraut« oder »Knödel in der Suppen«.

Zutaten

6 trockene Semmeln
knapp 1/4 l Milch
2–3 Eier
100 g Speck
150 g geräucherte Wurst
(»Kaminwurzen« oder
Selchfleisch)
1/2 Zwiebel, in Würfel geschnitten
30 g Butter
Petersilie
Schnittlauch
Salz
etwa 3 El (60–80 g) Mehl
Fleischbrühe oder Salzwasser

Zubereitung

Schneiden Sie die Semmeln in kleine Würfel, verschlagen Sie die Milch mit den Eiern, gießen Sie diese über das aufgeschnittene Brot und lassen es zugedeckt 1/2 Stunde ziehen. In einer Pfanne braten Sie nun den in Würfel geschnittenen Speck aus, rösten die feingeschnittene Wurst beziehungsweise das Selchfleisch kurz mit, rösten die Zwiebel leicht an und geben alles zusammen mit reichlich Petersilie, gehacktem Schnittlauch und Salz über das Brot. Streuen Sie das Mehl darüber und mengen und drücken alles mit einem Kochlöffel gut zusammen. Die Masse soll eher fest sein, aber nicht schmieren. Aus ihr formen Sie 8 gleich große Knödel mit nassen Händen.
Tiroler Speckknödel können auch nur mit Speck, ohne Wurst, Selchfleisch und Butter zubereitet werden. Man verwendet den oben beschriebenen Teig und röstet die Zwiebel im zerlassenen Speck.
Gute Knödel steigen in der Suppe sofort auf. Die Knödel sind am besten, wenn sie sofort nach dem Kochen gegessen werden. Nach altem Brauch ißt man den ersten Knödel in der Suppe, den zweiten zu Sauerkraut oder Rübenkraut, den dritten zu Eingemachtem, den vierten mit Salat. Wer dann noch kann, beginnt wieder von vorne. Sehr gerne ißt man zu Knödeln auch Kresse- oder Vogerlsalat.

Semmelknödel

(Kloster Sonnenburg)

In den Religionswirren des 16. Jahrhunderts waren die besonders harten Fastengebote des Bischofs von Brixen, Kardinal Nikolaus von Kues in Tirol, besonders umstritten. Denn ausgerechnet auf Milch, Butter, Eier, Speck und Schmalz sollte verzichtet werden! Doch im 16. Jahrhundert war die Tiroler Welt wieder einigermaßen in Ordnung: Zwar mußten an Fastentagen die Knödel ohne Speck zubereitet werden, doch durften sie in Butterschmalz ausgebraten werden.

Zutaten

6 altbackene Semmeln
2 Eier
1/4 l Milch
1 kleine Zwiebel
50 g Butter
2 El Semmelbrösel
2 El Mehl
Petersilie
Salz
Salzwasser oder Suppe

Zubereitung

Schneiden Sie die Semmeln in Würfel, verschlagen Sie die Eier mit der Milch, gießen Sie sie dann über die Semmeln und lassen Sie alles etwa 1/2 Stunde ziehen. Damit die Eiermilch gleichmäßig aufgesaugt wird, drehen Sie die Masse einige Male mit einem Kochlöffel leicht um, aber rühren Sie nicht, sonst schmiert der Teig und wird zäh. Rösten Sie die feingehackte Zwiebel in Butter goldgelb und geben Sie sie zusammen mit den Semmelbröseln, dem Mehl, der feingewiegten Petersilie und dem Salz zum Brot und vermischen Sie alles leicht. Formen Sie nun daraus mit nassen Händen die Knödel und lassen Sie sie in leicht kochender Fleischbrühe oder Salzwasser 12 Minuten sieden. Lokkern Sie zu feste Knödel mit Ei oder Milch, zu weiche mit Bröseln oder etwas Mehl.
Semmelknödel werden zu verschiedenen soßigen Fischgerichten, aber auch abgeschmalzt mit Butter und gerösteter Zwiebel und Salat oder Kraut als Hauptgericht gegessen.
Semmelknödel ißt man ebenso in Erbsen- oder Brennsuppe.

Servietten-Fastenknödel

(Tiroler Handschrift)

Die Handschrift, in der dieses Rezept für Fastenknödel enthalten ist, kommt höchstwahrscheinlich aus einem der vielen Tiroler Klöster des 16. Jahrhunderts.
Wenn Sie sich an das Original halten wollen, hier das Rezept:

»Pachne fasten Knödl«

»Nimb ein wenig butter, geuß in das geriben brodt und ein wol warme milch, riehr woll umb, und schlag ayr darein sovil du machen wilst darnach Pach sie; darnach nimb ein wenig schmalz rest ein gribene semmel, geuß ein wenig weindaran und ein wenig wasser oder Arbis [Erbsen] brir, darnach ein wenig zugger oder henig, daß sieß wird und saffran und zimmet und pfeffer, willstu es dan schwarz haben so the eine salzen darein und khain saffran, geuß iber die khnödl.«

Wenn Ihnen diese Ausgabe jedoch nicht genügt, bereiten Sie aus dem Rezept »Semmelknödel« einen großen Serviettenknödel:
Binden Sie die Masse in eine mit Butter ausgestrichene Serviette und lassen Sie den Serviettenknödel etwa 45 Minuten in schwach kochendem Wasser ziehen. Dann schneiden Sie ihn in Scheiben auf. In Butterschmalz ausgebacken sind es dann »Fastenknödel«.

Leberknödel

(Kloster Sonnenburg)

Zutaten

6 alte Semmeln
knapp 1/4 l Milch
1 kleine Zwiebel
150 g Butter
300 g Rindsleber
2 Eier
Petersilie
Salz
Pfeffer
Thymian
abgeriebene Zitronenschale
Brösel
Fleischbrühe

Zubereitung

Die geschnittenen Semmeln werden mit der heißen Milch übergossen und dann läßt man sie zugedeckt 1/2 Stunde ziehen. Rösten Sie die feingeschnittenen Zwiebeln in heißer Butter an und geben Sie sie über das Brot. Die durchs Sieb gestrichene oder im Mixer pürierte Leber rühren Sie unter die Eier und Gewürze, mischen die Semmeln vorsichtig unter und festigen alles mit Bröseln. Die Leberknödelmasse soll nicht zu fest sein. Formen Sie mit einem nassen Löffel und mit einer nassen Hand die Knödel und kochen Sie sie 20 Minuten in der leicht wallenden Brühe.
Einen Leberknödel ißt man mit Suppe, die anderen mit Sauerkraut.

Silberne Servierschüssel, Kloster Sankt Andreas, 17. Jahrhundert

Pfeffersauce

(Klarissenkloster Brixen)

Diese Sauce schmeckt besonders gut zu grünen Gemüsen wie Bohnen oder Broccoli.

Zutaten

40 g Butter
40 g Semmelbrösel
viel frischgemahlener schwarzer Pfeffer
40 g frischgeriebener Parmesan
gut ¼ l Fleischbrühe
etwas abgeriebene Zitronenschale

Zubereitung

Lassen Sie Butter und Semmelbrösel in einem Topf goldgelb rösten, mahlen Sie reichlich schwarzen Pfeffer darüber. Geben Sie den Parmesan dazu, lassen Sie ihn anschmelzen und füllen ihn mit der Fleischbrühe auf. Reiben Sie einen Hauch von Zitronenschale hinein, lassen Sie die Sauce einmal aufwallen und bei kleinem Feuer ein wenig ziehen, bis sie recht sämig ist.

Hirn-Koch

(Klarissenkloster Brixen)

Eine Art Soufflé!

Zutaten

50 g Butter
3 Eidotter
60 g abgezogene, geriebene Mandeln
80 g Semmelbrösel
½ Kalbshirn
Zitronensaft
etwas Zucker und Salz
2 Eiweiß

Zubereitung

Rühren Sie die Butter flaumig und geben nach und nach die Eidotter, Mandeln, Semmelbrösel hinzu. Das gewaschene und gehäutete Hirn wird zerrührt und in einer Pfanne geröstet und zur Ei-Mandelmasse gegeben. Würzen Sie fein mit Zitronensaft, Zucker und Salz. Nun streuen Sie einige Körnchen Salz über das Eiweiß und schlagen es zu recht festem Schnee, den Sie untermischen. Die Soufflémasse wird nun in eine gebutterte Form gegossen und im vorgeheizten Backofen (175° C, Heißluft 160° C) 30 Minuten (Heißluft 35–40 Min.) gebacken.

Krautsalat

(Stift Kremsmünster)

Im Jahre 1603 ließ der Abt Alexander I. a Lacu das erste Feigenhaus bauen. Der »Wälische Garten« mit allen seinen seltsamen Fruchtbäumen gedieh besonders üppig unter der glücklichen »grünen Hand« von Abt Erenbert II. (1669–1703). 1688 ließ Vater Erenbert die erste Orangerie der Gegend errichten. Wie der glückliche Koch hieß, der das folgende Rezept für Krautsalat erstmals komponierte, verrät uns die Chronik nicht; nur, daß er aus der Orangerie die nötigen Feigen und Pomeranzen pflückte – für diesen recht seltsam klingenden, aber ganz trefflich schmeckenden Krautsalat.

Zubereitung

Bereiten Sie einen Salat aus feingeschnitzeltem Rotkohl zu und geben jeweils ein wenig von den folgenden Zutaten hinzu:

Mandelsplitter
Rosinen
kleingeschnittene Feigen
Kapern
Oliven
Korinthen
kleingehacktes Essiggemüse
Orangenachtel

Darüber gießen Sie eine Salatsauce aus Öl, Essig, Zitronensaft, einer Prise Zucker und Salz.

Schere, Amsterdam, ca. 1300 bis 1350

Weißes Mandel-Koch

(Klarissenkloster Brixen)

Mandel-Koch« war eines der beliebtesten Zwischengerichte bei kleineren Festessen: Auf dem Speisenzettel für das »G. J.-Fest« wird es als sechster von elf Gängen gereicht. Als Erfrischung zwischen »Gebratene Hühner u. Lemonisulze« und »Gedünsteten Änten, Kittensulze u. Zitronen«. Übrigens: Hinter der harmlos klingenden Bezeichnung »Koch« verstecken sich bei den Klarissen von Brixen herrliche Soufflés!

Zutaten

50 g Butter
4 Eidotter
3 El Zucker
abgeriebene Zitronenschale
100 g abgezogene, geriebene Mandeln
50 g Butterkekse, in ca. 1/8 l Milch geweicht
etwas Salz
4 Eiweiß

Zubereitung

Rühren Sie die Butter flaumig, geben Sie nach und nach die Eidotter daran, dann den Zucker, etwas abgeriebene Zitronenschale, die Mandeln und den eingeweichten Butterkeks. Wenige Körnchen Salz auf das Eiweiß streuen und zu festem Schnee schlagen und unter den Teig ziehen.
Nun gießen Sie den Teig in eine Souffléform – eine Auflaufform mit möglichst geraden Wänden können Sie auch nehmen – und backen den »Mandel-Koch« im vorgeheizten Backofen (190° C, Heißluft 160° C) 40 Minuten.

Kaiser Leopolds Gaadener Schmarren

(Heiligenkreuz)

Die Mönche vom Zisterzienserstift Rein betreuen die Wallfahrtskirche von Heiligenkreuz. Und Pater Leopold aus Rein meint, im Stiftsgasthof zu Gaaden sei ein »Schmarren« gebacken worden, der an Finesse noch den Kaiserschmarren übertrifft: »Nicht nur die berühmten Benediktiner-Abteien in Österreich mußten oft hohe Gäste aus Kirche und Staat empfanden und verpflegen. Doch in ihrer anfänglichen Armut konnten die Cistercienser noch die Abhaltung ›Landesfürstlicher Hoftagen‹ ablehnen. In der Barockzeit stellte die Cisterze Heiligenkreuz das benachbarte Schloß zu Gaaden im Wienerwalde seinen allerhöchsten Gästen zur Verfügung. Besonders dem gegen die Türken so siegreichen Kaiser Leopold I., der von 1658 bis 1705 regierte. Das garantierte Heiligenkreuz die erforderliche klösterliche Abgeschiedenheit, brachte aber dem untertänigen Walddorf Gaaden einen gewissen Aufschwung. Der erst jüngst verschwundene Stiftsgasthof bei der Kirche und dem Schloß wurde besonders durch die Herstellung einer aus vielen Eiern hergestellten Spezialität bekannt: dem Gaadener Schmarren, der auf offenem Feuer hergestellt werden mußte. Die dreieckigen Eisengestelle mit den Pfannen zu seiner Zubereitung sind bisweilen noch als Relikte der guten alten Zeit zu sehen.«

Zutaten

3 Eidotter
1 El Zucker
Mark von 1/2 Vanillestange
Salz
1/8 l Schlagsahne
100 g Mehl
5 Eiweiß
Butter zum Ausbacken
4 El Rosinen, in Rum eingeweicht
Puderzucker zum Bestreuen

Zubereitung

Die Eidotter werden mit dem Salz, Zucker und dem Vanillemark zu einer dicken, hellen Crême geschlagen, dann rühren Sie Sahne und Mehl hinzu. Zum Schluß ziehen Sie das steifgeschlagene Eiweiß darunter. Geben Sie den Teig in eine große Pfanne mit zerlassener Butter, streuen Sie die Rosinen darüber und backen Sie den Schmarren goldbraun. Dann wenden Sie ihn und backen ihn auch von der anderen Seite goldbraun. Mit zwei Gabeln zerreißen Sie den Schmarren in größere Stücke und streuen vor dem Servieren noch etwas Puderzucker darüber.

Gugelhupf

(Stift Rein)

Der Stiftshistoriker des Zisterzienserklosters Rein, Pater Leopold, hat die Entstehungsgeschichte des österreichischen Gugelhupfs zurückverfolgt. Sein Name verrät schon seinen Ursprung aus dem Kloster: Er kommt von der »Kukulle«, der Chorkleidung der Mönche, im Volksmund »Gugel« genannt. Diese hat eine spitze Kapuze, und – in ähnlicher Form verläßt der Kuchen im Napf das Backrohr.
Diese Form von hohem Napfkuchen soll zuerst im 16. Jahrhundert gebacken worden sein – in den Klöstern der »Kapuziner«, der 1528 von den Franziskanern abgespaltenen Bettelmönche.

Zutaten

500 g Mehl
1 El Zucker
45 g Hefe
6 El Milch
1/8 l lauwarme Milch
2 El Rum
100 g Zucker
Vanillezucker
6 Eidotter
1/2 Teel. Salz
abgeriebene Zitronenschale
etwas Macisblüte
250 g weiche Butter
10 g bittere Mandeln, feingestoßen
150 g große Rosinen
75 g Korinthen
50 g feingeschnittene Orangenschale
50 g grob gehackte, blanchierte Mandeln
Butter und grobgehackte Mandeln für die Form
Zucker und Butter zum Bestreuen

Zubereitung

In das gesiebte Mehl machen Sie eine kleine Kuhle, geben etwas Zucker, die zerbröselte Hefe und sechs Eßlöffel Milch hinein, verrühren alles und lassen den Vorteig in der zugedeckten Schüssel etwa 15 Min. gehen. Nun schlagen Sie nacheinander Milch, Rum, Zucker, Eigelb, Salz, Gewürze, Butter und bittere Mandeln hinzu, bis der Teig Blasen wirft. Mischen Sie die Rosinen, Korinthen, Orangenschale und gehackten Mandeln hinein und ziehen Sie dann das geschlagene Eiweiß darunter. Nun füllen Sie den Teig in eine große Gugelhupfform, die dick mit Butter ausgestrichen und mit gehackten Mandeln ausgestreut ist. Der Teig soll die Form nur zur Hälfte ausfüllen, da er noch aufgehen muß!
Zugedeckt lassen Sie den Gugelhupf an einem warmen Ort um das Doppelte aufgehen, dann bestreichen Sie ihn mit zerlassener Butter und Zucker und backen den Kuchen im vorgeheizten Backofen (175° C, Heißluft 160° C) etwa eine Stunde, bis er goldbraun ist und schön glänzt.

Gebäckmodel aus dem 17. bis 18. Jahrhundert

»Die Heilige Striezelordnung«

Weihnachtsbrote bekam jeder Klosterangehörige zu Weihnachten, wie z. B. aus der Speisenordnung des Chorherrenstiftes Vorau für das Jahr 1775 hervorgeht. Da gibt es eine »Heilige Striezelordnung«: »Dem Gnädigen Herren 10 (Striezel), dem Dechand 8, den anderen 7 dem Secretär u. Apothecer u. Geistlichen wie den vorhergehenden. Jeder Officier 1 Striezel aus 5 Pfd, den Knaben aus 4 Pfd, den Aufwärter u. Gesindl-Buben 1 braunen aus 5 Pfd, den Meyerleuten 1 Striezel aus 5 Pfd, den Marktrichtern weiße Herren-Striezel. Der Köchin, dem Schulmeister, Stallknecht u. Küchenmagd 4 Striezel mit 5 Pfd, den Buben gleichfalls.
Die Rathsbürger erhalten 1 Striezl mit 5 Pfd, die Viertelleut 1 Striezl mit 4 Pfd.«

Wachsabdruck einer Specksteinmodel

Weihnachts-Zelten

(Kloster Schloß Gries)

Zu Weihnachten wurden überall in den deutschsprachigen Klöstern süße Brote aus gedörrten Früchten, Nüssen, Gewürzen und Brotteig gebacken – die süßen Früchte ersetzten damals den Honig oder den Zucker. Je nach Landschaft haben diese reichen, süßen Brote eine andere Zubereitungsart und auch einen anderen Namen. In Norddeutschland sind es die Stollen – Kuchen in Form eines Pfostens, als Symbol für Christus als Wickelkind gebacken –, im Osten Deutschlands und Österreichs die Striezel oder Stripfen, im Süden die Zelten.
Der Tiroler Küchengeschichtler Otto Kostenzer hat die Speisenordnungen und Rezeptsammlungen vieler tirolerischer Klöster ausgewertet und meint, daß die Bozener Weihnachts-Zelten aus Gries am köstlichsten sind. Er gibt uns ein Rezept mit zwanzig Sorten verschiedener kandierter Früchte, Nüsse und Gewürze, die unter den Teig gemischt werden.

Zutaten:

1900 Zibeben (große Rosinen)
950 g Sultaninen
250 g Weinbeeren
1250 g Feigen
170 g Zitronat
120 g Aranzini (Orangeat)
200 g Nußkerne
550 g Mandeln
200 g Pignoli (Pinienkerne)
400 g Datteln
500 g Dunstobst
(Trockenfrüchte: Birnen, Aprikosen, Pfirsiche, Pflaumen)
Zimtpulver
Nelkenpulver
Neugewürzpulver
Schalen von 4 Zitronen
Schalen von 3 Orangen
2½ Teel. Anis
4/6 bis 5/9 l Rum oder Branntwein
¾ l Weißwein
600 g Brotteig
Zuckerwasser zum Bestreichen

Zubereitung

Die Rosinen werden gewaschen, getrocknet, entkernt, Sultaninen und Weinbeeren werden ausgesucht, gewaschen und getrocknet, die Feigen (sehr geeignet sind saftige Feigen) werden nudelig geschnitten. Das Zitronat und die Aranzini schneidet man kleinwürfelig, die Nüsse werden etwas gebrochen, die Mandeln geschwellt und gespalten, die Pignoli werden gewaschen und getrocknet, die entkernten Datteln schneidet man nudelig, ebenso die Dünstfrüchte, die etwas fester sein sollen. All diese Zutaten werden in einer großen Schüssel mit den Gewürzen, den feingehackten Zitronen- und Orangenschalen, dem feingestoßenen und geseihten Anis gut vermischt. Dann gibt man Rum und Weißwein dazu, und nachdem man die Früchte und die Flüssigkeiten noch weiter vermengt hat, läßt man die Masse zugedeckt über Nacht ziehen.
Am nächsten Tag wird der Brotteig eingeknetet (man verwendet Schwarz- oder Vorschlagbrotteig oder zum Beispiel den Teig für Orangen-Brioche, Seite 174). Dann formt man auf gut gebuttertem Backblech tortenförmige oder längliche glatte Zelten, etwa 3 cm dick. Mit in Wasser getauchten Händen streicht man sie sehr glatt und glättet die Ränder außerdem noch mit einem Messer, verziert die Zelten hierauf mit halben Mandeln, Pignoli oder Nußkernen, worauf man sie etwas gehen läßt, dann in mittelheißer Röhre etwa ¾ Stunde lang, je nach Größe und Dicke bis zu einer Stunde, bäckt. Während des Backens bestreicht

man die Zelten mehrmals mit starkem Zuckerwasser wegen des Glanzes. Ausgekühlt werden die Zelten häufig mit Südfrüchten verziert.
(Bei 190° bis 200° etwa 70 bis 90 Minuten lang backen – je nach Größe der einzelnen Zelten. Heißluft: Bei 160° ebenfalls 70 bis 90 Minuten backen.)

Mohntorte

(Stift Kremsmünster)

Schon im Jahre 1299 wird in Kremsmünster der Mohnanbau erwähnt. Bis ins 17. Jahrhundert hinein wurde Mohn überwiegend als Ölfrucht verwendet. Bei der traditionellen abendlichen Fastnachtseinladung an die »Offiziere und Bürger des Markts mit ihren Weibern«, mit an der Tafel des Abtes zu speisen, wird auch ein Mohnkuchen aufgetragen.
Das Rezept für die Torte verriet mir aber der heutige Feinkonditor der Kremsmünsterschen Stiftsschenke.

Zutaten

16 Eiweiß
16 Eidotter
200 g Butter
300 g Zucker
300 g Mohn, gemahlen
140 g Mandeln, gemahlen
1 El Zimt
1 Teel. Backpulver
50 g Mehl
Johannisbeermarmelade zum Bestreichen

Zuckerglasur
200 g Puderzucker
2 Eiweiß
Zitronensaft

Zubereitung

Schlagen Sie die Butter mit dem Zucker flaumig und geben nach und nach die Eidotter dazu. Danach rühren Sie Mohn, Mandeln, Zimt, Mehl und Backpulver leicht ein und füllen den Teig in eine gefettete Springform. Backen Sie den Kuchen im vorgeheizten Backofen 30 Minuten (120° C, Heißluft 160° C) und reduzieren Sie die Temperatur (150° C, Heißluft 140° C), backen ihn weitere 45 Minuten, bis ein hineingestecktes Holzstäbchen trocken wieder herausgezogen werden kann.
Die erkaltete Torte wird einmal durchgeschnitten, mit passierter Johannisbeermarmelade bestrichen und mit der Zitronenglasur überzogen: Der Puderzucker wird mit etwas Zitronensaft aufgelöst, dann mit dem steifgeschlagenen Eischnee vermischt und über die Torte gestrichen.

Der Kayserin Lebzelteln

(Stift Göttweig)

Im Rezeptbuch des Stiftskonditors findet sich zwischen den vielen Lebkuchenrezepten – Gläserne Lebzeltel von Zucker, Mandl-Lebzeltel, Nürnberger Lebzeltel, Lebzeltel anders, Gedult-Zelteln, Aufgeloffene Mandel-Lebzelteln, Lebzeltel mit Honig und Zucker, Muscazon Lebzeltel, Lebzelten von Zimmet, Mehl-Lebzelteln – diese Lieblingsschleckerei der Kaiserin Maria Theresia, wenn sie im Stift zu Besuch weilte.

Da heißt es im Original:
»Hack drei Vierling abgezogenen Mandel klein, 20 Loth klein gefähten Zucker, 9 Loth Nürnberger Lebzelten der auf einem Reibeisen gerieben, 2 Loth Zimmt, ½ Loth Nägerl, ½ Loth Imber, 1 Muskatnuß, von 2 Lemoni die Schällen alles fein geschnidten, und durcheinandergemischt, den Teig mach mit 4 oder 5 ayern an, daß er nicht zu dick wird, mach Lebzeltel daraus, und laß überdrücken, es muß auf ein Oblat gelegt werden. Wann es abgekühlet, so bestreiche es mit Wassereis, und back es in der Tordten-Pfann, über sich eine gute Glut, daß schön blaterer wird.«
Damals wog ein Vierling 140 g, ein Loth 16⅔ g.

Lebzelten von ziṁet

(Stift Göttweig)

Siede zu einem dicken Julip mehr als ein Pfund Zucker, und rühre ein Pfund gestoßenen Mandeln darin, daß sie aber nicht öhlig werden, doch so wenig, als möglich zu gießen, oder ein wenig gefähten Zucker darunter gestoßen, setze die Mandeln und Zucker auf die Glut, und trückern den Taig, bis er zimlich dick wird, gestossenen ziṁet, so viel, daß es braun genug wird, auch bey einem Vierling klein geschnittenen Citronath, und wann man es von Feuer hebet, von neu gelegten ayren die Clar abgeschlagen, und darin gerühret, setze die blechenen Modl auf die Oblath, und streiche den Teig mit einem Messer

schön gleich hinein, aber nicht gar voll, dann sie laufen ein wenig auf, backe sie bey einer gleichen Glut, wann sie braun licht, und über sich drucken, so ist schon genug, weil es warm, muß mans mit einem Messer um und um ablösen, und die Mödl ausziehen, und wann sie kalt seynd, so mache von schönem Zukker, und frischem Wasser, und einer Lemoni-Saft ein dickes Eis, und darauf gestrichen, und über sich eine Glut geben, daß es sich drückert und ein wenig auflauft, so seynd sie fertig.«

Zutaten

180 g Rohrzucker (Reformhaus)
180 g Mandeln, geschält und feingemahlen
50 g Zitronat, feingeschnitten
1 ½ El Zimt, 2 Eiweiß
rechteckige Oblaten, 6×2 cm geschnitten

für den Guß
100 g Puderzucker
1–2 El Zitronensaft

Zubereitung

Zucker in einem Topf zerschmelzen, die Mandeln dazurühren und mit anrösten, bis die Masse dick wird. Inzwischen die Eiweiß ganz steif schlagen. Den Zimt und das Zitronat unter die warme Mandel-Zuckermasse rühren, diese Masse dann unter die steifgeschlagenen Eiweiß rühren. Auf jede Oblate einen gehäuften Teelöffel Lebkuchenteig geben, mit einem in Wasser getauchten Messer glatt streichen und auf ein Backblech legen. Bei 130°–150° etwa 20–25 Minuten backen, bis sie ein wenig aufgegangen sind und die Oberfläche matt glänzt.
Nach dem Backen auf einem Rost abkühlen lassen. Die Lebkuchen danach mit dem Guß bestreichen und trocknen lassen.

Wärmeglocke aus Steingut, Amsterdam, um 16. Jahrhundert

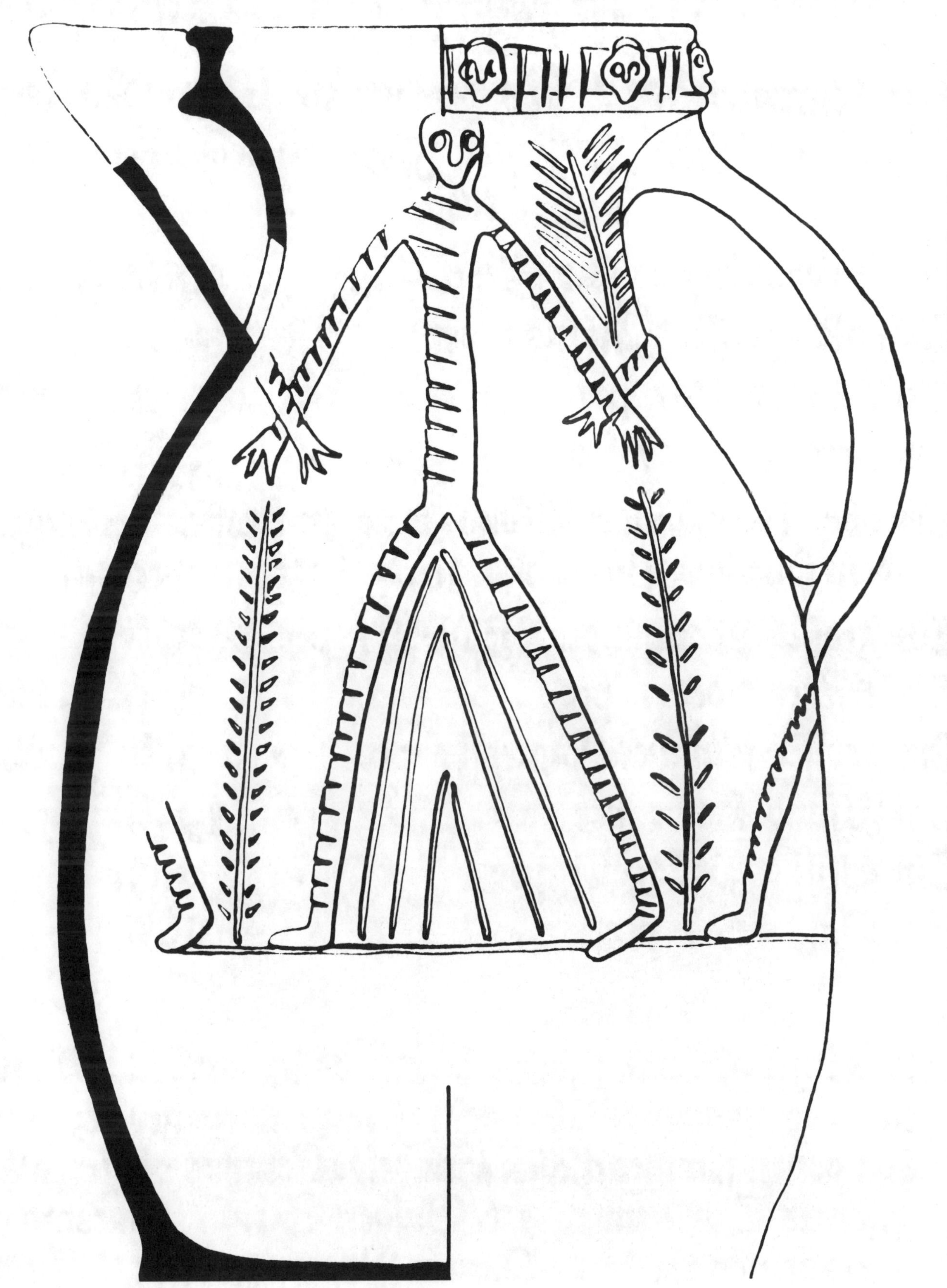

Kanne mit anthropomorpher Dekoration

Fasten-Speiß-Tax / so mit Anfang jetzt kommender / bis zu der heiligen Fasten-Zeit des nächsten 1750sten Jahrs zu beobachten ist /

Als:

Ein Pfund Rund- oder Stock-Fisch / per 10. kr. 3. vier.

Ein frisch-grosser Härring / per . . 4. kr.

Ein mitterer deto / per . . . 3. kr. 3. vier.

Ein kleinerer deto / per . . . 3. kr. 2. vier.

Wer aber die Härring Pfund-weis zu kauffen verlanget / dem solle das Pfund um 16. kr. gegeben werden.

Ein grosser Neumünder-Plateyß / per 3. kr.

Ein kleinerer deto / per . . . 2. kr. 1. vier.

Ein grosser Linguet-Plateyß / per . 1. kr. 3. vier.

Ein Pfund Lax / per . . . 19. kr.

Ein Pfund Prüggen / per . . 1. fl.

Ein Väßl deto / per . . . 18. fl.

Die Zirgel-Härring sollen hiemit völlig verbotten seyn / und bey unnachläßlicher Straf nicht ausgegeben; auch von denen sammentlichen Handels-Leuthen obiger ausgesetzter Tax / unter 15. Gulden Straf / keinesweegs überschritten werden. Datum Ynsbrugg den 15. Febr. Anno 1749.

APPENDIX
MIT MANCH WISSENSWERTEM

DANKSAGUNG

»Explicit hoc totum,
(pro tali precio nunquam plus scribere volo)
pro Christo da mihi potum.«

Da es mir aus Platzgründen leider nicht möglich ist, hier allen Personen zu danken, die mit Rat und Unterstützung zum Entstehen und Gelingen des vorliegenden Buches beigetragen haben, seien stellvertretend genannt:

Prof. Dr. Karl Amon, Graz
Dr. Horst Appuhn, Schloß Cappenberg, Dortmund
Dr. Klausfrieder Bastian, Bremen
Äbtissin Maria Columba Baumgartner, Abtei Seligenthal, Landshut
Pater Sigisbert Beck, Kloster Engelberg, Schweiz
Frau Roberta Bellenchia, Mailand
Frau Dr. Gertrud Benker, München
Pater Berthold, Stift Kremsmünster, Österreich
Prof. A. Bharati, Seattle
Frau Doris Boericke, Hamburg
Herr Dirk Bostelmann, Tostedt
Abt Dr. Albert Bruckmayer, Stift Kremsmünster, Österreich
Pater Kuno Bugmann, Kloster Einsiedeln, Schweiz
Mme. E. Cockx-Indestége, Brüssel
Generaloberin M. M. Adelheid Degendorfer, Crescentiakloster, Kaufbeuren
Dr. Georges Dogaer, Brüssel
Msgr. Prof. Dr. Johannes Duft, Kloster St. Gallen, Schweiz
Frau Eva-Maria Eilhardt, Berlin
Erzabt Dr. Ursmar Engelmann, Abtei Beuron, Beuron
Frau Dr. Elli Frerichs, Lübeck
Prof. Dr. Károly Gaál, Wien
Frau Dr. Anni Gamerith, Graz
Abt Christomas Gina, Kloster Neustift, Italien
Dr. Günter Gorscheneck, Hamburg
Pater Leopold Grill, Stift Rein, Österreich
Dr. Helmar Härtel, Wolfenbüttel
Dr. Adolf Hahnl, Salzburg
Hofrat Dr. Karl Hegenbarth, Graz
Pater Urban Hodel, Kloster Engelberg, Schweiz
Prof. Dr. Werner Hofmann, Hamburg
Dr. James Hogg, Salzburg
Abt Koloman Holzinger, Stift Admont, Österreich
Frau Eva Horvath, Hamburg
Pater Placidus Hungerbühler, Kloster Muri-Gries, Italien
Dr. Ferdinand Hutz, Stift Vorau, Österreich
Dr. Gerhard Jaritz, Krems
Frau Susanne Jensen, Hamburg
Frau Gunda Kilian, Hamburg
Prof. H. G. Königsberger, London
Prof. Aegidius Kolb, Abtei Ottobeuren
Prof. Dr. Adalbert Krause, Stift Admont, Österreich
Probst Rupert Kreusleitner, Stift Vorau, Österreich
Prof. Dr. Harry Kühnel, Krems
Pater Gregor Martin Lechner, Stift Göttweig, Österreich
Abt Dr. Odilo Lechner, Abtei St. Bonifaz, München
Herr Albrecht Leonhardt, Kopenhagen
Prof. Dr. Charles Lichtenthaeler, Hamburg
Äbtissin Seraphika Mayr, Kloster Brixen, Italien
Frau Dr. Hilda Merz, Rothenburg ob der Tauber
Pater Iso Müller, Kollegium Sarnen, Schweiz
Dr. Norbert Müller, Stift Rein, Österreich
Herr Bibliothekar Karl Neuzil, Stift Klosterneuburg, Österreich
Dr. Johannes Omer, Stift Klosterneuburg
Prälat Stephan Pamer, Kloster Marienberg, Italien
Prof. Martin Peintner, Kloster Neustift, Italien
Dr. Ernest Persoons, Brüssel
Pater Bonifaz Pfister, Abtei Niederaltaich, Niederaltaich
Dr. Anton Pichler, Graz
Herr Rudi Prätorius, Hamburg
Äbtissin Pustet, Kloster Säben, Klausen, Italien
Pater Adelhelm Rast, Kollegium Sarnen, Schweiz
Dr. Dr. Karl Rehberger, Stift St. Florian, Österreich
Dr. R. Reinle, Basel
Äbtissin Dr. Lucia Reiss, Kloster Lichtenthal, Baden-Baden
Dr. Dr. Floridus Röhrig, Stift Klosterneuburg
Pater Benno Roth, Stift Seckau, Österreich
Pater Emanuel von Severus, Abtei Maria Laach, Maria Laach
Herr Axel H. Schempp, Hamburg
Prof. Dr. Reinhard Schneider, Marburg
Priorin Michaela Schreiber, Kloster St. Johann, Schweiz
Prof. Dr. Dietrich Schwarz, Zürich
Frau Heide Schwarzweller, Hamburg
Dr. Gerhard Stamm, Karlsruhe
Dr. Fritz Steinegger, Innsbruck
Dr. Leopold Steinegger, Innsbruck
Abt Placidus Josef Stieß, Abtei Niederaltaich, Niederaltaich
Frau Regine Stützner, Hamburg
Herr August Friedrich Teschemacher, Hannover
Prof. Dr. Gerhard Theuerkauf Hamburg
Priorin Imelda Weh, Kloster Bad Wörishofen, Bad Wörishofen
Prof. Dr. Günter Wiegelmann, Münster
Abt Placidus Wolf, Stift Seckau
Dr. Sepp Wolf, Graz
Prof. Dr. Gerd Zimmermann, Erlangen
Dr. Hans Zotter, Graz

LITERATUR ZUM THEMA

I. Allgemeine Werke

Die mit einem Stern versehenen Werke hat der Autor in englischen Ausgaben benutzt.

Abaelard, *Die Leidensgeschichte und der Briefwechsel mit Heloisa,* hg. und übertragen von Eberhard Brost, Heidelberg 1979*

Ambrosini, Maria Luisa, *Die geheimen Archive des Vatikans,* München 1974

Amman, Jost, *Das Ständebuch.* 133 Holzschnitte mit Versen von Hans Sachs, Frankfurt/Main 1568, hg. von Manfred Lemmer, Frankfurt/Main 1975

Angerer, Joachim O. Praem., Die Begriffe ›Discantus, Organa‹ und ›Scolares‹ in reformgeschichtlichen Urkunden des 15. Jahrhunderts. Ein Beitrag zur Pflege der Mehrstimmigkeit in den Benediktinerklöstern des österreichisch-süddeutschen Raumes, aus: *Anzeiger der phil.-hist. Klasse der österr. Akademie der Wissenschaften,* 109 Jg. (1972)

Anthimi, De observatione ciborvm ad Theodoricvm regem francorvm epistvla, hg. von Eduard Liechtenhan, in: *Corpvs Medicorvm Latinorvm,* vol. VIII, 1, Leipzig/Berlin 1928

Aristoteles, *Nikomachische Ethik,* neu übersetzt mit einer Einl. und erkl. Anm. vers. von Olof Gigon, Zürich 1967*

– ders.: *Politik,* eingel., übers. und komment. von Olof Gigon, Zürich 1971*

Aston, Margaret, *The Fifteenth Century.* The Prospect of Europe, London 1968

Attwater, Donald, *The Penguin Dictionary of Saints*, Harmondsworth 1978
Augustin, *Bekenntnisse*, Zürich 1950*
Ayrton, Elisabeth, *The Cookery of England*, Harmondsworth 1974

Babinger, Franz, Reliquienschacher am Osmanischen Hof im 15. Jahrhundert, in : *Sitz. d. Bayr. Akad. der Wiss.*, 1956
Barraclough, Geoffrey (ed.,), *Eastern and Western Europe in the Middle Ages*, London 1970
– ders.: *The Medieval Papacy*, London 1975
Beckford, William, *Recollections of an Excursion to the Monasteries of Alcobaça and Batalha* (1835), Paris 1956
Bede, *A History of the English Church and People*, trand. and with an introd. by Leo Sherley-Price, Harmondsworth 1977
Behrens, C. B. A., *The Ancien Régime*, London 1976
Beiträge zur Historischen Sozialkunde: 6. Jg. Nr. 4 Okt.–Dez. 1976: Soziale Schichtung im Mittelalter; 8. Jg. Nr. 1 Jan.–März 1978: Sozialgeschichte der Ernährung
Die Benediktus-Regel (lat.-dtsch.), hg. von P. Basilius Seidle, Beuron 1975
Benker, Gertrud, *Der Gasthof*, München 1974
– dies.: Altes Küchengerät und Kochpraxis, Teil I in: *Bayr. Jb. f. Vkde*; 1972–75, S. 136–213, Teil II: ebda. 1976/77, S. 251–281
– dies.: *Kuchlschirr und Essensbräuch*, Regensburg 1977
– dies.: Altoberpfälzer Kost, in: *Bayr. Jb. f. Vkde.* 1966/67, S. 172–204
Beowulf, hg. von E. von Schaubert, Paderborn 1961–1963*
Bertsch, K. und F., *Geschichte unserer Kulturpflanzen*, Stuttgart 1947
»*Das andere Bier*« – Vom Altbier zum Altbier, Optimum Verlag für Wirtschaftsschrifttum, Wiesbaden 1975
Birlinger, Anton, Ein alemannisches Büchlein von guter Speise, in: *Sitz. d. Bayr. Akad. d. Wiss.* II/1865, S. 171 ff.
– ders.: Älteres Küchen- und Kellerdeutsch, in: *Alemania*, Bd. XVIII, 1890, S. 244 ff.
– ders.: Zur altdeutschen Küchensprache, in: *Alemania*, Bd. VI, 1878, S. 42 ff.
– ders.: Aus dem Tegernseer Klosterkochbüchlein, in: *Anzeiger für Kunde der deutschen Vorzeit*, Bd. XII, 1875, Sp. 439 ff.
Blomquist, Ragnar, (Hg.), *Res Mediaevales*, Lund 1968, Bd. III: Archaeologica Lundensia. Investigationes de antiquitatibus Urbis Lundae

Boccaccio, Giovanni, Das Dekameron, München 1952*
Boethius, *Trost der Philosophie*, hg. und übers. von Ernst Gegenschatz und Olof Gigon, Zürich 1969*
Borst, Arno, *Lebensformen im Mittelalter*, Frankfurt/Main 1973
Böttiger, Theodor, *Die Weine Deutschlands*, München 1977
Brasch, R., *Dreimal Schwarzer Kater* – Aberglaube, Sitten und Gewohnheiten und ihre merkwürdigen Ursprünge, München 1973
Brillat-Savarin, *Physiologie des Geschmacks* oder Betrachtungen über transzendentale Gastronomie . . . (1825), mit einer Einführung von Walter Kiaulehn, München 1976
Brooke, Christopher, *The Monastic World* 1000–1300, London 1974
– ders.: *The Structure of Medieval Society*, London 1971
– ders.: *The Twelfth Century Renaissance*, London 1976
Buecking, Jürgen, *Kultur und Gesellschaft in Tirol um 1600*, Diss. phil., Lübeck und Hamburg 1968
Busch, Johannes (Hg.), *Chronicon Windeshemsis und Liber de reformatione monasteriorum*, Halle 1896

»*Capitulare de villis*«, *Dokumente zur deutschen Geschichte in Faksimiles, hg. von Carlrichard Brühl u. a., Stuttgart 1971*
Chaucer, Geoffrey, *Canterbury-Erzählungen*, Berlin 1925*
Cluny. Beiträge zur Gestalt und Wirkung der cluniazensischen Reform. Darmstadt 1975 (Wege der Forschung 241)
Copleston, F. C., *A quinas*, Harmondsworth 1977
Coulton, G. G., *Five Centuries of Religion*, Cambridge 1923
– ders.: *Medieval Panorama*, New York 1944
– ders.: *Life in the Middle Ages*, 4 vls. Cambridge 1930
– ders.: *Friar's Lantern*, London 1948

Daems, Willem, Die Clareit- und Ypocrasrezepte in Thomas van der Noots Natable Boecxken van Cokeryen um 1510, in: *Fachlit. des Mittelalters*, 1968
Davidson, H. R. Ellis, *Gods and Myths of Northern Europe*, Harmondsworth 1977
Décarreaux, Jean, *Die Mönche und die abendländische Zivilisation*, Wiesbaden 1964
Der, Franz (Hg.), »Guten Appetit!« Ein Speisezettel vor hundert Jahren, in: *Blätter für Heimatkunde* (Steiermark) Nr. 2, 5. Jg., 1927, S. 29
Dickenmann, J. J., Das Nahrungswesen in England vom 12. bis 15. Jahrhundert, in: *Anglia*, Bd. 27, NF Bd 15, 1904, S. 453–515

Dolberg, Ludwig, Die Cistercienser beim Mahle. Servitien und Pitantien, in: *Studien und Mittheilungen aus dem Benedictiner- und dem Cistercienser-Orden*, hg. von P. Maurus Kinter, 17. Jg., 1896, S. 609–629
Duby, Georges, *Sankt Bernhard. Die Kunst der Zisterzienser*, Paris 1977
Duft, Johannes (Hg.), *Studien zum St. Galler Klosterplan*, St. Gallen 1964
Durant, Will, *Kulturgeschichte der Menschheit*, Bern 1962

Eder, Karl, *Das Land ob der Enns vor der Glaubensspaltung*. Linz 1932
– ders.: *Die landesfürstlichen Visitationen von 1544–1545 in der Steiermark*, Graz 1950
Egli, K., *Ein gallischer Küchenzettel aus der Wende des ersten Jahrtausends n. Chr.* Kulturhistorische Studie. Separatdruck der Schweizer Rundschau 1908/09, Heft 5, S. 341–368
Einhard and Notker the Stammerer, *Two Lives of Charlemagne*, transl. with an introd. by Lewis Thorpe, Harmondsworth 1977
Elias, Norbert, *Über den Prozeß der Zivilisation*, 2 Bde., Bern/München 1969
Engels, Friedrich, und Karl Marx, *Die Heilige Familie oder Kritik der Kritischen Kritik* (Ausg. Frankfurt/Main 1845), Berlin 1969
Englisch, Ernst, und Gerhard Jaritz, Das tägliche Leben im spätmittelalterlichen Österreich, in: *Wissenschaftliche Schriftenreihe Niederösterreich 19/20/21, St. Pölten-Wien 1976*
Erasmus of Rotterdam, Praise of Folly and Letter to Martin Dorp 1515, transl. by Betty Radice, Harmondsworth 1976
Evans, Joan (Hg.), *Blüte des Mittelalters*, München/Zürich 1966

Feyl, Anita, *Das Kochbuch Meister Eberhards*, Diss. phil., Freiburg 1963
Fischer, Hans (Hg.), *Pfaffen, Bauern und Vaganten*. Schwankerzählungen des deutschen Mittelalters, München 1967
Förster, Max, Zur Geschichte des Reliquienkultes in Altengland, in: *Bayr. Akad. d. Wiss.*, phil.-hist. Klasse, Jg. 1943, Heft 8
Francis, Sir Frank (ed.), *Treasures of the British Museum*, London 1975
Frank, Karl Suso, *Grundzüge der Geschichte des christlichen Mönchtums*, Darmstadt 1975
Franz, Adolf, *Die kirchlichen Benediktionen im Mittelalter*, Freiburg 1909
Freytag, Gustav, *Bilder aus der deutschen Vergangenheit*, . Leipzig 1866

Friedell, Egon, *Kulturgeschichte der Neuzeit*, München 1927–31

Fuhrmann, Horst, *Deutsche Geschichte im hohen Mittelalter von der Mitte des 11. bis zum Ende des 12. Jahrhunderts*, Göttingen 1978

Gamerith, Anni, *Alter und Wandel der Getreidebreie am Beispiel des Landes Steiermark*, in: *Ethnologische Nahrungsforschung*, Helsinki 1975, Kausatieteellinen Arkisto, Bd. 26, S. 101–112

– dies.: Bäuerliche Sachkultur in Bezirk und Museum Feldbach, 1. T.: Acker und Frucht, in *Bl. f. Heimatgesch. d. Bezirks Feldbach*, Heft 3/4, 1976

– dies.: Feuerstättenbedingte Kochtechniken und Speisen, in: *Ethnologia Scandinavica*, 1971, S. 78–86

– dies.: *Bevorzugte Stellung der Mehlspeisen in Österreichischen Landen*. Referat, gehalten auf dem Kongreß für Völkerkunde in Cardiff 1977

Gasparitz, Ambros, Reun im 15. und zu Beginn des 16. Jahrhunderts, in: *Mitteil. d. hist. Vereins f. Steiermark*, Jg. 45, 1897

Geschichten aus dem Mittelalter, hg. von Hermann Hesse (1925), Frankfurt/Main 1976

Gessner, Konrad, *Historiae animalium liber*. (Deutsch). Vogelbuch, darinn die art, natur und eigenschafft aller vögeln sampt irer waren Contrafactur angezeigt wirt . . . Erstlich durch Conradt Geßner in Lat. beschriben, neuwlich aber durch Rudolff Heüßlin . . . in das Teütsch gebracht . . . Zürych 1557

ders.: *Icones animalium quadrupedum*. (Deutsch). Thierbuch, das ist ein kurtze bschreybung aller vierfüssigen Thieren, so auff der erden und im wassern wonend sampt irer waren conterfactur . . . Erstlich durch Cunrat Gessner in Lat. beschriben, yetzunder . . . durch Cunrat Forer . . . in das Teütsch gebracht . . . Zürych 1563 (Faksimilie-Druck)

Gesta Romanorum, Dresden 1905

Giraldus Cambrensis, *Speculum Ecclesiae;* Rerum Britannicum medii aevi Scriptores, London 1961

Gonzenbach, W. E. von, Zwei Ordnungen aus den Zeiten Abts Ulrich VIII. (Rösch). Aus dem Stiftsarchiv mitgetheilt von W.E.G., in *Mittheilungen zur vaterländischen Geschichte*, Bd. 3, 1866

Grass-Cornet, Marie, *Aus der Geschichte der Nordtiroler Bürgerkultur*, Innsbruck 1970

– dies.: Von Waffeleisen und Waffelgebäcken, in: *Tiroler Heimatblätter*, 36. Jg., Heft 1/3, Jänner-März 1961, S. 104–106

Graus, K., u. a., *Eastern and Western Europe in the Middle Ages*, London 1970

Gregory of Tours, *The History of the Franks*, transl. with an introd. by Lewis Thorpe, Harmondsworth 1977

Guarinoni, Hippolyt, *Die Greul der Verwüstung menschlichen Geschlechts*, 1611

Gugitz, Gustav, *Fest- und Brauchtumskalender für Österreich, Süddeutschland und die Schweiz*, Wien 1955

Guth, Klaus, Zum Zusammenhang zwischen Wirtschaftsformen und Lebensstil im Hochmittelalter. Kulturgeschichtliche Überlegungen zu den Speiseordnungen am Alten Domstift zu Bamberg vor der Auflösung der ›vita communis‹ um 1200 in: *Jahrbuch für fränkische Landesforschung* 33/1973, S. 13–37

Handbuch der Kirchengeschichte, hg. von Hubert Jedin, Bd. 1 ff., Freiburg 1965 ff.

Handwörterbuch des deutschen Aberglaubens, hg. von E. Hoffmann-Krayer u. a. (Handwörterbuch zur Deutschen Volkskunde Abt. 1), Berlin und Leipzig 1934/35

Hassall, W. O. (ed.), *How They Lived*. An Anthology of Original Accounts written before 1485, London 1962

Hauschild, Reinhard, *Das Buch vom Kochen und Essen*, Stuttgart 1975

Haynes, E. Barrington, *Glass through the Ages*, Harmondsworth 1970

Die Heilige Schrift nach der deutschen Übersetzung D. Martin Luthers, London 1949

Henish, Bridget Ann, *Fast and Feast*. Food in Medieval Society, Pennsylvania 1976

Heussi, Karl, *Kompendium der Kirchengeschichte*, 14. erg. Auflage, Tübingen 1976

Heyne, Moritz, *Das Nahrungswesen von den ältesten geschichtlichen Zeiten bis zum 16. Jahrhundert*, Leipzig 1901

Hiller, Helmut, *Friedrich Barbarossa und seine Zeit*, München 1977

Hintze, K., *Geographie und Geschichte der Ernährung*, Wiesbaden 1934

Hoffmann, M., *2000 Jahre Gaststätte*, Frankfurt/Main 1954

Horn, Walter, und Ernest Born, *The Plan of St. Gall*, Berkeley 1979

Hughes, Pennethorne, *Witchcraft*, Harmondsworth 1975

Hunger, Herbert, *Das Patriarchatsregister von Konstantinopel als Spiegel byzantinischer Verhältnisse im 14. Jahrhundert*, aus: Anz. d. phil.-hist. Klasse der Österr. Akad. der Wiss., 155. Jg., 1978

Hunke, Sigrid, *Allahs Sonne über dem Abendland*. Unser arabisches Erbe, Frankfurt/Main 1976

Irsigler, Franz, Ein großbürgerlicher Kölner Haushalt am Ende des 14. Jahrhunderts, in: *Festschrift Matthias Zender*, Bd. 2, Bonn

Iten, Karl, *Vom Essen und Trinken im alten Uri*, Altdorf, 1973

Jacob, Heinrich Eduard, *Sechstausend Jahre Brot*, Hamburg 1954

Jaritz, Gerhard, Aderlaß und Schröpfen im Chorfrauenstift Klosterneuburg, in: *Jb. d. Stiftes Klosterneuburg*, NF, Bd. 9, 1975

Joinville & Villehardouin, *Chronicles of the Crusades*, transl. with an introd. by M. R. B. Shaw, Harmondsworth 1977

Keen, Maurice, *The Pelican History of Medieval Europe*, Harmondsworth 1976

Keil, G., Ein Rezept mit dem Namen Kaiser Karls, in: *Zs. f. dtsche Philologie*, Bd. 81, 1962

Keller, Hiltgart L., *Reclams Lexikon der Heiligen und der biblischen Gestalten*, Stuttgart 1968

Knowles, David, *Christian Monasticism*, London 1969

Koch, Manfred Peter, *Das »Erfurter Kartäuserregimen«*. Studien zur diätischen Literatur des Mittelalters, Diss. med., Bonn 1969

Koren, Hans, *Die Spende*, Graz 1954

Koschorreck, Walter (Hg.), *Minnesinger* aus der Manessischen Liederhandschrift, Frankfurt/Main 1975

Kostenzer, Otto, Dr. Hyppolyt Guarinoni, in: *Tirol*, Nr. 38, Sommer 1971, S. 67–69

– ders.: Tiroler Fastenspeisen, in: *Das Fenster* Nr. 10, Innsbruck 1972, S. 921–23

Kottje, Raymund, Klosterbibliotheken und monastische Kultur, in: *Zs. f. Kirchengeschichte*, Bd. 80, 1969

Kudriaffsky, Eufemia, *Die historische Küche*, Leipzig 1975 (Faksimile der Ausgabe Wien 1880)

Lamprecht, Karl, *Deutsches Wirtschaftsleben im Mittelalter*, Aalen 1969 (2. Neudruck der Ausgabe Leipzig 1885–86)

Lehmann, Paul, Mittelalter und Küchenlatein, in: *Erforschung des Mittelalters*, Bd. 1, Leipzig 1941, S. 46 ff.

Lévi-Strauss, Claude, *L'origine des manières de table*, Paris 1968

Ludwig, Oskar Vinzenz, Die Weinlese im Stifte Klosterneuburg vor 100 Jahren, in: *Jb. des Stiftes Klosterneuburg*, Bd. 6, Wien 1914, S. 204–220

Mahoney, Irene, *Katharina von Medici*, München 1977

Mapes, Walter, *The Latin Poems*, ed. by Thomas Wright, London 1841

Marrison, L. W., *Wines and Spirits*, Harmondsworth 1977

Martin, Alfred, *Deutsches Badewesen in vergangenen Tagen*, Jena 1908

Maurizio, A., *Geschichte der gegorenen Getränke*, Wiesbaden 1970

Mayr, Elfriede, Volksnahrung, Anbau und Wirtschaft in Guarinonis Werken, in: Hippolytus Guarinonius 1571–1654, in: *Schlern Schriften*, Nr. 126, 1954, S. 199–236

Melchers, Hans (Hg.), *Vom Geist der Kochkunst*, München o. J.

Meyer, Joseph E., *The Herbalist*, o. O. 1918

Der Mönch im Wappen, Aus Geschichte und Gegenwart des katholischen München, München 1960

Montagné, Prosper, *New Larousse Gastronomique*, London/New York/Sidney/Toronto 1977

Montaigne, Michel de, *Tagebuch einer Badereise 1580/81*. Essays, Stuttgart 1948

More, Thomas, *Utopia*, übertr. von Gerhard Ritter, Stuttgart 1964*

Mühr, Alfred, *Herrscher in Purpur*. Die Geschichte der Kardinäle, Düsseldorf und Wien 1971

Mütherich, Florentine, und Joachim E. Gaehde, *Carolingian Painting*, New York 1976

Murray, Margaret Alice, *The Witch-Cult in Western Europe*, Oxford 1967 (repr. d. Ausg. London 1921)

Myers, A. R., *England in the Middle Ages*, Harmondsworth 1978

– ders.: *Parliaments and Estates in Europe to 1789*, London 1975

Neckam, Alexander, *De naturis rerum et de laudibus divinae sapientiae*, ed. by Thomas Wright, London 1863

Neill, Stephen, *A History of Christian Missions*, Harmondsworth 1977

Neumüller, P. Willibrord, Kremsmünster am Rande der Weltgeschichte, in: Stift Kremsmünster. *1200 Jahre Kremsmünster*, Linz 1977

New Catholic Encyclopedia. An international work of reference . . . (ed. by the staff at the Cath. University of America, Washington) vol. 1–15, New York 1967

The New Encyclopaedia Britannica, Chicago 1975

Nordenfalk, Carl, *Celtic and Anglo-Saxon Painting*, New York 1977

The Concise Oxford Dictionary of the Christian Church, ed. by Elizabeth Livingstone Oxford/London/New York 1977

Pieth, Willy, *Essen und Trinken im mhd. Epos des zwölften und dreizehnten Jahrhunderts*, Diss. phil. Leipzig 1909

Pirckmayer, Friedrich, Aus Küche und Keller, Gaden und Kasten der Fürsten-Erzbischöfe von Salzburg, in: *Mitt. d. Ges. f. Salzburger Landesk.* XX., 1880, S. 187–221

Pirenne, Henry, *Sozial- und Wirtschaftsgeschichte Europas im Mittelalter*,München 1976

Pliny, *The Letters of the Younger*, transl. with an introd. by Betty Radice, Harmondsworth 1977

Pöttinger, P. Pius OSB, *Die wirtschaftlichen Aufgaben und sozialen Leistungen des Stiftes Kremsmünster*, Diss. Graz 1966

Postan, M. M., *The Medieval Economy and Society*, Harmondsworth 1976

Rabelais, François, *Das höchst erstaunliche Leben des großen Gargantua*, Vaters des Pantagruel, weiland verfaßt von Meister Alcofribas, Abstraktor der Quintessenz. Ein Buch voller Pantagruelismus, München 1961*

Raggamb, Anton, Feierlichkeiten für die verstorbene Äbtissin von Göß, hg. von Theodor Uuger, in *Zs. d. hist. Vereins 10*, 1912, S. 135–146

Die Religion in Geschichte und Gegenwart, Handbuch für Theologie und Religionswissenschaft, 3. Aufl., Bd 1–6, Tübingen 1957–65

Roth, Benno, Promptuarium Seccoviense. Zur Steirischen Speisenvolkskunde, in: *Österr. Zs. f. Vkde.*, Bd. V, H. 2/3, 1951, S. 93–102

Der Sachsenspiegel in Bildern. Aus der Heidelberger Bilderhandschrift ausgew. und erl. von Walter Koschorreck, Frankfurt/Main 1976

Die Chronik des Salimbene von Parma. Nach der Ausgabe der Monumenta Germaniae. Bearb. von Alfred Doren, Leipzig 1914

Santonino, Die *Reisetagebücher* des Paolo S. 1485–87, aus dem Lateinischen übertragen von Rudolf Egger, Klagenfurt 1947

Seifert, Traudl, und Ute Sametschek, *Die Kochkunst in zwei Jahrtausenden*, München o. J.

Schiedlausky, G., *Essen und Trinken* – Tafelsitten bis zum Ausgang des Mittelalters, München 1956

Schipperges, Heinrich, *Die Benediktiner in der Medizin des frühen Mittelalters*, Leipzig 1964

Schneider, Ambrosius (Hg.), *Die Cistercienser* – Geschichte, Geist, Kunst, Köln 1974

Schneider, Reinhold, »Garciones oder pueri abbatum«, in: *Zisterzienser-Studien I.*, Berlin o. J.

Schurhammer, Georg, *Franz Xaver*. Sein Leben und seine Zeit. 1. Bd. Europa 1506–1541, Freiburg 1955

Schwarz, Dietrich W. H., *Die Kultur der Schweiz*, Frankfurt/Main 1967

– ders.: *Sachgüter und Lebensformen*, Berlin 1970

Stafski, Heinz, *Aus Alten Apotheken*, München 1956

Steinegger, Fritz, Das Herbstmahl zu Wilten im Jahre 1596, in: *Tiroler Heimat*, XXIX/XXX. Bd., 1965/66. S. 217–238

– ders.: Tiroler Gastlichkeit in vergangenen Tagen, in: *Tirol*, Nr. 3, Winter 1973/74, S. 47–64

Das steirische Handwerk. Katalog zur 5. Landesausstellung 1970, Graz, Juni bis Oktober 1970

Stenton, Doris Mary (ed).), *English Society in the Early Middle Ages* (1066–1307), Harmondsworth 1977

Stobart, Tom, *Herbs, Spices and Flavourings*, Harmondsworth 1977

Strabo, Walafridus, *De Cultura Hortorum*, hg. von E. Dümmler, Poeta Latini Aevi Carolini II, Berlin 1948, S. 335–350

Strebl, Laurenz, *Zu Schreibung, Sprache und Kulturleben in Klosterneuburger Rechnungsbüchern*, Diss. phil., Wien 1956

Streit, Jakob, *Sonne und Kreuz*. Irland zwischen Megalithkultur und frühem Christentum, Stuttgart 1977

Southern, R. W., *Western Society and the Church in the Middle Ages*, Harmondsworth 1977

Tannahill, Rae, *Kulturgeschichte des Essens*, Wien 1973

Tawney, R. H., *Religion and the Rise of Capitalism*, Harmondsworth 1977

Höfer, Josef, und Karl Rahner (Hg): *Lexikon für Theologie und Kirche*, 2. Aufl., Freiburg 1960

Thiel, Franz, Aus einem alten Kuchenbuche, in: *Unsere Heimat Niederösterreich*, 28/1957, S. 109–111, Nr. 5, 6

Thiele, Heinz (Hg.), *Leben in der Gotik*, München 1946

Tolksdorf, U., *Essen und Trinken in Ost- und Westpreußen*, Bd. 1., Marburg 1975

Trevor-Roper, Hugh, *The Rise of Christian Europe*, London 1966

Urkundenbuch der südlichen Teile des Kantons St. Gallen, hg. vom Stiftsarchiv und vom Staatsarchiv St. Gallen, II. Band, 9. Lieferung, Wirtschaftsquellen ca. 1100 – ca. 1340, Rorschach 1976

Veröffentlichungen des Instituts für Mittelalterliche Realienkunde Österreichs Nr. 1: Die Funktion der schriftlichen Quelle in der Sachkulturforschung. Österr. Akadem. d. Wiss., Phil.-hist. Klasse, 304. Bd., 4. Abh., Wien 1976

Waas, Adolf, *Geschichte der Kreuzzüge*, Freiburg/Br. 1956
– ders.: *Der Mensch im deutschen Mittelalter*, Graz/Köln 1964
Waugh, Alec, *Wines and Spirits*, New York 1968
Weber, Fritz, *Niederösterreich*, St. Pölten-Wien 1978
Weinhold, Rudolf, *Vivat Bacchus* – Eine Kulturgeschichte des Weins und des Weinbaus, Zürich 1975
Werlin, Josef, Weinrezepte aus einer Mondseer Handschrift des 15. Jahrhunderts, in: *Die Wiss. Redaktion*, Mannheim Heft 3/1966
Wiegelmann, Günter, *Alltags- und Festspeisen*, Marburg 1967
Williams, John, *Early Spanish Manuscript Illumination*, New York 1977
Wilson, C. Anne, *Food and Drink in Britain*, Harmondsworth 1976
Winter, Johanna Maria van, *Van Soeter Cokene*. 52 recepten uit de romeiese en middeleeuwse keuken, Grolsche Bierbrowerij N. V. Enschede and Uniboek N. V., Bussum 1971
Wiswe, Hans, *Nachlese zum ältesten mittelniederdeutschen Kochbuch*, Braunschweigisches Jahrbuch 39, 1958, S. 103–121
– ders.: Mittelalterliche Nachrichten über Honig und seine Verwendung als Speisezusatz in Niedersachsen, in: *Süßwaren*, Jg. 1962, S. 272 ff.
– ders.: Die mittelniederdeutsche Kochrezeptüberlieferung in: *Niederdeutsches Jahrbuch*, Bd. XC, 1967, S. 46 ff.
– ders.: *Kulturgeschichte der Kochkunst*. Kochbücher und Rezepte aus zwei Jahrtausenden. Mit einem lexikalischen Anhang zur Fachsprache von Eva Hepp, München 1970
Wuehr, Hans, *Alte Küchen und Küchengeräte*, Darmstadt 1954

Zehnder, Leo, *Volkskundliches in der älteren Schweizer Chronik*, Basel 1976
Zimmermann, Gert, *Ordensleben und Lebensstandard* – Die Cura Corporis in den Ordensvorschriften des abendländischen Hochmittelalters, Münster 1973

II. Kochbücher

Birlinger, Anton, Kalender und Kochbüchlein aus Tegernsee, in: *Germania*. Vierteljahresschrift für deutsche Alterthumskunde, Bd. IX, 1864, S. 192 ff.
Böckler, Georg Andreas, *Nützliche Hauß- und Feld-Schule*, Nürnberg 1678
Bußwald, Maria Anna, *Allerneuestes Kochbuch für Fleisch- und Fasttäge*, Graz 1803
Butazzi, Grazietta, *Toscana in bocca*, Palermo 1977
Colerus, Johannes, *Calendarium perpetuum*, Wittenberg 1616
Cuillerapot, Pierre, *Der Kapaun*. Aus den hinterlassenen Schriften des alten Klosterkoches Fr. Bonaventurae Nauthi gesammelt, Graz 1859
Daz buch von guter spise. Aus der Würzburg-Münchener Handschrift, neu herausg. von Hans Hajek, Berlin 1958
Drewes, Maria, und Otto Kostenzer, *Tiroler Küche*, Insbruck 1974
Farger, P., *Allgemeines Kaffeh Büchlein*, Wien 1829
Feyl, Anita, *Das Kochbuch Meister Eberhards*, Diss. phil., Freiburg 1963
Fischer, Christophorus, *Fleissiges Herrenauge / oder wohlab- und angeführter Haus-Halter*, Nürnberg 1696
Anna Furst's Anleitung zu einer *stadt & land Hauswirtschaft*, Stuttgart 1835
Gillies, Linda (ed.), *A Culinary Collection from the Metropolitan Museum of Art*, New York 1973
Grigson, Jane, *Fish Cookery*, Harmondsworth 1977
Conrad Haggers sel. gewesten Hochfürstl. Salzburgischen *Stadt- und Landschafts-Kochen*, Salzburg 1765
Harleian Manuscripts No 297 and 4016, Two 15th Century Cookery Books, Oxford 1450, ed. by T. Austin, Early English Text Society 1888
Hemphill, Rosemary, *Herbs and Spices*, Harmondsworth 1976
Kochbücher – ohne Hg.
– Klarissenkloster Brixen, Handschriftliches Kochbuch aus dem 18. Jahrhundert
– Stift Göttweig, Handschriftliches Kochbuch aus dem 18. Jahrhundert
– Universitätsbibliothek Graz HS 1609, Handschriftliches Kochbuch aus dem 15. Jahrhundert
– Universitätsbibliothek Graz, Vunterschidliche / Heilsame Mittl / So zur Zeit der INFECTION / vnd Pest / Nutzlich mögen angewendet / vnd gebraucht werden, Graz 1676
– Kloster Kaufbeuren, Kochen meine Freude, Erprobte Rezepte, hg. von den Franziskanerinnen des Creszentia Klosters Kaufbeuren, Paderborn 1933
– 1598. Ein köstlich new Kochbuch von allerhand Speisen, an Gemüsen, Obs, Fleisch, Geflügel, Wildpret, Fischen und Gebachens, komm. von Julius Arndt, München 1977
– Kochbuch / *So wol / Für Geistliche als auch Welt-/liche grosse und geringe Haushaltungen . . . /* Durch / Einen Geistlichen Kuchen-Meister deß Gottshauses Lützel; Molßheimb 1671
– Kochbuch von 1750 mit »Dabey eine feine Ordnung wie man sich täglich im Essen und Trinken verhalten solle.« 25 auserlesene Regeln
– Neues wohl eingerichtetes Koch-Buch aus mehr als fünfzehnhundert Speisen, bestehend oder Nachricht von allem Koch und Backwerk, Tübingen 1769
– Neues praktisches Badisches Kochbuch, Carlsruhe 1840
– Die wohlunterwiesene Köchin, Nürnberg 1715
– Frauenkloster St. Lazarus, Seedorf, Schweiz, Handschriftliches Kochbuch ca. 1750
– »Küchenmeisterei«, gedruckt von Peter Wagner, Nürnberg 1490, hg. von Hans Wegener, Leipzig 1939
– Monte Cassino, Libro di Cucina. Ad uso dei monaci cucinieri. Rezeptsammlung, 14. Jahrhundert
– Österreichische Nationalbibliothek, 4 Kochbücher:
Cod. Vindob. 2897, Dorotheen-Kochbuch, B. 25–53
Cod. Vindob. 4995, Mondseer Kochbuch von ca. 1450 (kommt wahrscheinlich aus dem Benediktinerkloster Biburg/Niederbayern)
Cod. Vindob. 4781, Bl. 48 (ca. 1457, aus einem Zisterzienserkloster)
Cod. Vindob. 2898, Bl. 77–92 »Anthymius« aus einer Sammelhandschrift mit Anhang von Rezepten
Reading Manuscript (1760)
– Stift Rein, 2 Kochbücher:
Handschriftliches Kochbuch aus dem 15. Jahrhundert
Drei Rezepte, Wein zu verbessern, im Kalender von Wormprecht, 1375
– Wörishofen, die Klosterküche von Wörishofen. Ein praktisches Kochbuch im Sinne Kneipps. Mit dessen Vowort zur 1. Auflage, Brixen 1892
– Bibliothek Wolfenbüttel, 3 Kochbücher:
Cod. Guelf 82.5 AUG. 2° (1485) Liber collationum oder Confectbuch von Hans Foltz tzu Nurnberg barbirer Druck auf Pergament
Cod. Guelf 48.20 AUG. 4° (1608) Bl. 1[r]–63 r, 67[r]–109[r], zwei Kochbücher
Cod, Guelf. 123 Blankenburg, Rezeptsammlung, 16. Jahrhundert
Kolb, Aegidius, und Leonhard Lidel, *D'schwäbisch' Kuche*, Kempten 1977
Kostenzer, Otto (Hg.), Einige Kochrezepte aus dem 16. Jahrhundert, in: *Tirol – Natur, Kunst, Volk, Leben*, Nr. 35, Winter 1969, S. 39

Lindau, Marianna Catharina, *Die Steyermärkische Köchin oder neues bürgerliches Kochbuch für alle Stände*, Graz 1797
Metzner, Antoine, *Die sich selbst belehrende Köchin*, Quedlinburg 1848
Papa, Sebastiana, *La cucina dei monasteri*, Mailand 1978
Prato, Katharina, *Die Süddeutsche Küche*, Graz 1865
Ross, Janet, and Michael Waterfield, *Leaves from our Tuscan Kitchen* or how to cook vegetables, o. O. 1899, Harmondsworth 1977
Frauenkloster St. Andreas, Sarnen, *Luzernerisches Kochbuch, verfaßt für angehende Köchinnen*, Luzern 1809
Sass, Lorna (Hg.), *To the Queens Taste.* Elizabethan feasts and recipes, The Metropolitan Museum of Art 1976
– dies.: *Dinner with Tom Jones*, New York 1977
– dies. (ed.): *To the King's Taste. Richard II's book of feasts and recipes*, The Metropolitan Museum of Art 1975
Scappi, Bartolomeo, *Opera*, Venedig 1570
Speiß-Meister oder Nutzlicher Unterricht von Essen und Trincken. von R. P. Odilone Schreger in dem befreyten Benedictiner Closter zu Ensdorff in der Obern Pfaltz, unweit Amberg, Subpriore. Cum Facultate Superiorum, München und Stadt am Hof 1776
Stöckl, Elisabeth, *Die bürgerliche Küche*, Wien 1846
Praktischer Unterricht in der neuesten Art des Tafeldeckens und Tranchierens, Wien 1796
Wiswe, Hans, Ein mittelniederdeutsches Kochbuch des 15. Jahrhunderts, in: *Braunschweigisches Jb.* 37, 1956, S. 19–55

QUELLEN-NACHWEIS

Handschriften in alphabetischer Abfolge, denen mehrere Abbildungen entnommen worden sind und die im Nachweis in gekürzter Form (kursiv kenntlich gemacht) erscheinen:

Beatus's Commentary on the *Apocalypse*, 12. Jahrhundert. British Museum, London
Bede's *Life of St. Cuthbert*, 12. Jahrhundert. British Museum, London
Carmina Burana, MS Kloster Benediktbeuren, ca. 1225. Bayerische Staatsbibliothek, MS Lat. 4660, f. 89v
Das Hausbuch der Mendelschen *Zwölfbrüderstiftung* zu Nürnberg, 15. und 16. Jahrhundert. Nürnberg, Germanisches Nationalmuseum (66, B 353)
Konrad Gessner, Historiae animalium liber *(Vogelbuch)*, 1557. Stiftsbibliothek St. Gallen
Johannes Kerer, Statuta Collegii Sapientiae, Satzungen des Collegium Sapientiae zu Freiburg im Breisgau, 1497. Universitätsbibliothek Freiburg H SS 6 F 477
Herrad von Landsberg, *Hortus Deliciarum*, 12. Jahrhundert. Staatsbibliothek Hamburg (Kr 20/4.53) und Badische Landesbibliothek Karlsruhe (59 C 16)
Ulrich von Richenthal, Chronik des *Konzils zu Konstanz*, 1414 – 1415. Badische Landesbibliothek Karlsruhe (0 65 B 116)
Konrad Seiler, Heiligenleben, 1451. Stiftsbibliothek St. Gallen, Codex 602

Seite 3
Deutscher Holzschnitt, 15. Jahrhundert
Seite 4
Psalter, Flämisch, erstes Viertel des 14. Jahrhunderts, Oxford Bodleian Library MS. Douce 6, fol. 22
Seite 6
Frankreich, frühes 12. Jahrhundert, Initiale »M«, zwei Mönche mit Schriftrolle. Gregor der Große »Moralia in Job«. Dijon, Bibliothèque Municipale MS 170 6v
Seite 10/11
Konzil zu Konstanz
Seite 13 bis 15
Hortus Deliciarum, Bl. 45, Bl. 40, Tab. VII
Seite 18
Stiftsbibliothek St. Gallen, Cod. 914 (S. 1)
Seite 19
Zeichnung aus der »Guthlac Roll«, englisch, Ende des 12. Jahrhunderts. British Museum, London, Harley Roll Y.6.
Seite 20
Miniatur aus »De arca morali« des Hugo von Saint Victor, englisch, St. Albans, 13. Jahrhundert. Bodleian Library Oxford, MS Laud. Misc. 409, fol.
Seite 21
Zwölfbruderstiftung, Bl. 167v
Seite 22
Satirischer Kupferstich, Karikatur von Hieronymus Bosch
Seite 23
Initiale aus den »Moralia in Job« Gregors des Großen (Cîteaux). Bibliothèque de Dijon, 1111. MS 173. fol. 41 r
Seite 24, oben
Virgil, Georgicus, III–IV sale (etwa 50 v. Chr.), Cod. 1394, S. 11
Seite 24, unten
Die vier Jahreszeiten, Hrabanus Maurus, De Universo (1022–23). Montecassino Bibliotheca dell' Abbazia, cod. 132
Seite 25 und 26
Konrad Seiler, Heiligenleben
Seite 27
Hortus Deliciarum, Tab. II
Seite 28
Beatus, Apocalypse
Seite 29
Fulda, 11. Jahrhundert. Staatsbibliothek Bamberg
Seite 30
MS Cotton, Nero D i, fol. 21b
Seite 32/33
Burgos, Archiv Municipal, 14. Jahrhundert. Miniatur aus dem Buch des Ordens von Santiago
Seite 34
Hortus Deliciarum, Bl. 4b
Seite 35
Kupferstich, Holland, 17. Jahrhundert
Seite 36
Zisterzienserkloster Alcobaça (Portugal), gegründet 1153
Seite 37
Ein Reisender wird ausgeraubt, Detail einer Miniatur aus »La estoire de seint Aedward le rei« Englisch, Mitte des 13. Jahrhunderts, Universitätsbibliothek Cambridge MSEe.3.59, fol. 4r
Seite 38
Johannes Kerer, Statuta
Seite 39
Life of St. Cuthbert
Seite 40/41
Psalter, geschrieben und illustriert von Eadwine, Mönch der Christ Church, Canterbury, ca. 1150. Trinity College, Cambridge
Seite 42
Hortus Deliciarum, Bl. 12
Seite 43
Randzeichnung aus dem »Kommentar zu Jesaja« des Hieronymus, Selbstportrait des Illuminators Hugo, anglo-normannisch,

um 1100. MS Bodleian 717, fol. 287, Bodleian Library, Oxford
Seite 44
13. Jahrhundert
Seite 45, oben
Ziegelabdruck, Abtei Chertsey, 13. Jahrhundert
Seite 45, unten
Konrad Seiler, Heiligenleben
Seite 46
Carmina Burana
Seite 47
Hortus Deliciarum, Tab. V
Seite 47
Profeßbuch der Abtei St. Gallen aus dem Jahr 926
Seite 48
Konrad Seiler, Heiligenleben
Seite 49
Straßburger Münster, Westfassade, ca. 1280
Seite 50
Johannes Kerer, Statuta
Seite 51 bis 54
Zwölfbrüderstiftung, Bl. 84v, Bl. 80v, Bl. 104r, Bl. 30r
Seite 55
Konrad Seiler, Heiligenleben
Seite 57, oben
Konrad Gessner, Vogelbuch
Seite 57, unten
Zwölfbrüderstiftung, Bl. 99r
Seite 58
14. Jahrhundert, Smithfield Decretials. British Museum, London, MS 10 E IV, fol. 187r
Seite 59
Konrad Seiler, Heiligenleben
Seite 61
Beatus, Apocalypse
Seite 65
Hans Sporer, »Büchlein, wie man Fische und Vögel fangen soll«, Erfurt, 1498. Staatsbibliothek Hamburg AC IX, Sammelband
Seite 67
Satirischer Holzschnitt
Seite 68
ca. 1350–1375, Amsterdam, Historisch Museum
Seite 69
Inschrift »Romanorum Impera Karolus Quintus Franciscus rex Franci, Ferdinandus rex Ungari«. St. Lucienkloster, Amsterdam, ca. 1550–1575. Amsterdam, Historisch Museum
Seite 70
Um 1100 in Holland verwendet. Kulturhistoriska Museet, Lund
Seite 71
Zwölfbrüderstiftung, Bl. 143v
Seite 73
Hortus Deliciarum, Tab. IX
Seite 74/75
Karikatur auf schlemmende Mönche und Nonnen. Holzschnitt, Deutschland, 17. Jahrhundert
Seite 77
Kochbuch von Odilone Schreger, 1766, Innentitel. Stiftsbibliothek Admont

Seite 78
Deutscher Holzschnitt, um 1500
Seite 79
Österreichische Handschrift um 1447, Österreichische Nationalbibliothek (VP 2829)
Seite 80
Deutscher satirischer Holzschnitt
Seite 81 und 82
Hortus Deliciarum, Tab. IV, Bl. 16
Seite 83
Der Hahn, Konrad Gessner, Vogelbuch
Seite 84
Deutscher satirischer Holzschnitt
Seite 85
»Herbarium« des Apuleius Plato, 12. Jahrhundert. British Museum, London, MS-Harl. 1585, fol. 9
Seite 86
Konrad Seiler, Heiligenleben
Seite 88
Karikatur auf das ausschweifende Leben der Mönche und Nonnen, Kupferstich H. Ulrich, 1609
Seite 90
Life of St. Cuthbert
Seite 91
Kupferstich Franz Brun, 1560
Seite 93
Zwölfbrüderstiftung, Bl. 20r
Seite 94
Bartholomeo Scappi, Opera, Venedig 1570
Seite 95
Federzeichnung in der Aratos-Astrologie, 9. Jahrhundert. Stiftsbibliothek St. Gallen, Codex 250
Seite 96
»Ein Schottische BaumGanz« LeonhardtBaldner, »Vogel-Fisch- und Thierbuch«, Straßburg 1666, Abb. 5. Badische Landesbibliothek, Karlsruhe
Seite 98
Aus dem Pontifikalmissale des Sankt Galler Abtes Diethelm Blarer, 1555. Stiftsbibliothek St. Gallen, Codex 357
Seite 99
um 1600, Kloster Lichtenthal
Seite 100 und 102
Zwölfbrüderstiftung, Bl. 23v, Bl. 113v
Seite 104
Hortus Deliciarum, Tab. XII
Seite 106
Life of St. Cuthbert
Seite 108
Johannes Kerer, Statuta
Seite 109
Hortus Deliciarum, Tab. II
Seite 111 und 113
Zwölfbrüderstiftung, Bl. 142r, Bl. 95r
Seite 115
Medicina Antiqua. Libri Quattuo Medicinae, 13. Jahrhundert. Codex Vindob. 93, Österreichische Nationalbibliothek
Seite 117
Carmina Burana

Seite 118
Johannes Kerer, Statuta
Seite 121
Zwölfbrüderstiftung, Bl. 165r
Seite 123
»Gnadenfrau Äptissin laßt euch glingen. Ihr müßt nun mit mir umherspringen. Habt ihr recht Jungfrauschaft gehalten, Voll gut, Gott woll der Sprüngen walten.« Berner Totentanz des Nikolaus Manuel Deutsch, 1517–1519
Seite 124
Hortus Deliciarum, Tab. I
Seite 125
Hexastichon von Sebastian Brandt, Petrus von Rosenheim, Memorabiles evangelistarum figurae, Pforzheim 1504. Badische Landesbibliothek, Karlsruhe
Seite 126
Hortus Deliciarum, Bl. 34
Seite 127
Hrabanus Maurus »De originibus«, 1023. Monte Cassino, Klosterbibliothek, Cod. 132
Seite 128
»Moderne« Lebkuchenglasur, um 1910
Seite 131
Zwölfbrüderstiftung, Bl. 31r
Seite 135
Wachsabdrucke und Kräpflimodeln, nach 1700
Seite 136
Hortus Deliciarum, Bl. 9
Seite 137
Kloster Lacock (England), gegründet 1232
Seite 138
Dominikanerinnenkloster in Rothenburg ob der Tauber, 13. Jahrhundert
Seite 139
Wahrscheinlich aus Lüneburg, Kloster Ebstorf
Seite 140
Küche aus dem 14. Jahrhundert im Benediktinerkloster Durham (England), gegründet Anfang 12. Jahrhundert
Seite 141, oben
Küche des Zisterzienserklosters Alcobaça (Portugal), gegründet 1153
Seite 141, unten
Küche der Äbtissin aus dem 12. Jahrhundert
Seite 142 und 143
Zwölfbrüderstiftung, Bl. 89v, BL. 43v
Seite 144
Amsterdam. ca. 1300–1350, Amsterdam, Historisch Museum
Seite 145
Amsterdam, ca. 1275–1300, Amsterdam, Historisch Museum
Seite 146
Zeichnung aus einer Abschrift der Komödien des Terenz, Saint Albans, 12. Jahrhundert. Bodleian Library, Oxford, MS Auct. F 2.13, fol. 4v

Seite 147
Altflandrische Miniatur
Seite 148
Johannesfresken der Abtei Seckau, 1280
Seite 149
Zeichnungen aus dem Album des Villard de Honnecourt, 1325. Louvre, Paris
Seite 150
Zeichnung eines Fundstückes, spanisch-französisch, um 1100. Historiska Museet, Lund
Seite 151, oben
13. Jahrhundert, British Museum, London
Seite 151, unten
Hortus Deliciarum, Bl. 18
Seite 153
Konzil zu Konstanz
Seite 154
Bartholomeo Scappi, Opera, Venedig, 1570
Seite 155
Amsterdam, ca. 1375–1425, Amsterdam, Historisch Museum
Seite 156
Anonymer Meister, Florenz. Florenz, Galleria degli Uffizi
Seite 157
Hrabanus Maurus, De Universo, Montecassino 1022–23. Montecassino, Bibliotheca dell'Abbazia, codex 132, bk. XXII, Kap. 1, De mensis et escis
Seite 158
Zwölfbrüderstiftung, Bl. 94v
Seite 161
Badianus Manuskript, Ein Aztekisches Herbarium, 1552. Codex Barberini, Lat. 241, Tafel 98, Bibliothek des Vatikan
Seite 164
Bulletin de la Société Française de Reproductions de Manuscrits a Peintures, Paris 1914–1920
Seite 165
Anbieten von Brot, Life of St. Cuthbert
Seite 166/167
Seite eines Kochbuchs aus dem österreichischen Kloster Mondsee, 15. Jahrhundert, Österreichische Nationalbibliothek, Cod. Vindob. 4995
Seite 173
Amsterdam, Historisch Museum
Seite 174
Kloster St. Lazarus, Altdorf
Seite 175, oben
Amsterdam, Historisch Museum
Seite 175, unten
Stadtmuseum Retz
Seite 177, 179, 180, 181, 183
Amsterdam, Historisch Museum
Seite 187 und 188
Kloster St. Lazarus Altdorf
Seite 189 und 191
Amsterdam, Historisch Museum
Seite 192
Kloster St. Lazarus, Altdorf
Seite 193
Amsterdam, Historisch Museum
Seite 195
Hans Sporer, Erfurt 1498
Seite 196
Amsterdam, Historisch Museum
Seite 197 und 201
Kloster St. Lazarus, Altdorf
Seite 204
Amsterdam, Historisch Museum
Seite 205 bis 207
Kloster St. Lazarus, Altdorf
Seite 209
Amsterdam, Historisch Museum
Seite 211
Aus den hinterlassenen Schriften des alten Klosterkochs Bonaventurae Nauthi
Seite 213
Kloster St. Andreas, Sarnen
Seite 217
Kloster St. Lazarus, Altdorf
Seite 218
Hans Sporer, Erfurt 1498
Seite 220
Kloster St. Andreas, Sarnen
Seite 221
Amsterdam, Historisch Museum
Seite 223
Kloster St. Lazarus, Altdorf
Seite 224
Mann in Schweizer Tracht. Kloster Lichtenthal, ca. 16. Jahrhundert
Seite 226
Amsterdam, Historisch Museum
Seite 227
Zeichnung eines Fundstückes aus Frankreich, um 1300, Historiska Museet Lund
Seite 228
Bekanntmachung: Fasten-Speiß-Tax, Innsbruck 1749, Tiroler Landesmuseum
Seite 229
Der Heilige und die Fische. Deutscher Holzschnitt, 15. Jahrhundert

Quellennachweis der Farbteile

Erster Farbteil
Seite 1
Konrad von Grünenberg, Beschreibung der Reise von Konstanz nach Jerusalem, o. O. (Bodenseekreis) 1487. Badische Landesbibliothek Karlsruhe
Seite 2, oben links
Isidorus, Etymologiae. Stiftsbibliothek Einsiedeln, Cod. 360 (177)
Seite 2, oben rechts
Carmina Burana
Seite 2, unten
Frankreich, frühes 12. Jahrhundert. Initiale »Q«. Dijon, Bibliothèque Municipale, MSS 170, f 59
Seite 3
Ältester deutsch geschriebener Kalender, Stift Rein
Seite 4, oben und unten
Medicina Antiqua. Libri Quattuo Medicinae, 13. Jahrhundert. Cod. Vindob. 93, Österreichische Nationalbibliothek
Seite 5 bis Seite 7, oben und unten
Konrad Seiler, Heiligenleben
Seite 8
Hortus Deliciarum, Tab. V

Zweiter Farbteil
Seite 1
»Ein Andechtig Schon Beth, Büchlein . . .«, Kloster Durlach, 1520. Badische Landesbibliothek, Karlsruhe
Seite 2
Konrad Seiler, Heiligenleben
Seite 3
Zwölfbrüderstiftung, Bl. 4v
Seite 4 und 5
Stiftsarchiv Klosterneuburg Freitag, 2. Februar 1759: Jubelprofeß des Stiftsdechanten Franz Dittel von Dittenburg, St. Dorotheen zu Wien.
Erstes Auftragen: 6 große Schüssel, 4 döckte Schüsseln, 10 ased, 2 Sardu und 3 Aufsatz mit Lemonii und Bomeranzen
1) Gefilte Ayr mit Saurampfen
2) Stockfisch mit hollendischen Butter
3) Arbes Wandel
4) Ruthen mit Mischerln
5) Austern Wandeln
6) Geselchter Seubling mit Sanizionen
7) Bastötten von Huechen
8) Blauen Kohl mit Kösten und geselchten Haussen
9) Blunzen von Schöden Maagen
10) Supen mit Kayser Nudeln und Schildkrodten
11) Braune Suppen mit Rogosemeln
12) Höchten Würst
13) Sauerkrauth mit Höchtenlober und Karmaradeln
14) Bastötten von Rohrhendeln
15) Perstling mit rottu Wein
16) Risolli mit BarmSan Kaas
17) Schiell mit Sos und Krön
18) Amaled mit Reys und Äpfeln
19) Lagerdon mit glaren Butter
20) Gefilte Eyr in ein marben Teigan gebachen

Anderts Auftragen: 6 große Schuseeln, 4 lange Wandeln, 10 ased, 2 Sardu und 3 Aufsatz mit Lemanii und Bomeranzen
1) Saurn Solad mit Pricken und Möhrkrepfen
2) Haßgesodenen Dannau Karpfen und Forehlen
3) Kalte Austern
4) Melaun mit gesülzten Äpfeln
5) Gebachener grüner Arbeß
6) Bomeranzen Koch mit Zitheronath
7) Kalte Austern
8) Gebacheen Perstling mit Grundel

9) Sissen Solad mit Eingemachten Frichten
10) Cragant Tortten
11) Gestiftlete Dorten und Mandelbochen
12) Sissen Solad mit eingemachten Frichten
13) Gebratene asch mit Ahln
14) Kalte Austern
15) Gesambts Marieln Koch
16) Finger Nudel mit Krepfen
17) Melaun mit gsulzten Kogen
18) Kalte Austern
19) Dannaukarpfen mit Hass gesodenen Seubling
20) Saurn Solad mit Pricken und Linquteli Geseelchte

Zum Auswechseln 6 ased mit warmen Austern
Stiftsarchiv Klosterneuburg, St. Dorotheen/Jubelfeier für D27, Nr. F 62

Seite 6, oben
Älteste ikonographische Darstellung der sieben Todsünden, in »Lumen animae«, 1332 von den Vorauer Chorherren geschrieben. Chorherrenstift Vorau, Cod. 130, fol. 108v

Seite 6, unten
Hortus Deliciarum, Tab. IV

Seite 7
Victoria and Albert Museum, London

Seite 8
Hortus Deliciarum, Bl. 46

Dritter Farbteil

Seite 1, 2 und 3
Hortus Deliciarum, Bl. 44, 5a

Seite 4, die Pflanzen
Badianus Manuskript. Ein Aztekisches Herbarium, 1552. Codex Barberini, Lat. 241, Tab. 104, Bibliothek des Vatikan

Seite 4, oben
»Leopoldinae Monumentum«, 16. Jahrhundert. Chorherrenstift Klosterneuburg

Seite 4, unten
Mönch als Kellermeister, Wein trinkend, 13. Jahrhundert. British Museum, London, MS Sloane 2435 Fol. 44v

Seite 5, oben
Aus den »Benedictiones ad Mensas« (um 1060), Cod. 393, Stiftsbibliothek St. Gallen

Seite 5, unten
S. Meinrads-Blockbuch. Stiftsbibliothek Einsiedeln, Sig: Xl 12

Seite 6, oben
Konzil zu Konstanz

Seite 6, unten
Halbreliefstein an der Wallfahrtskirche Maria Saal, Kärnten

Seite 7, oben
»Fischbehälter« (1690) von Carlo Antonio Carlone im Stift Kremsmünster

Seite 7, unten
Konrad Seiler, Heiligenleben

Seite 8
Miniatur aus einer französischen Übersetzung der »Chirurgia« des Roger von Salerno, um 1300. British Museum, London, MS Sloane 1977, fol. 49v

FOTO-NACHWEIS

Horst Appuhn, Schloß Cappenberg
139

Badische Landesbibliothek, Karlsruhe
15, 21, 27, 47 oben, 51, 52, 53, 54, 71, 73, 81, 93, 96, 100, 102, 104, 109, 111, 113, 115, 121, 124, 125, 131, 142, 143, 153, 158, 165; Erster Farbteil, 1, 4, 8; Zweiter Farbteil, 1, 3, 6, unten; Dritter Farbteil, 6, oben

Bayerisches Landesamt für Denkmalpflege, München
138

Bibliothèque de Dijon
23

Bodleian Library, Oxford
20, 43, 146

British Museum, London
19, 28, 30, 39, 58, 61, 85, 90, 106, 151 oben; Dritter Farbteil, 4 unten, 8

Paul Elek, London
6, 137, 140, 141 oben; Erster Farbteil, 2 unten

Gerhard Fertl, Klosterneuburg
Zweiter Farbteil, 4, 5; Dritter Farbteil, 4 oben

Norman Foster
3, 4, 13, 14, 18, 22, 24, 25, 26, 29, 32/33, 34, 37, 40/41, 42, 44, 45, 46, 47 unten, 48, 55, 57, 59, 65, 68, 69, 70, 74/75, 77, 78, 79, 80, 82, 83, 84, 86, 94, 95, 98, 99, 117, 126, 127, 128, 135, 136, 141 unten, 144, 145, 149, 150, 151 unten, 154, 155, 156, 157, 161, 164, 166/67, 173, 174, 175, 177, 179, 180, 181, 183, 187, 188, 189, 191, 192, 193, 195, 196, 197, 201, 204, 205, 206, 207, 209, 211, 213, 217, 218, 220, 221, 223, 224, 226, 227, 228, 229; Erster Farbteil, 2 oben rechts, 3, 5, 6, 7; Zweiter Farbteil, 2, 8; Dritter Farbteil, 1, 2, 3, 4 (die Pflanzen), 5 oben, 6 unten, 7; Vorsatz, Rücksatz

Hofstetter, Seckau
148

Musée de L'Oeuvre Notre-Dâme, Strasbourg
49

Alfred Peklar, Hartberg
Zweiter Farbteil, 6 oben

Stiftsbibliothek Einsiedeln
Erster Farbteil, 2 oben links; Dritter Farbteil, 5 unten

Universitätsbibliothek Freiburg
35, 38, 50, 67, 88, 91, 108, 118, 123, 147

John Webb, London
Zweiter Farbteil, 7

DIE REZEPTE

Getränke

Suppen und Suppeneinlagen

Fisch und Schalengetier

Fleisch

Wild

Geflügel

Saucen

Gemüse, Eier und Salat

Knödel, Nudeln, Pfannkuchen

Süßspeisen

Gebäck und Kuchen

Die Angaben für Heißluft beziehen sich auf den NEFF-Circotherm-Herd.

Aus dem Amerikanischen übertragen von Sibylle Nabel-Foster

Die Abbildung auf dem Cover „Fische braten“ aus
S. Meinrads-Blockbuch, Stiftsbibliothek Einsiedeln, mit
freundlicher Genehmigung des Hoffmann und Campe Verlages,
Hamburg

Lizenzausgabe für KOMET MA-Service
und Verlagsgesellschaft mbH, Frechen

Gesamtherstellung: KOMET MA-Service
und Verlagsgesellschaft mbH, Frechen

ISBN 3-89836-159-4